本书获中国社会科学院老年科研基金资助

改革开放三十七年的
中国宪法学

——亲历的体验与感受

GAIGE KAIFANG SANSHIQINIAN DE ZHONGGUO XIANFAXUE
QINLI DE TIYAN YU GANSHOU

陈云生 ◎ 著

中国社会科学出版社

图书在版编目（CIP）数据

改革开放三十七年的中国宪法学：亲历的体验与感受／陈云生著．—北京：中国社会科学出版社，2015.6
ISBN 978-7-5161-6283-5

Ⅰ.①改… Ⅱ.①陈… Ⅲ.①宪法学—研究—中国 Ⅳ.①D921.01

中国版本图书馆 CIP 数据核字（2015）第 131054 号

出 版 人	赵剑英
责任编辑	张　林
特约编辑	吴连生
责任校对	董晓月
责任印制	戴　宽

出　　版	中国社会科学出版社
社　　址	北京鼓楼西大街甲 158 号
邮　　编	100720
网　　址	http://www.csspw.cn
发 行 部	010-84083685
门 市 部	010-84029450
经　　销	新华书店及其他书店
印　　刷	北京市大兴区新魏印刷厂
装　　订	廊坊市广阳区广增装订厂
版　　次	2015 年 6 月第 1 版
印　　次	2015 年 6 月第 1 次印刷
开　　本	710×1000　1/16
印　　张	28.5
插　　页	2
字　　数	482 千字
定　　价	99.00 元

凡购买中国社会科学出版社图书，如有质量问题请与本社联系调换
电话：010-84083683
版权所有　侵权必究

作者个人简介

陈云生，男，1942年5月生，北京市平谷区人。

1966年北京政法学院（现中国政法大学）法律系毕业，毕业后在广西壮族自治区靖西县、德保县、百色地区，从事过司法、教育、行政等工作；1978年考入中国社会科学院研究生院法学系深造，1981年获得法学硕士学位，1984年师从著名法学家张友渔教授攻读宪法学博士学位，1987年获法学博士学位，是中国本土培养的第一位法学博士，也是张友渔教授唯一的博士生。1981年起在中国社会科学院法学研究所从事宪法学、行政法学、法哲学等学科的研究工作。先后出版著作二十多部，发表论文、文章两百多篇。

代表作有《民主宪政新潮——宪法监督的理论与实践》（独著），人民出版社1988年版；《权利相对论——权利和义务价值模式的建构》（独著），人民出版社1994年版；《反酷刑——当代中国的法治与人权保护》（独著），中国社会科学出版社2000年版；《宪法监督司法化》（独著），北京大学出版社2004年版；《宪法人类学》（独著），北京大学出版社2005年版；《和谐宪政——美好社会的宪法理念与制度》（独著），中国法制出版社2006年版；《成文宪法——通过计算机进行的比较研究》（译著重译），北京大学出版社2007年版，原版书名《成文宪法的比较研究》（译著），华夏出版社1987年版；《宪法学原理》（独著），北京师范大学出版社2009年版；《宪法监督的理论与违宪审查制度的建构》（独著），方志出版社2011年版。

1991年1月至1993年1月，先后在美国露易斯·克拉克西北法学院、加州大学伯克利法学院、哈佛法学院和荷兰的鹿特丹伊拉斯谟大学法学院从事进修和讲学等学术交流活动。1998年9月至1999年3月在丹麦首都哥本哈根人权研究中心从事人权专题研究，其间，多次在丹麦、瑞典从事讲学和出席学术会议等活动。

1990年被选派出席在北京举行的世界法律大会；1995年被选派出席在北京举行的第七次世界反贪大会，是分组专题报告人；1995年被选派出席在北京举行的第十四届亚太法律协会代表大会，是中国唯一的大会专题报告人。

现为：中国宪法学研究会、北京市宪法学研究会顾问；最高人民检察院专家咨询委员会委员；中国社会科学院法学研究所研究员、博士生导师、博士后流动站成员；国务院特殊津贴享受者；被收入多部当代文化名人及中国法学名家辞典。

目 录

自序 …………………………………………………………………… (1)

第一章 导论:宪法为什么是重要的
　　——基于从高级法到宪法至上的文化和知识背景与历史经验的
　　　解读 ……………………………………………………………… (8)
　　一　从"先有罗马法,后有宪法"说起 ………………………… (8)
　　二　宪法的高级法文化和知识背景与成长经验 ……………… (12)
　　三　宪法至上地位的实体确认 ………………………………… (17)
　　四　反思性体悟 ………………………………………………… (18)

第二章 中国宪法学的文化和知识学科背景与基础 ……………… (20)
　第一节　中国宪法学的西方知识学科背景与基础 ……………… (21)
　　一　古希腊、罗马时期的宪法观念和思想 …………………… (21)
　　二　中世纪时期对后世宪法学作出的贡献 …………………… (23)
　　三　启蒙时期对宪法学的奠基 ………………………………… (24)
　　四　西方宪法学已取得的一般成就 …………………………… (47)
　第二节　中国宪法学的古代文化和知识背景与基础 …………… (84)
　　一　为什么要溯源于上古时代本土的宪法思想和相关典籍的
　　　　知识资源 …………………………………………………… (84)
　　二　先秦典籍中的"宪"与"宪法"思想和相关形制 ………… (89)
　　三　《洪范》——一部与近、现代宪法神似与形具的奇特文件 …… (96)

四　上古宪法思想和《洪范》如何以及何以才能够成为
　　　　中国现代宪法的本土资源…………………………………（105）
　第三节　中国宪法学的马克思主义宪法理论指导……………（119）
　　一　中国宪法蕴涵的马克思主义宪法理论的基本要义是
　　　　中国宪法学研究的理论指导…………………………………（119）
　　二　马克思主义法学、宪法理论在中国宪法中的体现和
　　　　发展……………………………………………………………（121）

第三章　现行宪法确立的三大基本政治制度……………………（128）
　第一节　人民代表大会制度…………………………………………（128）
　　一　人民代表大会制度概说……………………………………（128）
　　二　创新解读全国人民代表大会权能和形制的中国特色………（136）
　第二节　爱国统一战线和政治协商会议制度……………………（150）
　　一　爱国统一战线………………………………………………（150）
　　二　政治协商会议………………………………………………（157）
　第三节　民族区域自治制度………………………………………（160）
　　一　在中国建立和实行民族区域自治制度是历史和社会
　　　　发展的必然……………………………………………………（161）
　　二　中国的民族区域自治制度是极具中国特色的国家制度……（166）
　　三　民族自治地方自治机关的自治权利………………………（172）
　　四　大力发展少数民族的经济和文化，消除各民族间事实
　　　　上的不平等……………………………………………………（175）
　　五　民族区域自治制度对少数民族人权的保护………………（177）
　　六　民族区域自治制度对当代世界性的民族问题的解决和
　　　　民族人权保护的潜在价值……………………………………（179）
　　七　加强民族理论研究，坚持和贯彻民族区域自治制度……（182）

第四章　改革开放三十多年的中国宪法学发展的大致历程………（188）
　第一节　起步阶段……………………………………………………（188）
　第二节　初转阶段……………………………………………………（192）
　第三节　辉煌时期……………………………………………………（196）

一　宪法学人涉入之深 …………………………………… (196)
　　二　公众参与人数之众 …………………………………… (198)
　　三　宪法知识普及之广 …………………………………… (198)
　　四　发表著述成果之多 …………………………………… (199)
　　五　涉猎问题之敏感 ……………………………………… (201)
　　六　与其他法学学科相比之显 …………………………… (202)
　第四节　沉寂时期 …………………………………………… (236)
　第五节　随起时期 …………………………………………… (238)
　第六节　奋进时期 …………………………………………… (246)
　　一　对新修订的宪法修正案进行了深入的诠释 ………… (247)
　　二　中国宪法学术界试图以科学规范的标准来界定宪法学
　　　　学科体系 ……………………………………………… (248)
　　三　对中国宪法学研究方法问题的高度重视以及对其研究
　　　　方法的拓展 …………………………………………… (255)
　　四　加强了宪法学中的一些专题研究 …………………… (259)

第五章　改革开放三十多年中国宪法学分支学科建构的审思 ……… (270)
　第一节　中国宪法学分支学科创立的学术背景 …………… (270)
　第二节　宪法学分支学科的笔者个人界说 ………………… (274)
　　一　宪法分支学科应当具有相对独立的学科体系 ……… (274)
　　二　宪法学分支学科应当是一个交叉学科或边缘学科 … (277)
　　三　宪法学分支学科应当以宪法学理论为基点进行研究 ……… (285)
　第三节　"宪法人类学"的创意与建构的作者个人体验 …… (300)
　　一　"宪法人类学"是宪法学中一个独立的分支学科 …… (302)
　　二　从"法律人类学"到"宪法人类学" ………………… (307)

第六章　改革开放三十多年中国宪法的历史性进步 ………… (330)
　第一节　宪法作为多价值的文件载体的超越 ……………… (330)
　第二节　改革开放三十多年中国宪法的阶段性价值目标和
　　　　　终极价值目标的确定 ……………………………… (333)
　　一　中国宪法的阶段性价值目标的确定 ………………… (336)

二　中国宪法的终极价值目标的确定 …………………………(339)
　第三节　实现和谐社会的终极价值目标必须重视利用
　　　　　宪法手段和宪制安排 ……………………………………(340)

第七章　感受性分析 ……………………………………………(343)
　第一节　应当而且必须重视宪法的科学规范要求 ………………(343)
　　一　关于宪法学科本身的建设 ……………………………………(343)
　　二　应当重视调整中国宪法学的"继往"与"开来"的关系 ……(344)
　　三　超越盲目与迷狂 ………………………………………………(348)
　　四　维护宪法的最高法律地位和最大法律权威 ………………(350)
　第二节　"比较分析主义"范式对当代人权理论研究的意义
　　　　　——对自己两部著作实例的分析 ……………………(351)
　　一　"先验制度主义"与"现实比较分析主义"政治哲学
　　　　及其进一步建树 ……………………………………………(352)
　　二　更理性提升对《权利相对论》和《反酷刑》的体验与
　　　　感受 …………………………………………………………(356)
　　三　结论 ……………………………………………………………(362)
　第三节　对新兴宪法学派的检视与省思 …………………………(362)
　　一　作为学术研究常态的"闯入"现象 ………………………(363)
　　二　对现实新兴的宪法研究学派学术作为的检视 ……………(367)
　　三　对新兴的宪法研究学派鹊起的省思 ………………………(374)
　第四节　宪法文化的"启蒙" ………………………………………(376)
　　一　"启蒙"的一般意义 …………………………………………(376)
　　二　在中国倡导实行"宪法文化启蒙"的历史和现实
　　　　理由与根据 …………………………………………………(379)
　　三　当代实行"宪法文化启蒙"粗略设想 ……………………(386)
　第五节　宪法文化的自觉 …………………………………………(387)
　　一　"宪法文化的自觉"命题的提出 …………………………(388)
　　二　为何在现实中要致力于实现"宪法文化的自觉"？ ………(390)
　第六节　宪法文化的超越 …………………………………………(402)
　　一　超越的一般概念及其意义 …………………………………(402)

二　中国传统文化和宪法文化的内在性超越…………………（404）
　　三　相关的比较分析………………………………………………（409）

第八章　呼唤宪法学研究科学理性的回归………………………（415）
　第一节　宪法学研究科学理性回归的意义………………………（415）
　　一　宪法学深入研究的学理与实践价值的期待…………………（416）
　　二　倡导宪法学研究科学理性的回归具有创新宪法学的
　　　　意义………………………………………………………………（417）
　第二节　现实针对性分析……………………………………………（418）
　第三节　疑问与侧评…………………………………………………（422）

参考书目………………………………………………………………（444）

后记……………………………………………………………………（447）

自　序

　　说起来，吾生真是不幸又有幸。

　　自20世纪40年代以来，在中国发生的一切重大的内外事变，从日本侵华战争，继而三年解放战争，直到中华人民共和国成立后开展的一系列运动，特别是其中的"文化大革命"运动，笔者都亲身经历过。其间所受磨难和困惑，是为不幸。

　　然而不幸中我又有幸，可以说是有大幸。要者为下：

　　一、经历飞扬的炮火和连年的饥荒而幸存下来，此为第一大幸事。在那个艰难困苦的年代，难以计数的婴幼儿，包括我自己的几个亲兄弟姐妹都在少不更事的幼年、童年，被战争、饥饿和猖獗的天花等传染病夺去了宝贵的生命，永远地离开了这个世界。

　　二、既长到了可以读书的年龄，恰逢中华人民共和国成立，遂有幸踏入新中国开办的国民学校大门，从小学、初中、高中一直读到大学，是家乡有史以来最先接受现代高等教育的几个农村青年之一。被视为"从山窝窝里飞出的金凤凰"，焉能不是一大幸事！

　　三、大学毕业后即将接受国家分配走上工作岗位前夕，"文化大革命"乍起，无意全身心地投入其间，遂成一"逍遥派"，冷眼静观各派之间令人目不暇接、此起彼伏的"文斗"乃至"武斗"。遂乘当时"无政府"状态之机，回到阔别多年的家乡，除每日背上粪筐追随牛群拾些牛粪以滋养家中"自留地"以外，别无他事可做，在苦闷和彷徨中，待岗整整两年。1968年8月，不顾广西"文革接收小组"发给的"南宁现枪林弹雨，此时前来有生命危险请推迟报到"的电报警告，冒险来到南宁，恰逢一场残酷的"内战"刚刚平息下来。原来，除了军队受命介入以及受中央"文化大革命"政策调整的影响外，一场特大暴雨使南宁市变成一片汪洋，使藏在地下防空洞设施内进行顽抗的"文化大革命"中"造反"的一派失去安全屏障，从而几乎被另一派彻底清断。笔者在南宁的十多天中，除了大腿被人（可能是顽童）用弹弓打出的泥弹丸射中了一次，有惊无险受了一些轻伤外，便完好无损地被分配到与越南接壤的一边境县——当时号称"小香港"的靖西县工作，从此开始了长达两年的"接受贫下中农再教育"。按当时政策到被分配的单位报到后，当即就被送往预先联系好的农村去与当地农民实行"三同"，即"同吃""同住""同劳动"，实际上当时还另有"一同"，就是"同学习"，不是隔三差五，而是天天晚上以"小队"为单位学习毛主席著作。之后，我又戏剧般地实现了"华丽转身"，由"受教育"转身一变而成为"教育者"，即"对贫下中农进行再教育"。当时在全国农村范围内开展"基本路线教育运动"，我被抽调成为"基本路线教育工作队"队员下乡开展工作，除继续与农民实行"三同"外，还要组织社员学习毛主席著作和最新指示。此外，更重要的是组织生产和安排生产队的所有农副业的生产活动。

纵观在十多年的"文化大革命"期间，笔者既没有像其他许多人那样去"冲锋陷阵"，也没有受到严重冲击，得以身心全保，此真又一大幸事也。虽然也参加了一些现在看来极愚蠢、盲目的活动，但也只是亿万盲从的"革命大军"中的一分子，故在"文化大革命"后期的"清查"中也没有受到什么牵连。至于"接受再教育"到"实行再教育"的独特经历，更使我个人人生受益匪浅，此为一大幸事。

四、随着"文化大革命"的结束，国家在1977年恢复高等院校招生考试之后的次年，即1978年，又恢复了研究生招生考试（当时只限招硕士研究生）。由于志在必得，我在考前短短的两三个月时间作出精心和艰苦备尝的准备，最终如愿以偿，被中国社会科学院研究生院法学系宪法学专业录取，成为改革开放以后第一批法学研究生之一，被后人戏称为"新黄埔一期"。此次考研成功，彻底改变了我个人及家庭的命运，从此走上了"知识改变命运"的坦途，也使我从此开启了专攻宪法学的治学生涯。

五、1983年，我又迎来了另一件不期而遇的大幸事。是年，国务院决定几位泰斗级专家，其中就包括我的导师张友渔先生，以师带徒的形式让他们每位带一名博士生，以传承他们的学识。由于笔者多年为张友渔先生从事与写作有关的文字工作，是没有名分的"文字秘书"，遂有幸通过严格的但没有竞争性的国家考试获得录取（只有我一人报考）。此次"读博"在我人生中是另一个具有里程碑意义的起点。从此真正踏上了专攻宪法学业的不归路。作为"副产品"，此次"读博"还为我贴上了三个"第一"的符号性标记，即改革开放以后中国自己培养的第一位法学博士、中华人民共和国成立以来中国自己培养的第一位法学博士、中国几千年来在本土培养的第一位法学博士。然而，在我看来，这纯粹是历史的偶然，只是这样标识性记录恰巧让我遇上罢了。它不光是个人努力奋斗的必然结果，更端赖国家的改革开放和历史机遇的赐予。不过，这样的荣幸对我并非全然没有意义。其根本的意义或许就在于："第一博士"只是一个符号性标记，我从未想过利用这个名分和影响，去获取学术和超出学术之外的个人名誉、地位与利益。于我这只是一种激励、一个全新的起点，只有保持谦虚谨慎的态度、矢志治学，才不至于使这个"第一博士""盛名之下，其实难副"！

六、有幸在1991年被公派去美国进修，时间长达两年，先后在俄勒冈州的路易斯·克拉克西北法学院、加州伯克利法学院和哈佛法学院专攻宪法学。1998年又有幸被公派到丹麦人权中心从事"反酷刑"专题研究，时间是半年。此两次进修虽不是正式留学，但胜似正式留学，使我在人生经历与学识长进等各方面获益匪浅。

心理学告诉我们，一个上了岁数的人一旦津津乐道往事，往往便开始或已经变得衰老。我的上述表白，或许就是这种自然规律发生作用使然吧！但不管怎样，以上的表白绝不是出于单纯的怀旧情感，而是想表达如下的信息和愿望：

第一，在举国上下在为庆祝和总结改革开放三十多年在国家宪治和法治方面伟大成就之际，作为一位亲历这一完整进程的人，我有责任将自己的亲历体验与感受书记下来。毕竟，中国的改革开放是从修改宪法、宣传和研究宪法开始的。它是中国改革开放成就中的一个方面，即使不说"厥功至伟"，但也绝不应当被忽略或冷落。责任使然，势必践行。

第二，本人三十多年来矢志治学，心无旁骛，一向以学者标准自励，学问也有所论道。对改革开放三十多年的宪法学总结，纯属个人亲历的体验与感受，既没有必要，实际上也没有受其他学术外因素如权势与利益之类的影响或干扰。不知在这种情况下写出的学术性历史是否称得上"学术野史"。最近有人著文说，历史上的"野史"如司马迁写的《史记》等，之所以受到后人的敬重和引用，盖因为这类"野史"可信度更高。而官方修撰的"正史"，由于可能受到"避讳""造伪"之类的干扰，其真实性往往受到后人的质疑。我们在本书中所做的总结，至少可以为后人在做这方面的历史总结时，提供一种别样的、其真实性没有受到其他因素影响的史实和观念之参考。

第三，从纯学术的意义上来说，从一位自始至终完整经历的宪法学人笔下作出的总结和分析，应当更可取些。纵观中国宪法学术界，自始至终坚持宪法学研究的学者已然不多。要找出完整经历这三十多年宪法学研究的学者更是少之又少。当然，不是没有这样完整经历的人就不能写这类历史性回顾文章或著述，再过三十年，或许要由全然没有这种经历的后人来进一步客观地总结这段宪法史了。但是，由有完整经历的人如本人来写出这段宪法史，至少在谈及一位宪法学人的体验与感受方面，应该更连贯、更深切些，不知以为然否。无论如何，笔者是这样认为的，所以才用功写出这样回顾性、历史性和研究型的书来。

第四，如前所述，笔者的个人成长史虽称不上传奇，但也不算平凡，至少阅历是丰富的，更难能可贵的是，与各种幸事相伴至今的，是连绵不断的苦难、不幸、挫折与失败。幸运使我学会感恩，对社会、国家、亲人、朋友，一切对我成长、教育、科研有过这样或那样帮助的人，我都心存感激；苦难、不幸、挫折与失败，使我学会坚韧、自强和宽容。这些情感会在潜移默化之中注入我的写作之中。这样写出来的书自然带有某些人情味，可能更好读些。由没有这种丰富阅历的人来写这样的书，即使再真实、再华美，也可能是缺乏情感的单纯记事和纯客观的评价与分析。

第五，本人完整、系统的教育背景，再加上三十多年不间断地研究宪法学的经历，使我更可能站在学术的立场、用学术的思维和语言，来描述和分析这段改革开放的宪法史。这两方面在一个人身上得到结合，则是历史给定的，可遇而不可求的。这也许是写这样的书的一个个人优势，不是人人都具有这种两优相兼的优势，如果将其视为一种优势的话。

接下来，我想再谈一谈个人在写这样回顾性、体会性、研究性著作时一些潜在的指导思想。这些也许会成为对这部书的最好导读。

一　客观性

这是写作本书最重要的指导思想之一，在整个写作过程中，我自始至终都在警示自己，一定要坚持客观，记事、评价事件、分析他人学术著述和观点、评价个人在宪法学术界的地位和学术观点，都秉持这种客观性。

二　真实性

历来写史的人都会面临真、伪史料的选择。只有用真实的态度和真实的史料写出的史学著作，才能给世人特别是后人留下可信的资料和信息。当然，从历史的长期趋势上看，用虚伪的史料写成的历史也有价值，能使后人了解当时何以会造假史的真实社会背景。但这也许只有经过多少代学者坚持不懈地进行"证伪"之后才能得到的结果，今天完全没有理由那样做。将我们亲身经历的事如实地记述下来，并加以评价、谈出个人真实的体验与感受，再结合进行相关的研究，这都是应当努力去做的，也是可以做到之事。当然，要做到这一点也必须坚守学者风范，务必使自己能避开权势的影响和抵御非学术利益的诱惑。笔者就是秉承这种真实性而写出这部宪法历史性著作的。

三　科学性

科学性是一个具有极宽泛的外延和深刻内涵的概念，举凡严肃的学术研究态度、合乎学术规范的要求、思维逻辑的合理性和自洽性、研究结果经得起推敲和考验,等等,都属于科学性的范畴,这些自然都是我在写作这部书中所力求实现的。这在第四章的总结中设专题进行了分析。

四 宽容性

本书中涉及大量学术前辈、当代同人的著作和观点,有些观点和意见笔者虽不赞成,但绝对要做到宽容。宽容应当是学人最重要的学术品格之一。学术观点乃至理论,从科学的观点上看来,都没有正确与错误之分,正确与错误都是相对的,一时被认为是正确或错误的,并不意味着一定永远是正确或错误的;今天被认为是正确或错误的,也并不意味着明天和以后仍是正确或错误的。对待别人的观点和意见一定要持谨慎的态度,一时接受不了的,也要容忍其存在,即使为此发表不同的意见,也一定要以理服人,而不是以势压人,更不可一棍子将人打死。这就是笔者在本书中对别人的著作和观点所秉承的宽容态度。

五 谦逊性

本人在本书的写作过程中,从头到尾秉持一种谦逊性态度,或称谦抑性态度。以低调做人,以低调做学问,可以说已经融入笔者个人的品性和学风之中。低调做人的成因比较复杂,不适宜在这里说。在外在的影响方面,之所以形成做学问低调学风,其中原因之一是受到两位学术大师的强烈影响和启发。一是英国19世纪著名法学家布莱克斯通。他是一位秉持谦逊学风的大师,在他的治学中,从不激烈地与人对抗,在学术观点阐述中总是表现出滔滔雄辩、温文尔雅和镇定自若,并总能在不必要打扰别人的或流行的老观点的情况下,巧妙地提出自己的新观点。另一位是20世纪中期美国宪法学家爱德华·科文,他的名篇《美国宪法的"高级法"背景》被认为是宪法学的经典之作,影响了美国几代宪法学者。但他在该书中自始至终贯穿一种谦逊的风格。在他的笔下,西方一代又一代的思想家们被尊为西方进行有序自由政治试验的先驱;而美国宪法不过是两千多年以来西方政治和法律理念发展和实践经验在美国结出的成果。这与美国成为世界强国和超级大国以来许多美国政治家和理论家所表现出来的盛气凌人、目空一切的傲慢态度，形成了鲜明的对照。

受学术先辈的影响，本人在本书中也秉持谦逊的态度，认为中国宪法和宪制，是世界性的宪法和宪制的理念与实践这棵茁壮大树，在中国开出的一朵鲜艳的花朵。中国近代以来直到今天的宪法和宪制运动，是世界性的宪法和宪制运动的一个组成部分。中国宪法和宪制从西方的宪法和宪制中吸取了营养，同时也以自身独特的理念和实践，为世界性宪法和宪制运动作出了自己的贡献。当然，这种观点在当下可能不被一些人所认同，在宪法学术界，也有些学者对批判和否认关于民主、人权、法治等理念与制度的普世性价值投入了很大的热情，对此，我们学术同人也同样应当秉持谦逊的态度予以理解和尊重。

在一本小书的自序中披露如此多的作者个人心迹和写作信息，在当今信奉简单的实用主义，摒弃深义、罔顾情感和道德的读书风气中，可能让一些读者不以为然，甚至可能会产生负面情绪。其实，作为一种宪法学读物，并没有对读者提出额外的理解要求。我在这里只是想表明：这虽然仅仅是一本传达信息和知识的书，但对笔者而言，却是一本用心写出的书，它凝聚了笔者三十多年间对中国宪法和宪制的喜与忧和对宪法学的专注乃至痴迷的情感！别人可能不以为然，于我个人却是理所当然。

"知我者，谓我心忧；不知我者，谓我何求。"（《诗经·国风·王风·黍离》）

畅叙心曲与学路，是为自序。

作者于北京新源里寓所半步斋书房

2014 年 7 月 28 日

第 一 章

导论：宪法为什么是重要的

——基于从高级法到宪法至上的文化和
知识背景与历史经验的解读[①]

本章由四个部分组成。第一部分就时下法学界流行的"先有罗马法，后有宪法"的说法从各个层面进行了分析；第二部分通过从古希腊直到近代的历史追述，阐述了宪法的高级法文化和知识背景与成长经验；第三部分基于近、现代宪法文本自身的规定，说明了宪法如何使之至上的法律地位得到了实体确认；第四部分通过反思性体悟，指出当前中国宪法学术界和有关各方面，仍然面临树立和重构宪法至上的理念与机制的现实任务。

以下就是从"高级法"到宪法至上的宪法文化和知识背景与历史经验方面所做的进一步解读。

一 从"先有罗马法，后有宪法"说起

在当下的中国法学界，在宪法学与友邻学科的"对话"中，先声夺人的"先有罗马法，后有宪法"的话语在法学界广为流传，并被认为是树立某一法学科优势地位的有力证据。言之凿凿，使人不能不信、莫敢不信。此言若从法律学科发生学意义的先后次序上看，若再将"宪

[①] 此文曾先期发表，载《中国社会科学院研究生院学报》2009年第2期，第75—82页。此次收入本书部分内容有改动。——笔者注

法"设定置于近、现代宪法的意义（目前是宪法学术界的公论）上，自是一个历史事实，无可争议。但倘若以此作为高扬某一学科而同时降格宪法的最高法律地位和最大法律权威的证言，就不再是无可争议的学术命题了。试浅析如下。

第一，从法律发展史上看，作为一个时代类别的法律体系，是不应当轻率地用"先后"来评判其价值和法律地位的。依照此种推论，别人也可以说："先有希腊宪法，后有罗马法。"（史记古希腊思想家亚里士多德曾集158个城邦国家的"宪法"进行比较研究。）这显然不能成为贬损罗马法地位和价值的理由。历史上不同的法律体系，其出现的时间总是客观地存在先后，这种时间上的先后显然有别于人的出生辈分的先后，人们因出生先后而使长幼有别，然后依社会伦理道德建立长幼的行为规范，如尊老爱幼等。即使如此，在现代的公民社会和国家，公民在法律面前一律平等，以大压小，以长欺幼也为法律平等原则所不容。"先有罗马法，后有宪法"之说很容易使人产生以先压后、以长欺幼的联想。

第二，按稍许有些过时的传统上公、私法律的分类法，罗马法应当归属私法序列，而宪法则无疑是公法属性，两者规范对象不同，体系也自然有异。无论如何，它们都各自具有特定的价值与功能，在一定意义上是一个相互补充的关系，共同构成一个国家的总的法律体系，它们之间既不存在可以相互取代，也不存在相互拒斥的关系。而"先有罗马法，后有宪法"之说，似有将两者放在对立位置的嫌疑。

第三，罗马法曾在罗马时期辉煌和极盛一时，但随着东罗马帝国的解体，罗马法曾衰落了几个世纪之久，更谈不上原封不动地保留下来。尽管人们不能否认，罗马法的基本元素乃至其原则在后世兴起的另一个崭新的、不同的文明中，即在资本主义文明中得到复兴，并为19世纪的法、德、瑞士等国的民法体系所继承和发扬，但无论如何，资产阶级民法典只能视为一个经改造后适用于资本主义生产关系的、全新的法律体系，而不是对罗马法的完整的、全盘的继承。而"先有罗马法，后有宪法"之说之所以令人存疑，恰恰在于很容易产生使世人以为罗马法在现今世界上仍然是一个法律体系真实存在，或认为现时西方民法典就是罗马法的近代变身。以一个早已不复存在的古老法律体系作为支持某个法律学科的"坐大"的理由，并不能使人心悦诚服。

第四，即使光从"后有宪法"方面看，也还有一辩。"后有宪法"如果是指西方市民革命成功地建立资产阶级国家以后制定的近、现代宪法，如前所述，这无可置疑。但是，请不要忘记，在罗马时代就有如同今天视为"宪法"一词渊源的"Constitutio"拉丁文的出现，这个词大概是"由西塞罗所创造"，用来描述各种形式的政府或政治制度。可见，"先有罗马法，后有宪法"之说或许还不是，或者根本就不是一个真实和无可辩驳的历史命题。

第五，宪法并不是像戏剧一样，大幕一拉，满台活灵活现的戏剧人物立刻就显现在观众的面前。宪法绝不是资产阶级国家一建立，就立即实行立宪并施行宪制。事实上，西方的正式成文宪法如以美国1787年宪法为基点，其酝酿时期早在前几个世纪就启动了。从这个意义上和世界范围来说，宪法和罗马法至少并行存在过几个世纪之久；而如果从宪政母国的英国来说，此说更是明显地违背了历史事实。诚如美国法理学家埃德加·博登海默所指出的："英国人对具体情势的要求所具有的那种实际判断和直觉意识，对建立唯一能与罗马法并驾齐驱的法律体系作出了贡献。"① 事实上，英国的宪政史最早可以追溯到11世纪。即使是作为宪法脱胎于母体的普通法历史的真正起点，也应从都铎王朝亨利二世在12世纪后半期前25年中，确立了一个名为中央上诉法院的巡回法院制度算起②。而在13世纪之前期的1215年，则有号称最早宪法性文件的《英国大宪章》问世。宪法史学界的权威学者向来认为，在英国虽然从未启动如后世许多国家的立宪程序，但其从事的全部法律活动仍被称为"宪政运动"，从而英国被称为"宪法母国"。此种英国立宪史更可以证明，"先有罗马法，后有宪法"这个提法不仅有违历史事实，而且涉嫌是一个"伪命题"。

第六，罗马人拥有创造一个以理性和一致性为特征的法律制度的能

---

① 转引自［美］埃德加·博登海默《法理学——法律哲学与法律方法》，邓正来译，中国政法大学出版社2004年1月修订版，第219页。
② 参见［美］爱德华·S.科文《美国宪法的"高级法"背景》，强世功译，生活·读书·新知三联书店1996年11月版，第19页。

力,他们成功地在私人与私人之间,即公民与公民之间建立起平等法律关系,在人类法律发展史上第一次成功地实现了对公民个人,也就是个体自然人的人身和财产权益实现了真正法律意义上的平等保护。然而,罗马人并没有成功地建立起公民与国家的法律关系。他们在这方面的努力是失败的。这或许就是罗马法在后期衰落了几个世纪之久的内在原因之一。正是罗马人的这种失败和罗马法体系中的重大缺失,才促成了后世公法的创立,以及公法与私法二元法律体系的并驾齐驱。我们今人评价罗马法时,不能只高扬其辉煌的一面,而讳言其失败和缺失的一面。

第七,西欧中古世纪法律史的常识告诉我们,与欧洲大陆隔海相望的英伦三岛,很早就在封闭的地理环境中渐渐地发展起与欧洲大陆罗马法迥异的法律传统,这种法律传统的根深蒂固和影响力之大,竟使征服后定居下来的欧洲诺曼人逐渐放弃了大陆罗马法传统,而融入英伦三岛的法律体系之中。这就是后世乃至今日仍然被人习惯地称为英国普通法体系或大洋法系的法律体系。普通法系尽管没有在英国本土造就一部成文宪法,但它的独特性质和体系仍在世界上被公认为"议会之母""宪政之母"或"宪法母国"。近、现代的宪法就起源和发端于英国。从这个意义上来说,至少在欧洲大陆和英伦三岛在历史上同时并行孕育和发展着两大法系。原本并不存在谁先谁后的问题,即使不考虑英国普通法是一个连续发展的不间断过程,而罗马法到后来却烟消云散于东罗马帝国崩溃后的欧洲大陆。可见,"先有罗马法,后有宪法"之说"事实"上并不是一个真实和无可辩驳的历史命题。

第八,在罗马时代,是否真的不存在如后世出现的那种类似宪法的"高级法"观念与体系和形似"成文宪法"的法律体系,还是一个值得探讨的问题。古罗马法学家西塞罗、塞涅卡、乌尔庇安等人对此都有论述。不过,这将在本书后面再行介绍。

然而,此书的目的与其说是为在当前法学学科间"对话"中,显得底气不足和显然受到"贬低"的"宪法"予以正名,毋宁说是为了重申一下有关宪法的背景性文化和知识,以及成长的历史经验。这毕竟是宪法现象与生俱来的性质元素,是宪法学科总体系中不可或缺的部分。况且,这种知识在中国宪法学术界似乎早已被人淡忘甚至从来就没有受过重视。现在该是到了值得关注的时候了。这不仅是因为宪法是从历史中走来，而且是从"高级法"的法律高台上一路走来，宪法的最高法律地位和最大法律效力，是在漫长的法律进化史上逐渐积淀下来的，可以说是一个历史的必然。然而，目前在中国法学界，这个历史的必然正在遭受动摇，甚至有面临被颠覆的危险。对历史给予必要的尊重和敬畏，应是科学态度的应有之义。中国当代宪法学人有责任通过对宪法史的追溯与研究，为确立宪法至上的法律地位做些分内的事。

二　宪法的高级法文化和知识背景与成长经验

在西方的思想史和学术史上，自古希腊的柏拉图、亚里士多德以来，就形成了一种被称为"二元论"的学术研究风格和传统，即认为在包括法律现象的每一个社会现象之后，冥冥中存在着某种神秘的力量——或为神或为理性或为先验的原则、精神等——在暗中支配或决定各种社会现象的产生、运行和发展。在牛顿发现自然界的万有引力之后，自然科学的这一成果再次刺激和强化了社会科学研究的这种进路。自中世纪晚期人文运动伊始，特别是到了近代法学和宪法学的产生和兴起之后，探求法律和宪法条文的背后或潜藏于其间的神性、理性原则及精神的研究范式，更成为法学和宪法学研究的一贯进路，并形成长久的学术传统。从法律和宪法的神圣性，到自然法及其先验的理性，到主、客观唯心主义的世界精神和道德原则，再到当代罗尔斯的正义论和德沃金的权利原则，直到当代复兴的各种变异的自然法，以及再度被提起的宗教道德原则，等等，都是这种"二元论"的典型体现。19世纪中叶以至20世纪前半叶，相继兴起和发展起来的法律实证主义和规范法学等学派，尽管以反理性主义的法哲学立场取得法学和宪法学研究的新突破，但很快便走向式微，并未对"二元论"的法学和宪法学研究传统造成颠覆性的破坏。至今，这种"二元论"的法哲学和宪法哲学的研究进路和方法，在法学和宪法学的研究中还相当得势。现代美国宪法学者爱德华·S. 科文在《美国宪法的"高级法"背景》一文所展示的资料，运用的彻底性和精确性，以及思想的深邃性，就是这种"二元论"研究进路和方法的典型范例。

按照科文教授的观点，美国宪法的合法性、至上性以及对它尊崇的要求，是基于一种超越正义原则的基础之上，即美国人民深信有一种"法"高于人间统治者的意志，宪法就是协调这个原则与政府权力关系的高级法文件。他详尽地考证了这种"高级法"的古老渊源以及转变过程。下面让我们循着科文及其他先辈们为我们开辟的坦途，探讨宪法是如何一步步地从"高级法"的历史土壤中发育、扎根和成长起来的。

早在古希腊时代，安提戈涅就已经将古老的习惯法置于人类制定的规则之上。一个世纪以后，狄摩塞尼斯认为，法律都是一种发现，是神赐予的礼物。亚里士多德又进一步将国家的法律与"自然法"加以区分，而自然法的核心概念就是"自然正义"。一般认为，"自然正义"主要是一种立法者遵循的规范和指南。斯多葛学派在亚里士多德的基础上，又进一步充实和拓展了自然法的理念，认为自然法概念是一种道德秩序概念。最高的立法者就是自然本身，人们通过上帝赐予的理性能力与诸神一道，直接参与自然秩序的建构。自然、人性和理性是一回事儿。

古罗马法学派西塞罗又将斯多葛自然法中的抽象的道德秩序，恢复为世界性的法律和政治观念。它认为，真正的法律乃是正确的理性，它与自然和谐一致，它散播至所有的人，且亘古不变，万世长存。人类立法不得企图背离该法，这是一项神圣义务；而且不得毁损该法，更不得废弃该法。事实上，无论元老会还是人民，都无法不受该法的约束；它也不需要我们自己之外的任何人作为其解说者或阐释者。不可能在罗马有一种法，在雅典有另一种法；或者现在有一种法，将来有另一种法，有的只是一种永恒不变的法，无论何时何地它都是有效的。西塞罗还进而将上述自然法理念提升为"正式法"。尤其是"制定法"与"真正的法律"两个相互区分的法律体系的高度。认为："真正的法律"是依照自然区分正确和错误的规则；而其他任何类型的法律不仅不应当看做法，而且也不应当称之为法，或者只可勉强称之为披着法的外衣的法律。至于这种法律与真正的法律相冲突时，补救的措施就是前者服从后者，即制定法必须服从真正的法所体现的那些神圣不可侵犯的准则。罗马人在成文法规中通常都要规定保留条款，通过这种方式使真正的法的那些准则成为约束立法权的"成文宪法"①。西塞罗不止一次借助这种条款,援引"真正的法律"来反对制定法;还有几次,他指出,占卜官和元老院有权废止那些没有依据"真正的法律"制定的法律;他甚至在元老院的一次讲演中,直接诉诸"正义的学说"来反对"成文法规"。西塞罗的自然法观念,经罗马时代其他思想家和法学家如塞涅卡和乌尔庇安等的认可后,又提升到一个新的高度,即从自然法衍生出生而自由或自然权利的内容。自然权利和理性后来又逐渐渗透到罗马的"万民法"中,自然法于是取代了"实证法"的外在形式,不仅具有确定的内容,而且可以得到强力保证的实施②。(这里的介绍正好对应了前文的"第七"所要表述的内容。——笔者注)

从上述内容我们可以体悟到,人类近代社会以来不断被提出和得到强化的宪法是国家根本大法,具有最高法律地位和最大法律效力的观念,绝非人类社会即兴的、偶然的发明和创造,而是具有深厚历史渊源的。古代先贤们提出和弘扬的"自然正义""永恒不变的法""万民法""自然权利和理性"等观念,不仅至今还是我们讨论政治、法律,特别是宪法现象的课题和"对话"的基础,而且其所阐发的自然法或"高级法"的理念,尽管还显得朴拙和稚嫩,但其显现的蓬勃生机,终究要在后世开花结果。

自然法和高级法的观念在欧洲的中世纪得以赓续和发展。中世纪欧洲是一个世俗权威与教会权威持续斗争并最终以教会权威取得压倒性主导和统治权的时代。适应这种时代变迁的需要,原来古希腊、罗马的自然法观念也发生了重大的转变。古希腊、罗马的思想家们普遍将自己的自然法的思想,置于人性的普遍一致性、人类命运可观察的一致性和人类理性可发现自然法的一致性之上。自然法构成了实证法的优越性的终极源泉和最终原因。于是,自然法便成了立法者刻意使其法典化的目标。《国法大全》就是这种努力的结果。然而,在神权占主导和统治地位的时代,使这一进程发生了逆转。世俗的统治权经由全面渗透了神权

---

① 转引自(美)爱德华·S. 科文《美国宪法的"高级法"背景》,强世功译,生活·读书·新知三联书店1996年11月版,第7—11页。

② 同上。

统治权之后，则变成了家长式的、不需承担责任的且不受任何制度约束的权力。为了适应这一时代变迁的需要，原来的自然法，即超越制定法的高级法观念，也相应地发生了改变。由于基督教教义和《圣经》的渗透和影响，原来基于人性和理性发现并法典化的自然法，则以"天国里弥漫的普遍存在"和"刻在人们心中的法律"的形式，变成了神秘的超越法。而这种法律的宗旨和目的，也由原来的经由启迪、开导权威以实现社会的正义，而变成了从外部制约和限制绝对神权政治统治，从而纠正了社会普遍流行的不正义。这种限权的观念直接地影响了近代的西方宪法理论和分权学说，并在美国宪法中得到了典型的体现[①]。由此可见，中世纪限权的自然法观念不仅没有中断"高级法"观念，反而进一步强化了这个观念。

到了人文运动时代，作为"宪政母国"的英国在培育"高级法"的观念和建构体系方面，作出了特殊的贡献。英国由于其特殊的地理位置和立国经历，其"高级法"观念与欧洲大陆普遍流行的"高级法"从一开始就分道扬镳了。在英国的法律情境中，"高级法"不再是某些应当约束政治权威的原则如何以法律的面目出现，或者在多大程度上采用法律的形式，而毋宁是某些原本具有法律特征的原则如何表现为具有更高性质的原则，即有资格控制权威而且又以法的形式控制权威的原则。换句话说，问题不在于普通法如何变为法律，而是如何变为更高级的法[②]。

英国普通法之所以变为高级法，是由普通法形成的基质和实施的体制所决定的，从更广阔的社会背景上来说，它是由英国特殊的政治法律环境所催生的。

正确理性从14世纪起便被视为使普通法变为"高级法"的主要依据。只不过，欧洲大陆的高级法准则所依据的正确理性，一直是西塞罗诉求的正确理性，它是全人类的正确理性；而在英国，作为普通法基石的正确理性，从一开始就是法官的正确理性。普通法被看做依赖于知识

[①] 转引自（美）爱德华·S. 科文《美国宪法的"高级法"背景》，强世功译，生活·读书·新知三联书店1996年11月版，第14—15页。
[②] 同上书，第18页。

或发现的法，更确切地说，是依赖于专家们，特别是法官们心目中的"法"①。

正确理性支撑了并建构了普通法变为"高级法"的最重要的观念基础，以及法官在实现这种正确理性中所发挥的特殊作用，但这还不够，还需要一些特殊观念的延伸、演化作为介质；而且这种介质的形成也不是一朝一夕就能完成的，事实上它经历了几百年的积蓄和转化的过程。

最重要的观念延伸和转化是关于理性优于或高于制定法，甚至优于或高于王权。亨利六世的大法官约翰·福蒂斯丘，在他的著作《英国法礼赞》中提出了统治权，即王权受限制的观念，并把这种观念建立在统治权源于民众这一思想之上。

宪法从一开始就不是作为一般法律创设的，而是作为高级法而设计的。近、现代宪法赓续了古代"宪法"作为国家总体结构性规范和体系的原旨和内涵，这种原旨和内涵本来就含有"宪法"高于一般法律的底蕴，经启蒙学者的改良和发扬，其高级法的特性愈加得以彰显和固化，最终确立了"宪法至上"的理念与地位。对于这种普遍公认的理念与地位，除中国法学界的少数学者外，迄未受到过挑战。

在英国的宪法史上，1215年制定的《大宪章》是一个重大的事件。《大宪章》之所以重要和出名——以至于后人将其视为最早的成文宪法性的文件，而忽略了它实质上只不过是当时的国王迫于财政的压力，而给予特定的封臣阶层的特许状——首先它是一纸文件，它以文字语言表达的形式明确而又具体地体现了高级法的观念。在《大宪章》制定以后，整整持续了一个世纪的辉煌时代，以至在英国逐步培育出了对《大宪章》的崇拜。即使到了《大宪章》落寞以后，这种崇拜又成功地转移到普通法之上，继续滋润了培育"宪法至上"观念的土壤。

在西方宪法学史上，18世纪前半叶的英国伟大思想家洛克对宪法至上理念的确立作出了巨大的贡献。关于这方面的内容，我们即将在下面的论述中作出详细的分析。

---

① 参见（美）爱德华·S. 科文《美国宪法的"高级法"背景》，强世功译，生活·读书·新知三联书店1996年11月版，第19—20页。

三 宪法至上地位的实体确认

由洛克倡导的宪法学说和政府理论,直接影响到美国的宪法制定和宪制建立。其中最重要的影响就是如何实现宪法至上的学说与理论。在美国宪法制定后的等待各州批准之际,就如何组织政府问题曾展开了一场大辩论,辩论一方为以富兰克林为代表的共和主义者,另一方则为以汉密尔顿、麦迪逊为代表的联邦主义者。前者主张在美国建立统一的共和主义政府;而后者则拥护宪法所体现的由各殖民地联合组建一个联邦政府,后者的意见集中体现在汉密尔顿等3人所发表的一系列评论性文章中,后来这些文章被集成《联邦党人文集》一书。在汉密尔顿所写的第七十八篇文章中,集中探讨了司法部门问题。在文章中,汉密尔顿明确地指出,美国宪法是一部"限权宪法"。"所谓限权宪法系指为立法机关规定一定限制的宪法。如规定:立法机关不得制定剥夺公民权利的法案;不得制定有追溯力的法律;等等。在实际执行中,此类限制需通过法院执行,因而法院必须有宣布违反宪法明文规定的立法为无效之权。如无此项规定,则一切保留特定权利与特权的条款将形同虚设。"[①]又说:"代议机关的立法如违反委任其行使代议权的根本法自当归于无效乃十分明确的一条原则。因此,违宪的立法自然不能使之生效。"[②]"解释法律乃是法院的正当与特有的职责。而宪法事实上亦应被法官看做根本大法,所以对宪法以及立法机关制定的任何法律的解释权应属于法院。"[③] 汉密尔顿以上的评论,已经明确无误地将宪法称为"根本大法",宪法不仅限制了立法机关的权力,而且法院有权宣布违宪的立法无效的责任。这一切都明示或暗含着宪法是至高无上的法律。实际上,美国宪法自身就是这样规定的。

尽管美国宪法自身规定其是联邦的最高法律,但由于制宪时代表们

[①] 转引自[美]汉密尔顿、杰伊、麦迪逊《联邦党人文集》,程逢如等译,商务印书馆1982年9月版,第392页。

[②] 同上。

[③] 转引自[美]汉密尔顿、杰伊、麦迪逊《联邦党人文集》,程逢如等译,商务印书馆1982年9月版,第392—393页。

的意见分歧，宪法并未明确规定联邦法院具有宪法解释权和宣布国会立法违宪无效的权力。直到1803年，联邦首席大法官马歇尔才在马伯里诉麦迪逊一案中，以判决的形式宣布法院有这项职权。这不仅是美国立宪史上第一次以司法判决的形式，实现了普通司法机关行使司法审查的职权，而且从法理上再次确认了洛克、汉密尔顿等人的宪法至上的学说。

由于美国宪法及司法审查对后世全世界各国宪法的影响，宪法至上的学说得到了普遍的承认。据统计，在全世界的宪法中，规定宪法比普通法律具有更高的法律地位的量数远远高于没有规定更高的法律地位的宪法量数，两者分别是95部和20部，占宪法总数的百分比分别是66.9%和1.4%；另外还有25部宪法没有作出明确的规定，有20部宪法没有规定宪法和普通法的关系[①]。

四　反思性体悟

宪法至上也许是历史上的先人特别是宪法大师和先哲们留给我们最重要的法律文化和法律体系遗产之一。当我们今天的宪法学术界对于"宪法是国家的根本大法""宪法具有最高的法律地位和法律效力"的话语早已耳熟能详的时候，其实我们只是简单地承认和接受了这份遗产。至于其中由先人特别是几代宪法大师和先哲们付出几个世纪的艰难建树的过程，以及其中蕴涵的深刻的立宪主义原理，我们今人在大多数情况下都没有必要甚至根本没有兴趣去回顾和体认，正是这种内在机理的缺失，才导致人们对宪法只是作为治国的一个工具而加以运用，而很少或没有从深层次的理念与宪法结构的意义上，去体认宪法的真正含义及其价值。而现时法学界一些学者不遗余力地将作为"山峰"的宪法削平使其与作为"峰谷"的一般法律处于同一位阶的努力，也是对宪法至上性这样寓意深刻的立宪主义原理缺乏必要体认的表现。所有这些表明，在当下中国的法学界，仍需我们宪法学术业内人士去努力辩说和

[①] 参见［荷］亨克·范·马尔赛文、格尔·范·德·唐《成文宪法——通过计算机进行的比较研究》，陈云生译，北京大学出版社2007年3月版，第86—87页。

论证宪法至上性。笔者即使不说这就是中国宪法学"宿命"或"悲哀",但至少从另一个侧面折射出宪法理论界基础理论研究的薄弱状态。站在今天宪法学的高度,我们仍然面临着树立和重构宪法至上的理念与机制的现实任务。先人孜孜以求地建构宪法至上地位的历史早已逝去,而他们留下的宝贵思想仍值得我们今人去追忆、体味、传承和发扬。

第二章

中国宪法学的文化和知识学科背景与基础

人类的社会发展史是一个赓续绵延的历程，尽管在某些领域，特别是社会、政治、法律制度甚至意识形态领域，曾经和正在被不断地"断代"，乃至不无武断地被宣称后起的观念与制度，应与或必须与先前的观念与制度实行"最彻底的决裂"。但无论如何，在宪法学说领域是不能够甚至不应该适用"断裂"的思维方式，看待以往和现今的学术赓续问题的。当然，我们也必须承认，现在我们所耳熟能详的"宪法"，在特定的意义上的确是近代的产物，尽管在宪法学术界对于"何为第一部近代成文宪法"问题，一直存在较大的争议，但对真正国家意义的正式成文宪法文件，公认是美国宪法，这是一个不争的事实。而美国宪法制定于1787年，则意味着在那之前没有正式的国家宪法存在过。然而，就宪法的历史来说，绝不能说美国宪法是"平地起生雷"，从发生学的意义上来说，它必定有其生成之源，而这个源头肯定是在1787年之前。至于从宪法思想史方面看，更是源远流长。那么，有什么必要回顾宪法的历史？道理很简单。历史不仅可以为师，还可以为鉴，要理解现代的宪法，就不能不了解和认识过去的宪法，特别是宪法的思想启蒙和起源史。今人有时之所以只是简单地将宪法作为治国的工具，甚至并不在意或不重视宪法的贯彻实施，其中一个重要的原因，就在于我们对宪法的观念启蒙、生成之源、诞生的历史必然性和社会适应性，缺乏深切的体认，从而使对宪法的认识停留在一个肤浅的层次上。由此可见，对宪法历史——包括思想史和制度史——的回顾并非只具有历史发生学上的意义，其实更重要的还是其现实的意义。在笔者个人的著述中曾多次引用德国天才哲学家尼采的话："当我们言及希腊人时，我们实际上是在不由自主地谈论现在和过去。"① 这句名言用在我们当下讨论的宪法和宪法学话题上，也许是再适合不过了。对宪法思想史和宪法制度史回顾的根本意义，正是着眼于我们应当并且能够反思过往的宪法思想和宪法，以及更好地理解和实施现代的宪法。除此之外，这还能使我们更理性、更准确地把握宪法制度和宪法思想的未来。

第一节　中国宪法学的西方知识学科背景与基础

就我个人的学术思路而言，谈及中国宪法学的学科背景与基础问题时，首先是要破除视域中的地域狭隘性。预设这种观念前提的理由，首先，是不符合宪法学学科的事实，如前所述，中国宪法和相应的中国宪法学，并不是宪法学中的一个孤岛，中国的宪法和宪制史其实是世界宪法和宪制史中的一个组成部分，而今更具有权重的分量；其次，全球化的发展大势以及中国采取的对外开放态度和政策，势必要求我们破除地域的狭隘性，主动、自觉地融入世界性的宪法和宪制发展的潮流中去；再次，采取这种学术立场，对世界上各种不同性质国家的宪法和宪制采取比较分析的立场，有利于吸纳他国宪法和宪制的优势或积极因素，同时也吸取相应的教训，这样做既可以避免犯重大错误，又可少走弯路。这对中国宪法和宪制来说，无疑有重大的启示和补益效益。故此，就我个人的学术立场而言，适当地将西方古今的宪法观念、思想、理论作为中国宪法学的学科背景和基础，是审慎地思考的结果，绝不是率性而为。

一　古希腊、罗马时期的宪法观念和思想

在古希腊的早期，希腊先人曾用文学的语言和戏剧的形式，懵懂地表达过类似今天的某种不同法律之间会存在冲突和某一种法律须服从另

---

① 转引自［美］埃德加·博登海默《法理学——法律哲学与法律方法》，邓正来译，中国政法大学出版社 2004 年 1 月修订版，第 1 页。

一种法律的思想①。柏拉图在其"理想国"的蓝图中，不仅需要确立普遍的政治权威，而且还特别需要确立一个政治上的"最高权威"，正是通过这个"最高权威"才能使社会良好地组织起来，政治机器得以有效地运转。柏拉图只是把这个"最高权威"赋予了具有哲学素养的被称为"金质人"的统治者，而今人却把它赋予了非人格化的所谓"宪法"。亚里士多德不仅把他的老师关于"最高权威"的观念赋予经正当方式制定的法律，而且还将法律的最高权威性赋予普遍性，以至形成法治优于人治的思想。法律应当体现"自然正义"，而自然正义又具有普遍性，在每个地方都具有相同的效力，它并不依赖于人们这样或那样的想法而存在；法律和宪法由于是人制定的，所以既可以是这样，又可以是那样。正因为如此，所以他才主张设定某个标准以检验人类的法律和宪法是否具有自然正义的成分。这个标准法律的理性比任何个人更可取，法治优于人治。亚里士多德这种法律和宪法思想，一直影响到两千多年后的当代宪法发展②。此外，史书记载，亚里士多德还收集 158 部希腊城邦国家的宪法编于一书，这是历史上第一部有关《比较宪法》的学术专集。

古罗马是人类法律特别是私法领域得到很大发展的时期，尽管罗马法主要关注人与人之间关系的法律调整理念与机制，并没有成功地发展出为后世的公法，包括宪法的体系与制度，但是，在确立法律的理性以及通过人性特别是社会性，使法律与自然和谐，进而使之在成为一种永恒不变的法等方面，构成了后世宪法思想的源泉。在这方面，罗马法学家西塞罗作出了杰出的贡献。他在《共和国》和《法律篇》等著述中都有精辟的论述。此外，罗马人成文法律中规定保留条款的程序形式，也被西塞罗巧妙地加以发挥和拓展。所谓保留条款，大意是颁布人的制定法的目的并不是要废除那些神圣不可侵犯的东西即法律（Jus）。西塞罗不止一次地借助这种保留条款，援引法（Jus）来反对某项制定法。

---

① 参见［美］埃德加·博登海默《法理学——法律哲学与法律方法》，邓正来译，中国政法大学出版社 2004 年 1 月修订版，第 2 页。

② 详见［美］爱德华·S. 科文《美国宪法的"高级法"背景》，强世功译，生活·读书·新知三联书店 1996 年 11 月版，第 2—3 页。

就这样，通过他所谓的"法律学说"（Leges Legum），把对立法程序本身的直接控制机制上升为约束立法权的成文宪法。这种观念或许影响到包括美国宪法在内的后世宪法中的违宪观念的确立，以及司法审查制度的建立。除此之外，关于后世宪法上的平等观、人民主权观、社会契约观、统治者与被统治者订立契约的思想，都可以在西塞罗的思想中找到清晰的或模糊的印记①。

二　中世纪时期对后世宪法学作出的贡献

中世纪法学家对后世宪法学作出的贡献主要体现在如下三个方面：

一是进一步确立自然法具有永恒的必然性和在所有民族中均具有法律效力，因而绝对不能违背。这一思想在英国人索尔兹伯里的约翰的著作《政治论》中得到了阐释。此外，中世纪的自然法不仅仅是理性的或神的法律，而是与《圣经》、教会的教义和《国法大全》（Corpus Juris）结合在一起的，从而使自然法变成了"实证法"。这种"实证法"的观念是对"自然法"的一次极大超越和提升。这使自然法具有实质意义上的巨大变革，对后世的法律和宪法具有深远的影响。正是基于这种体认，我们不应漠视、否认、抵触或排斥自然法思想和理念，尽管它具有不切实的、难以把握的假想性质。科学的宪法观和法律观，应当视其为重要的观念基础和制度的源泉。

二是强调了自然法的绝对权威和优势。自然法约束着人间的最高权力，它统治着教皇、皇帝、人民以及整个社会。无论是惯例、成文法还是民众的意欲，都不能超越自然法所设立的界限。任何事情，只要与自然法颠扑不破的永恒原则相冲突，就是无效的，因而也就不能约束任何人。除此之外，法官和其他所有参与实施法律的人都有义务宣布，凡超出这些界限的任何权威的行为和任何成文法规，都是无效的。这可以视为后世违宪审查的观念之源。

三是对所有政治权威具有内在限制的思想。约翰把基于暴力统治权

---

① ［美］爱德华·S. 科文：《美国宪法的"高级法"背景》，强世功译，生活·读书·新知三联书店1996年11月版，第4—9页。

来压迫人民的君主称为"暴君",而把依据法律来行使统治权的人称为"君主"。这种区分就预示着统治权威具有内在限制的思想。此外,中世纪的自然法还将古希腊、罗马的自然法主张,融入审慎的、人类权威的法律之中从而使人类从中受益的内在约束机制,改造成为从外部制约和限制权威的机制,即通过将罗马法中的某些特定条款、教会的教义和《圣经》中的某些片段的神圣化,并进而变成神秘的超级法,以期达到其最大化的教化和神启功能与价值。这样的法律思想的目的指向性,已经不再是先前自然法那种为了阐述普遍盛行的正义,而是为了纠正普遍流行的不正义;不是为了启迪、开导权威,而是为了限制、约束权威[1]。这种在宗教神学背景下,实现的自然法的目的指向性和功能的转变,对后世的宪法理论和宪制学说产生了重大而又深远的影响,以至当今每一个研习宪法的人,都必定对政治权威要受宪法限制和约束的原则及思想了如指掌。

三 启蒙时期对宪法学的奠基

在当代,就世界范围来说,宪法学可以说空前繁荣,各种新的思潮、学说层出不穷,令我辈研习宪法之人,至少是我个人,穷其一生也难消化和吸收其庞大的知识总体,更不待说融会贯通了。然而,通过多年的苦苦求知和探索,到头来竟发现,构成当代宪法学中最基本、最基础的知识,仍然是我们的前辈所发现和创造的。除了前面已简单地介绍过的古希腊、罗马和中世纪的宪法观念和宪法思想之外,启蒙时期甚至上溯人文运动时期这一延续四五个世纪的漫长时期内,由几代具有哲学素养的法学家特别是自然法学家的共同努力,才真正完成了我们今天称为宪法学的伟大学科的奠基工作。这个基础打得如此之牢固,以至现今依然支撑着宪法学科的大厦,不论当代那些被人称道或自诩为才华横溢、雄心勃勃的宪法学人,如何努力试图在宪法学上搞出"特色"或自我"体系",甚至为此坚持拒斥宪法学的"西方的"或"资产阶级"

---

[1] 详见〔美〕爱德华·S. 科文《美国宪法的"高级法"背景》,强世功译,生活·读书·新知三联书店1996年11月版,第14—15页。

的理念与体系,但到头来人们终究发现,这种在宪法学上的创新仍带有很大的盲目性。不是谁想创立一门学科,或只保留原学科的名称,填充他自己的内容就能如愿以偿。在其他的学科大抵如此,宪法学科自然也不例外。即使有学者在宪法学科上锐意进取,进行开拓性的创新研究,也只能站在前人的肩膀上,在先辈几代人在几个世纪打下的基础上进行。否则,将会一事无成,终究会徒劳无功。这就是我们今天还需要以崇敬和感激之情,回顾启蒙学者们对宪法学所作出的不可磨灭的贡献的根本原因之一。

启蒙学者对宪法学所做的主要贡献,集中体现在如下四个方面。

(一) 确立宪法至上的地位

启蒙时代发生在西欧,也就是当时世界文明发展的前沿地区。何为启蒙?顾名思义,启文化和知识于蒙昧之中之谓也。中世纪的文化和知识蒙蔽在神学的对社会和国家全方位的控制之中,冥冥之中,上帝用他"万能"的神启和力量泯灭了人性、僵化了社会结构与运行,特别是束缚了社会生产力的发展。但社会新生的阶级以其巨大的势力注定要冲破这种来自天外冥冥之中的控制,于是新生市民阶层必然需要产生自己的代言人向社会发出强烈的变革信息。自由、平等、博爱于是成为新思想的旗帜,一场社会大变革的风潮势不可挡地即将到来。启蒙学者们的历史使命,不仅是为这场即将到来的风潮呐喊助威,而且还以其卓越的文化和知识为转型后的社会结构进行构想和规划。这种构想和规划最杰出的成果,就是用一个既非神化又非人格化的名为"宪法"的东西,取代传统社会和国家中上帝和专制君主的主宰地位。原先的"神"自然具有超然的"全能",而世俗皇帝特别是与神权相结合的专制皇帝也具有绝对的权威。为此,构想和规划中的宪法也同样具有至高无上的权威。可以说,启蒙学者的一个重要的历史使命,与其说是为了创造出一个"宪法"的理念与形式,毋宁说赋予宪法以至高无上的特性。由此可见,启蒙学者们从一开始就没有陷入空想,更没有奢望建立一个乌托邦式的或无政府式的未来社会,而是在先人特别是亚里士多德开创的应当对社会实行法治的基础上,用至高无上的"宪法"的形式真正实现对社会的法律控制。

启蒙时代，以及从更古远的时代起，宪法观念实际上早已开始萌芽，只是囿于现代宪法是肇始于17、18世纪西方市民革命以后的传统学术观念，这一历史萌动的起源和过程，宪法学术界还没有给予深入的研究，甚至可以说还是一个空白。

现在重申一下有关宪法的背景性知识和成长的历史经验，在我看来，之所以必要，是因为这毕竟是宪法现象与生俱来的资质元素，是宪法学科总体系中不可缺失的部分。况且，这种知识在中国宪法学术界早已被人淡忘甚至许从来就没有受过重视。现在该到值得关注的时候了。这不仅因为宪法是从历史深处中走来，而且其地位和权威正在受着动摇。

宪法从一开始就不是作为一般法律创设的，而是作为高级法而设计的。近、现代宪法赓续了古代"宪法"作为国家总体结构性规范和体系的原旨和内涵，这种原旨和内涵本来就含有"宪法"高于一般法律的底蕴。经启蒙学者的改良和发扬，其高级法的特性愈加得以彰显和固化，最终确立了"宪法至上"的理念与地位。对于这种普遍公认的理念与地位，除中国个别法学科的少数学者外，迄未受到过挑战。

不过，我们也需要指出，宪法至上的理念与地位并不是从一开始就明确和确定的，它经历了一个慢慢积累、次递增加的历史发展进程。在这一进程中，一系列的启蒙学者对此作出了杰出的贡献，说其功不可没或许更为恰当。

早在中世纪，就流行着一种"高级法"观念。中世纪第一个系统阐述政治学的作家英国人索尔兹伯里的约翰，他在其《政治论》一书中就说过："有些法的戒律具有永恒的必然性，它在所有民族中皆具有法律效力而绝对不能违背。"① 这种"高级法"的观念一旦与自然法相结合，便成为约束人间一切人的最高权力，包括教皇和皇帝，以及号称握有主权的人民。这种概念在以后的几个世纪里，大行其道并流行至启蒙时代。

在启蒙时代，"高级法"的观念不仅得到赓续和发扬，而且还在向

---

① 转引自并参见[美]爱德华·S.科文《美国宪法的"高级法"背景》，强世功译，生活·读书·新知三联书店1996年11月版，第11页。

实体法的转化方面迈出了关键的历史性步骤。特别是在英国，"高级法"的观念已逐步融入和渗透到"普通法"的观念和体系中。布雷克顿，即布兰顿的亨利，是都铎王朝亨利三世统治时期的王座法院的大法官。在其名为《论英国的法律和习惯》的一书中，再次强调了其前辈约翰的观点，即在普通法之下，国王本人不应该受制于任何人，但他却应受制于上帝和法①。在《论法律》一文中，他进而宣称，国王不仅从属于上帝，而且也从属于他的法院，即法官和男爵们。② 这无异于再次坚定了普通法作为"高级法"的信念和地位。

在英国的宪法史上，1215年制定的《大宪章》是一个重大的事件。《大宪章》之所以重要和出名——以至于后人将其视为最早的成文宪法性的文件，而忽略了它实质上只不过是当时的国王迫于财政的压力，而给予特定的封臣阶层的特许状——首先它是一纸文件，它以文字语言表达的形式明确而又具体地体现了高级法的观念。在《大宪章》从制定以后，整整持续了一个世纪的辉煌时代，以至在英国逐步培育出了对《大宪章》的崇拜。即使到了《大宪章》落寞以后，这种崇拜又成功地转移到普通法之上，继续滋润了培育"宪法至上"观念的土壤。

都铎王朝亨利六世时期的大法官约翰·福蒂斯丘，在其著名的《英国法礼赞》一书中，不仅续写了过去人们对普通法的虔敬，而且还强调法律的本质就是："无论在什么情况下，皆宣布支持上帝在其创世时馈赠于人的礼物——自由"③。将普通法的本质上升为对民众自由权的保护高度，是福蒂斯丘对英国高级法观念作出的巨大贡献，影响了后世宪法发展的全部历程。

继福蒂斯丘130年之后，英国出现了另一位在宪法学上留下深深印记的人物，他就是爱德华·柯克。他的基本信念是坚持普通法的至上性，在著名的博纳姆医生一案中，他写下的"附论"就集中地体现了他的这种信念。他认为："在许多情况下，普通法会审查议会的法令，

---

① 参见［美］爱德华·S. 科文《美国宪法的"高级法"背景》，强世功译，生活·读书·新知三联书店1996年11月版，第21页。

② 同上书，第23页。

③ 转引自［美］爱德华·S. 科文《美国宪法的"高级法"背景》，强世功译，生活·读书·新知三联书店1996年11月版，第31页。

有时会裁定这些法令完全无效,因为当一项议会的法令有悖于共同权利和理性、或自相矛盾、或不能实施时,普通法将对其予以审查并裁定该法令无效,这种理论在我们的书本里随处可见。"① 在这段"附论"中,最为醒目的,是"共同权利和理性"这一概念的提出。在柯克看来,"共同权利和理性"就是某种永恒不变的、最基本的东西,它就是高级法。对于这样一个"普通法的基本观点",可以视为法官判断一项法律是否违反"高级法"或自然法(在后世演化成为成文宪法)的"准则",或"合理性"的标准,主张英国最高法院有权宣布国会所有与普通法相违背的立法都"无效"。还不止于此,柯克还对《大宪章》地位和作用给予高度的强调,主张君主的特权和会议的权力都要受到《大宪章》,也就是"宪法"的限制,都要服从《大宪章》。在其《英国法总论》中,他甚至将《大宪章》恢复为英国人自由权的证明书。它之所以被叫做《大宪章》,并不是由于它篇幅巨大,而是由于它所包含的内容至关重要且崇高伟大,简而言之,《大宪章》是整个英王国所有基本法律的"源泉"。任何与它相悖的判决和法规"皆为无效"②。此外,柯克还含混地提出"基本法"的学说。

美国学者科文对柯克为美国宪法起源的贡献做了如下的简单概括:"首先,他在 Bonham's Case 中的'附论'提供了一种语辞形式,这种语辞形式最终经过一大批法官、评论者和律师,在不考虑柯克其他思想的情况下,进行专门阐释,从而成为司法审查概念最重要的一个源泉。尽管现在我们可以看到,由于普通法本身普遍隶属于制定法,仅仅建立在'共同权利和理性'上的司法审查制度是无法幸存下来的,这一点也毋庸置疑。但是,柯克仿佛已料到了这个困难,为此,他提出了基本法的学说,这是他对美国宪法的第二大贡献。这种基本法既约束议会,也约束国王,而且这种法在很大程度上体现在一个特定的文件之中,并将确定的内容寓于日常制度的习惯程序之中。从柯克所理解的

---

① 转引自[美]爱德华·S. 科文《美国宪法的"高级法"背景》,强世功译,生活·读书·新知三联书店1996年11月版,第43页。
② 参见[美]爱德华·S. 科文《美国宪法的"高级法"背景》,强世功译,生活·读书·新知三联书店1996年11月版,第54—55页。

《大宪章》,经由1688年的《英国宣言》和1689年的《权利法案》,一脉相承地发展到我们美国宪法早期的《人权法案》。如果说,美国宪法于最近半个世纪已经愈来愈倾向于降低程序细节的重要性,而转向含义较为模糊的检验标准'共同权利和理性',那么严格的法律这一中介环节依然是必要的。最后,柯克为美国宪法贡献了在法律之下的议会至上的思想。这种思想随着立法活动和法院裁定的分离,最终可以转变为在法律范围内立法至上的观念,而这种法律又需依法院裁定过程予以解释。"[①]

从今天的宪法学的立场上看,柯克的学说对宪法学的贡献早已超出了美国宪法的范围,实质上影响了当今的整个宪法学。当人们还为解决当今宪法上的一些问题,例如是否以及如何建构违宪审查体制而困惑和犹豫不决之时,实际上我们对前人所苦心建树的宪法至上的学说缺乏基本的体认,一些学科过于张扬的傲慢态度就是明证。在现实中,我们真正需要从历史的远处那些执著、坚定又有些好斗的先人的学说中吸收一些文化和知识及启发。遗憾的是,我们今天的法学包括宪法学人,对柯克所知甚少甚至完全陌生。这或许是我们的宪法学积累不够厚重以致流于浅薄的一个原因吧!

在西方宪法学史上,如果说17世纪是柯克的世纪,那么,到了18世纪前半叶,则属于英国伟大思想家洛克了。洛克的著作《政府论》,特别是其下篇,现在还是许多宪法学人手边必备的学习和参考著作。洛克生活在英国17世纪资产阶级革命的时代,经历了英国内战、共和、护国制和复辟的起伏,以及1688年"光荣革命"成功的所有阶段。在封建贵族与资产阶级以及新贵族相互妥协而建立的议会制政体中,柯克时代所面临的王权欲凌驾于法律之上的权力基础和结构已不复存在,因而倡导法律至上的法学使命业已结束。王权被成功地改造成议会主权的一部分,和议会主权内在统一的结构之中。在新的权力时代,议会主权和法律至上已实现有机的结合,然而,无论是议会主权还是法律至上或者两者的结合,又会面临新的权力内在的理念上和结构上的矛盾乃至冲

[①] 参见[美]爱德华·S.科文《美国宪法的"高级法"背景》,强世功译,生活·读书·新知三联书店1996年11月版,第57—58页。

突，议会主权一方面存在着与法律至上的关系协调的结构上的矛盾；另一方面又面临着何以以及用什么来驾驭往往表现为桀骜不驯的政治权力，以至使其驯化在一个更有权威的理念和架构之下？而与此时，原先经过长达几个世纪倡导而树立的法律至上的理念与架构，在新的权力结构中，又何以以及用什么来加以体现？很显然，单纯地用法律至上既不能也不应该成为驯化议会主权的手段，因为法律至上与议会主权已经有机地融合成为一体了。新的权力结构需要新的思维和结构，来取代原来的理念与结构。为此，洛克站在新的历史起点，重新诠释了自然法，他把自然法从柯克的不可名状的"共同权利和理性"完全融化到可以看得见和摸得着的具体的、个人"自然权利"之中，而"自然权利"又具体在"生命、自由和财产"的三大权利之中。他对这三大权利的保护给予格外的重视，甚至认为，"人民"为了实现对其权利的保护，才同意通过"社会契约"的形式组织政府，并将公共权力"委托"给政府来管理，设立政府的唯一目的就是保护个人的自然权利不受政府及其任何个人的侵犯。一旦政府侵犯了人民的自然权利，人民就有权实行反抗，以改变政府。在政府的结构体制中，立法权又是最重要的权力，但立法权不能无限制地使用，它必须受到如下的限制："第一，它们应该以正式公布的既定的法律来进行统治，这些法律不论贫富、不论权贵成庄稼人都一视同仁，并不因特殊情况而有出入。第二，这些法律除了为人民谋福利这一最终目的之外，不应再有其他目的。第三，未经人民自己或其他代表同意，绝不应该对人民的财产课税。这一点当然只与这样的政府有关，那里立法机关是经常存在的，或者至少是人民没有把立法权的任何部分留给他们定期选出的代表们。第四，立法机关不应该也不能够把制定法律的权力让给任何其他人，或把它放在不是人民所安排的其他任何地方。"[①]

洛克既然主张人民的主权，确切地说，个人的自然权利至高无上，政府的权力包括最重要的立法权力必须受到限制，且只能以实现人民的"公共福利"为行使权力的目的，那么，就必然地要求重建社会和国家

---

① 转引自［英］洛克《政府论》（下篇），叶启芳等译，商务印书馆1986年12月版，第88—89页。

的最有权威的理念与体系；洛克将这种权威的理念与体系设想为一种基本秩序或基本法。这种基本秩序或基本法不仅潜含着个人自然权利的内容，也同时潜含着对个人自然权利的保护机制。这种机制就蕴涵着对政府权力的限制，以及对至高无上的基本法不可违背性。正是在这里，我们才触及了洛克关于后来所谓"宪法"理念与机制的实质，即政府是基于人民同意的"社会契约"而建立的，人民保留了最高的也是最终的权力。公共权力的行使必须以保护人民的自由、权利以及实现公共福利为宗旨，政府的权力因而是有约束的和受限制的；而无论是政府还是人民自己包括每个人，又都在一种由自然法、神的意志支配下的基本秩序或基本法的框架内活动。这种基本秩序或基本法是不能违背的，它才具有绝对的权威和至高无上的支配地位。

由洛克倡导的宪法学说和政府理论，直接影响了美国的宪法制定和宪制建立。北美独立战争时期的殖民地思想家们大多数受到英国的正规教育，他们研究的政治学说和政府理论就是洛克的学说和理论。待他们返回北美殖民地以后，就将他们所熟悉的学说和理论，直接运用于殖民地各州的宪法乃至美国宪法的制定和宪制建设。关于这方面的分析已在前面作出，兹不重述。

（二）权力限制

启蒙学者对宪法学的另一大贡献，就是确立了宪法的限权原则。正如前面所指出的，美国的制宪"先父"汉密尔顿曾将美国宪法称为"限权宪法"，尽管他只强调宪法为立法机关规定一定的限制。但实际上，宪法所要限制的公共权力，绝不只是立法机关，传统的行政机关、司法机关等权力机关都要受宪法的限制。用宪法限制权力，是真正体现宪法功能与价值的要义之一。

我们现在所称的"限权宪法"，其实也是从古老的高级法观念中逐步衍化而来。它最初源起于对人性的政治反思。古希腊的柏拉图最初笃信人性之善，倡行"金人治"，最终由于人性的无法控制和约束而导致在西西里岛锡拉古城乌托邦式理想社会建构试验的失败。其自称"吾爱吾师，更爱真理"的弟子亚里士多德尽管仍主张实行"贤人之治"，但已坚信"法治"优于"人治"了。"法治"之所以优越，就在于其对人的行为可以实行规范性的限制和约束。可见，从法治最初的生成意义上来讲，就内在地含有限权之意。

中世纪充斥着高级法的观念，是有深刻的社会背景的。欧洲中世纪是一个王权专制的时代，王权高于一切，凌驾于其臣民之上，国家的统治完全凭国王的个人意志和喜好，在王权与神权结合在一起以后，更是给绝对的王权披上了神圣不可侵犯的外衣。由此造成了中世纪长达千年的"政治黑暗"。中世纪的时代背景客观上存在着呼唤限制王权的内在需要。当时的一些思想家们顺应了这种需要，逐步提出和小心地发展出限制王权的主张或思想。例如前面提到的英国人索尔兹伯里的约翰，作为当时的政治学作家，就第一次系统地提出了用法律限制王权的思想，用以规劝君主有节制地使用自己手中的权力。他在《政治论》中说："有些法的戒律具有永恒的必然性，它在所有民族中皆具有法律效力而绝对不能违背。"[1] 德国史学家冯·祈克特别强调所有合法权力的基石，同时也是检验中世纪高级法观念的绝对优势和威严的自然法，约束着人间的最高权力，它统治着教皇和皇帝，也同样统治着统治者和具有主权的人民，事实上，它统治着整个人类社会[2]。在英国都铎王朝亨利三世时期的布雷克顿，在他的名著《论英国的法律和习惯》一书中说："国王本人不应该受制于任何人，但他却应受制于上帝和法，因为法造就了国王。因此，就让国王将法所赐予他的东西——统治和权力——再归还给法，因为在由意志而不是由法行使统治的地方没有国王。"[3] 这段话显然又承袭了所有权威都源于法，故受制于法的典型的中世纪思想。我们在前面曾介绍过的约翰·福蒂斯丘，他在《英国法礼赞》中，强调英国法不承认"君主的意志具有法律效力"这一准则；相反，国王既不能"改变那里的法律，也不能未经人民同意就夺取属于人民的东西"[4]。这句话既能解释为法律的至上性，又自然地内含着王权要受法

---

[1] 转引自[美]爱德华·S.科文《美国宪法的"高级法"背景》，强世功译，生活·读书·新知三联书店1996年11月版，第11页。

[2] 同上书，第12—13页。

[3] 同上书，第21页。

[4] [美]爱德华·S.科文：《美国宪法的"高级法"背景》，强世功译，生活·读书·新知三联书店1996年11月版，第31页。

律限制、约束的思想。还有我们在前面曾详细介绍过的柯克，他的一生都在为将王权纳入法律控制之下而奋斗，为此甚至不惜冒着被控叛国罪而被杀头的危险，与国王当面对抗，据理力争。而洛克主张权力应受制于人民的自由、权利的思想，已经大大地超越了先前只是源于上帝的意志以及自然法具有永恒性的思维模式，而具体化为人民的"生命、自由和财产"的权利。这一思想更为后世的"限权宪法"构建了世俗的、原则性的基础。

（三）个人自由和权利

个人自由和权利构筑了全部西方法治和宪政大厦的基础，也是宪法中的一项重要的原则和基本的内容之一。西方的个人自由和权利，在宪法和宪政中竟如此重要，以至于后人将其简单地归纳为"个人权利本位"，既为"本位"，那么其他的一概退居"末位"的序列了。在西方的宪法、宪政的理念和框架下，早已将"以人为本"扩张到无以复加的地位，竟至整个社会都被刻意地打造成为"权利人"的社会。历史发展到今天，包括西方社会在内的一些学者正在反思"权利人"社会所造成的负面社会后果。笔者早在20世纪80年代就曾致力于公民权利与义务及其相互关系的研究，对于当时法学界主流追随西方法治发展的脚步，一味盲目地主张倡导"个人权利本位"的法治建设目标，进行过严肃的思考与反思。作为反潮流的权利和义务价值并重的观点和主张，最终凝结在一部专著中①。然而，尽管如此，本人决非像某些人所诘难的那样就是不要自由和权利，而只主张履行法定义务。笔者自信决不是在走这样的极端，只是不赞成在社会实行极大变迁而转型的情况下，一味盲目地追随西方法治走过的"个人权利本位"脚步，而这种脚步事实上已经给社会和国家的和谐发展，造成了一定的或深远的负面影响。我们在当代，文化和知识的积累已经能够使我们更理性地看待个人自由和权利，以及相应的法定义务的问题了。

无论如何，正如我在那部专著中所表明的那样，个人自由和权利在法治和宪政发展进程中，曾起到巨大的历史进步作用，作为支撑法治和

---

① 陈云生：《权利相对论——权利和义务价值模式的建构》，人民出版社1994年2月版。

宪政大厦的基石，其基础地位至今没有也不应该受到动摇。延至当代，更被提升到基本价值观的高度，是否能够有效地保护人权，被定性为是区分民主还是专制的硬性标准，乃至在国际层面上，更是关系到一个是否被国际社会所接纳和融入全球化的一个标杆。任何一个成熟的和有着跻身世界现代化进程强烈愿望的国家，都会竭力避免在国际上留下人权记录不良的印象。不过，事情还有另一方面，就是西方一些发达国家，特别是超级大国，利用自己在经济、文化、军事等方面的优势地位，一直主导着人权的话语权。这种话语权在许多场合并不真正代表正义的呼声，反而按照双重的价值评价标准，使之变成具有杀伤力的"人权大棒"，动辄用以棒杀它们嫌"恶"的国家。在中国发生一些非正常事件以后，中国就遭遇了这种不公正的，甚至恶意的对待。不过，这已经是超出本主题之外的话题了，故不再论列。

个人自由和权利理论或简称的人权学说，在启蒙时代的思想家创立并弘扬之后，又经历了两个多世纪的发展，到了当代又蔚然成为普遍之价值观，号称人权昌明的时代。人权学者自19世纪直至当今代代辈出；各种学派不断涌流；人权的内容也早从第一代发展到第三代，人权学说也从国内领域延展到国际领域。现在不仅在一国的宪法上对公民权利的保护越加细密、周详，而且在一系列国际公约上也做了大量的规定，而其中有些规定的内容甚至超越了许多国家宪法上的规定，表明以联合国为代表的国际社会已经在许多人权保护方面达成了共识，并决定采取共同的步骤，推进全人类人权事业的发展与进步。人权保护已经成为我们这个时代的显著特征之一，从普遍价值观的层面上彰显了时代的进步。

然而，人权理论无论怎样渐次发达，至今都没有成功地为其建构令人信服的伦理道德基础。洛克等启蒙学者最早以自然法和宗教信仰的伦理道德为基础虽然在后世备受质疑，以为其因自然法以及依据自然法而在人民之间达成的社会契约，得不到实际经验性验证而带有任意的臆造性，以及纯属形而上而带有宗教信仰色彩的体系而被认为不足为据；有些学者甚至对基于自然权利传统和信仰体系的偏好，而铸就的宪法自由和权利从根本上加以怀疑；而像美国持批判法学的态度的学者，竟至将上述的宪法伦理道德基础斥责为一派"胡言乱语"。面对此种状况，即使像自然权利论当代最有名的捍卫者罗纳德·德沃金和约翰·罗尔斯，都对自己原先的理论不再抱有强烈的信心，而转用相对主义来说明法律和道德问题。更由于受到吉尔波特·哈曼和约翰·麦凯等属于"分析主义"传统的学者，以及理查德·罗蒂和阿拉斯代尔·麦金泰尔等属于"多元主义"传统的学者著作的影响，人们普遍认为，所有试图理性地证明某些道德诉求的客观正确性的努力都注定要失败。因此，在当代道德怀疑论和道德相对主义盛行的状态下，人们普遍认为，没有任何理由相信存在着一种唯一的真正道德，或者说没有任何理由相信人的内在尊严或神圣性，以及相信仅仅因为他是人就应当客观地给予他们以道德尊重①。

长期以来，一代又一代的学者们，曾不断地努力探求人类宪法自由和权利的道德基础。首先是功利主义。启蒙学者霍布斯曾试图将人的全部道德根植于人的动物性之上，认为存在道德惯例的社会里，每一个人的自我利益可能得到最大满足。这显然是一种功利性自我利益的考量。而在密尔和边沁那里完善起来的功利主义学说，认为对个人自由的保障不是基于其具有内在的价值或尊严；相反，是因为自由具有功利性价值，即大多数人从自由选择中获得了各种不同形式的现实利益满足。尽管这种功利性的道德基础的重要性不容贬低，但要想用这种道德诉求来解释人的全部自由和权利的缘由，未免有些牵强。因为这种功利性的道德诉求"缺乏鼓动力量"，而不能驱使人们为了自由和权利而作出个人的巨大牺牲，乃至献出宝贵的生命。况且，感知欢乐与痛苦的能力，是所有动物都具有的，趋利避害也是所有动物的本能。它不足以构成人具有特殊权利保护价值的道德基础。

康德则另辟蹊径，他认为，人之所以有尊严和应当被尊重，并不是洛克等自然权利主张者所说的那样，是因为存在着一种由上帝赋予人的绝对的、不可让渡的权利，而是由于人是理性动物，理性内在地就有天赋的尊严和内在的价值。因此，人只是由于在世间万物中独具理性，才为人的尊严和价值奠定了道德基础，因而所有的人都应当被视为自身的目的，而绝不应当被视为实现他人目的的手段。应当说，康德是人类权利思想史上第一位试图超越上帝的道德决定论而在现实的，即世俗化的

---

① 详见［美］阿兰·S. 罗森鲍姆《宪政的哲学之维》，郑戈等译，生活·读书·新知三联书店 2001 年 12 月版，第 319—321 页。

社会层面上建构人的道德基础的学者。但他的努力被认为是失败的。

首先，因为即使像康德所主张的那样，人之独特性乃在于他们的理性。理性使人独特并具有道德上的特殊性，从而使人被赋予"尊严"的特殊道德地位的属性，但是，理性尽管很重要，但理性概念本身在康德那里也是一个形而上学的，或先验主义的某种神秘性的"本体性自我"的东西，这绝不是经验世界的产物。因此，康德的主张在本质上与宗教信仰体系是等同的，只是表现形式不同罢了。

其次，理性在人之间各不相同，其主张的结果必然导致极端的道德不平等主义，这与道德和法律、宪法上主张的道德平等主义以及在法律和宪法面前一律平等的原则相距甚远，它所追寻的价值目标似乎又背离了人们追求自由和权利的价值初衷。

再次，即使人有理性，就算很特别，难道就必然具有强有力的道德含义吗？如果仅仅是因为人具有理性而使人具有神圣性并值得尊重和享有不可侵犯的权利，那么，人同样具有爱、好心和倾向于善行这些优良道德，就不能成为神圣性并因此值得受到特别的尊重吗？很显然，康德的学说不能圆满地回答这些问题①。

最后，是关于人的理性是否为人所特有也还是可以质疑的。康德从先验主义的立场出发，认为：人的理性是属于"本我"的一部分，人只有因为有了理性才获得真正自由和自治；而其他动物只以本能的方式行事，由于没有理性因而不具有神圣性，当然也不值得尊重，更可以被杀掉以供人类食用，或作为医学试验的对象，或将其驯服以供人类观赏、取乐。如果人的理性真的有如此巨大的生杀予夺的道德强制力，这还算是理性吗？在今天，地球新生态主义主张者和素食主义者肯定不会赞成这种论点。辩之者可能举出无数的事例，以证明除人以外的动物甚至植物都可以被认为是有"理性"的。仅举几例就可以证明，在非洲的大草原，大型猫科动物如狮、豹等对食草动物的捕杀只限自己食用和养育子女的需要，在它们完成一次捕食后的休息期间，食草动物可以放

---

① 有关康德的道德特殊性的学说，主要参考和综述〔美〕杰弗里·墨菲《后记：宪政、道德怀疑论和宗教信仰》，载〔美〕阿兰·S. 罗森鲍姆《宪政的哲学之维》，郑戈等译，生活·读书·新知三联书店 2001 年 12 月版，第 324—326 页。——笔者注

心地在它们附近食草或行走，而不必担心被捕杀。这比起某些贪得无厌的人类来说，难道不是有理性的行为吗？大象是一种类社会性的群体动物，保护每一头小象是该群体每个成员的共同责任，每次行进期间，象群总是将小象围在群体中间，呵护之情令人感动，更令人不可思议的是，象群在行进过程中，如遇到死去的大象的尸骨，总要停下来进行某种类似"祷告"的仪式以告慰逝者，这难道不能被视为一种理性的行为吗？反辩之者可能说，动物中有自相残杀甚至同类相食的行为和现象，肯定是非理性的残暴行为和现象，就算是，那么人呢？且不说在每一场战争中会有多少人被杀害，就是在日常的刑事犯罪中被杀害的人又何止成千累万？这又怎么解释呢？是否因为这个原因，就能认定人还是理性的动物或者根本就不是理性动物？凡此种种都表明，康德关于人具有理性因而具有道德特殊性，并进而值得尊重和对其权利加以保护的学说，是有缺陷的，无法自圆其说。正如杰弗里·墨菲所指出的："由于康德认为宗教信仰的认识论基础是非常脆弱的，也由于他希望把人类尊严的道德观置于世俗基础之上，他理所当然地想要为他所信奉的道德观发展出一种世俗性的基础。当然，这种努力似乎从一开始就注定会失败，因为一个人怎么能够指望在摆脱上帝、摆脱用宗教的眼光来看待宇宙的同时保留事物的神圣性这个有力的概念呢？"[①]

　　从 19 世纪中期至 20 世纪初期，基于对西方理性主义哲学在现实中不能如期实现的失望和反思，西方思想界开始超越自人文运动以来盛行了几百年的理性主义，掀起了一场史称"浪漫主义"的反理性主义思潮。浪漫主义并不限于文艺领域，在法学领域也有突出的表现。在反理性主义思潮的冲击下，启蒙学者们所创立和弘扬的自然法理论和自然权利学说开始并持续地处于低潮。在此期间，西方法学的进化论、功利主义法学派，以及法律实证主义等学派大行其道。每个法学流派都曾主导过一时或一地的法学阵地。对法律调整的目的和理想进行研究的努力在当时的法学界已趋于消灭，而且对法律有序化的终极价值的哲学研究在 19 世纪末实际上也已经停止。庞德在《自然法的复兴》一文中曾指出，在那个时期，自然

---

　　① 参见[美]阿兰·S. 罗森鲍姆《宪政的哲学之维》，郑戈等译，生活·读书·新知三联书店 2001 年 12 月版，第 324—325 页。

法思想只残存于苏格兰、意大利和一些天主教人员的著作中①。

然而，正印证了中国的一句老话："三十年河东，三十年河西。"到了20世纪，自然法思想和自然权利的价值取向得到了复兴。其间，宪法学领域代表学者很多，限于本研究的主题，自不必一个个细表。不过，在当代对中国法学界最有影响的三位学者，值得我们简单地加以介绍。笔者个人一向认为，在中国宪法学术界，很多宪法学者特别是一些青年学者，在论及宪法权利时，基本上还是在自然法理论和自然权利学说的框架内演绎。这种宪法学术范式的源头，一半源于启蒙时期的自然法思想，另一半则可追寻到罗尔斯、德沃金、诺齐克等人复兴的自然法思想。

罗尔斯、德沃金和罗伯特·诺齐克等学者，在当代试图继续秉承由康德开创的使人的尊严和权利建立在世俗基础上的传统，并使他们对权利的阐述超越任何基于苦乐、满足的功利主义或自我利益诉求的基础。但是，在他们作出这种努力的时候，却仍然希望至少要捍卫某些基于人类尊严、人的神圣性、人的天赋价值以及人仅仅作为人便应当得到的基本尊严等概念的权利。在他们看来，关于人的尊严和权利的学说——例如在德沃金的《认真对待权利》一书的序言中，是根本不需要任何形而上学假定的，也不关心道德价值是否是"宇宙结构"的一个组成部分。当他们论及人的尊严和需要保护的权利时，虽然避开了神学所赋予的神圣性，但却没有给出明确而又有说服力的理由，只以"某些理由"一笔带过。其实，"某种理由"正是需要说明的。他们既然说不明，就说明了他们的理论不能自圆其说的缺陷②。

无论如何，启蒙学者所创立的自然权利学说不仅成为西方法治和宪政的基础，而且也成为宪法学重要的知识体系之一。至今学者们对它的研究兴趣不减，学理迭出，蔚然成一大观。在我们今天的宪法学人在承继和乐享其成宪法权利的理论和知识体系的时候，追寻启蒙先辈的学说渊源，不仅是出于对历史和先辈的尊重，更重要的是警示我们自己，如

---

① 参见［美］埃德加·博登海默《法理学——法律哲学与法律方法》，邓正来译，中国政法大学出版社2004年1月修订版，第177页及其注释（1）。

② 详见［美］杰弗里·墨菲《后记：宪政、道德怀疑论和宗教信仰》，载［美］阿兰·S. 罗森鲍姆《宪政的哲学之维》，郑戈等译，生活·读书·新知三联书店2001年12月版，第328页。——笔者注

何借鉴和发展宪法中个人权利理论。特别是对我们这样一个没有基督教文化背景的宪法学术界来说，更需要过人的学术胆识和深邃的知识来面对既往的历史，开创权利理论的未来，任重而道远。

（四）政府结构形式

启蒙学者们对后世宪法学所作出的另一个巨大而又深远的贡献，就是关于政府结构形式的理论或系统。在新兴资产阶级即将或取得自己掌控的政权之际，如何组织自己的政权？建立什么样的政府？这是接掌国家政权的新生统治集团即将和实际面临的紧迫问题。前资产阶级政权的政府形式，基本上都是封建专制的君主政府形式，再早则是奴隶主专制的君主政权。因为封建而封闭，因为专制而暴戾，这构成了资产阶级推翻封建专制，建立自己的政权的根本理由，同时也是追求经济上解放资本主义生产力和政治上自由民主的最高价值。如果在资产阶级掌权之后仍然沿袭以往旧的政体体制，显然与其发动革命的初衷以及所追求的价值目标相背离。事实上，资本主义实质内容和封建的政府形式根本就无法兼容。面对这种形势，回头路是不能走了，只能重新设计新型的政府形式，好在以往的哲人已经提出过很有启发性的思路，过去和现时的政府形式也提供了一些可以借鉴的经验，重新构想资产阶级政权形式也具有一定的基础。不过，资产阶级政权组织形式设计的完成以及对政权建设实践的理论先导，是由杰出的启蒙学者们完成的。正是他们的远见卓识和才华，才绘就了三权分立的政府组织结构，特别是启蒙学者洛克和孟德斯鸠在其中作出的巨大贡献，最终使他们名垂青史，至今被西方的社会和学人所敬仰。

权力分立，即通常所说的三权分立，以及附随发展出来的制约与平衡原则，即简称的制衡原则，一向被视为西方宪制、宪治的"核心的价值"或"精髓""精华"[①]。不仅如此，这一理论与原则还独立地发展成为一种宪法学上的"学说"，通称"分权学说"，并称其热心的研究者为"分权理论家"。这一现象的出现和存在绝不是偶然的，它是与近、

[①] 参见［英］M.J.C. 维尔《宪政与分权》，苏力译，生活·读书·新知三联书店1997年10月版，第1、2、7页。

现代宪法，以及宪制、宪治的基本精神和特点紧密相连的，换句话说，讲到近、现代宪法，以及宪制、宪治，就从其基本精神和特点内在相关地推导出"权力分立"，或者说，不讲"权力分立"，就无法谈及宪法及宪制、宪治。1789年8月发表的《法国人权宣言》第十六条申明的"凡权利无保障和分权未确立的社会，就没有宪法"，就是宪法及宪制、宪治与"权力分立"这两者之间内在相连关系的明白无误的表述。

权力分立比较贴切地反映了政府管理的"职能"区分的实际状况。分权学说之所以大批不倒、历久弥坚，其根本原因之一，就是因为它比较贴切地反映了政府管理的客观"规律"，这是权力分立学说和政体存在及其发展的内在根据和根本生命力。从哲学上说，没有生命力的事务（物）是不可能长久存在的。我们必须承认和肯定，政府管理是极为庞大、复杂的系统工程，任何时代和性质的政府管理应该都是如此，概莫能外。作为一个系统工程，其系统必然由若干"子系统"整合而成为一个统一体。这种系统理论上的常识同样适用于政府管理职能，只不过其"子系统"也表现为"子职能"罢了。

关于政府职能不同和区分的观点，很早就被注意到了。依据法律而建立的政府至少预设了两个不同的工作，即法律制定和法律实施。否则的话，人们就会面临一堆无定型也不稳定的事件，那就没有基础来建立政制，或者在古希腊人看来，就不能建立一个有节制的政府。政治学鼻祖亚里士多德虽不如现代人如此明确，但也不算含糊地将政府职能做了区分。他将他的政治科学分为立法科学和政治学或政策两部分。前者是立法者的事，后者属于行动和深思范畴。他又将后者分为深思科学和司法科学。这样，亚氏便分辨出每一个政制都具有三种要素，并认为一个好的立法者必须考察这三种要素，即深思性要素、管理性要素和司法性要素[①]。其

[①] 参见［英］M.J.C.维尔《宪政与分权》，苏力译，生活·读书·新知三联书店,1997年10月版，第20—21页。亚氏还较明确地把城邦政体的"职能"做过区分。他认为，城邦是由不同的公民团体作为各个部分所组成的，"一个政体就是城邦公职的分配制度"。（［希］亚里士多德《政治学》，吴寿彭译，商务印书馆1981年1月版，第182页）他甚至还把城邦的"职能"分为三类："就是城邦的军事（战争）职能、主持公道的司法职能以及具备政治理智的议事职能。这三种职能由同一组人或不由同一组人来担任，对于我们当前的论证并不重要。"（［希］亚里士多德《政治学》，吴寿彭译，商务印书馆1981年1月版，第187页）

中的深思性因素与现代的立法职能确实有某些关系,还与我们现代通常所称的司法职能和行政职能相关;至于管理性要素和司法性要素,也与现代的行政职能和司法职能大体相对应。

尽管如此,古希腊、罗马时代也并没有发展出明确的分权观念,还谈不上确定的分权学说,但不管怎样,上述的观念确实为后世的分权学说奠定了观念上的基础。

在欧洲中世纪,由于基督教神学对社会和国家生活广泛而深入的渗透,人们自然会将神学思想导入世俗的政治结构中来。约翰·萨德勒于1649年说道:"为什么圣父、圣子和圣灵三位一体不会在政治机构中以及在自然中显示出来?"[1] 这种职能划分的思想当时曾在教会的教职分工中起了重要作用[2]。当然,这只能看做神学思想对世俗国家的间接影响。不过,在政治学领域,确实也存在着一种用类似后世的"政府职能"的观点来看待政府的方式,它包括了政府活动的全部范围,同时又承认政府活动涉及不同的机构和要完成的不同任务,以及要运用的不同程序,等等。这表现在中世纪早期关于法律的制定、适用和解释方面。那时人们认为,法律是确定不变的习惯模式,它可以由人来适用和解释,但不能由人来改变,就"立法"的人来说,他们实际上是在宣布法律,澄清这一法律究竟是什么,而不是创造法律。立法实际是司法程序的组成部分。因此,如果用"职能"的观点来看待政府,那么,政府就只能有一种"司法职能"。

不过,对后世影响最大的,还是对当时王权职能的两分法。王权被划分为"gubernaculum"和"juridictio",意为"统治权"和"司法权"。在行使前一种权力时,国王不受限制;但在行使后一种权力时,他必须遵守法律。这种对王权的划分,实际上打下了对政府职能两分的基础。在此基础上,逐渐衍化出较为明确的国王"立法权"和"执行权"的概念,并构成了后来发展出来的"法治原则"和"主权原则"

---

[1] Right of the Kingdom, London, 1649年,第86页,转引自[英]M. J. C. 维尔《宪政与分权》,苏力译,生活·读书·新知三联书店1997年版,第14页。

[2] See W. Ullmann, *Principles of Government and Politics, in the Middle Ages*, London, 1961, pp. 66 – 67.

的重要内容。

到了中世纪晚期的启蒙时代，博丹、罗利、霍布斯、普芬道夫以及其他一些启蒙学者，在先前政府职能两分的基础上，又具体地把政府职能以列举的方式做了细分。博丹于1576年把"主权权力"分为9类，其中包括宣布战争与和平权、铸造货币权和征税权等。此后，其他的学者也提出了类似的清单。如果说，先前的两分法还不足以概括政府的主要职能的话，那么，以列举的方式开列"政府的诸多权力"的清单，只可看做政府的"任务"。从政治学和宪政的立场上看，政府职能的清单式开列显然不具有科学上的抽象或概括的意义。但是，通过条理政府权力清单，会自然地发现原来"立法权"和"执行权"所不能包容的政府职能。而把其中的有关"职能"和"任务"抽象地归类为后世确定的"司法权"，就有了令人信服的根据[1]。

学术界的前辈和今人大多把"三权分立"的理论与学说，与英国著名学者洛克和法国著名学者孟德斯鸠联系在一起，在一般性的宪法学、法律学和政治学著作中，也多数倾向认为或一般地表述为是洛克创立、而由孟德斯鸠发展和确立的分权理论与学说。然而，从我们上面的介绍和分析中不难看出，事情似乎不是这样的。正如我们从中看到的，通过追根求源，分权基础性的思想、理念的发端、发展，已经历了西方从古希腊、古罗马到中世纪晚期的启蒙时代漫长的历史时期。把分权学说的发起和创立完全归功于洛克和孟德斯鸠，显然与我们上面的介绍和分析不切合。不过，洛克和孟德斯鸠在倡导和确立分权学说方面，特别是对政府"职能"的区分和认定方面确实作出了重大贡献，这是不容否认的。

大概是印证了那句老话："时势造英雄。"如果说，先前的分权观念只是出于政府职能本身的内在相关性，并没有政权建设上的历史实际需要，因而不可能得到清晰而明确的确立的话，那么，到了洛克时代，新兴的社会势力在英国已经登上了国家政治的舞台，并与封建贵族联合执掌国家政权以后，建立什么样的国家政权问题就不可回避地提到了国

---

[1] 参见［英］M. J. C. 维尔《宪政与分权》，苏力译，生活·读书·新知三联书店1997年10月版，第23—28页。

家政治建构的议事日程上来。洛克作为新兴社会势力的理论代表，适应时代和观念的需要：一方面通过批判否定了"君权神授"和"王位世袭"的封建专制理论；另一方面又建设性地提出了新型政权建设的理论与方案，其中也包括政府职能区分理论与方案。洛克的政府职能区分理论受古代两分法的影响，虽然提出了立法权、执行权和对外权的三分，但他自己也承认，执行权和对外权"这两种权力几乎总是联合在一起的"①。这样，洛克提出的仍然是两分法，缺少标准三权分立中的"司法权"。尽管如此，由于洛克的政府职能区分理论和方案的提出恰逢其时，适应掌握了国家政权的新兴社会势力组建国家政权的需要，因而具有很大的影响力。

孟德斯鸠对分权学说确实作出了重大贡献，主要表现在政府职能的区分、界定与机构的分配行使方面：

一是他重新界定和解释了洛克关于英国政制的"三权"，即：（1）立法权；（2）有关国际法事项的行政权力；（3）有关民事法规事项的行政权力。他解释说："依据第一种权力，国王或执政官制定临时的或永久的法律，并修正或废止已制定的法律。依据第二种权力，他们媾和或宣战，派遣或接受使节，维护公共安全，防御侵略。依据第三种权力，他们惩罚犯罪或裁决私人讼争，我们将称后者为司法权力，而第二种权力则简称为国家的行政权力。"② 这种界定和解释显然较之洛克的界定和解释明晰和确定得多，并真正奠定了后世流传深远的"三权分立"的概念基础，迄今已历300余年并无明显变化。

二是他把"三权分立"一般化。洛克的两分法自然是针对英国的政制而提出的；孟氏虽然也在分析"英格兰政制"，但并没有局限于英格兰，而是针对所有国家政制提出的，他说："每一个国家有三种权力……"③ 把当时所有国家的政制抽象成为具有普遍性和一般性的权力

---

① ［英］洛克：《政府论》（下），叶启芳等译，商务印书馆1984年2月版，第90页。

② ［法］孟德斯鸠：《论法的精神》上册，张雁深译，商务印书馆1961年11月版，第155页。

③ 同上。

结构原则，其意义已超然于某一国家的政制之外，而成为一种模式、一种范式，从而为所有国家在组建自己政制时所参考或遵循，而一旦这种组建政权的原则被证明是可行的、有益的，那它对国家政权建设的理论或原则的指导意义，再怎么强调都不会显得过分了。

三是孟氏强调了有关分权学说中的一个重大的要素，即不仅要把权力分开，而且还要把三项权力分别交由不同的机关和人员来分别行使。他认为，这样做是公民获得自由，免受压迫的重要前提。当然，在先前时代，有些学者也曾注意到或论及过这一问题，但把这一问题确认为分权学说的一个重大要素，当归功于孟氏。他毫不含糊地指出："当立法权和行政权集中在同一个人或同一个机关之手，自由便不复存在了；因为人们将要害怕这个国王或议会制定暴虐的法律，并暴虐地执行这些法律。如果司法权不同立法权和行政权分立，自由也就不存在了。如果司法权同立法权合而为一，则将对公民的生命和自由施行专断的权力，因为法官就是立法者。如果司法权同行政权合而为一，法官将握有压迫者的力量。如果同一个人或是由重要人物、贵族或平民组成的同一个机关行使这三种权力，即制定法律权、执行公共决议权和裁判私人犯罪或争讼权，则一切便都完了。"① 把政府的权力分为三个部分，只是表明从"职能"进行分工的可行性和必要性，并不必然地表明必须由不同的机关或人员来行使不同的权力，因为事实上，完全有可能由同一机关或同一些人来行使不同的权力②。把三种不同的权力分别交由不同的机关和人员来行使，其重要性一点也不逊于把政府分为三个不同的"职能"的重要性，或许更显得重要些，这或许就是前面引文的英国学者将其作为分权学说首要因素的缘由③。可以肯定的是，三要素是分权学说的精髓。只有理解了它，才能真正认识"三权分立"。而对此作出最明白无误的阐述的，非孟德斯鸠莫属。后世之所以将孟氏称为"三权分立"的创始人，其原因也在于此。

---

① [法]孟德斯鸠：《论法的精神》上册，张雁深译，商务印书馆1961年11月版，第156页。

② 参见[英]M. J. C.维尔《宪政与分权》，苏力译，生活·读书·新知三联书店1997年10月版，第15—16页。

③ 同上书，第14页。

至此，经过一千多年漫长历史时期的探索、积淀，作为分权学说的精髓、核心内容的政府职能划分的思想，便在宪政观念中被确认和定型下来了，这也标志着分权理论与学说的成熟。不论分权学说在历史上和现实中遭受过多少质疑、批判，乃至被彻底否弃，但关于政府职能的区分都是无人可以否认的，即使那些至今坚持"议行合一"论者，也做不到这一点。因为"议""行"一出口，便实际上已经对政府职能作出区分了。承认这一点很重要，全部的宪制学说、政治学说，乃至一般的社会管理学说，实际上都是以客观上必然存在的职能区分为前提条件的。正如前引著作的作者维尔所指出的："可以肯定，无论大多数西方理论家在其他问题上如何尖锐对立，他们都同意不应当由'他的话就是法律'的某单个人作出所有的决定，都同意不应当由一个代表会议来完成所有的政府工作。除了在革命时期外，这些极端都不在可能选择的范围之内，因此在某种意义上，政府组织从根本上讲都必须有一种职能划分。而就是这种组织结构之间、职能之间和价值之间的联系——不论它是如何难以精确确定——赋予了权力分立，或者更确切地说赋予了关于组织的中心主题一种品质，这就是我们在关于组织的全部历史中发现的那种不可摧毁的品质。"[①]

三权分立的组织结构的设计与形成，在很大程度上是因为它能满足掌权者对不同的国家机关理想的深层次的功能期待。在前面的分析中，我们重点揭示了政府中三权存在的"客观性"，以及政府职能需要适当分工和良好组织的"规律性"。但如果只说到这一方面显然还是不够的，因为三权分立既不会自动出现和存在，也不会自发地发挥多样性的职能并自我良好地组织起来，掌权者只能面对它并顺从它。它之所以能够成为西方主要社会和国家的政权组织的基本结构和普遍原则，还在于这种政权结构能够满足人们特别是满足掌权者对国家机关理想的和深层次的功能期待。这种"功能"：首先，是因为它从根本上源于前述的权力职能的区分与分工和良好组织的"客观性"，从而使其"功能"的发挥有了坚实的客观基础；其次，是人们特别是社会和国家掌权者希望从

---

① [英] M. J. C. 维尔：《宪政与分权》，苏力译，生活·读书·新知三联书店1997年10月版，第323—324页。

更深层次上,即透过权力机关表面上的权力安排和职能分配,来满足其对某种理想的"功能"诉求。这种"功能"所具有的主观性又相应地导致了人们对三权分立原则及实体结构建设的重视,从而使它愈发完善和历久弥新与弥坚。

那么,这里所指的"功能"究竟是什么呢?简而言之,就是"参与""行动"和"约束"。

"参与"是指民众的参与。议会是由民众通过直接或间接的选举产生的机关,在政府的三权中,议会是立法机关,负责为社会和国家立法的职能。无论在形式上还是在实质上,议会体现的都是社会和国家的民主。民主程度的强弱决定于民众参与议会组织和活动的程度。除了极端的虚伪或虚假的"民主"政体以外,绝大多数的西方社会和国家都重视议会的立法作用,并不断地增进民众的参与程度以标榜其民主程度之高。结果,在西方社会和国家的民主政治发展历程中,已经形成了这样的共识,即议会是民主的最根本的政治体现形式,是代表民众的多元利益,是贯彻民众根本意志的最适宜的国家机关。尽管议会在西方的政权结构的地位和作用,在政治历史发展进程中已经发生了显著的变化,特别是发生了从 19 世纪以议会为三权中的政治中心,变为 20 世纪的以行政权为中心这样重大的变化,但议会作为民意集中代表机关的地位和作用,并没有发生根本性的变化。议会通过吸引和组织民众参与社会和国家的政治生活,使它与社会和国家的民主紧密地联结起来。

"行动"是指行政机关的管理活动。在政府三权中,行政机关掌管"执行权"。所谓"执行权",早已超越了原来意义上的"执行宪法"和"执行法律"的范围,尽管这仍然是行政机关最基本的"执行"范围,但现代的行政机关的执行范围却要宽泛得多。为了满足社会和国家的发展目标和民众日益增长的需要,行政机关还往往利用宪法和法律,规定和认可的自由裁量权,采取许多积极的步骤和措施,加大行政管理的力度。从一定的意义上来说,社会的进步和国家的发达,在很大程度上取决于行政管理的经济和高效。因此,行政机关的"行动"对社会和国家的发展、进步是至关重要的。这就是为什么现代行政机关日益壮大,行政权不断加重的、最根本的社会和国家动因①。

"约束"是指最高法院的约束。在政府的三权中，司法权是分配给法院掌握的。但是，有关国家一些重大的争议事项，特别是有关政治性违宪等重大事项通常都是由最高法院予以审理和裁决的。在许多西方国家，出于对一些重大的政治问题的敏感性、利害关系、政治平衡等方面的考虑，政治家们往往不能或有愿意作出决断。在许多情况下，他们便把有关的争议交给最高法院予以裁决。最高法院尽管有时也不情愿，甚至拒绝裁决有关重大的政治性争议，为此还在一些国家发展出司法审查的所谓"政治问题回避"原则，但是，一旦最高法院迫于情势的需要作出了裁决，便对全社会，包括议会和行政机关在内的一切国家机关具有约束力。这种约束力依托的是宪法的最高法律效力。因此，最高法院实际上体现的是宪法约束。宪法约束的必要性和重要性，在西方宪治发达的国家早已被不容置疑地承认和尊重，它构成了西方宪政的基础性组成部分，是实现发达宪治的一个必要条件。

三权分立的政权结构形式从创立和实行以来的几百年间，不断受到来自各方面的质疑和批评，但其基本的格局和框架迄今为止并未发生根本性的改变。但也应当看到，三权分立的政府结构形式早已脱壳于其原来的"纯粹"形态，通过吸取其他政治理论的素养，已经变成了新的、具有混合形态的分权学说了。它具有更广泛的适应性，能够渗入差不多所有西方国家政体而发挥其基本的限制权力、防止专断的价值影响。可以肯定地说：分权的理论和思想是所有西方国家至今仍信奉的政治理论和思想；而分权的政治结构体系又是所有西方国家至今仍在实行的政府体制，只不过，由于历史、国情等方面的差别，各国所实行的政治体制不尽相同罢了。

四　西方宪法学已取得的一般成就

宪法学早已成为法学总体学科中的一个即使不是最重要的，至少也

---

① 关于"参与""约束""行动"的政府三机关的"功能"，是西方学者提出来的，请参见〔美〕埃尔斯特、〔挪〕斯莱格斯塔德编《宪政与民主——理性与社会变迁研究》，潘勤等译，生活·读书·新知三联书店 1997 年 10 月版，第 4 页。

是重要的学科之一,在美国等西方国家,宪法学还早已成为一门显学,吸收了众多有才智的学者、律师和法官投身宪法研究的事业中来,一些宪法学术俊杰和大师代有辈出,他们的宪法著述丰硕且影响远播,享有一定的甚至极高的学术声望。宪法学者们的努力已经在宪法学的理论研究上取得如下的杰出成就。

(一) 宪法学学科地位的确立

从一般"科学"的意义上来说,任何"学科"的体系都应当而且必须包含三个内在相当的因素:

一是要有确定的研究"对象"。无论是在自然界还是在社会界,从至大到至小、从极普通到极特殊、从至真到最虚幻或无形的事物或事务,都可能成为科学的研究"对象"。在这个意义上,似乎不存在什么事物或事务不适宜做科学的研究"对象"。

二是能够进行符合规范的"科学"研究。对于任何一种事物或事务,无论是自然界还是社会界,给以常理的说明,甚至论理性的描述,总是可能的,尽管后者要比前者难一些。然而,这类说明或描述并不必然就一定是科学的,事实上在许多场合都是不科学的。试举例说明,人类自古至今对于天体、宇宙的各种说明或理论性的描述迄未停止。从古希腊神话中的宙斯等诸神体系到中国古代女娲补天、后羿射日,都是古代先民对天体、宇宙现象的说明,显然这类神话、传说并不符合现代的科学规范。古犹太教和基督教的"创世论",可以视为一种大规模的理论性描述。这不仅是由《旧约》和《新约》组成的《圣经》作为"经典"的支持,而且也是由一代又一代的神学家、教士、牧师,在教堂、经院、学府乃至民间长期坚持不懈地宣教、弘扬的结果。他们的这种努力就造就了一个复杂、庞大的神话体系。不论这种神学体系多么系统、严谨,依现代科学的观点来看,是不能称得上是科学的。到了近代以后,由科学巨匠伽利略、哥白尼、牛顿等天体、宇宙科学家的共同努力,才使对天体、宇宙的研究真正走上符合科学规范的道路。而由近一个世纪以前的德国物理学家爱因斯坦所创立的"广义相对论",成为了迄今为止得到普遍承认的、有关天体物理的奠基性理论(近些年来有科学家对此理论提出了质疑和挑战)。据《美国每日科学网站》2004年

4月5日的报道,美国将用世界上最精确的回转仪验证爱因斯坦的理论①。由此可见,至少在自然科学领域,真正符合规范的科学体系,不仅应当包括由数理论据支持的理论框架(有时以假说的形式出现),而且是可以通过实验来加以实际验证的。

三是要由一定的或相当数量的有关研究对象知识的总量。这一点不难理解,既然称之为"科学",就应当包含一定的或相当的知识总量和信息。只言片语,充其量只能算是"警句"或"箴言",算不上理论体系。

从以上关于科学的一般观念上看,对宪法的研究要想成为科学,或者要使对宪法的科学研究成为一门系统的"宪法学",也应当而且必须符合并满足上述三个方面的要求。

首先,要有研究的对象。毫无疑问,宪法学研究的对象当然是宪法。然而,正如宪法学术的研究所表明的,"宪法"是一个非常复杂的现象,有狭义上的"宪法",也有广义上的"宪法"。研究的对象不同,宪法学的理论体系自然也会有差异。无论如何,宪法学的研究对象是明确的、显见的,研究者可以在这个领域或范围内任意选择。

其次,宪法学的研究应当符合科学规范的研究要求。说来有些令人不可思议,作为与国家和人民的政治、法律、社会生活息息相关的宪法,在其总体的学说、理论结构体系中,自始至今都充斥着一些看似科学,而实质上并不是科学的构成因素。这在人权和公民权的理论体系中表现得尤为明显。人和公民为什么应当享有并能实际得到保护的这般那般的权利?这般那般的权利来自何方?其终极的关怀又是什么?回应这些问题的理论支柱,仍然具有很强烈的哲学上的形而上学色彩。从原始的、古典的、现代的自然法学说,到康德、黑格尔的主、客观唯心主义,再到狄骥的社会连带主义学说,直至最近几十年纷纷登台亮相的形形色色的权利理论,许多都具有形而上学的特点,尽管他们都宣称是某种形式的"理性"或"现实",但终究属于先验的范畴,是无法实际加以验证的。即使如此,学术界至今也未找出某一理论摆脱各种形而上学

---

① 参见《美将用实验验证广义相对论》,《参考消息》2004年4月7日第7版。——笔者注

认识窠臼,尽管做了种种改变的尝试和努力,仍不能消除学术上的疑虑。甚至有的学者在进行深入分析和认真比较以后,还是认为对法律权利的古典自然法的解释较为可取:"……权利的自由主义学说,它不能完全脱离对上帝的信仰或至少不能脱离在某种形而上学的深远意义上确实要求有的一种世界观。"[①] "所有的人生而平等,并且被造物主赋予了不可让渡的权利,也许是我们必须完全同意的一个命题——我们不能在其中挑出自己想要的部分而抛弃其余的部分。"[②] 以上这些表明,无论学者们是有意无意地,也无论人们是否意识到,宪法学特别是其中的权利学说,至今仍没有完全达到科学规范的研究要求。

然而,我们也必须看到,迄今为止,在宪法学的研究的科学规范方面,也已经达到了相当高的水准。随着学术视野的拓展、研究途径和方法的增多,特别是广泛应用的比较研究方法、社会学方法、经济学方法、历史学方法、解释学方法、文化学方法、人类学方法、结构学方法、功能学方法、结构—功能学的方法等,极大地促进了宪法学研究朝着科学规范的方向发展,从多学科、多角度提升了人们对宪法现象和本质的认识。值得特别提出的是,通过实证的方法、案例分析的方法等,将宪法从高高的"政治纲领""权利宣言"的祭坛上请了下来,使宪法从传统地规范政治权力和限制政府权限方面,拓展到社会的、经济的、文化的社会规范和国家调控方面,融入寻常百姓人家的日常生活之中,从而大大地增强了宪法的活力和功能,这无疑又是宪法学在科学规范方面的一大进步。

再次,宪法学在知识总量方面有了相当可观的积累。从难以计数的古今中外的一代又一代的宪法学者,包括那些学富五车的宪法学大师,到堆积如山的宪法学著作,都是宪法学业已取得的丰硕成果和浩如烟海的知识总量的最好见证。还应当指出的是,在西方一些宪治、宪制比较发达的国家,如美国、德国、英国、法国等国家,宪法学已经成为法学中的优势学科,宪法学教授具有较高的学术地位,更受法

[①] [美]罗森鲍姆:《宪政的哲学之维》,郑戈、刘茂林译,生活·读书·新知三联书店2001年12月版,第330页。

[②] 同上书,第327页。

学同道的尊重，而宪法学专业也为众多的法学学子们青睐，争相专攻或选修。这与目前中国宪法学的学术地位和境遇形成了鲜明的对照。

（二）宪法学的理论分类的定型

由于学者们所持的分类标准不同，因此在宪法学的理论分类方面表现出很大的差异。迄今为止，已经做了许多的理论分类。其中有些是相同的，更多的是不同的。试举例说明：

日本著名宪法学者美浓部达吉在其传世著作《宪法学原理》中，虽然没有专门对宪法学的理论进行分类，但在书中第六章"宪法学参考书"中，列举了"比较宪法学"和"一般宪法学"的著作，加上其书名本身，可以想见美氏心目中的宪法学分类当是三类，即"宪法学原理""比较宪法学"和"一般宪法学"。

日本现代宪法学者上田胜美对宪法学的分类给予特别的关注[①]。他在《宪法讲义》[（日）法律文化社1983年版]中，将广义的宪法学做了如下的分类：

广义宪法学：
宪法学的基础理论的各学科
比较宪法学的各学科
宪法立法政策学的各学科
宪法社会学的各学科　　　　　　经济学
宪法史的各学科　　邻接学科：政治学　成果的吸取
宪法思想史的各学科　　　　　　历史学
宪法学说史的各学科
宪法判例学[②]的各学科

这种分类虽然详尽，但层次仍欠分明。如"宪法史"的分类，就还

[①] 参见［日］上田胜美《宪法讲义》，［日］法律文化社1983年版，第4页。此外，关于广义宪法学的分类，还可以参见［日］铃木安藏著《宪法学原论》。——笔者注
[②] ［日］铃木安藏：《宪法学原论》。——笔者注

可细分为"个别国家宪法史",如"英国宪法史"等;"宪法通史""家族宪法史",如"威斯特敏斯特家族宪法史"等。这些分目在研究的对象和方法等方面,还是应当有所区别的。

值得注意的是,此种分类法在日本宪法学术界相当普遍。这样的分类在铃木安藏的《宪法学原论》中都可以看到。

除此之外,上田胜美还在上述广义的宪法学分类之外,另设"宪法解释学"的类项,他认为,宪法解释的范围,一般说来是指法律法规的解释,作为宪法解释的技术的文理解释、论理解释的方法。宪法解释的作用,是指作为解释对象宪法规范的体系的、论理的、客观认识的作用。宪法解释除了需要超越传统的解释领域,即(日本)君主立宪的宪法诠释之外,现代宪法解释也是有一定的限制的。作为宪法规范客观认识作用的解释领域,必须排除解释者用个人主观的思想、政治观恣意而为的政治解释。为此,他认为,在对宪法做论理的、客观的解释时,有必要注意以下两点:第一,解释者应当对解释对象进行文理的、论理的、体系的解释;第二,对人类的福祉(权利、自由),必须进行历史的、发展的解释。要看到权利、自由通过历史上长期的斗争不断争取,才使其在量和质上有了扩大、生成和发展[①]。

(三)宪法学的研究方法的丰富

宪法学的研究方法得到了很大的丰富。一方面由于一般方法论,特别是社会科学方法论总体的丰富为宪法学的引进提供了客观、现实的基础;另一方面,宪法本身在义理、内容和调整范围上的博大、精深和广阔,也为宪法引进众多的研究方法留有广阔的兼容空间。宪法的发展需要引进更多的研究方法,而更多的研究方法的引进又进一步促进了宪法学的发展,两者联动、互为因果,值得认真地加以总结。

大致说来,宪法研究的方式可以分为以下七种,即文字的、原意的、历史的、普通法、比较法的、哲学的和社会学法学的。

1. 文字的研究方式

文字的研究方式即法院按照字面的含义对宪法予以解释。作为立宪

---

① 参见[日]上田胜美《宪法讲义》,[日]法律文化社1983年6月版,第1—6页。

主义的一个重要条件和前提，就是将立宪者认为重要的和必不可少的有关社会和国家的事项、建国理想和社会发展目标等，浓缩于一个或长或短的规范性文件之中，这个文件就是我们今天耳熟能详的"宪法"。宪法作为一个国家的最重要的政治法律文件，虽然呈现于外的，是由序言、章节、条款、标题等文字组成的法律文书，但在这些文字之后却隐含了众多的历史、社会、民众情感等信息，其中隐含的制宪者的原意或意图是最有价值的信息，历来被后来的宪法解释者特别是司法解释者所重视。长此以往，就在西方国家立宪主义中形成了这样的习惯或原则，即国家在解释宪法时，应当对当初制宪者们表示最低限度的尊重，而这种尊重是通过如下的方式实现的，即当一宪法文字具有不与基本法其他规定相抵或导致显失公正及荒谬的判决的清楚明确之含义时，应当适用含义明确的文字，无须司法解释。早在1819年，美国最高法院首席法官约翰·马歇尔就在斯特吉斯诉皇家警察案的判词中写道："无视法律的明确规定，竭力从外部条件中推测应予规避的情况是很可怕的。如果不改变文字本来和通常的含义，法律文字更会互相冲突，不同条款便会相互矛盾和互不协调，解释才成为必须，背离文字明确的含义才无可非议。然而，如果在任何情况下，只因为我们相信立法者本意不在于此便忽略条文明确的、不与同一法律的其他规定相矛盾的含义，那一定是荒谬和不公正地适用法律。其荒诞至极会令任何人都毫不犹豫地一致加以拒绝。"[①] 这就为法院所作的字面含义解释确立了一个重要的原则，即法院适用含义明确的文字。这一原则在宪法解释中之所以比在制定法解释中显得更为重要，其原因正如美国最高法院拉马尔法官于8年后所指出的，制定法"是由一个少量成员的审议机构通过的，他们大都在不同程度上精于解释和辨别，也有充分的机会注意和排除文字的某一含义；宪法则不同，虽然它是由立宪会议制定的，但却是由全体选民通过的，他们大都疏于此道。如果字义清楚，最简单明了的阐述最有可能是制宪者们的意思"[②]。

[①] 转引自［美］詹姆斯·安修《美国宪法解释与判例》，黎建飞译，中国政法大学出版社1999年7月版，第2页。

[②] 同上。

此外，为了表示对立宪者的尊重，一些法院还表示它们在宪法诉讼中的作用只在于"阐述"基本法（宪法）的文字，换言之，它们为了恪守宪法文字的狭窄含义，刻意地回避考察外部资料和社会影响对宪法加以解释（宣称的是"阐述"）。然而，这一原则从来没有得到严格的遵守。在宪法诉讼实践中，宪法早已认识到宪法判决的需要比拘泥于文字更多的东西，宪法的确不能只做狭义和迂腐的字面解释。这个道理被后来世界上许多国家的法院所理解和接受。即使在美国，从1934年以来，美国最高法院赞同宪法判决不能只以阐述为限，对于含义宽泛的条款，解释是绝对必要的。当年，首席法官休斯指出，对宪法以广义条款勾勒了授予和限制权力的轮廓，须由解释加以充实和明确。现在世界上许多国家的司法机关都承认，拘泥于宪法文字含义的解释对于宪法的判决、实施，都是不适当的①。

2. 根据制宪者意图的研究方式

在西方国家，特别是在美国，直到20世纪上半叶，学者和法官们还普遍倾向于在宪法解释中强调制宪者的意图。认为"宪法解释的目的""是贯彻制宪者的意图"②。在很长的历史时期内，美国各法院历来宣称，确定和尊重制宪者的意图是宪法解释的"首要原则"。有些法官甚至不无偏颇地认为："每一宪法条文的解释都须表达制宪者的意图。"③"宪法是成文法，其字义不可变更。制宪时的含义亦即今天的含义。"④宪法解释的全部目标在于"揭示字义，以确定和贯彻制宪者的意图"⑤。1857年最高法院首席法官塔尼在"德雷德·斯科特案"的判词中写道："只要宪法未经修正，它就不仅有同样的文字，而且还表达与制宪时起草者和通过它的美国人民所表达的同样含义和意图。"⑥

---

① ［美］詹姆斯·安修：《美国宪法解释与判例》，黎建飞译，中国政法大学出版社1999年7月版，第3—6页。
② 同上书，第68页及同页注释［3］、［4］。
③ 转引自［美］詹姆斯·安修《美国宪法解释与判例》，黎建飞译，中国政法大学出版社1999年7月版，第67页。请同时参见同页注释［1］、［2］、［3］、［4］。——笔者注
④ 同上。
⑤ 同上。
⑥ 同上。

究竟是什么原因使西方一些国家的法院和法官如此执著地认同并追寻制宪者的意图？我们认为至少有以下一些原因：

首先，法院和法官认为它（他们）的司法特性就在于忠实于宪法。宪法是在特定历史时期的一个特定的社会情境之下，由一批受过特定文化特别是法律文化教育的人制定的。宪法的文本所体现的不仅是当时的社会和国家的变化和需要，满足当时的确认革命合法或建国的历史使命；而且还体现制宪者长远的建国理想和社会奋斗目标。宪法一经颁布和实施，就要在长期的社会发展和国家建设中发挥权威性的规范、指导和调整作用。为此，宪法需要稳定，行宪需要沿着相对固定的轨道稳步推进。所有这些，都需要有一个稳定、核心的规则和依据。在很长的历史时期内，人们既看不到宪法有随着时代不断变化的紧迫需要，又找不出其他可资利用的准则和依据，于是法院和法官们便固执地认定，确认和追寻制宪者的原意，就是实现自己上述价值理念的最可靠方式。并认为，任何其他的宪法解释规则都将背离它（他）们有关特定的价值认定，到头来，都会使法院和法官成为时尚的应声虫，它（他）们的判定意见只反映当下公众的意见和偏好。很显然，在过去很长的历史时期内，这种价值倾向正是西方一些国家特别是美国的法院和法官们所要竭力回避的。

3. 历史的研究方式

宪法诞生于特定的历史时期，是那个历史时期特定的社会情境，特别是当时发生的能够极大震撼民众的心态，情感的事态包括灾难性的事态。正是这一系列的事态导致人们不惜以牺牲生命为代价，通过发动革命来改变自己的生活境遇，直至通过建国和重新立宪的极端方式来改变民众的命运，并通过立宪和建立宪政以补救以往社会和国家的缺失、错误对民众生活和情感造成的损害。从一定的意义上来说，任何宪法都是历史的产物，是一系列的历史事变、事态、情境等各种因素综合促成的。因此，从情理上来说，只有把宪法放在产生于其中的历史环境中去考虑，才能真正理解宪法的意义、内容和宗旨。正是基于这种认识，在许多西方国家特别是像美国这样的国家，才将历史引入宪法的司法解释中来。早在1895年，美国最高法院法官格雷在谈到被指控犯罪者的宪法权利时说：

"像所有宪法解释的问题一样,这在很大程度上是一个历史问题。"[1] 霍姆斯法官认为:"一项历史事件包容了很大的逻辑价值。"[2] 弗兰克福特法官认为,宪法融合了两类条文:一类是随着法律进化而规定的"一般"条文;另一类是必须根据历史事件来解释的"特殊"条文,特定的不幸"导致"抚慰它们的特殊宪法规定。他极力主张根据历史来理解宪法条文,他甚至宣称:"其含义如此依赖于历史,以至定义反而成了累赘。法官适用宪法必须受制于这些历史。"[3]

美国最高法院利用的历史大致有两类:一类是宪法产生前的,颁布宪法和修正时的历史,借以理解制宪者的意图;另一类是能说明在宪法判决中,值得考虑的社会利益的历史和能对这些利益的冲突作出公众所接受的调解的历史[4]。而经常利用作为重要历史资料的具体内容则包括立法和行政惯例,当时的法律、历史事实、历史惯例,等等[5]。

但应指出,美国联邦法院在重视利用历史资料进行宪法解释时,并没有将其绝对化。一旦被法院认为,有关的历史资料有碍法院保护现实的价值和利益,就几乎会被忽略或轻视[6]。

4. 普通法的研究方式

普通法是英国首先从古老的习惯和法院通过审判,逐渐积淀和沿袭下来的特殊的法律制度和技术,与其相对应另成体系又具特点的法律制度,是在欧洲大陆从罗马法发展起来的大陆法。英国法系和大陆法系在西方法律制度史上被称为两大法系。因所处地理位置的不同,英国的普通法也称为"海洋法系"。美国因脱胎于母国英国而独立新建的国家,故其法律制度、法律和宪法解释方式也深受母国的影响。

在英国为什么会被称做"普通法"的法律体系?这种法律体系的特点又有哪些?这些都是我们首先需要加以说明和分析的。

---

[1] 转引自[美]詹姆斯·安修《美国宪法解释与判例》,黎建飞译,中国政法大学出版社1999年7月版,第130页。
[2] 同上。
[3] 同上书,第131页。
[4] 同上。
[5] 同上书,第132—144页。
[6] 同上书,第131页。

英国为什么发展起"普通法"？这是其独特的历史发展道路使然。英国从1066年起就是被征服的国家，史称诺曼征服。但作为说法语的诺曼征服者，曾经允诺尊重英国本土古老的习惯法，包括不干预原有的郡或百户法院所遵循和适用的本土审判程序与法律规则。只有极少数的重要案件，才由征服者自己的法院，即威斯敏斯特皇家法院来管辖。于是古老的法律制度没有实行现代化，但皇家法院本身并没有置身于王国的司法制度之外。它一方面允许传统的法院继续存在并维持古老的习惯法的效力，另一方面基于它所管辖的每个个别案件，通过一系列的判例精心地发展出一套全新的法律规则，这就是"王国的普通法"。随着普通法的日益强大，原来古老的法律制度也就逐渐被取代乃至废除了。

普通法是英国的社会习惯在特殊的社会情境中生成的。说到习惯，自然并非由任何有决定权的一人或多人创造。与"社会契约"不同，它并不经过起草、辩论和随后的批准或否决的过程。相反，它缓慢地生长，最终在社会上形成一种未经清楚表达的"合意"，表明某些行为是允许的，某些行为是不允许的，以及哪些事是对的，哪些事是错的。人们就是凭借这种"合意"在社会中自然而然地生活。英国著名的法学家埃德蒙·伯克认为，这种普通法是对英国自由提供的唯一真实的保障，他认为，如果没有这种合意，任何一纸条文都无法为自由提供保障。在伯克看来，在英国就没有制定成文宪法的必要[1]。

不过，英国的普通法也有其"弱点"。"法律"不以确定的法典为基础，从而显得既不定型又不可知。特别是对这种"不可知性"，功利法学家杰里米·边沁称其为"狗法"（dog law）。他说，由于狗不能理解我们的话，当他们待在不该待的地方时，我们通常会猛击它们以便教它们待在其他地方。然而，因为人类可以理解我们的语言和希望，我们应该用清晰的语言告诉他们不该待在何处，并且只有在不服从我们命令时才能击打他们。但是，由于普通法的不可知性，英国人惯常像狗一样被对待。也就是说，关于什么是合法的和不合法的，他们没有得到任何

---

[1] ［美］肯尼思·W.汤普森编《宪法的政治理论》，张志铭译，生活·读书·新知三联书店1997年8月版，第87页。

清楚的指令，而在他们行动之后，普通法的法官们却不断地"判决"他们违反了法律。边沁得出结论说，他们像狗一样，只是在已经坐在椅子上之后，才知道他们不该坐在上面①。不论边沁对英国普通法的看法是否正确，他所说的一点却是真实的，即普通法是靠法官们的判决，通过一系列的案例累积而逐渐发展起来的。

由于普通法主要是由判例法发展而来，因而不像欧洲大陆那样具有一套完整的、系统的法律规则，也很难被认为构成了一个法律体系。正是因为这一形成特点，使普通法也具有与欧洲大陆的法律体系不同的特点。英国法因为没有现成的法律体系可以遵循，所以只能在一个个具体案件中通过严格的、机械的程序形式，主要依赖法官个人的知识、经验和意识而作出判断。因而英国法官不需要通过研究而知道什么样的实体法适合于有效的审判，但他们却特别看重审判程序，因为需要从纷乱复杂的程序中寻找途径，以便使诉讼得以解决。因此，英国法官不需要在作出判决之前知道或确认什么是权利，也不需要考量适用什么法律规则，他只要凭自己的意识作出判断，从而使诉讼得以解决就足够了。因此，英国普通法的基本准则被确认为"补救先于权利"②。

关于英国普通法的"准则"问题，一向被英国古典法学家们所关注。依照英国著名法学家福蒂斯丘的说法，这些准则"不需要用理性和论证来证明"，它们是不证自明的。依照他的看法，这些准则构成了由法官所运用的法律这门特殊科学的真正内容。对于这样一种"普通法的基本观点"，另一位著名的法学家和大法官柯克做了进一步梳理和总结。就是他首先在著名的 Bonham's Caze（博纳姆案）中发现了普通法的一个重要准则，即"任何人不得在自己的案件中担任法官"，或者说"在自己的案件中充当法官是非法的"。此外，柯克总结的准则还有如下一些："制定法应当是前瞻的，而不能追溯既往。""任何人皆不应因同一过错而受两次受罚。""每个人的居室就是他的藏身所。""使用自己的

---

① ［美］肯尼思·W. 汤普森编《宪法的政治理论》，张志铭译，生活·读书·新知三联书店 1997 年 8 月版，第 79 页。

② 有关英国普通法的产生和特点的详细分析，可参见［法］莱尼·达维《英国法和法国法》，潘华仿等译，中国政法大学法制史教研室编，1984 年 8 月校内用书，第 5—7 页。

财产不得损及他人的财产。""自己的代理权不应当委托他人代理。"①这些准则或者原理、公理既是认识英国普通法内容、原则的理论基础，又是解释英国法律的技术规则的渊源，它们被英国法学界和法官们以至后来的美国法学界和法官们所认同和接受，并成为美国解释宪法的重要依据之一。

  普通法作为美国宪法的"高级法"背景，不仅在制宪和通过前十条修正案时成为重要的参考体系，而且在日后进而成为宪法解释的重要依据之一。1876年，美国联邦最高法院布雷德利法官在穆尔诉合众国案中说："不参考普通法难以理解……宪法文字。"② 12年后，最高法院又在史密斯诉阿拉巴马案中宣称："美国宪法解释必然受其条文是依据英国普通法的术语而制定这一事实的影响，也必须依据其历史来理解。"③ 1896年，最高法院在解释第五条修正案不自证其罪的条款时，参考了英国普通法和惯例，它在布朗诉沃克案中指出："因为宪法修正案的头八条是体现英国基本法中自然正义的某些原则的，这些原则已经长久地融合在其母国的法学之中，所以，英国法院对它们的解释毋庸置疑地表明对其保障和限制的范围。"④ 两年之后，该院又强调："宪法……必须根据普通法来解释，因为制宪者们都熟悉其原则和历史……不参考普通法无法理解……宪法文字。"⑤ 1905年，最高法院的布鲁尔法官也指出："在宪法解释中我们必须借助于普通法"，"正如一向所说，不参考普通法便无法理解宪法文字。"⑥ 到了1925年，最高法院的塔夫脱法官再次强调："如果不参考制（宪——笔者加）时的普通法和英国惯例，就难以有把握地解释宪法文字。"⑦

---

  ① 关于柯克的这些"准则"见解的详细分析，请参见［美］爱德华·S. 科文《美国宪法的"高级法"背景》，强世功译，生活·读书·新知三联书店1996年11月版，第45—46页。

  ② 转引自［美］詹姆斯·安修《美国宪法解释与判例》，黎建飞译，中国政法大学出版社1999年7月版，第112—113页。

  ③ 同上。

  ④ 同上。

  ⑤ 同上。

  ⑥ 同上。

  ⑦ 同上。

从以上介绍和分析可以看出，英国普通法的内容、原则确实浸淫于美国宪法之中，借助普通法来发展美国宪法解释的理论与技术，不仅是自然顺势的事情，在法理上也是完全应当的。这一事实再次彰显了我们一贯主张和强调的观点，即追根究底，详细考察某一法律现象的特定本源，是理解和认识有关法律现象的重要研究方法。其实，这一方法对于从学术上理解和认识美国宪法也是大有助益的。在中国的法律语境下，我们中国法律学生以及学者，常常对美国宪法修正案中有两条特别规定的"正当法律程序"（第五条和第十四条）感到迷惑不解，很难一下子就体察其中的重要性。原因或许就在于我们既身处缺乏程序正义的社会情境之中，又对美国宪法的英国普通法背景，特别是对普通法中特别强调程序重要性的法律背景缺乏了解和探究所造成的。由此可见，对于立志于钻研法律的学子们来说，加强背景性考察和追根究底的研究方法的掌握和运用，是何等的不可缺少和重要！

5. 比较法的研究方式

尽管在法学理论上，学者们对比较法究竟是一门独立的学科还是一种单纯的研究方法，抑或两者兼而有之这个长期以来争论不休的问题，至今也没有形成统一的认识。但在实践中，包括理论研究的实践、立法和司法实践，比较法的方法一直在大量地应用。特别是对一些法治和宪治后起的理论来说，大量参考和借鉴法治和宪治发达的国家的原理、经验和具体做法，更是较为普遍和视为理所应当的事。因为，如果抛却狭隘的民族和国家的封闭视野，以广阔的胸怀放眼世界，把全世界各国尽管各自不同，但却必须面对社会和国家共同的法律和宪法问题，看成人类应当共同享有的经验和技术，自然就不会对外部世界的法律和宪法现象总是持有戒心，或者刻意地在本国的法律和宪法与外国的法律和宪法之间，挖出一道深不可逾越的鸿沟，更不应当为强调本国的法律特色而筑起一道与外部不相交流的自我封闭之墙。基于这样的体认，在世界上许多国家，尤其是在具有普通法传统的国家之间，用比较法的方法来解释宪法，不仅受到鼓励，而且较少有顾忌地予以广泛的实行。

澳大利亚高级法院经常利用英国枢密院、美国最高法院和加拿大最高法院的判决。加拿大最高法院一贯参考美国最高法院和澳大利亚高级法院的判决。印度最高法院在宪法性判决中，有时直接引用美国、加拿大和澳大利亚法院的判决和理由。即使在非洲的尼日利亚，法官和学者都赞同参考其他国家宪法的规定，并在宪法案件中从外国宪法判例中引证资料。该国的律师还在实际上详细引用美国、加拿大、印度、斯里兰卡和北爱尔兰最高法院的宪法判例，以支持他的辩论意见。在亚洲的菲律宾，其最高法院也经常引用美国的判例。大洋洲的巴布亚新几内亚高级法院也参考澳大利亚和其他国家法院的判决和观点。即使在美国，也有的法官和联邦最高法院也愿意在宪法解释中，参考其他国家的判例和资料，但在美国法院和法官普遍忽略对比较法律文化经验认识的法律情境下，这种做法并不普遍和经常。弗兰克福特法官是个例外，他愿意在宪法解释中参考英联邦各国或联合王国的经验。例如，在1919年的"沃尔夫诉科罗拉多州"一案中，他参考了10个国家解决同类问题都一致拒绝证据排除规则的惯例，从而支持法院不把证据排除规则用于各州的主张。1972年，美国最高法院判决宪法第一条第六项中言论或辩论条款，不限制为通过某项法案活动和投票而受贿议员的控告。这是受澳大利亚和加拿大有关判例的影响。该两国法院裁定议员特权的条款不得限制对受贿议员的刑事控诉。同年，马歇尔法官在"弗曼诉乔治亚州"一案中裁定原判死刑违宪。因为该判决"参考了近70个国家为尊重文明和人权而不判死刑的司法资料"[①]。

现代人类社会和国家都面对共同的宪法和宪政问题，以开放的心态和博大的胸怀，参考和借鉴其他国家的宪法解释方式，无疑应当受到鼓励和支持。但这也如同美酒，未必所到之处都受欢迎，因为还不是所有的社会和国家的人们都具备这样的心态与胸怀。

6. 哲学的研究方式

所谓哲学的研究方式，就是以法院和法官某种哲学的理论和观点对宪法的内容和原则进行解释。本来，哲学和法学从发生学的意义上来说，就具有深远和密切的渊源。正如胡果所说，人们很早就注意到，历来的法学家都具有哲学素养，从古希腊到如今的一些法学大家都是如此。后来由于社会科学的分类越来越细，哲学和法学早已分为各自独立

---

① 本部分有关比较法的资料，均引自〔美〕詹姆斯·安修《美国宪法解释与判例》，黎建飞译，中国政法大学出版社1999年7月版，第127—129页。

的社会学科。但是，哲学作为万事之王，文化知识也就成为万法之母。法律之所以成为人类社会与国家普遍承认和接受的社会控制和国家治理的工具，归根到底是由于其从内容到精神都在本质上体现了社会普遍的价值观、伦理道德准则和行为规范，而这些正是需要由哲学回答和解释的深层次问题。从宪法方面来说，它既是国家的根本大法，又是社会所认可和接受的价值观、伦理道德准则和行为规范特别是政治行为规范的最集中的体现。一个好的宪法，不仅应当是一个好的宪法规范的实体，而且应当也是一个好的哲学读本。正是其所蕴涵和体现的哲学精神，才使宪法不至于沦为一个由章、节、条、款构成的文字堆砌。宪法之所以成为宪法，归根到底是由某种哲学精神的浸淫和涵养才使其鲜活和灵动起来，也才值得赢得人们尊敬、珍视、崇信乃至奉为神圣。

自不待言，由于世界上各个民族及其国家诞生和生活的历史环境的不同，流传下来的社会公众信奉的哲学体系、内容自然也会不同，而经过思想家、哲学家们抽象和整理的作为学问的哲学也自然地分成各种体系或流派。每一个哲学体系或流派都根植于其赖以生存的社会的深层土壤之中，而它（们）又以其自身独特的精神营养反哺该社会或快或慢地在历史中成长。因此，欲求对一个特定社会和国家的深刻理解与认识，就必须循着潜藏于该社会和国家背后的哲学体系或深层次的文化结构与观念的途径去考察。否则只能停留在感官可以感受的外在影像。对于社会和国家是这样，对于一个社会和国家的根本大法的认识与理解同样如此。

从1917年苏俄社会主义性质和类型的宪法诞生起，直到20世纪四五十年代，在亚洲、东欧新兴社会主义国家相继诞生一批社会主义性质的宪法之后，基于这些国家和宪法诞生的指导思想，即信奉的马克思主义即成为理解和解释这些宪法的哲学基础，特别是其中的基于无产阶级革命和无产阶级专政的阶级斗争理论或哲学，便成为解释宪法所必须遵循和依据的根本哲学。那时，社会主义国家的宪法学术界，包括理论界和教育界都在努力探究与灌输这种阶级斗争学说。笔者在20世纪60年代所接受的宪法学教育，从始至终都在围绕阶级斗争的主线来学习和理解包括中国在内的社会主义性质的宪法，其根本宗旨和最终目的就在于必须理解和接受社会主义宪法，说到底就是无产阶级手中掌握的最重要的法律工具，归根到底是为无产阶级革命和无产阶级专政服务。即使是对西方资本主义性质的宪法，也必须基于其宪法是资产阶级手中掌握的用以欺骗、愚弄和镇压无产阶级及其他劳动人民的工具，并最终为了实现资产阶级政治统治和经济剥削的极端阶级偏私的目的。这就是说，也必须以阶级斗争的哲学来理解和解释资本主义性质的宪法。

客观地说，社会主义性质的宪法确实是在马克思列宁主义阶级斗争的哲学基础上制定和实施的，离开了这一哲学基础，社会主义宪法和宪政便无法得到真正的理解。即使在今天，在苏联、东欧的社会主义性质的宪法和宪制失败与消失了以后，作为历史学的研究，我们也必须正视在那个时代所进行的大规模阶级斗争的社会背景。至于这种哲学是否就是导致那些宪法和宪制失败并最终消失的一个重要原因，则应由专题予以深入的研究。

时代的进步和科学的发展，使我们对西方资本主义性质的宪法的认识有了很大的提高，理解和解释的技术也有了较大的丰富。即使我们还在一定的程度和范围上承认阶级斗争哲学具有科学性，但也不能简单地认为这便是理解和解释资本主义性质宪法的不二法门。事实上，西方资产阶级学者和思想家们认为，西方资本主义性质的宪法的产生和实施，是建立在他们深信不疑甚至不证自明的正统哲学基础之上的。

从近代宪法史的发端上看，真正为近代宪法奠定哲学基础的，当首推自然法哲学和自然权利哲学。从发生学的意义上来说，自然法哲学并非发源于近代社会的前夜。事实上，从古希腊时期，经由中世纪的漫长历史时期，思想大师亚里士多德和神学家托马斯·阿奎那都在不同的程度上、从各自的立场上论述过"自然法"的问题。这种原始的自然法哲学对后世古典的自然法哲学，即作为启蒙时代的自然法哲学发生很大的影响。作为启蒙时代盛行于欧洲的自然法哲学是一个庞大的思想体系。首先，它通过阐述人的自然理性与权利，使人从中世纪和经院主义哲学中的神性解放出来，从而完成并强化了法学与神学的分离，为人类社会最终找到法律作为社会的控制工具打下了坚实的基础，正是法律及其控制构成了近、现代社会的根本特征。其次，自然法学家刻意阐明人类理性的普遍性，就是说，所有的人、所有的国家和所有的时代，都具有自然存在的、不证自明的理性的能力和力量，而且这种理性还能够指导人们发现规范社会具体和详细的规则，并在此发现的基础上有能力建构起一个完整而又令人满意的法律体系。再次，古典自然法还将以往社会哲学中，以人的社会性为客观基础的理性法转向以个人为本位的"自然权利"、个人志向和幸福，从而为建构个人权利本位主义法律大厦奠定了坚实的哲学基础①。

自然法学说特别是其中的自然权利学说，即主张和弘扬人人生而自由、平等，天赋人权不可转让的个人自由主义观念，不仅成为资产阶级革命的思想旗帜，最终使资产阶级通过革命战胜了封建专制并牢固地掌握了国家的统治权，而且在资产阶级建国后成为建构牢固的资本主义社会的法律大厦的基石。在北美殖民地独立建国后，自然法思想又传播到美国，而美国建国时期的许多重要的思想家和政治家，都有在英国受过正统自然法学说教育的背景，他们熟知自然法特别是经柯克、洛克提炼后的自然法学说和自然权利理论，并在法国启蒙思想家孟德斯鸠的改造和提升的分权学说的影响，通过在美国立宪和建立宪制，最终使自然法学说和自然权利理论牢牢地扎根在美国这块土地上。在这样的背景下，美国后来逐步建立和发展起来的司法审查以及其中的宪法的司法解释方式，自然地就深深地打下了自然法和自然权利的烙印。联邦最高法院以及许多法官，坚持用自然法学说和自然权利理论作为美国宪法司法解释的理论支撑，就是势所使然，势所必然了。

早在1896年，联邦最高法院的布鲁尔法官就说过："宪法前八条修正案的目的是在基本法中贯彻某些自然正义的原则……"② 社会法学家庞德也写道："我们必须记住，自然法是《权利法案》的理论根据。"因此，"法院自然而然地把它作为宪法的正统理论"。他还强调，"宪法贯穿了自然法的观念"③。

---

① 参见［美］埃德加·博登海默《法理学：法律哲学与法律方法》，邓正来译，中国政法大学出版社2004年1月修订版，第41页。

② 转引自［美］詹姆斯·安修《美国宪法解释与判例》，黎建飞译，中国政法大学出版社1999年7月版，第145页。

③ 同上。

前已指出，在美国宪法修正案中的第五条和第十四条两次规定"……未经正当法律程序不得剥夺任何人的生命、自由和财产……"这一正当程序概念体现的就是自然法的基本准则和原则入宪的基本媒介，目的在于以此约束政府以保障人和公民的自然权利。莫特写道："正当程序给许多'自然权利和正义'的原则提供了保障。"① 莫里斯·科恩也指出："自然法学说盛行于美国（洲——笔者注）各殖民地，对《独立宣言》和《权利法案》产生了影响，并一直制导着我国的基本法理论和宪法。"②

与自然法密切相关的自然权利学说，既是宪法制定者们信奉的哲学体系，又是深入美国公众心目中坚信不疑的观念。在整个19世纪，美国联邦最高法院的宪法解释都受到这一学说的强烈影响。该院在1866年宣称："我国的政治体制赖以建立的理论是人人都有某些不可让渡的权利——其中有生命权、自由权和追求幸福的权利。在追求幸福中，一切机会、荣誉和职位都一视同仁，法律对这些权利给予平等的保护。"③ 到了1901年，最高法院的布鲁尔法官指出："在宪法中，某些不受干预的自然权利与我国法律制度特有的人为或补救性的权利是不同的，前者包括宗教信仰自由或（有时说或）根据自己的意志信奉万能的上帝，个人自由和财产权，言论和出版自由，得到公正审判的自由，正当的法律程序和平等的法律保护，免遭无理搜捕和免受残酷异常的刑罚，以及自由国度中心不可少的其他特免。后者为公民权、选举权和宪法中特定的程序方式，它们是盎格鲁·撒克逊法中特有的……"④

从以上的介绍和分析可以看出，不仅在美国立宪的早期，即使在宪法解释的方式和方法不断得到现代化充实和丰富的当代，古典的以及不断被改造的自然法学说和自然权利理论，仍然在不同程度上构成了美国宪法解释的依据和指南，可见自然法学说和自然权利理论对美

---

① 转引自［美］詹姆斯·安修《美国宪法解释与判例》，黎建飞译，中国政法大学出版社1999年7月版，第145—146页。
② 同上书，第157—158页。
③ 同上书，第145—146页。
④ 同上书，第157—158页。

国宪法司法解释影响深远。还应注意到，由于美国宪法及其司法解释方式在世界范围内的广泛传播和影响，自然法学说以及自然权利理论，事实上已经构成了西方许多国家宪法司法解释的重要理论基础和指南。

还需要说明的是，西方社会和国家在法律哲学的意义上信奉体系，绝不仅仅是自然法学说和自然权利的理论。这种学说和理论只是在启蒙时代盛行于一时，以后随着其他的法哲学流派，主要是主、客观唯心主义的先验论，历史法学派，法律进化论，功利主义法学派，分析实证主义法学派，社会学法学和法律现实主义等法学流派的相继或同时鹊起，自然法学说和自然权利理论受到强烈的冲击，并因其自身内在的致命缺陷无法克服而逐渐走向式微。在当代，一些法哲学家试图复兴自然法，他们提出了各式各样的经过改造并融入现代理念的新自然法学说或理论。即使这些学说或理论能够在法哲学上站得住脚，它们也早已不是启蒙时代古典意义上的自然法学说和自然权利理论了。但是，不论怎样，我们都必须承认自然法学说和自然权利理论，对当代法哲学乃至宪法哲学的深远影响。只要打开西方法哲学和宪法学的著述，就不难发现其中的许多的著述都有这方面的论述，特别是在权利来源的解释方面，至今仍然是主要的理论渊源和根据。即使在中国，我们的法哲学和宪法学，是在与自然法学说和自然权利理论根本对立的背景下建立和发展的。但随着改革开放国策的实行，中西法律文化的广泛交流，一大批中国中青年学者特别是他们中有西方法律教育背景的中青年学者，已经在很深的程度上受到西方法律文化的影响。这种影响的重要表现之一，就是对自然法学说和自然权利理论表现出认同、赞成直至深信不疑。自20世纪80年代以来，在中国法学术界特别是法理学术界，权利本位主义的法哲学倡导和弘扬相当得势，可以说，一直是法理学术界的学术主流。只要翻开有关的学术著述，人人生而自由、平等，国家的目的就在于保障人权，权利本位主义等论述和观点，简直比比皆是。笔者正是针对这种学术背景，才于20世纪80年代中期至90年代前期，着手进行权利与义务相互关系的研究，并于1994年出版名为《权利相对论——权利和义务价值模式的建构》的专著。在其中，笔者极力申明如下的一个基本观点，即权利对于人固然非常重要，特别是在中国历史上强烈缺乏人权保护和人权主张的法律环境下尤其重要，在特定的历史时期学术界予以大力弘扬也是必要的。但是，我们必须清醒地认识到，权利以及与之相对应的义务在本质上都是社会关系、社会利益、道德规范、文化导向等在法律上的反映和表现，两种是相对存在并互动的法律规范体系，既没有绝对的权利，也没有绝对的义务（前资本主义社会可能有例外），权利总是相对于义务而存在，同样，义务也是相对于权利而存在。我们不赞同权利本位主义的法律价值观，不主张构建一个"权利人"的社会，而且主张建构一个权利和义务价值并重的法律价值模式。严格说来，这本不是一个多么新奇的学术意见，而且是以极温和的方式提出并做了大量的深入分析。但就是这样一种"相对论"的观点，却在法学术界遭到权利本位主义学术主流的质疑和诘难。这虽然是在意料之中，却也出乎意外①。

现在把话锋转回来，在当代，西方国家宪法司法解释的哲学依据早已得到了很大的充实和丰富了。由自然法学说和自然权利理论主导的司法解释的时代早已经一去不复返了。鉴于这方面的内容极其复杂，我们尚无能力一一予以详细分析。但在下面即将进行的社会学法学的分析，本质上也是一种哲学的分析方式，只不过有必要单列予以分析罢了。

7. 社会学法学的研究方式

社会学法学是兴起于19世纪末20世纪初在欧洲兴起的一场新的法学思潮和法哲学流派。它在当时盛行于欧洲的法律实证主义分析形式的基础上，采取社会学的分析形式。早期的社会学法学奠基人奥地利的路德维希·冈普洛维奇认为，法律是从具有不同力量的、不同社会族群之间的冲突中产生的一种社会生活方式。法律的目的是通过运用国家权力来确立和维护强者对弱者的统治。为了实现这样的法律目的，法律只能是维持和巩固种族或社会群体之间的政治、社会和经济上不平等地位的体现。据此他进而认为，"自然法"以及"不可剥夺的权利"等概念是纯粹想象出来的荒谬产物，就像"理性"或"自由意志"等概念一样

---

① 参见陈云生《权利相对论——权利和义务价值模式的建构》，人民出版社1994年2月版。

毫无意义。那种认为法律所关注的乃是在人与人之间创设自由和平等的设想，实是精神幻想的体现。恰恰相反，法律"从一般意义上讲，乃是同自由和平等极为对立的，而且从法律的本质来讲，它也必定如此"①。德国法学家约瑟夫·科勒提出可包含有社会学成分的另一种法律理论，他认为，人类活动乃是一种文化活动，法律更是通过使现存价值得到保护并使新的价值得到增进，而在人类文化生活的进化中发挥重要作用的。他主张在法律的控制中，个人主义应与集体主义相结合、相和谐。"个人应当独立地发展自身，但不应当因此而丢失集体主义所具有的巨大助益。"② 奥地利思想家尤金·埃利希的法律理论被认为是彻底的社会学法学理论，其核心是所谓的"活法"的社会规范说，认为离开了"活法"，就无法理解实在法。他所谓的"活法"，就是"联合体的内在秩序"，即由社会自身实践的法律。只有它才是支配社会生活的法律。"现在以及任何别的时候，法律发展的重心既不在于立法，也不在于法律科学和司法判决，而在于社会本身。"③

美国的社会学法学家罗斯科·庞德被认为是社会学法学杰出的代表，他认为，20世纪应该用更加广泛地承认需要、要求和社会利益等方面的发展重写法律历史。他还对法律所应保护的利益进行了分类，即分为"个人利益""公共利益"和"社会利益"。个人利益是关涉个人生活，并以个人生活的名义提出主张、要求和愿望；公共利益关涉政治组织社会的生活，并以政治组织社会名义提出主张、要求和愿望；社会利益涉及文明社会的社会生活，并以这种生活的名义提出主张、要求和愿望。

特别值得指出的是，就司法来讲，按照社会学法学的理论，可以据法司法（Justice itho law），也可以不据法司法（Juslice without law）。前者是指"根据权威性的律令、规范（模式）或指南而进行的司法，这些律令、规范或指南是以某种权威性技术加以发展和适用的，是个人在

---

① 综述并转引自［美］埃德加·博登海默《法理学：法律哲学与法律方法》，邓正来译，中国政法大学出版社 2004 年 1 月修订版，第 145—146 页。
② 同上书，第 147—148 页。
③ 同上书，第 148—149 页。

争议发生之前就可以确知的，而且根据它们，所有人都有理由确信他们会得到同样的待遇。它意味着具有普遍适用性的律令可以保护的范围内所实施的是一种非人格的、平等的、确定的司法"①。与之相对应的不据法司法则是，根据某个在审判时拥有广泛自由裁量权且不受任何既定的一般性规则约束的个人意志或直觉进行的。他进而认为，这两种司法方式应当相辅相成，并在两者之间寻求一种平衡。他说："一个法律制度之所以成功，乃是因为它成功地在专断权力之一端与受限权力之另一断间达到了平衡并维持了这种平衡。这种平衡不可能永远维持下去。文明的进步会不断地使法律制度失去平衡；而通过把理性适用于经验之上，这种平衡又会得到恢复，而且也只有凭借这种方式，政治组织社会才能使自己得以永久地存在下去。"②

特别值得提出的是，庞德不仅发展了社会学法学，承认了利益法学，而且还把他的理论用于宪法的司法解释上。他在1943年提出宪法解释的任务之一，就是"权衡和平衡部分吻合或业已冲突的各种利益，并合理地协调或调解之"③。他进而说明："宪法不是辉煌的政策便览。宪法重要原则的适用应成为社会在法律政治意义上进步的起点。宪法可以规定确切而简明的规则，例如那些精确的公文术语和公共官员分担责任的规定。但是宪法不得拘泥于文字来解释和适用。解释宪法原则是把理性原则合理地运用于具体的时空。"④

值得注意的是，除学者外，在美国联邦最高法院的法官中，也有一些力倡用社会学法学方式解释宪法并依此作出相应的判决。卡多佐和霍姆斯就是其中的典型代表。本杰明·N. 卡多佐强调说，司法必须与社会现实相适应。在社会学法学理论的影响下，尽管他没有轻视逻辑推理在法律解释和法律适用过程中的作用，但他更重视在审判过程中对社会政策的考虑。他认为，司法过程既包含着创造的因素，也包含着发现的

---

① 综述并转引自［美］埃德加·博登海默《法理学：法律哲学与法律方法》，邓正来译，中国政法大学出版社2004年1月修订版，第155—157页。

② 同上。

③ 转引自［美］詹姆斯·安修《美国宪法解释与判例》，黎建飞译，中国政法大学出版社1999年7月版，第190—191页。

④ 同上。

因素。法官必须经常对相互冲突的利益加以权衡，并以自身的才能、传统的信仰、后天的信念和社会需要之观念作出抉择。他说："他必须平衡他所具有的各种因素——他的哲学、他的逻辑、他的类推、他的历史、他的习惯、他的权利意识，以及其他，并且随时予以增减，尽可能明智地确定何者应当具有更重要的意义。"① 卡多佐确信，许多社会力量——逻辑、历史、习惯、功利和公认的是非标准等——都有助于形成被称为法律的规范体系。他不认为，法律只不过是由一系列或多或少是任意的、偶然的、"孤立的判决"组成的制度。他确信存在着公认的社会标准和客观的价值模式，这使法律具有一定程度的统一性和逻辑自洽性，即使在审理案件的情形中仍不可能避免法官个人的和主观的判断。法官应当服从客观的标准，并在力所能及的范围内努力做到这一点，从而趋于把法官的职责统一起来②。

另一位美国著名的联邦最高法院的法官奥列弗·温德尔·霍姆斯更强调经验的作用远优于演绎逻辑的作用。他说："法律的生命始终不是逻辑，而是经验。可感知的时代必要性、盛行的道德理论和政治理论、公共政策的直觉知识（无论是公开宣称的还是无意识的），甚至法官及其同胞所共有的偏见，等等，所有这一切在确定支配人们所应依据的规则时，比演绎推理具有更大的作用。法律所体现的乃是一个民族经历的诸多世纪的发展历史，因此不能认为它只包括数学教科书中的规则和定理。"③ 他还是一个法律伦理的怀疑论者，他主要把法律看成代表社会中占支配地位的利益群体的意志，并以强力为后盾的法规集合体。至于法律究竟是什么，还是由法官最终说了才算数。他有一句名言同前引句同样为法学界耳熟能详："我所说的法律，就是指法院事实上将做什么的预言，而绝不是其他什么空话。"④

上述两位法官的法哲学立场直接影响他们对宪法解释的态度。卡多

---

① 综述并转引自［美］埃德加·博登海默《法理学：法律哲学与法律方法》，邓正来译，中国政法大学出版社 2004 年 1 月修订版，第 158—192 页。

② 同上。

③ 同上。

④ 转引自［美］詹姆斯·安修《美国宪法解释与判例》，黎建飞译，中国政法大学出版社 1999 年 7 月版，第 190—191 页。

佐认为，司法程序应考虑社会效果。他写到，宪法判决"必须在更大程度上取决于会因此损益的各种社会利益的不同意义或价值"①。他又进一步申明："显然应平衡社会利益和均衡地选择价值……经常所遇的都是平衡社会利益……即使有时是半公开的，经常不可避免的还是合法行为与其他社会价值之间的关系。我们在审判中无时不在平衡、协调和调解。"②霍姆斯法官在论到宪法解释时说过："现实有权决定自己。"他希望："在解释的（指宪法解释——笔者注）教义中历史扮演微不足道的角色，而代之以辛勤寻得的结果以及期待这一结果的理由。"③

以上是我们对主要是由美国发展（但不限于美国）起来的宪法的司法解释方式，又对其中影响较大的哲学解释方式和社会学法学的解释方式做了重点的介绍和分析。我们之所以采取七种方式分类法进行介绍和分析：一是考虑到宪法的司法解释方式的复杂性和多样性，在漫长的200多年的历史时期内，不同时代的学者和法官通过对他们各自主张和偏好的司法解释方式，都为总体上的宪法的司法解释方式作出了各自的贡献。基于这样的立场和态度，我们根本不想在它们中间做有价值偏好或价值轻视的评价。我们倾向认为，宪法的司法解释本身从来都不是也不应该是纯一的，而应当是各种方式综合运作的集合体系。总之一句话，这符合宪法的司法解释的本真和全貌。二是考虑到做这种区分，类别比较清楚，层次分明，减少了中间的交叉与重叠，从而使我们更容易了解和认识宪法的司法解释的历史变化与演进的过程。因为，这些方式是在特定的历史和社会情境下提出与运用的，它们是在历史的不同时期流变所为，而不是一成不变的或是静态的。

但是，以上的分类并不应当认为是一种标准的做法。事实上，许多不同时期、不同价值偏好的学者或论者都可能，并在事实上有各自的分类法，作为学术上的自由，这自然是应当鼓励的。问题是这种或那种分类法是否科学、明确，是否有助于说明问题。近来有论者在论及"美国

---

① 转引自［美］詹姆斯·安修《美国宪法解释与判例》，黎建飞译，中国政法大学出版社1999年7月版，第190—191页。
② 同上。
③ 同上。

判例制度下的宪法解释方法论"时,从法哲学流派或观念体系上做了简化的区分。一派主张实行"客观主义",另一派主张实行"现实主义";还有介于两者之间的"原则宪法论"。论者将宪法的字义解释、"原意"推导、"自然法论"和"形式主义"等解释方式归并在"客观主义"方法下加以综述和分析;而超越宪法文件本身,从社会的历史、经济、政治条件以及普遍流行的意识形态等诸多方面,来探求宪法意义、当代公共政策、法官宪法判决的高度自由裁量权等放在"现实主义"的归类下进行综述和分析。除此之外,论者还对德沃金的"原则宪法论"的宪法解释方式,作为事实上的第三种方法给予了同等重点的论述,视其为介于客观主义和现实主义之间的一种折中方法。论者写道:"Dworkin(德沃金——笔者注)的原则仍然是依附于法律文本之上的,并非可以由个人主观任意摆弄的无根之浮萍,只不过他把视野从客观主义的具体文字或条文转移到了更为宽广的原则视域上来,同时也和激进现实主义简单排斥或怀疑规则的倾向区别开来,力图走出一条既能恪守宪法原则精神,又不拘泥于文本文字,既能通过法官的理性判断来弥补由于宪法文字多义性可能带来的理解上的缺口,又能以普遍之政治道德标准来约束法官的主观任意以防止司法专制危险的中间道路来。"①

上述分类分析法给人以简洁明晰的印象,更为重要的是,论者准确地把握了美国宪法研究方法的基本事实、历史的脉络和现实的发展状况,对于德沃金的"原则宪法论"作为宪法解释方法更是首见于学术专论之中,这些都是值得我们向论者表示敬意的方面。与此同时,还有值得进一步思考的问题是,恐怕还在于这种分类法,是否能够准确地表达美国宪法司法解释方式的复杂性和多元性,而不失于简单化。此外,尽管我们承认美国法学思潮和观念上或许确实存在着"客观主义"和"现实主义",但从严格的哲学概念上来说,两者并非一对相对应的哲学概念,而这种分类法却给人以其为相对的哲学或流派概念的印象。相比之下,我们对上述的分类期待着取得更明晰和更准确的综合与分析的效果。

---

① 综述并引自徐振东《客观主义和现实主义——美国判例制度下的宪法解释方法论》,《浙江社会科学》2006 年第 3 期,第 75—82 页。

本人在宪法学的研究中一向重视科学方法论的运用，曾在两部专著的序言中谈及使用研究方法的问题。现不揣冒昧，转引述如下：

在《权利相对论——权利和义务价值模式的建构》一书的序言中，笔者是这样陈述自己对宪法学研究方法的理解和使用情况的：

"……在社会科学包括法学研究中，特别是在权利和义务这样难度大的研究课题中，应当综合运用各种的科学研究方法。现代社会科学已经创造并发展出丰富的科学研究方法，除了马克思主义的阶级分析方法以及辩证唯物主义和历史唯物主义的哲学方法这些基本的方法之外，还普遍地运用比较的方法、历史的方法、系统分析的方法、功能分析的方法、结构功能分析的方法、调查的方法、定性分析的方法、统计和计量分析的方法，等等。上述方法的综合利用，已经在社会科学的研究中取得了丰硕的成果。以上这些方法，特别是马克思主义的方法论、比较的方法，历史的方法和系统分析的方法等应当成为我的研究重点使用的方法。

"现代哲学中的价值论方法论适合于许多社会科学领域的研究。法律权利和义务之所涵盖迄今为止的全部人类文明史，关系到世世代代亿万人们的切身利益并深深地牵动他们的心扉，这说明它们是一个有意义的、有价值的客观现象世界，即由各种法律特质构成的有意义、有价值的复合体系。这个有价值的世界是人创造出来的，但是一旦被创造出来，遂成为一个独立的、开放的价值系统。这个系统反过来又作用于人类，要么强制地、要么潜移默化地塑造一代又一代人的心理和价值观念。在这个过程中，权利和义务的价值体系则迫使人的心理生物机制对它不断地进行思维、理解、体验、联想、想象、了悟。由于人的心理生物机制永远对它需要的事物感兴趣，符合需要的则选择、吸收，不符合的则抑制、拒斥，因此产生了人们对权利和义务的机制体系的喜好或厌恶、赞同或斥责的主观愿望和感情，并由此决定了他们对权利或义务的价值取向和选择。由此可见，无论是权利和义务价值体系的创造，还是对这个体系的思维、评价和选择，都离不开人们的主观意识活动，有时这种主观意识活动是外面不易察觉的，甚至是完全不自觉的。如果我们不从人们的理想、目的、感受、好恶等主观感情方面对权利和义务现象进行评价，我们就不能对被我们研究的权利和义务现象的本质和运作规律给以科学的理解和说明。同时，离开了人们的主观感情，我们也不能引导权利和义务的主体去热切地追求和实现我们所崇尚的价值理想。因此，无论从哪方面来说，要真正深入地理解和认识权利和义务现象，都不能不联系和揭示人们对它的心理活动和主观感情。而价值论方法论恰恰在揭示人们的主观意识和感情方面具有其他科学方法所不可比拟的优势。因为这个方法着力揭示的，就是人的主观意识和感情。所谓'价值'，无非是人们关于客体的一些思想、观念。这些思想、观念表现了人对客观现象的看法，表现出人们对有关现象或是喜好或是厌恶的感情。而这些个人的内心活动和价值倾向密切地关系到人们行动的积极性和结果。发现人们的内心活动规律，调整好人们的价值取向，正是充分调动和发挥社会主体的积极性和创造性，朝着既定的社会目标协调发展的必要基础和条件。为此，我决定尝试运用价值方法对权利和义务现象进行研究。至于这种价值方法运用得是否恰当或成功，笔者实在没有把握，只有让读者评判了。"[①]

在《宪法人类学——基于民族、种族、文化集团的理论建构及实证分析》一书的自序中，笔者对自己多年来刻意追求的学术风格或学术倾向做了简单的总结。从一定的意义上来说，这些都可以认为是明示的和暗含的研究方法。现转录如下：

"读过此著或笔者其他拙著，特别是《民主宪政新潮——宪法监督的理论与实践》、《权利相对论——权利和义务价值模式的建构》、《宪法监督司法化》的读者，或许从中已经体会或感觉出来某些东西。不过，由笔者个人直截了当地表述出来，或许更准确、明白一些。那么，多年来我刻意追求的学术风格或学术倾向究竟有哪些？现概括如下：

"第一，重视社会文化背景的考察和研究

"笔者在长期的科研中，形成了这样一个很强烈的观念，即认为任何一种社会的、政治的、法律的、文化的现象，都不是孤立地出现和存在于历史和现实中。它们都有其产生、存在、发展的社会根据和内在的必然性。事实上，每一种上述的现象或事务都是各种社会的、政治的、

[①] 陈云生：《权利相对论——权利和义务价值模式的建构》，人民出版社 1994 年 2 月版，自序第 2—4 页。

法律的、文化的、经济的因素的一些或许多联合促成的，是各种因素合力促成的结果。要求得对每一社会现象或事务，即通常被学术界作为科学研究对象的现象或事务的深刻认识，除了从其产生存在、发展的渊源和社会、历史背景考察、研究之外，别无其他良法。学术经验表明：这种考察、研究越彻底，对科研对象的认识越深刻，进而解决、调整相关事务就越有效。学术教训同样表明：如果对科研对象只停留在就事论事的层次上，既不能求得对科学对象的深刻认识，也找不到解决问题的有效途径。即使找到一些在别人行之有效的途径，在中国则可能变形，走了样，或达不到应有的目的，诚所谓'桔生淮南则为桔，桔生淮北则为枳'。或问何以致此？社会、文化背景不同或差异是也。其产生、存在和发展的根据不同，适应社会、文化环境的能力和结果自然也不一样。这已经被科研实践反复证明，在民主、人权、宪政、法治等诸多领域都有表现。我们在科研中重视社会、文化背景的考察和研究，目的就是希望能对这种不尽如人意的科研现状的改进，有所裨益。

"第二，要重视哲学层面特别是价值哲学层面的研究和分析

"哲学为人类一切学问之王，集中体现了人类的最高智慧。哲学也是重要的科学方法论，哲学用在社会（人文）科学的研究上，体现的是对科研对象，最终也是对人类自身的"终极关怀"。我们在本著中将有多次论及，人类的每一个民族，包括一些顶尖发达的现代民族，对本民族历史命运的把握都已经或将经历一个漫长的历史过程。事实证明，当今世界上绝大多数民族至今还没有或远远没有走出对本民族历史命运把握的非理性误区。对一个民族是这样，对一个由众多民族结合而成的国家、社会何尝不是如此！事实上，在当今世界的数十亿芸芸众生中，堪称'哲学王'式的精英人物实在是少之又少，面对纷繁复杂的自然和人文世界，能够看'透'的又有几人？大千世界，无论是自然的，还是人文的，在冥冥中都会存在某种内在的动力或支配力量，只不过这种动力或力量被一些人所认识，而为绝大多数所不察罢了。哲学无疑是一种'智慧的科学'，它给人以启迪，它使人变得聪明和睿智。一个民族不学会从哲学上考虑和处理本民族的命运，就永远不能走出非理性的误区，而一个国家和社会不从哲学上考虑和处理本国和本社会的各项事务，也永远达不到富强安泰、止于至善的崇高境界。同样，一个社会

（人文）科学的研究者如果不从哲学的立场上进行科学研究，那他也绝不能彻底地破解他所研究的对象的现象和本质之谜，他由此而开出的经世治国之方，不是无的放矢，就是难以取得成效。

"法学和哲学之间存在天然的亲缘关系。在古今中外的人类的思想史上，很早就出现由思想大师研究法律现象，或存在研究法律的法学家同时也是哲学家的现象。胡果曾经说过：'人们很久以来就注意到，古典法学家有哲学修养。'[1] 从古希腊、古罗马到中世纪再到启蒙思想家一直延至现代，许多著名的思想家和法学家都存在这种共生现象；在中国古代的思想大师中，许多也是精通律学的大家。笔者不敢肯定地说哲学素养就是法学家的必备素质，但笔者确信，具备较高哲学修养的法学家，较能从深层上揭示和阐释法律的现象和本质，这是确定不移的。正是这种强烈的信念不断激励着笔者努力吸取各种哲学知识，力求尽可能地提高自身的哲学素养。近十几年来，在笔者为科研而购买的个人书籍中，有相当的部分都是哲学著作或文献，从中外古代哲学、中世纪和近代哲学，直到当代新兴的、还不为学术界广为人知的先锋派哲学，如'场有哲学'等等，都尽可能多地收集在手，并认真地加以研读。除此之外，笔者还特意拜访过优秀的文化哲学工作者，向他们讨教有关的哲学和价值论方面的学问。多年努力的结果，使笔者在哲学方面积累了一定的知识，一些古老的或时髦的哲学话题对笔者来说，已经不再觉得那么陌生和无从谈起了。与此同时，笔者还慢慢地养成了从哲学的立场探求和研究法律问题的习惯，并力求在自己的研究成果中有所体现。笔者在1994年出版的《权利相对论》，就是刻意从价值论方法论研究权利和义务现象和本质的大规模尝试；现在奉献给读者的这部拙著，更是可以看做这种进一步努力尝试的结果。笔者切实感受到：具有较丰厚的哲学底蕴，并注意从哲学的角度考察问题，确实获益匪浅。这不仅在较大的程度上拓展了宪法学和法学研究课题，而且对所研究的对象的阐释，也较有一定的理论深度。

"但笔者并没有因此得意忘形，事实上，对自己在这方面的进展还

---

[1] 转引自［德］黑格尔《法哲学原理》，范扬等译，商务印书馆1961年6月版，第9页。

很不满意。毕竟哲学是一门很深奥的学问,对于笔者这样一个甚至连'半路出家'都谈不上的宪法学和法学研究者来说,恐怕连哲学的门槛都没有迈进。自己总觉得,从现有的包括这部拙著在内的学术成果上看,哲学与宪法学和法学'黏合'的痕迹显得重些。之所以如此,是因为自己的哲学功底浅薄,在从哲学的立场上研究宪法学和法学,或者说,在哲学与宪法学和法学的研究的相互结合上,还达不到融会贯通或水乳交融的程度。很显然,这种程度只有大师或大家才能做到,非学功肤浅如笔者可能望其项背。

"第三,重视运用比较方法论

"在前面创作历程的叙述中,笔者曾谈及原先设计后又舍弃的"比较分析"一编的过程。但是,舍弃这一编并不意味着放弃在多元文化主义与民族区域自治之间进行比较分析;更不意味着笔者不重视运用一般的比较方法论。事实上,在长时期的科研中,力求更多地、更熟练地运用'比较方法论',一直是笔者刻意进取的目标。从最一般的意义上讲,有比较才能鉴别,世上的万事万物都是如此。在科学研究领域,为了探究科研对象的现象和本质,往往需要借助参照系,在对比中求得结果。不是从与其他作为参照系的事物(务)的相互对照中得出的结论,往往被认为是研究者个人的主观推断或臆想,因而不容易令人信服。在宪法学和法学的学术领域,相互对比更是被研究者经常采用的研究方法。我们甚至根本就找不到不借助比较而写就的具有科学价值的宪法学和法学理论著作。惟其如此重要,才在宪法学和法学领域较早地产生和发展出形式各异的'比较宪法'和'比较法学'。尽管学者间至今还在争论'比较宪法'和'比较法学'究竟是一门独立学科,还是一个研究方法论,但并没有影响宪法学和法学研究者广泛地、经常地使用比较研究的方法,或是做出创立一门独立的学科的努力。在笔者长时期的学术生涯中,很早就注意运用比较研究的方法;在出版的惟一一部译著中,竟也是一部《比较宪法》[1]。除此之外,笔者的博士生招生和指导方向也被定为'比较宪法'。关注运用比较研究的方法,除了学术上的

---

[1] 参见[荷]亨克·范·马尔赛文、格尔·范·德·唐《成文宪法——通过计算机进行的比较研究》,陈云生译,北京大学出版社2007年3月版。

内在要求之外,还受到实践上的启迪和激励。在笔者经历或看到包括制定国家宪法在内的差不多所有的立宪和立法活动中,都曾大规模地收集、整理、研究国外的、过去的立宪,立法文献,资料和学术观点等,作为参照系被立宪和立法机关所重视和参考。这样的经验也使笔者渐渐地培养起了对比较研究的兴趣。总而言之,比较研究是笔者很看重的研究方法论,它的经常被运用,至少在笔者看来,获益匪浅。

"第四,在坚持理论联系实际的同时,更重视理论的前瞻性和某种程度上的对现实的超越性

"从最一般的意义上来说,每一个人都是生活在特定的时代和环境的社会的人,他们都不可能完全超越时代和特定的社会及自然环境而不留下时代和环境的印迹。同样,一个社会(人文)科学的理论研究者也不可能完全超越他的时代与环境而畅游在虚无的理论空间。一个社会(人文)理论工作者对于他所生活的时代和社会来说,生于斯,苦乐于斯,不可能与其所生活的时代和社会完全脱离干系;还不止于此,一个人作为社会(人文)理论工作者,说到底,也是社会养育、熏陶和选择的结果,社会有完全正当的理由要求他以自己的知识、技能回报和服务于社会,或指点时弊,纠正劣迹;或弘扬业绩,鼓吹正气。而一个社会(人文)理论工作者自然也应当知恩图报,义不容辞地承担起自己的历史和社会责任,以自己的知识、技能报效社会。

"然而,一个社会(人文)理论工作者究竟应当怎样以自己的知识、技能回报和服务于社会呢?现实中社会(人文)理论工作者的理解和所持的态度是不一致的。目前以及长时期以来在宪法学、法学界存在着如下一种彰显的倾向,即把宪法学和法学理论工作者的历史和社会责任直白地理解为为现实的宪政和法制、宪治和法治服务,所谓的理论联系实际,即是联系这个看得见的、摆在眼前的实际。他们针对这个实际,或研究或论证或建议,一旦被接受和采纳,便以物喜,视为大功一件;而如果被拒绝或置之不理,便垂头丧气,怨天尤人。特别是在宪法学理论界,由于宪政基础的薄弱,宪法学者的许多有价值的意见和建议常常受不到重视和采纳,于是他们中有些人便心不舒、气不顺,宪法学术界因而也弥漫着一片低沉的阴云。这些或许是学术界对理论联系实际过于直白、浅显理解和对待的结果。部分地受这种因素的影响,中国法

学被称为'注释法学'，视为'幼稚'，也就不足为奇了。

"笔者认为，理论联系实际决不应当仅仅理解为理论只为现实服务。理论来源于现实，也应当服务于现实，但理论的品格在本质上是高于现实的，应当在一定程度和范围上超越现实。理论应当在更深的层次上、更大的范围内和更长远的目标上关注和服务于实际，这就是理论应当具有的基础性、前瞻性和先导性的品格。学术界常常被提起的基础理论研究，就是在这个意义上说的。毫无疑问，我们应当重视和加强基础理论研究，宪法学和法学也不例外。否则，包括宪法学和法学在内的社会（人文）科学就缺乏深厚的基础，发展的后劲就不会充足。在现实中，我们的理论太容易受时局的左右了，缺乏一贯性和应有的权威，更不大可能形成学术传统和流派。所有这些，都与直接或间接受理论联系实际的片面理解，不重视基础研究有关。

"本质说来，真正具有科学品位的理论必然源于实践，但同时也应当高于实践，否则，就很难称其为是一个科学的理论体系。理论这种高于实践的品格表明它对实践具有长远的、潜在的、储备的性能，这就是说，理论于实践的指导作用并不一定是即刻发生的，或者是立竿见影的。作为一个理论体系，特别是基础理论体系，它对实践的先导作用往往在以后或者是在很久的未来才显现的。这就要求社会（人文）理论工作者安下心来，耐得寂寞，有时还不得不放弃某些眼前的现实利益，而从事艰苦的理论研究，特别是基础理论研究工作。从事这类性质研究的理论工作者越多，基础研究工作做得越扎实，社会的理论积淀越厚实，社会发展的后劲和潜力就越大。与此同时，一个具备深厚理论基础的社会和国家，自然会少犯错误，少走弯路。我们的国家和社会在过去之所以犯过那么大的错误，走过那么远的弯路，轻视社会（人文）科学理论，特别是轻视基础性的社会（人文）科学理论，肯定是一个重要的原因。

"形成上述认识和实际上能够做到的，毕竟是两回事。首先，笔者学功浅薄，即使有心，也难为其力，根本不会奢望以己绵薄之力能够改变中国宪法学和法学基础理论薄弱的状态；其次，自己为此所做的努力是否为学术界所认可，也还是一个疑问。回顾起来，拙著《权利相对论——权利和义务价值模式的建构》和《宪法监督司法化》该是笔者在这方面的一个较大规模的、认真的尝试。而在这部《宪法人类学——基于民族、种族、文化集团的理论建构及实证分析》中,又刻意地再次在这方面进行了尝试和努力,其效果如何,只有待广大的读者评判了"①。

本人深知,自己在长期的研习中对方法论运用只是个人的体会或心得所致,对别人来说或许根本不足为训。除此之外,这些方法中除一些具有规范的方法论特征外,其他的是否可以称得上是"方法",也还是没有把握的,至少与国际宪法学术界所惯常使用的一些研究方法,还存在较大的不同或差距。在西方,包括宪法学在内的法学乃至整体社会科学对方法论的运用向来很重视,并逐渐形成了一套综合的宪法研究方法论。在笔者翻译出版的一部比较宪法的专著中,就做过列举并简单地加以分析,现转录如下,用以扩展我们宪法研究方法论的视野。

在"研究途径"一节中写道:

"……每个人都有关于我们所见到的事物的先入之见(德国人称之为 Vorverstandnis):我们寻找和发现我们期望看到的事物。换句话说,甚至在我们看到某一事物之前,我们的头脑中对它就有了明确观念。可能我们没有发现我们期望发现的事物,或者发现了别的什么东西,但是在每一种情况下,无论我们发现了什么,我们都与自己的先入之见联系起来。情况只能是这样。从无选择性的研究中不可能得出任何结论,只有有选择性的研究才能产生出结果来。

"先入之见是确定研究途径和方法的关键因素。尽管很难明确途径和方法之间的区别,但是这种区别还是存在的。宪法研究的途径有下面一些:

"**历史的研究途径**　　宪法是历史的产物,并可由一些历史因素加以解释。通过这种途径来寻求答案的两个具体性质上的问题是:哪些因素决定了某一部宪法或某些宪法的发展;在什么程度上可以找出历史性的联系。从一般的意义上说,这种途径关系到历史因素,并关系到历史性地描述和解释宪法。它能使我们了解和评价过去年代的宪法,并将其视为更广阔的政治发展中的一部分。

---

① 陈云生:《宪法人类学——基于民族、种族、文化集团的理论建构及实证分析》,北京大学出版社 2005 年 3 月版,序言第 8—13 页。

"**制度的研究途径** 宪法是一种成熟的政治法律现象。它们成为表达政治文化和政治结构的一种普遍的手段。与此同时,宪法也体现着国家的集体行为模式,而这种模式是历史地发展起来的,并是一种发展的过程。现在,宪法严格地为所有的国家服务。通过这种途径研究的问题是,宪法能在多大程度上满足人和政治的基本要求,宪法是否有固定的形式,它对调整和控制社会特有的贡献是什么。

"这种途径确立了人民和作为整体的社会之间的联系,不过,这种途径主要是关系到宪法作为一种独立的现象,即作为社会内部独立的'制度'。

"**意识形态的研究途径** 在价值和规范多少是连贯的总体的基础上,换句话说,在意识形态的基础上,我们可以对宪法做出评论和估价。这关系到对宪法运用一种意识形态的尺度,但是,这对于像马克思主义和资本主义、修正主义和毛泽东主义这样一些对立面来说,简直无能为力,因为不能用定义将意识形态仅限于当代重大政治运动之中。评价马克思主义国家的宪法很可能是在马克思主义意识形态的基础上进行的。无论如何,这种意识形态的途径能够得出有价值的判断。这是否可以称作科学的途径仍然是一个众说纷纭的事情。我们不赞成这种途径,至少就比较理论和一般理论而言是这样;但在本国宪法理论方面,这种途径则不同,能较好地显现其特质。

"**功能的研究途径** 宪法是诸多社会现象之一,同时又是社会政治制度的一个要素。那么,这些现象和要素怎样互相关联,又怎样与总体发生联系呢?宪法对于社会政治制度履行什么样的功能?即对于维护整个社会有什么特别的贡献?因此,这种途径并非主要去研究宪法的独立意义。它不是把宪法看做一种孤立的现象,而主要是对宪法和全局中的其他部分的联系感兴趣。遵循这种研究途径的结果就是,宪法的社会政治影响特别得到了强调、表述和分析。

"**结构—功能的研究途径** 这是功能性途径的另一种形式,它强调不同现象之间的功能性联系。正是这种联系产生了社会结构。正如其他现象一样,宪法是这种结构的决定性因素之一,同样,这种结构也是宪法的决定性因素之一。宪法和结构是互相依存的两个变数:结构上的变化会影响宪法。

"当法律制度被作为一种结构，研究的目的是要找出宪法对法律制度具有什么样的影响，以及法律制度对宪法具有什么样的影响时，运用这种研究途径会产生特别好的效果。法律制度是由那些被认为蛛网般地构成整体的因素所组成的。宪法是蛛网上的一点，而蛛网上的变化会影响到宪法，正像宪法发生了变化就要引起全局的变化一样。人们当然可以放宽眼界使用政治制度而不使用法律制度。因此，这种途径像功能的研究途径一样寻求同样的东西，但同时也寻求宪法及其相互依存因素之间的结构上的联系。

"**体系的研究途径**　　现代国家的政治与法律体系非常复杂，如同它们非常活跃一样。构成政治法律体系的要素（宪法是其中之一）处于变动不居的状态，无论其地位和影响都是如此。通过这种途径研究的问题是，诸如宪法在这些体系中所处的地位，它们在结构上的意义和它们影响这些体系运转的方式如何等问题。反过来说，就是要研究这些体系影响宪法的程度和方式、作为整体的体系和作为整体的一个因素的宪法之间的关系，以及宪法是否有助于体系的自我调节或是否应把宪法看做与体系不相容的因素，或甚至对体系构成威胁。

"上面所列举的这些研究途径并不总是可以相互区别开来的，这是一个常识。有时这些途径是在一起使用的，而且，还有许多其他的方式形成对宪法的特有的观点，如象征性的相互作用论、控制论、传导论、信息论，所有这一切都可以提供一个特定的角度来考察宪法。事实上，只能把这些可能的途径交互使用，这些途径太多了，也许不可能做出一个深思熟虑的选择。"

"在"研究途径的选择"中写道：

"客观地决定哪一种途径或方法更适用是不可能的；这个决定总是主观的。科学不仅仅是一个方法性的活动，也是一种创造性的活动。换句话说，不是只通过一种途径，而是这些途径中的每一种都能增加和扩展我们的知识，因此才有利于科学的进步。每种途径仅仅说明一个或两个复杂问题，从这一点来说，它是片面的；这些加在一起，就全面了。正是这样使每种途径都有其存在的理由，也正是用这种方式，每种途径都被利用并产生出科学的结论。各种途径并不是互相排斥的，正好相反，事实上它们是相互需要的、相互依赖的。况且，正如已经说过的那样，它们常常是交叉的，看不到会有一个综合的途径。如果研究的对象——宪法或国家——已经成了历史的陈迹，宪法学已经不再有用时，它才停止发展。但即使在那时，宪法学也能作为历史学的一部分而继续存在，同样要运用各种方法。除了非实证的研究方法以外，实证的方法、量和质的方法都有其存在的理由。提出理论正像证实理论一样重要。不必要在比较各种方法上浪费时间，只要目的是为了弄清楚哪一种方法最有希望弄清特定的研究对象。这些方法恰恰是用来达到目的的手段，而本身不是目的。

"因此，在理论上我们主张各种途径和方法兼而用之，这就意味着不必优先使用哪种途径。在途径和方法上允许存在一定程度的混杂是必要的，因为这种具有启发力的混杂给予宪法学产生成果提供了最好的机会。我们在理论上坚持这种观点，但实际上我们不得不把它加以限制，我们承认这并不是完全有效的，因为宪法学的现状中一些研究途径起决定性影响的领域及相应的不足之处是显而易见的。

"一般宪法理论和比较宪法理论包含了历史的、制度的和意识形态的研究途径中的优点。学者们已经提出了改进功能研究途径的各种倡议，特别是杜克塞（I. Duchacek）提出了这种倡议，但大体上说来，这些倡议都没有取得任何结果。就三个最普遍的途径来说，它们只能阐明有限的一些方面，并希望通过其他的研究途径得到其他的结果，这是一个缺陷。不过，那些其他的途径并不总是容易地适用于一般理论研究和比较理论研究，这正是因为研究的对象——成文宪法——有着不大相同的背景。而功能的、结构—功能的、体系的研究途径关系到宪法的背景和环境。因此，由于难以逾越的实际问题，不大可能令人满意地把这些研究途径运用到宪法研究上。另一方面，本国的宪法理论包括了所有的研究途径。一种研究途径恰好解决一个背景问题，而且本国的宪法理论是一个可以由功能主义者、结构主义者和其他人都从事研究的领域，尽管这样做起来会困难重重。

"方法问题也是如此，在一般的理论和比较的理论研究中，不管采用哪一种途径，实证的方法都是极少使用的。在那几类宪法理论中，运用实证主义也是困难的。尽管从技术的观点看来是可能的，但是在实践上困难太大，以至于根本不能实行。正如本书第一编所表明的那样，如果对宪法文本上一些有限的问题进行比较简单地研究就要花费很多年，那么在研究更加复杂的问题的时候，人们更不会急于进行实证的工作了。但是，在本国宪法理论上，确实使用着实证的方法，而且有时是在很大的范围内使用这种方法。

"总而言之，如果这些途径和方法有缺陷，主要也是在比较宪法理论和一般宪法理论的研究上表现得明显。这些缺陷的存在主要是由于实践上的困难造成的。"①

该著这部分"结论"是：

"宪法学的研究对象是成文宪法。该学科有三种分类：一般的、比较的和本国的。在本国的理论研究上，有很多的途径和方法。而在比较宪法理论和一般宪法理论研究上，我们主要用历史的、制度的和意识形态的途径，以及非实证的方法。其原因就是在实践上有困难。"②

第二节　中国宪法学的古代文化和知识背景与基础

一　为什么要溯源于上古时代本土的宪法思想和相关典籍的知识资源

2011年10月，在中共中央十七届六中全会上，作出《中共中央关于深化文化体制改革推动社会主义文化大发展大繁荣若干重大问题的决定》，其中指出："优秀的传统文化凝聚着中华民族自强不息的精神追求和历久弥新的精神财富，是发展社会主义先进文化的深厚基础，是建设中华民族共有精神家园的重要支撑。要……加强对优秀传统文化思想价值的挖掘和阐发，维护民族文化基本元素，使优秀传统文化成为新时代鼓舞人们前进的精神力量。"③ 这一重要的决定给社会科学的研究提

---

① 转引自［荷］亨克·范·马尔赛文、格尔·范·德·唐《成文宪法——通过计算机进行的比较研究》，陈云生译，北京大学出版社2007年3月版，第266—270页。

② 同上。

③ 《中共中央关于深化文化体制改革推动社会主义文化大发展大繁荣若干重大问题的决定》，《人民日报》2011年10月26日第1版。

出了研究目标和范式的调整和转换的重大使命和任务，中国宪法学术界对此尚不够敏感，相关的研究成果也未见诸报端和坊间。笔者作为宪法学人，有责任作出担当，不惴学浅识薄，率先在上古的宪法思想和相关典籍的文化和知识资源领域做些发掘、梳理和分析。

为什么要溯源于上古时代？其原因简单又复杂。说它简单就是这样一个简单的学理逻辑：中国的现行宪法极具中国特色，如果有人不承认中国宪法有其特色，倒也不必强求，但无论何人都得承认这样一个基本事实，即中国宪法是中国人自己制定的，没有像其他一些国家那样简单地移植其他国家的宪法。宪法移植现象在这宪法制定史上屡见不鲜，特别是先前一些殖民地国家独立后，就移植其原宗主国宪法作为建国初期过渡之用；制宪时中国也没用邀请其他国家的法学家作为中国宪法制定的顾问。这就是说，现行宪法的制定完全是凭中国人自己的知识、政治观念、立宪经验制定出来的。当然，正如前面所指出的，现行宪法的制定也结合了国际上制宪经验，甚至还吸收了大量外国宪法的优良元素。即使如此，也是中国在改革开放的总体态势下，由政治领导的核心力量和直接、间接参与制宪的专家、学者，以及参与全民大讨论的全国各族人民怀着开放、包容的精神，本着科学立宪精神而制定出来的结果。现行宪法的制定，从指导思想到宪法文化和知识都是中国人自己的政治智慧及包括宪法历史文化和知识在内的结晶。当然，指导思想中的马克思主义是外来的，但已经是与中国革命和建设的实际经验密切结合而由毛泽东思想、邓小平理论体现出来的完全中国化的指导思想。早在彭真主持后期的现行宪法制宪过程中，他一再强调要重视自己本土特别是一九五四年制宪的经验，一些重大的国家结构和政权组织形制都延续和发展了一九五四年宪法的原则和规定。对一九五四年宪法，正如刘少奇在宪法草案的报告中所指出的那样，也是中国百年以来立宪经验和宪政运动经验的总结。至于中华人民共和国的制宪是否也接受了中国五千年优秀传统文化的元素的问题，在历次的宪法草案中并没有说明，而理论界特别是宪法理论界，长期以来对此类重大的理论与实践问题也没有进行过深入的研究，可以说这方面的研究在理论上还是一个空白。尽管在诸多不同版本的宪法专著或教材中，都在开篇部分或多或少地提及中国上古时代"宪""成宪""宪法"等概念，但都是为了强调那些是通常的

"一般典章""法度",以区别于近、现代的宪法,并刻意强调当今世界上的所谓宪法,都是西方国家在资产阶级革命成功之后首先搞起来的。中国的宪法也是近、现代宪法的类属,自然与古代的宪法观念及其宪法类古籍无关。在这种主导的宪法观念和学说的语境下,中国宪法尤其是中华人民共和国历次宪法修订都与中国悠久的历史传统,以及优秀的政治和宪法、法律文化割裂开来。无形中,包括中国现行宪法在内的近、现代宪法都成了西学东渐的舶来品,而在中国本土则成了无源之水、无本之木。愚以为,这是中国理论上长期存在的与本土历史割裂的大问题。然而,宪法理论界至今似乎还没有意识到这是个问题。这种宪法与历史内在联系的缺失,已经给宪法学的发展和宪法实践带来了严重的后果。中国的宪法和宪制之所以命运多舛,宪法学长期处于弱势甚至低迷状态,有很大的原因就在于这种与历史关联的人为断裂。缺乏历史的厚重感,只在现代语境下对宪法进行抽象的原则、既成的语义上推演,自然就显得肤浅、薄弱,面对来自现实理论界各方面的阻抗和窒碍,自然无力为自己伸张真理和正义。这就是中国现行宪法及其宪制屡屡遭人发难致使曲折连连、坎坷不断的原因之所在。现实宪法学缺失历史厚重感已造成了严重后果,是应当反思和予以补正的时候了。无论如何不能再让这种状况持续存在下去了。

在现实的理论层面,增强宪法的历史厚重感,可以在理论上强力回击历史虚无主义对现行宪法和宪制的肆意曲解。近几年来,特别是自2013年5月以来,在宪法学术界兴起了一股历史虚无主义思潮,少数学者和其他方面人士不顾历史事实,恣意否认一百多年来中国人民在反帝国主义、反封建主义和反官僚资本主义的民族、民主革命斗争中,先是由孙中山倡导的资本主义性质的立宪运动以及随后领导发动的护宪斗争,继之由中国共产党领导的历次新民主主义性质的立宪活动,以及相应开展的反国民党独裁的宪政运动,所积累的宝贵经验和胜利成果。他们也对中华人民共和国成立以来已经制定过的四部宪法并多次进行修改的事实视而不见,对这些宪法及其宪制特别是对现行宪法及其改革开放30多年的丰富实践视而不见,而是处心积虑地架空现行宪法及其宪制,发出一连串的神学式的追问,似乎他们心目中的理想宪法及其宪制还隐没在虚无缥缈的时空之中,不切实际的幻想不仅远离宪法及其宪制的现实实践性品格，失去了治国安邦的功效，也给反宪派人士以可乘之机。少数反宪派的先锋人士自以为占据道德的高地，以精通宪法专业的"专家"自居，肆无忌惮地曲解马克思主义的宪法学说，特别是歪曲毛泽东思想中关于宪法及相关的人民民主政治的理论，抽空现行宪法的核心的理论基础，他们还恣意玩弄宪法和相关民主政治概念，主观臆造地给宪法定性、划线和分类；他们还不满足个人对宪法学专业科学性的亵渎，故意挑起宪法理论争端，误导有关方面的宪法决策，欺瞒舆论，混淆大众经多年宣教才初步形成的宪法观念。他们的所作所为已经严重干扰了宪法学术研究的正常进行，使宪法和相关的民主政治的研究除了还有少数非专业话语还在发声外，正常的学术研究、对话的气氛已然荡然无存，宪法学研究的状态一下子从"显学"的位置上跌落下来。这无疑对处在全面深化改革开放总体格局下的宪法学研究尽快提升品位与质量的要求形成了严重干扰。在我们业内人士看来，宪法作为国家的根本大法，在全面深化改革开放中是不可忽视的，更是无可替代的重要政治、法律资源，又宪法学研究深明其义理与机制，是使宪法最大限度地发扬其治国安邦功效的重要前提和保障。而要做到这一点，将宪法深植中国传统优秀文化的沃土去培植，厚其根基，壮其枝叶，硕其果实，庶几可致宪法学总体的休美及品质提升。

再从民主政治和宪制的实际运行层面上看，增强中国宪法的历史厚重感，可以大大地增强我们对中国宪法和宪制的制度自信，提高实施宪法的自觉性、主动性和积极性。在我们业内人士看来，无论从依法治国的总体战略上看，还是从全面深入改革开放的总体战略布局上看，宪法作为国家的根本大法所提供"合法性"保障，或确切地说"合宪性"保障，包括对中国共产党作为国家政治领导核心和执政地位提供的最根本性的合法性和合宪性保障，对国家各项其他重要的政治制度、政治组织和活动原则的根本性确立，以及对国家各项其他重要制度和方针、政策等原则性规划和规范，都是一个现代国家治国经世的根本保障，是任何其他文件如政党纲领、法律、政策、惯例等所不可比拟和不可替代的。然而，现实中各方面对宪法这种根本性的功能和价值，长期以来都缺乏深刻的体认，更令我们业内人士忧虑的是，高扬的"法治"声浪掩盖了加强"宪治"的呼声。正如我们在多年以前就分析过的法学界内一些有影响的人士，对宪法和一般法律的关系缺乏科学的辩证理解。两者都很重要，都应当得到认真的贯彻实施，如果只强调一方面而忽视或故意贬低另一方面，这就是一种片面性。但宪法和一般法律并不是简单地处在同一个层次上，没有轻重和高下之分。宪法之所以被认为是国家根本大法，就在于其具有无可比拟的根本性或总括性。正如古人的贴切比喻的那样："若网在纲，有条而不紊"①，宪法和一般法律，就恰似这种"纲"和"网"的关系。可是在我们法学界某些人士看来，宪法和法律关系是平直的，没有上下、高低之分。为此，他们主张把恰似"高山"的宪法削掉山顶与恰如"山谷"的法如水之状态取平，犹如早年作为农业样板的山西省昔阳县大寨村所做的那样，削平七沟八梁以造成一个一马平川的平原。又恰如抽掉网上的纲，全由网线再造一个网。这种平常事理上的不可行，用在宪法和法律的关系上也悖于法理。在中国的法学界长期以来就存在这一现实倾向，值得我们认真地加以反思并纠正。

自20世纪90年代中期以来，一些法学界内有识之士提出"法治"和"依法治国"的战略构想，并旋即为执政党和国家政权中心所接受并正式确立为新的治国战略方针之后，法学界本应利用这样难得的契机深入研究"法治"的理论与实践问题，其中包括一般法律与宪法的关系和法治与宪治的关系问题。然而，在总体保持科学、严谨的研究态势之余，也意外地出现了简单、急于求成的不成熟心态。一些法学者先是感到振奋，这可以理解，毕竟法治的时代主题为法学学者们知识开辟了广阔的舞台和大有用武之机遇，然后是躁动、忙乱，试图以肤浅、平白的释义和倡导，就可以达到"法治"之大观，实现他们心目中的"法治"梦想。这也罢了，毕竟"法治"领域的研究是一个长期的、系统和综合的过程，初期表现出一些不成熟心态也是可以被宽容的。但令我们宪法业内人士意想不到的是，对"法治"强调竟偏颇到以忽视宪治、贬低宪法、否定宪法所确立的民主政治的地步，就偏离对宪法和一般法律，宪治和法治正确关系的科学把握了。法治不能以牺牲宪治为代价，

---

① 参见《尚书·尚书·盘庚上》，陈襄民等注译《五经四书全译》（一），中州古籍出版社2000年8月版，第370页。

法制也不能以消融宪法所确立的民主政制或宪制为代价,这在全世界认识的法理上是再明确不过了。然而,这仍然还需要我们宪法业内人士再三申明和劝导,这一事实足以表明中国法学术界在总体上的不成熟、欠发达的状态。究其原因,恐怕与我们法学术界人士太过强调法治的现实工具性的功用有关,没有从总体上关注其质量和品位的提升,更没有下工夫、花气力挖掘和利用中国传统优秀文化中的本土知识资源,让西方舶来的现代法治在中国这块具有博大精深的宪法、法律、思想和形制的古代知识沃土上真正生根。由于缺乏法制的历史厚重感,现代一些人心目中的法制其实还是一棵经不起风雨的"弱苗",要想使其长成治国的擎天大树,非得从根上下工夫、从水土培植做起。不沃其土,难成其壮,更无其硕果可结。

二 先秦典籍中的"宪"与"宪法"思想和相关形制

(一) 立论的前提预设

在当今世界范围内如此昌明和高显的宪法科学,不谓不宏大与精深,宪法学者如云,宪法著述浩如烟海,令人叹为观止。然而,若论何为宪法,每个宪法学人都有自己定义或视域,一代又一代的宪法学人仁者见仁,智者见智,百千人百千其口,众说纷纭,莫衷一是。不过也无须悲观,毕竟还有少数鸿儒大师,经典作家天才超众,才高八斗,文化和知识冠群,为我们定下了十几、二十几个经典定义,供宪法学术界众多学人奉为权威定义而传于世赓续至今。限于主题视域对此不做梳理,已有既成成果,遍布于如海似洋的宪法著述之中,不难发见[①]。

本题立论为了避免在宪法概念纷争和歧见,特为其立下相关的前提预设,以申明本研究的持论立场和界域。鉴于这不是一部全面的宪法教义学式的论著,这种预设并不具有规范性,甚至也不代表笔者关于宪法概念和定义的全部观点。本人关于宪法的概念及其义理,已在多部著作

---

① 有关定义可参见陈云生译《成文宪法——通过计算机进行的比较研究》,北京大学出版社 2007 年 3 月版,第 260—263 页。

中做过充分阐述①。

简而言之，这里的前提预设只取先秦古籍中的"宪""宪章""宪法"及相关文献典籍的记述并作出分析。本人清醒地意识到，在宪法的定义和概念领域是多么缤纷复杂，此亦一是非，彼亦一是非，无论取何种立场，都会被指斥为选错边、站错队。先秦古籍中的原文表述虽也可做多种理解和解释，但古今的"注经""注法"者也取得了相当多的共识。在我们看来，先秦典籍中含有丰富的上古"宪""宪令""成宪""宪典""宪法"等记述和知识。在以往和现实的宪法学术界对此基本上采取相当一致的立场，即在将宪法界定为近、现代的特有法律形式的前提下，对包括西方和中国古代的"宪""宪法"在性质上统统排除在特定化的近、现代宪法体系之外。既然不视作宪法，那些又是什么呢？"典章"而已，即一般性的"法度"。长期以来，宪法学术界用这种简单的排除法解决了古今宪法之争。而少数学者认为，宪法并非特定近、现代西方社会和资本主义国家的产物，而是自有国家以来就有的法律现象，虽言之成理，但在宪法学术界始终处于孤立无援的学术孤岛之上。宪法是否就是特定时代的产物，是否所有的国家都需要宪法之类的基本文件，以及中国古代特别是上古时代相关的典籍中以"宪"为关键词的记述，是否属于宪法之类的文件等问题，本来都可以作为学术上的问题加以探讨的。确实也有少数学者持古代也有宪法，古籍《洪范》就是中国古代第一部宪法等观点，但说者言之凿凿，听者应之寥寥，至今未得到认同和肯定。宪法学上留下的这一空白，始终空而白之，从未被填补。本人学力不逮，有心无力，虽念兹在兹，终未适时而作。今次利用这一宝贵的出版机会，先对先秦古籍中的"宪""宪章""宪法"等表述进行初步梳理和分析。详尽的研究和论述，已谋作他年。

（二）先秦典籍中的"典则"与"宪章""成宪"等表述

先秦典籍中的"典则""宪章""成宪"的表述相当丰富。

首先需要说明，先秦典籍之多，原本或可浩如烟海，但经秦始皇首

---

① 详见陈云生《宪法监督的理论与违宪审查制度的建构》，方志出版社 2011 年 11 月版，第 1—9 页。

次大规模"焚书",及清代乾隆皇帝的又一次大规模"焚书",再加上史中连绵不断的战乱以及历史长河的湮灭,流传至今的已然不多。鉴于这里并非进行系统的专门研究,先秦典籍主要取自"五经四书"及相关典籍如《国语》等。

先说在《尚书》中,用"宪"的表述:

"念哉!率作兴事,慎乃宪,钦哉!屡省乃成,钦哉!"①

"嗟予有众,圣有谟训,明征定保,先王克谨天戒,臣人克有常宪。"②

"惟天聪明,惟圣时宪,惟臣钦若,惟民从乂。"③

"监于先王成宪,其永无愆。"④

"尔尚盖前人之愆,惟忠惟孝;尔乃迈迹自身,克勤无怠,以垂宪乃后。"⑤

"呜呼,钦哉!永弼乃后于彝宪。"⑥

《国语》中的记述有:

"夫耳内和声,而口出美言,以为宪令,而布诸民,正之以度量,民以心力,从之不倦。"⑦

"布宪施舍于百姓。"⑧

"昔栾武子无一卒之田,其宫不备其宗器,宣其德行,顺其宪则,使越于诸侯,诸侯亲之,戎、狄怀之,以正晋国,行刑不疚,以免于难。"⑨

---

① 转引自江灏、钱宗武译注,周秉钧审校《今古文尚书全译》,贵州人民出版社1990年2月版,第67页。

② 同上书,第102页。

③ 参见《尚书·商书》,陈襄民等注译《五经四书全译》(一),中州古籍出版社2000年8月版,第383页。

④ 同上书,第385页。

⑤ 同上书,第481页。

⑥ 同上书,第521页。

⑦ (吴)韦昭注,明洁译评《国语·卷三·周语下》,上海世纪出版集团2008年12月版,第55页。

⑧ 同上书,第59页。

⑨ (吴)韦昭注,明洁译评《国语·卷十四·晋语八》,上海世纪出版集团2008年12月版,第224页。

"赏善罚奸，国之宪法也。"①

"龟足以宪臧否，则宝之。"②

《史记·屈原贾生列传》记载有：

"怀王使屈原造选为宪令，屈平属草稿未定。"③

《中庸》记述有：

"仲尼祖述尧、舜，宪章文、武。"④

《诗经·小雅·六月》记述有：

"文武吉甫，万邦为宪。"⑤

《史书》还有一些记述，如：

"正月之朔，百吏在朝，君乃出令，布宪于国。……宪既布，有不行宪者，谓之不从令，罪死不赦。"⑥

"法者，宪令著于官府、刑罚必于民心、赏存乎慎法而罚加乎奸令者也。"⑦

（三）先秦典籍中的"宪"的义解

先看古人是怎样解释的：《尔雅·释诂》云："宪，法也。"对《诗经》中的"宪"，毛传云："宪，法也。"对《国语》中的"宪令"，韦昭注云："宪，法也。"无须再多例举，先贤们对"宪"的训释基本一致，即认为"宪"，就是法。

有意思的是，在当今的中国宪法学术界，有许多的宪法学者在相当

---

① （吴）韦昭注，明洁译评《国语·卷十五·晋语九》，上海世纪出版集团 2008 年 12 月版，第 227 页。

② （吴）韦昭注，明洁译评《国语·卷十八·楚语下》，上海世纪出版集团 2008 年 12 月版，第 271 页。

③ 司马迁撰《史记·屈原贾生列传第二十四》，中州古籍出版社 1996 年 10 月版，第 700 页。

④ 陈襄民等注译《五经四书全译》（四），中州古籍出版社 2008 年 12 月版，第 3035 页。

⑤ 陈襄民等注译《五经四书全译》（一），中州古籍出版社 2008 年 8 月版，第 818 页。

⑥ 赵善轩等译注《管子·立政第四》，中信出版社 2014 年 1 月版，第 71 页。

⑦ 张觉等撰《韩非子译注·定法第四十三篇》，上海古籍出版社 2007 年 4 月版，第 602 页。

多的著述中都有"宪法也是法",或进而表述为"宪法具有一般法律的基本特征"。由此观之,古今学人基本上都认同"宪法"就是法,或确切地说,是"法"这个大类项中的一个种属。

这并没有错,究实说来,这只不过是"法"与"宪法"关系的一个入门话题,本身并无太大的学术意义。至于当今一些打着宪法学专业的"学者"视宪法及其相关的制度为"异类",并将其边缘化、妖魔化,则是出于别有动机,另当别论。

"宪""宪法"与一般性的"法"的相互联系与区别,还应做更精细的探讨和分析。限于篇幅,我们在此只做几点提纲挈领的提示。

第一,正如国学大师王国维说过的:"古时天泽之分未严,诸侯在其国自有称王之法。"① 其实不止诸侯国有自己的王法,在先秦各朝代及春秋战国时期,各种君法、王法广而有之,称谓也是五花八门,莫衷一是。据我们不完全统计,仅在"五经四书"中就发现不下几十种类似乎于法的表述,从"大道""天纪""万神主""大经""大法"到"圣谟""王诰""大训""道王之义""极皇极""训典"再到"辟""典""度""常""庸""彝""式""大夏""则""旧章""中典""大猷""典常""丽""典刑""训典",等等。这种表述中,有些确指平常法度,绝非都是指宪法意义上的"大法",但也不能否认,有些确实是指宪法意义上的"大法"。

还有学者通过研究,认为:"从先秦文献中的使用情况看,宪在宪法和宪令这两个双音节词中的功能是强调法和令的重要,其意义是大、重要、崇高。"论者进而认为:"宪不仅因其悬的方式的重要而把宪法变成大法,赋予宪令以大令的含义,而且也可以独立地表达重要的法律文件的意思。"并引《墨子·非命上》一段话加以说明:"然而今天下之士君子,或以命为有,盖尝尚观于先王之书?先王之书,所以出国家、布施百姓者,宪也;先王之宪,亦尝有曰:'福不可请,而祸不可讳,敬无益,暴无伤者乎?'所以听狱治罪者,刑也;先王之刑,亦尝有曰:'福不可请,而祸不可讳,敬无益,暴无伤者乎?'所以整设师

---

① 转引自江灏、钱宗武译注,周秉钧审校《今古文尚书全译》,贵州人民出版社1990年2月版,第297页注释(3)。

旅，进退师徒者，誓也；先王之誓，亦尝有曰：'福不可请，而祸不可讳，敬无益，暴无伤者乎？'"

论者认为："这段文字虽非关于法律文件效力渊源的专论"，但"先王之宪""先王之刑""先王之誓"的排列多多少少也反映了"宪""刑""誓"三者在作者头脑中的不同地位。

宪法、宪令，也就是大法、大令。中国古代既有宪法的语词，也有大法意义上的宪法。中行穆子所说的"赏善罚奸"之法就是这样的"宪法"①。

我们也持此观点，认为，大法意义上的表述和一般意义上的"典章""法度"的运用与区分之意义在于：上古初民在治国的经验中已经体验到对各种不同层次的"法律"的需要，犹如西方人对"法律"的"阶梯式"的需要一样。而其中主要以"宪""宪典""宪法"等词语表述的"法律"，通常是指"大法"意义上的法。这表明，上古先王和哲人已经产生了如今之"宪法"这种根本法意义上的"大法"意识，从在不同场景用不同词语表述来看，或许在他们的政治法律意识中，已经清楚地意识到"大法"与"常法"之间的区别，并且知道在什么场景下用"宪"或"宪法"，在什么场景下用表示一般"典章"或"法度"的词语表述。我们今人认为古代无"宪法"，其"宪法"只是一般"典章"或"法度"的表述而已的认识，因缺乏精细的研究和推敲，显得过于简单、武断。用我们当今的宪法定义范式去粗鲁地推断古代无"宪法"，在理论上缺乏说服力。倘若古人有知，或许会对作为他们三五千年之后后代子孙的我们冷眼相看，甚至可能会对这些子孙虽经过几千年的化育竟还是如此愚钝、无知，感到失望和懊恼，怎么能想象他们竟对其历史还是如此的轻慢，以至竟蔑视他们先祖们的政治法律经验和智慧！

第二，先秦典籍记载的"宪""宪则""宪法""宪章"等或许是成文的。指出这一点并非全无意义。在上古时代，文字新创，从契刻符号到蝌蚪文，再到甲骨文、金文，等等。这些最初期象形性文字极难书写、辨认，只有极少数的"文化人"才能掌握。因此，只有国之大事特别是君王的言、行大事，以及一些值得记述的有特别意义的事件等才

---

① 参见徐祥民等《中国宪政史》，青岛海洋大学出版社2002年3月版，第4页。

值得用文字记述下来。当然还有珍贵的典籍等，才值得用稀缺的材质和刻画工具留存下来。这就是为什么一切考古发现的古代文献，每一个字都极其珍贵的原因之一。在先秦典籍所记载的各种先王之事、之言，除少数被左、右史官记述下来，成为古今《尚书》等古籍的重要内容以外，肯定地说，绝大多数的上古先王的言论、事件、制度、法律等都因为是不成文的而没有流传下来。当然，随着现代考古发掘不断发现，相信还会有一些重要的上古文字和可供研究的器物相继被发现，但同时也相信我们将无法凭仍嫌稀缺的真实文字、史料来还原上古时代那几千年的真实历史。

这一状况也适用于分析上古时代的"宪""宪章""宪则""宪法"。在我们上文的引述中，细审之下，有一个基本的特点，即这类古代"宪法"类的记述，或明或隐着一种"成文"形式。如"监于先王成宪"中的"成宪"，"布宪施舍于百姓"中的"布宪"，"顺其宪则"中的"宪则"，"赏善罚奸，国之宪法也"中的"宪法"，"出令布宪，宪已布"中的"布宪"和"宪已布"，"出国布施百姓者宪也"中的"布施"，"宪令著于官府"中的"著于官府"，"宪表悬之"中的"宪表"，"稽古宪章"中的"宪章"，"永垂宪则"中的"宪则"，"悬法示人曰宪"中的"悬法"，等等。如果这些表述还嫌不能明白表示上古"宪法"是成文的话，"屈平（原）属草稿未定"中的"属草稿"就再明确无误地表明，春秋时代的楚国是由专人起草过"成文宪法"，史籍中曾记载的"楚宪""魏宪"等或许确以成文的文件形式存在过。相比一般的"典章""法度"并不一定全部成文来说，古代"宪法"的成文形式除了表明类属的不同而外，或许更有意义的是，在古代先王和圣贤们看来，他们的"宪法"应当更有重要和珍贵之处，用宝贵的文字记载下来，就是他们看重宪法、珍视宪法的一种表现。关于这一点，我们可以从近代政治家和法律家们对宪法的成文形式的态度，反推古代先王和圣贤们对他们世代"宪法"的态度。在当今世界，除了英国、新西兰两国的特殊的历史环境使然，至今也没有制定一部成文宪法之外，其余所有国家的宪法都是成文的，而且绝大多数都是以单一文件形式存在的，只有少数几个国家的"宪法"是由两个或两个以上的文件联合构成的，被学术界称之为"复式宪法"。这种反推或许缺乏足够的说服力，但至少也是一种可行的认识真实历史的思考方式和途径。

在当今的宪法学术界，包括一些有影响的学术大家都持有古代也有宪法的观点。如中国台湾学者萨孟武就认为："不论现代或古代，不论民主和专制，可以说都有宪法。"① 更有论者认为："只要有国家的组织，宪法也就随之产生。"② 看来，在宪法学术界持古代也有宪法这一观点者虽说只有少数，但不表明这种看法与宪法定义和宪法学说有悖谬之处。只是由于缺乏相应的历史文献和出土资料的佐证，这一观点得不到确切的支持，但并不表明这种观点就是无道理的。从国家学说、政治哲学和法律哲学的立场上看，完全可以自成一说。只是宪法学术界主流群体囿于前人的既定定义和学说，因循守旧，缺乏对此问题的精细研究，只用简单的排除法予以否认罢了。

三 《洪范》——一部与近、现代宪法神似与形具的奇特文件

我们上述有关先秦典籍中的"宪""宪章""宪法"等记述，以及以归类宪法属性为宗旨的分析，或许难以得到持强烈的宪法是近、现代产生的国家根本性文件的观念的学者的认同。这不难理解，因为这种观念和学说是如此长远稳定和根深蒂固，要学者们改变这种观念绝非易事。不过，倘使我们再引入先秦典籍中一个与近、现代宪法既神似又形具的奇特文件，一方面对持广义和延伸宪法概念和普适性观念的学者，当是一个有分量的支持证据；另一方面对说服持反对意见的学者改变观念，或许有所裨益。这个奇特文件，不是别的，就是传说中大禹时代产生的《洪范》。

《洪范》的产生颇具神话和传说的色彩。相传大禹治水成功后得到神的赞许和褒奖，赐予《洛书》。相传《洛书》就记有如下内容："初一曰五行，次二曰敬用五事，次三曰农用八政，次四曰协用五纪，次五

---

① 萨孟武：《中国宪法新论》，（台）正中书局1980年版，第2页。
② 尹斯如：《宪法学大纲》，北平印书局1935年版，第32页。

曰建用皇极，次六曰乂用三德，次七曰明用稽疑，次八曰念用庶征，次九曰向用五福，威用六极。"①

这实际上可以视为"治国大法"或"治国方略"，历代十分重视和笃行。相传传至殷商末年，传给了王叔箕子，周灭殷后，周武王向箕子请教治国方略，箕子依据《洛书》，详细阐述了治国的九种大法。史官记录了他的讲解，写成《洪范》。《洪范》不仅受到上古政治家们的重视，视为治国的人宝，也被史家所尊崇，被收入《尚书》等古籍中，流传至今。

既言《洪范》与近、现代宪法既神似又形具，则必然应以原文做析理辩性的依据。《洪范》每一个字都很珍贵，限于篇幅，我们将对"引言"和"序言"作重点引述，并详加分析。

"武王胜殷，杀受，立武庚，以箕子归。作《洪范》。"②

此段可视为"引言"，讲《洪范》的来历，以前的古远传说中的《洛书》情节被略去，只取武王伐纣成功后，携纣王叔父箕子归返都城镐京，写成《洪范》的这一现实中发生的事，表明《洪范》从一开始就是一个现实主义的文件，排除了有关的神话、传说以及后世的视"河图""洛书"为"玄学"的玄妙态度和浪漫主义情怀。我们后人或可有信心地认为，《洪范》是一部与国家兴亡相关的历史大事件的产物，或是大变革的时代产物，这一观点在当代宪法学中并不陌生，即普遍认为："宪法"是革命成功的产物，是记述革命过程和夺取政权这一最终成果的记录；又是治国的开端和方略的起始的"大纲"或"总章程"。治国大法或方略只可以与革命成功的事实相对应，绝非仅能以虚言玄思为功而得以成就国家之兴衰。这个《洪范》产生缘由的破题性引言所传达的信息绝不可轻视，更不能被忽略，其重要性在于为《洪范》奠定了一个时代背景和国家事变的基础，如同中国现行宪法在序言开头的几段文字所申述的国家历史、文化、革命传统、革命过程、20世纪一系列伟大历史变革，中华人民共和国在成立初期和以后几十年所取得的

---

① 转引自江灏、钱宗武译注，周秉钧审校《今古文尚书全译·周书》，贵州人民出版社1990年2月版，第233页。

② 同上书，第232页。

一系列重要成就的申明一样，意在表明上古的《洪范》产生的社会和国家基础，其含义既"现实"又深远。

"惟十有三祀，王访于箕子。王乃言曰：'呜呼！箕子，惟天阴骘下民，相协厥居，我不知其彝伦攸叙。'"①

此段可视为《洪范》序言，共分三个小节。

第一小节通过周武王向箕子请教"彝伦"，向我们传达了这样的信息：

第一，民与天的关系，所谓"惟天阴骘下民"是说上天庇护下民，上天在上，民在下，上天在上古文献中也频繁用"上帝""皇天"或者反向替代，高高在上，荫佑下界万民，民在下是指百姓，上古史籍也称"黎民"，"黎虻"即今之民众，"在下"就是芸芸众生生活、生息在地上。一方在上，一方在下；一方庇护，一方受惠。早年受有些偏激的意识形态影响，多把这一关系理解为"君权神授"，今虽尚可不完全排除这种意义，却也可以做专业学术上的进一步解读，理解为人民、社会和国家所本的最初来源，或者理解为政治学和宪法学意义上的最高合法性来源，并非单指对统治者及其家族、集团本身，而是指整个天下的万民及其社会和国家，这是凌驾于人类及其社会组织、国家之上的最高合法性来源。指出这一点并非没有近、现代性的意义。只要随便翻看一下当代的各类宪法汇编，在西方许多国家的宪法的开头或序言，都有与上帝、真主之类相关的用语，其意义都在于强调其人民、国家、宪法的最高合法性。英国的《大宪章》就写有"朕受天明命"的话语。基督教文化板块的国家的宪法更是与上帝有着密不可分的渊源关系，甚至宪法就是用《圣经》的体例和语言写出来的，被称为人间的《圣经宝典》。从这个视角看，《洪范》与近、现代的宪法不仅"神似"甚至"通神"，而且作为"序言"的形式也极其相似。

第二，"相协厥居"是指上天让老百姓和谐相处。这里是与上古之人对天的崇拜及对"天命观"的笃信使然，但绝非都是"迷信"之言。事实上，或许假上天的"恩赐"，以实现人类自身的社会理想。试想，

---

① 转引自江灏、钱宗武译注，周秉钧审校《今古文尚书全译·周书》，贵州人民出版社1990年2月版，第233页。

万民和谐相处，安乐人生，该是多么令人向往的美好社会状态！同样的社会理想的追求，在几千年以后的地球背面的美国制宪者们，用稍许别样的词语做了表述："我们美国人民，有着建立一个完善的合众国、树立正义、保证国内治安、筹设国防、增进全民福利并谋吾人及子子孙孙永享自由的幸福起见，特制定美利坚合众国宪法如下……"话虽多说了几句，但意思只有一个，即人民永享和平幸福为最高的建国宗旨和社会理想。惜墨如金的中国先祖们，只用"相协厥居"四个字，就将美国宪法序言所表达的建国宗旨和社会理想，尽含括其中了。

第三，"我不知其彝伦攸叙"，只此一句就从天上转向人间，从社会理想转向国家治理的现实。"天"虽护佑下民，使其安居乐业，永享和谐，但天不能直接治理国家、管理社会，但这不妨，上天派他的儿子即"天子"代他治理国家、管理社会，而要做到这一点，就必须知道治国理政的"彝伦"，光知道还不行，还要明了其轻重、先后之别，按照"攸叙"的先后次序依次施行。这其中尽管包含了"君权神授"的古代统治观念，但也有国家治理和社会管理的现实意义。治国理政自有其规律可循，先重后轻依序而行极其重要，视为"彝伦"的"常理"，必须遵循。用老子的话说，就是"治大国若烹小鲜"[①]。"彝伦攸叙"之重要，由此可见一斑。

第二小节是箕子对周武王的所问的回应，其中隐含的四点信息特别值得关注。

首先，突出了"五行"的重要性。"五行"近人耳熟能详："金、木、水、火、土"，许多人都能脱口而出，但对其意义的理解，近人远不如古人。古人对自然规律和治国大略的把握远不如近人科学和精细，但在三五千年前的"天泽之分未严"的上古时代，人们从与自己生产、生活息息相关的周边事物，近取诸身，远取诸物，以物取象，以象赋意，以意致理，就这样形成了朴素的辩证思维、唯物主义立场。古希腊的先哲们也有朴素的辩证唯物主义思想，如认为"火"是世界的本原，世上万物都由"原子"构成，等等。但都比较单一，远不如中国先哲们能将自然界存在的五种物质连成一体形成思维方式来得严密、精细。

[①] 艾畦编：《老子八十一章》，天津社会科学院出版社1993年7月版，第110页。

《尚书大传》训释："水火者，百姓之所饮食也；金木者，百姓之所兴作也；土者，万物之所资生也，是为人用。"① 这里只是从"人用"的角度阐明五行对于民生之重要性，其实在上古先贤那里，"五行"绝不仅仅是与民众的生产、生活息息相关的五种物质，还衍生出相生相克的哲学性辩证思想，并进而演进成为"经纶治国"的深义和大法。限于篇幅，这里先不做深入分析，详尽的论述已谋划在计划中的专著中再行作出。这里只想强调说明，在上古先哲们看来，"五行"既是自然界的五种基本组成物质，其相互间的相生相克即运转机理就是一种自然规律，又自然规律与治国经世的社会规律相通，所以"五行"也是治国理政的"常理"和"大法"。

其次，更难能可贵的是，上古之人还认为，人身为自然界的生成之物，又生于、长于特定的社会和国家之中，就必须顺应自然规律、遵循治国理政的客观常理和大法。如果像鲧那样"汩陈其五行"，上帝就会震怒，不赐予他治国理政的《洪范》及九种具体的大法。如此一来，治国理政的"常理"和"大法"就会败坏，"彝伦攸斁"就是必然的结果。

再次，这里又引申出更深层的意义，如同上一节所指出的，由于"帝乃震怒，不畀洪范九畴"，是再次强化上帝是《洪范》最初始的拥有者，并有赐予或不赐予人间的最终决定权，一旦有人"汩陈其五行"，他就会震怒，不赐予掌管人间"五行"之统治者。任由社会和国家因得不到很好的治理而混乱、败坏下去。在这里，上帝显得似乎颇有些不厚道，甚至有些霸道，但冥冥之中也暗含了作为治国理政的《洪范》大法，还有其最高的权威渊源，那就是上帝。在西方的宪法学中，强调宪法是高级法，其"高级"的渊源还是上帝所安排和赐予的，自然法学者虽不假"上帝"之名，但反复强调"自然法"的先定性、超然性和客观性。与"上帝之法"如出一辙，都是强调宪法之上有一个更高的权威渊源存在。《洪范》在此处的申明，既隐含了中国上古时代就产生了有关治国经世大法的"高级法"观念，又暗喻了"自然法"

---

① 转引自江灏、钱宗武译注，周秉钧审校《今古文尚书全译·周书》，贵州人民出版社1990年2月版，第233页注释（7）。

思想。由此可见，"自然法"思想并非仅是西方思想界的特产，早在《洪范》这样的上古文献中，就暗含了中国本土最初的"自然法"思想。如果这种分析能够站得住脚的话，笔者确信可以成立的，那么，就应当毫不犹豫地得出如下结论：中国上古时代的《洪范》与近、现代西方的宪法，就其"高级法"的渊源和"自然法"的本原来说，已然相当接近，竟致几乎并无二致。

最后，进一步强化了前一节"惟天阴骘下民，相协厥居"的"尊天"思想，大禹兴起后，很好地利用"五行"之"常理"与"大法"治好了洪水及国家，上帝作为人类即下民的主宰，实现了他"相协厥居"的心愿，自然高兴，于是就把《洪范》及"九畴"赐予他作为奖赏，于是天下得治，"彝伦攸叙"，以至天人共乐，神凡相协、主仆互享的美好世界理想得以实现。在这里，通过上帝赐予大禹《洪范》和九畴，也进一步强化了天人合一、天佑下民的思想。

第三小节有别于近、现代宪法序言的体例，例如中国的现行宪法，就在前面序言和正文之前列出一个"目录"，包括序言和各章节都一一列出。这就是说，近、现代宪法目录和序言是分开布列的。而《洪范》则不然，将作为章节的目录置于其"序言"之内。虽有与近、现代宪法如此之别，但我们今人读起来并不觉得特别"异类"，更没有别扭之感。古籍就是古籍，古籍的书写格式或风格在后世不断演化，也是必然和自然之事，并不影响我们对古籍的赏读和理解。

这个"目录"用现代的章节表示，依次应当是（只标章，节略。）：

第一章　五行；第二章　敬用王事；第三章　农用八政；第四章　协用五纪；第五章　建用皇极；第六章　乂用三德；第七章　明用稽疑；第八章　念用庶征；第九章　向用五福、威用六极。以上九章亦可简化为五行；王事；八政；五纪；皇极；三德；稽疑；庶征；五福；六极，共十项治国大事或大政方针。

此九章原文至简，但字字珠玑，含意深邃，详解非数万至十万言不能毕其功。受篇幅所限，详解需当他日另为，此处只做几个要点提示，权当附会本节的主题。

第一，九章分别以类记事颇与近、现代宪法在形式上极为相似。分类记事，条理清楚，既符合行文规范，阅读方便，利于记忆，也便于施政者和百姓，掌握、贯彻实施。《洪范》用词华美、文采飞扬，但毕竟不是仅供人们观赏的文学作品。它是治国经世的"常理"和"大法"，要在现实中实施和应用，所以又是一个政治性法律性文件。把有关治国理政的"常理"和"大法"用章节或条目分门别类作出规范和规定，这与近现代宪法如出一辙。近、现代的成文宪法，通常都是在以不同内容，或长或短的序言之后，用章、节、条、款、项等项类布列，把各自认为应当由宪法规范和规定的事项，用独立的章节等规定下来。中国上古时代的《洪范》与西方近、现代宪法，在地理、人文如此隔绝，及在时间上前后差三五千年的时空背景下，两者在形制和格式上竟如此的一致，让人不禁感叹全世界的人类文明的演进方式在起始阶段竟如此趋同，无论东、西方的人类社会和国家的人文精神和文化类型，在后世发展中出现了怎样变异分殊，至少在宪法性的这类文件的最高起始点上，是站在同一个平行线上的。由此，全人类的文化多元、普遍人文观念及思想得以彰显。

第二，《洪范》所分别规定的十大类项都是当时治国经世的重大事项，包括"常理"和"大法"。现代社会科学各门类特别是人性哲学、政治学、社会学、人类学等学科都已证明，在人的本性，由蒙昧向文明演化的历程、社会组织、国家结构、文化类型等方面，无论多么殊异，总有些基本的趋同发展态势。近代以来产生的新型学科人类学，不论产生多少流派和分支，都持一种人及其社会、国家的趋同的强烈信念。早期的社会人类学或文化人类学，之所以着迷似的研究未开化的原始族群及其社会、文化，除了其他原因之外，就在于通过对与自己的民族毫无关系，甚至远隔千万里的少数人族群的"他者"的观察和研究，还原自己的民族早已逝去的原初状态，从而探察和揭开人类进化和发展的历史轨迹。话说回来，包括中国上古时代的初民的知识无论多么愚昧未开，新建的国家甫定的社会又无论多么简单、纯朴，都绝不是混乱、散漫的无序状态。中国的上古初民既然已经跨越了荒蛮，向文而化已迈出了建构国家的关键一步，就必然会以原始理性的精神和做法，认真对待自己初建的国家和新生的社会组织。《洪范》中所列的十种大法，就是上古初民当时认为的治国经世的最重大事项。例如"五行"无论是"人生所托，民用所需"的基本物质，还是其相生相克的运化机理，都是先祖们认为的人生所需、治国经世的大事。即使在今天，我们虽然在文化意义上早已舍弃了"五行"的概念和思维方式，在宪法上更不会再用"五行"的语言叙事，但在世界上差不多所有国家的宪法都有关于国家物质资源的保护和利用的规定，延伸为生态环境的保护和开发，等等。用词语虽殊异，但承认自然资源的利用与保护的重要性是一致的。现今宪法更是将其视为社会和国家的经济基础的内容，作为重中之重的宪法规范规定下来。再例如"八政"，举凡农业、财贸、祭祀、民政、教育、司法、礼宾、军事都是古今事关国家兴衰、安危的八大政务，除祭祀、礼宾两项少见在现今宪法中规定以外，其他事项在当今宪法中同样作为重要内容，见诸所有国家的宪法规定之中。古今社会和国家在发达程度上虽然有如云泥之别，但在治国经世的"大政"上竟有如此惊人一致的考量，实在值得我们深入研究其背后蕴涵的哲理，但这且当别论。既然近、现代宪法普遍都规定有关治国理政中最重要的事项，宪法因此而被称为根本法、总章程，我们反观上古时代的《洪范》所规定的各项实质性的物质基础、"八大政务"等内容，有学者坚称它就是一个古代的宪法文件，就绝非虚妄之言了。

第三，《洪范》与现代宪法相通之处还在于同时规定社会和国家的物质文明和精神文明。《洪范》规定的"五行"和"农用八政"中所设官员掌管的民食、财贸、工程等事项，可以直接或间接地看做国家的经济基础。而其余的"五事"，即容貌、言论、观察、听闻、思考，都须做到恭敬、正当、明白、广远、通达，这些有关人的行为举止的规范化要求，当属今天的精神文明范畴无疑；"八政"中的教育、祭祀，朝觐官员所掌管的职司，也属于近人精神文明范畴；"五纪"作为计时的方法，从"以四时为序"的意义上说，也含有精神文明性质。从《洪范》对"物质文明"和"精神文明"的内容规定的比重来看，"精神文明"的分量还要重些。相比当今世界上许多国家的宪法都有精神文明类项的规定，特别是相比中国现行宪法关于"精神文明"的规定之全面、系统这一大特色来说，《洪范》与当今的宪法的"神似"，绝不是妄下断言。

第四，《洪范》中的"皇极"更是类似当今许多国家关于"主权"类项的规定。国有千政，主事一人，古今皆然。在当今的各国宪法中，关于"主权"的规定尽管不尽一致，通常都是规定"主权在民"，但也有少数国家的宪法规定主权在于君主、宗教领袖，等等。中国现行宪法规定，国家一切权力属于人民，人民行使国家权力是在全国人民代表大会和地方各级人民代表大会。宪法还规定人民有直接实行管理国家的民主权力。《洪范》规定"皇建其有极"，即指"皇权一统"，"君权至上"，"极"者极高、至上之谓也。《洪范》还系统地、集上古皇权政治之大成，将与"皇极"有关的所有重要方面，包括确立"天子作民父母，以为天下王"①的至高无上的权威地位；天子"建极"只为"敛时五福，用敷锡厥庶民"②的"以民为本"的统治宗旨；天子"惟皇作极"③作为庶民的行为道德标准，天子用"则锡之福"奖励"有猷有为有守""予攸好德""无虐茕独而畏高明"④等行为举止合于操守的庶民，天子用"凡厥正人，既富方谷"的选拔、重用官人的品德与能力的用人原则，以及给他所选拔之人以丰厚的俸禄以保证百官能对国家有所贡献；天子以身作则，并要求臣民"遵王之义""遵王之道""遵王之路"以使"王道正直"⑤，然后达到"会其有极""归其有极"⑥，即君臣团结，天下皇权一统的安定、和谐的政治局面；天子"极之敷言，是彝是训"⑦，要求天下百姓"是训是行，以近天子之光"⑧，即天下百姓同意听从"皇极"教导和号令，一体遵行，以发扬皇权的正大光明，建立昌盛、和谐的盛世。如果我们不考虑时代的远近之别，国家统治权掌握在哪一个阶级这类实质性的问题，单纯从"国家主权"的形式要件上看，我们不难在近、现代宪法中有关"主权"的规定中找到这类内容或其影子。写到此处，我们一方面不得不敬服中国的先哲和政治家们，早熟得令人惊异的政治智慧竟发达到如此的高度；另一方面又坚实

---

① 转引自江灏、钱宗武译注，周秉钧审校《今古文尚书全译·周书》，贵州人民出版社1990年2月版，第238页。
② 同上书，第237页。
③ 同上。
④ 同上。
⑤ 同上书，第238页。
⑥ 同上。
⑦ 同上。
⑧ 同上。

了我们关于《洪范》与近、现代宪法的神似与形具,达到如此的可以"无缝对接"的程度的信心。

　　总之,正如本题开头所言,《洪范》是一部与近、现代宪法既神似又形具,确实是一部令我辈宪法专业学人感慨不已的奇特文件。但由于种种的主、客观原因,《洪范》在宪法学术界的著述中很难见到有学者论及《洪范》,更不待说对其进行深入的研究。学术界有几位学者先声夺人,早在20世纪80年代,就对《洪范》的"法学意义""是中国历史上第一部宪法"做过简要的研究①。但正如前面所指出的,学术界特别是宪法学术界应者寥寥。对于这些"非专业"的探索和认定,不仅并不以为然,似乎还有根本不屑一顾之嫌、一副满不在乎的傲慢姿态,充溢着宪法学术界几十、上百年。这种状况之所以长期存在,或许是由宪法学早已成型的正统长期占学术主导地位,从未被质疑过有关。不论怎样,愚以为既然人家提出这一问题并给出了确定性的结论,作为业内的宪法学术界总要给个回应才是,无论是反对还是赞同总要给出一个意见,像鸵鸟那样,把头埋在沙堆里不理不睬,总不是应有的科学态度。表面看来,似乎宪法学术界秉持着一种"学术自信",但实际上对这类专业性很强的问题,既不敏感又不专业,留下了令业内人士感慨不尽的遗憾。本人学力不逮,又终日劳作于宪法现实学术田间,无暇探古寻幽,一日又一日,直至今日。借此机会,先于粗疏开篇,待日后再行精耕细作。

四　上古宪法思想和《洪范》如何以及何以才能够成为中国现代宪法的本土资源

(一)上古宪法思想和《洪范》如何能够成为中国现代宪法的本土资源

　　时下问及此类问题,笔者恍然明白了中国宪法学术界,何以长期以

---

① 详见李行之《〈尚书·洪范〉是中国历史上第一部宪法》,《求索》1985年第4期,第109—110页。另见张紫葛、高绍先《论〈洪范〉的法学意义》,《成都大学学报》(社会科学版)1986年第2期,第27—32页。

来对上古宪法思想和作为宪法性的文献《洪范》，持如此冷漠的学术态度。原来对这类问题的回答之难，竟也可比蜀道般之于"难于上青天"。只要稍加思索，就可以想象出要把几千年前的古老思想和文献，与现时代的学理和文件直接联系起来，找出两者内在关联，从而打通上古至当今的宪法"时空隧道"，该有多难，且不说在中国五四运动中新文化运动兴起以后，古代思想和文献一直在意识形态的主导下受到批判和排斥，直到改革开放前几年，中国的政治文化体系中还在大力倡导和推行"三批"，其中一位被批的竟然还是"孔老夫子"；还有就是宪法学总体上的学殖荒谫，面对现代化进程中和改革开放以后对国家立宪、对宪法的宣传教育、行宪及实行宪治和法治等一系列重大的理论和实际问题都应接不暇，哪有时间和精力顾及上古时代的宪法思想和宪法类文件？更何况国家对于宪法学这类学术研究的组织和实施者，以及宪法学术主流群体对宪法学这类极具现代性和现实紧迫需要，基本上都采取现实主义的态度予以排斥，包括学术立项、学术成果的评价以及学术奖励等方面都极少列入其中，这势必会对宪法学术界整体以及主流群体形成直接的学术导向。这种学术导向，目前仍在继续。宪法学术界长期对这类问题既不敏感也无兴趣的状况令人感叹！

现实的宪法学术导向及主流学术群体的动向，势必会导致宪法学总体态势向现实倾斜，不仅造成宪法学科总体上的偏重和缺失，而且造成的另一大严重后果至今还不被宪法学学术主流群体所察觉和体认，那就是为什么宪法学在总体上显得如此薄弱，以至经不起任何的学术冲击，甚至三五位非宪法专业的"闯入者"在宪法学领域随便说些什么，动些手脚，都会引起巨大的反响，给宪法学的正常研究造成不小的障碍。之所以呈现这种令人担忧的状况，其实并不需要怨天，也不必尤人，要怨就怨宪法学专业人士没有花气力、下工夫去打造宪法学科的整体优势，其中就包括长期以来在现代宪法与古代宪法思想和相关文献之间刻意开凿并固守的一道鸿沟，使中国当代宪法失去了传统文化根基和沃土的培育，形成了苗不齐、植不壮、果不实的现状。这是宪法学学科在整体意义上存在的重大缺陷，应当引起宪法学学术界主流群体的深刻反思和体认。

由于中国法学缺乏中国本土优秀传统文化的根基和培育，中国法学在总体上缺乏中国自己的特色,所谓中国现实的法学,只不过是被中国染成红色的西方法学而已,而中国的"法治"虽高唱入云,其实也是对西方法治的亦步亦趋,生搬硬套,脱离中国的实际。法律制度虽以万千计,但"法治"不彰,频频走样、失效。对于这种状况,早已引起中国法学界的有识之士的忧虑和警觉。英年早逝的法理学家邓正来先生早在2005年就指出:"中国法学正面临着西化的挑战。"① 法制史泰斗级大师张晋藩也撰文指出:"缺乏理性地对待中华法制文明中的民主性因素;同时也缺乏理性地分析西方法制与中国国情的适应性。因此中华法制虽然走向近代化了,但缺乏自主性与创新性,无疑也是重要的原因。"② 著名文化学者杨海中先生就其《明德慎罚的法理文化》的研究,曾与笔者进行过切磋。在交流中也谈及他对中国现实法学的三个困惑:困惑之一:我国悠久的历史传统中有没有自己的法学传统,这些传统能否构成自觉的法学"理想图景"?困惑之二:中国法学在知识类型上,能否在吸收西方文化优长的同时,又不依附西方文化从而保持自己独立的品格,而具有中国特色的自主性?困惑之三:当代中国法学能否在传统的基础上从事知识生产与再生产,构建有中国特色"理想图景"的法律秩序?

上述的学术洞察所发挥的学术影响力终于得到了政治上的响应。中共中央在2011年举行的十七届六中全会上,作出了《中共中央关于深化文化体制改革推动社会主义文化大发展大繁荣若干重大问题的决定》。在中共中央高度重视优秀传统文化思想价值的感召下,学术界特别是历史学术界、考古学术界、社会科学学术界等积极响应,并在国家有关领导部门的大力支持和有效组织下,先是在20世纪末完成了对古代的夏、商、周朝三个朝代的"断代工程",通过研究和排定中国古时夏、商、周朝三个朝代的确切年代,为研究中国五千年文明史创造了条件。接着又开展了由国家支持的多学科结合,研究中国历史与古代文化的重大科研项目,即"中华文明探源工程"。该项"工程"开展几年来,已取得重大的阶段性成果,预计2015年结项。这些为落实中共中央十七届六中全会精神而开展的"工程",对于科学地认识优秀的传统思想文化的

---

① 详见邓正来《中国法学向何处去》,《政法论坛》2005年第1—4期。
② 详见张晋藩《论中华法制文明的几个问题》,《中国法学》2009年第5期。

价值，以及对维护民族文化的基本元素，从而使优秀传统思想文化注入新时代的文化思想以提高活力并增强生命力，成为新时代鼓舞人们前进的文化和精神力量，意义十分重大。具有中国自身特色的思想文化体系，由于有了这一新的历史助力，可望能顺利形成独立的中国体系，并使我们有了自己本土的思想文化的话语权。

然而，我们也不无遗憾地看到，法学界虽有一些有见识的学者，曾在最近十几年进行过"权利起源"或法律的"本土资源"的先期研究工作，并取得了一定的学术影响，但那只是少数学者的身体力行，并未取得群体性的响应效益。中国法学界在总体上仍然囿于传统的学术定论，对中华法的起源特别是更古远的起源关注很少，更谈不上真正意义上的中华法探源工作的开展。法制史的权威论著以及各类教科书中论史及法制史时，通常都是从夏代谈起，因夏代之前既无文字所资记录，又缺乏考古史料加以佐证，予以忽略不计尚可理解。但绝不能理解为夏代之前的更上古时代就完全不具备后世法律形制的社会行为规范，习惯法乃是现今法学术界基本上可以得到共识的法的形式之一。毫无疑问，这需要进行更专业的精细研究。如果说，以夏代作为中国法律思想和法制史的开端，还主要是因为史料和典籍的缺乏这个客观原因所决定的话，那么，不将有关宪法的典章及相关文献列入法律思想和法制史的范畴，则是法学的视域狭窄所致了。翻开法律思想史、法制史的著作包括权威著作及各种版本的教科书，几乎都没有涉及有关宪则、宪章和宪法之类的论述。在法制史学术界，学者们几乎都是从法律的性质特别是刑法、民法、婚姻家庭法来看待中国的法律史。这就是为什么法律史学界至今还在把主要精力集中在"刑民不分""重刑轻民""以刑为主"这类古代法的特点上争论不休的根本原因。在我们非法律史专业的学术视域看来，这种争论对于认识古代法的特点虽有学术意义，但是对于中国古代法的整体综合特点及其对现代法的意义来说，可以说相去甚远。遗憾的是，对于这一法律史研究中的重大缺乏，至今尚不被法律史学界所察觉，更谈不上体认。

近年来见有青年学者在这方面表现出强烈的学术自觉，在题为《中华法系中"礼""律"关系之辨正——质疑中国法律史研究中的某些"定论"》的学术论文中强调指出："'中华法系'是在近代比较法研究中出现的概念,这个法系的核心价值观与根本制度是礼。但长期以来,学界在研究中将律作为中华法系的主干,而将礼束之高阁。有关礼的论述笼统而缺乏细致与具体,对礼在中华法系中的地位和作用认识严重不足。正是这种几乎将礼摒弃在法研究领域之外的做法,使我们对中华法系产生了一系列误解。比如将'重刑轻民''以刑为主'归纳为中华法系的特点,等等。在中华法系的制度构成中,律只是各种法律中的'一端',其地位与作用都远远不能与礼相提并论。但律在中华法系中确实又有其特殊性,这就是在礼的指导下,'律义'经历了一个由法而儒的演变过程。但这个过程恰恰证明了,在中华法系中占据主导与主流地位的是礼,而不是律。"[1] 将"中华法学"传统定论由重"律"转向占据主导地位与主流地位的"礼",这是对传统法律史观的早已形成的"坚冰"的一个突破。如能在日后的法律史研究中有更多的学者跟进,相信中国法律史研究将在总体上有显著的改观。我们极为赞赏中国青年法律史学者这类开拓性研究。其实,早在 1994 年出版的拙著《权利相对论——权利和义务价值模式的建构》中,就曾对礼、礼与法的相互关系做过粗疏的研究。礼、礼义、礼法在中国的法律史乃至中国传统文化中占有极其重要的地位,是法律史和文化学界无法回避也不应回避的重大课题。为什么中国五千年的历史是那个样子,而今天又是这个样子?礼、礼义、礼法在传统社会中究竟占什么样的地位,起到过什么样的作用?而在礼、礼义、礼法近、现代社会转型中的式微,又怎样导致转型过程中存在种种的转型和发展"瓶颈"?现代法治真的必然会轻视传统礼、礼义、礼法的地位和作用吗?诸如此类的问题都需要包括法学界在内的理论研究来回答。笔者早已有志于对此类问题进行深入研究,假以时日,对此当有所作为。

话说回来,法律史学界主流群体,对于中国古代典籍特别是上古典籍并没有止于轻视和漠视的地步,从我们宪法专业的角度看,还有将本为宪法性的文献解读为"刑法"性文献,更有甚者,直斥宪法性解读为"无稽之谈"。其中对《尚书·洪范》的解读就是显著一例。

---

[1] 引自马小红《中华法系中"礼""律"关系之辨正——质疑中国法律史研究中的某些"定论"》,《法学研究》2014 年第 1 期,第 171—189 页。

《洪范》是《尚书》中重要的篇章，其性质和意义我们在前面已经做过粗疏的分析。从我们宪法专业的立场上看，之所以认定其是与近、现代宪法既神似又形具的奇特文件，并非基于主观的宪法学术偏好，而是通过对其"引言""序言"及相关内容与近、现代宪法的对比得出的结论。我们人微言轻，此论可不足为训。但古代先哲们对《洪范》的有别于通常"法度""典章"的性质和特点早就注意到了，还专门做过论述。予谓不信，请看：

　　《尔雅·释诂》："洪，大也"；"范，法也"。《尚书》的《孔安国传》说："洪，大；范，法；谓天地之大法。""所以恢弘至道，示人主以规范也。"朱熹说，《洪范》"是治道最紧切处"。"天之下事，其大者大概备于此矣。"（《朱子全书》，卷三十四《尚书·洪范》）。吴澄说："范，如金之有范也。其纲九，其目五十，天下之道，包罗无遗，故曰洪范。"[①]（见王巨源《书经精华·洪范》）

　　相比当代中国学者对《洪范》性质的认定和分析，颇值得玩味：

　　陈鸿彝在《〈尚书〉：为中华法系提供原型构架》一文中说到：《周书·洪范》这篇西周的"建国大纲"，更明确地把政刑作为一体来思考。"洪范"就是"宪章""大法"的意思，文章分门别类地阐释了国家应如何关心社会民生、如何推进政治管理、如何对社会做刑法控制。其中最突出的就是对"八政"的规定，即食、货、祀、司徒、司空、司寇、宾、师。这是说：国家首先要抓好粮食生产及畜牧，管好财贸和交换，这是立国的"经济基础"，是"物质文化"建设；没有"食、货"，谈何"德政"！其次，要敬祀天神和祖先，这是为了"神道立教"，它与司徒负责的伦理教化一起，是抓国家的"上层建筑"，属于"思想文化"建设范畴。社会文明素质提高了，生活才能有序；与此同时，国家还要抓好水土治理，抓好立法、司法和刑惩，抓好军队和武备，抓好对各层面代表人物的工作和外事活动，这一手必须硬，哪一项都不能少，是国家正常运转的保障。纵观"八政"，应该说是一种很健全的政治思维。它对"国家职能"的界定，比"政权就是镇压之权"

[①] 转引自张紫葛、高绍先《论〈洪范〉的法学意义》，《成都大学学报》（社会科学版）1986年第2期，第27—32页。

"国家是暴力机器"的提法要全面些,在这种思想指导下的立法司法活动,就不可能是"暴政"。西方法学家不是说,讲"法治",其前提是必须有"良法"。我看,明确了"八政",也就能保证其立"法"之"良"了①。

作者正确地指出,《洪范》是西周的"建国大纲",《洪范》就是"宪章";"八政"中的"食、货"是立国的"经济基础",敬天祭祖是国家的"神道立教";司徒负责的"伦理教化"是抓国家的"上层建筑",属于"思想文化"建设范畴。作者在这里除了没有将宪法学通识中将"物质文明"与"精神文明"、"经济基础"与"上层建筑"这样并列的分析框架作为自己的分析参照,将抓国家的"上层建筑"视为"属于'思想文化'"建设范畴之外,更为令人困惑的是,《洪范》作为"建国大纲"怎么就"更明确地把抓政刑作为一体来思考"的呢?不错,《洪范》中有"威用六极",但"六极":一曰凶、短、折,二曰疾,三曰忧,四曰贫,五曰恶,六曰弱。用现代语言表述,就是六种祸殃:一是早亡,二是疾病,三是忧愁,四是贫穷,五是邪恶,六是懦弱。这"六极"显然是与"五福",即长寿、富贵、康健安宁、遵行美德、高寿且能善终相对应的六种人生不幸的状态,根本看不出任何对人的人为"处罚",更无"刑罚"的意义。将"六极"看做"刑法"或"刑罚",显然是出于对古代的"严刑峻法""以刑为主"的学理偏见。

将《洪范》明确地看做夏禹所制定的"刑法典"的学者还大有人在。如蔡枢衡在《中国刑法史》、宁汉林在《中国刑法通史》(第二分册)中都持此种看法。张晋藩主编的《中国法制史》也认为:"洪范九畴,是夏代的九条大法,其中六种刑罚用以惩罚犯罪,这大概是有关禹刑内容的最早记载。"②《洪范》文字区区不过几百,"九畴"写得明明白白,怎么竟能从中读出"惩罚犯罪"的"六种刑罚"?相比之下,有的学者则读出,"《洪范》不涉及定罪量刑的具体问题,而是对整个国

---

① 详见陈鸿彝《〈尚书〉:为中华法系提供原型构架》,《江苏警官学院学报》2004年第2期,第115页。

② 详见张晋藩主编《中国法制史》,群众出版社1991年版,第48页。

家的政治、文化、经济的原则规定,所以,我们说《洪范》是一部具有宪法性质的法典"①。中国古代包括上古时代,刑起于兵,兵刑一体,"国之大事,在戎与祀",确有发达的兵刑、刑罚、刑名、刑法。所谓的严刑峻法,也主要指"刑法",这都是史实。但在古代包括上古时代的"法律"中,"刑法"其实也只是调整社会生活和治国理政中的一种法律手段,古代包括上古时代形成的古代法或中华法内容是极其丰富的,基本上涵盖了现今法律划分种类的所有方面,包括民事、婚姻家庭、土地、行政法、宪法等。如果只看到"刑法",甚至将《洪范》这类的宪法性文献也看做"刑法",就是被刑法专业的视域所遮蔽,"只见树木不见森林"了。

法史学界除了上述对《洪范》认性的偏颇之外,对宪法性质和专业知识的误读和误解,也是一个值得关注的问题。例如,在古代是否需要有一个治国的"大法"问题上,法史学界也有自己的"独到"看法。张晋藩、曾宪义两位法史权威人士在谈到此问题时,曾指出:"在我国古代典籍中虽然出现过'宪'的概念,如:'监于先王成宪';'赏善罚奸,国之成宪',但古代典籍中'宪'与法的含义是相通的,泛指典章制度和法令,并不具备近代宪法的意义。以超经济剥削为主要特征的奴隶制时代和自然经济占统治地位的封建制时代,国家政权的组织形式和组织原则是专制主义的中央集权制,君主是国家主权的体现,所谓'朕即国家';君主的诏令是国家活动的根据和基本的法律渊源。因此,不须要也不可能产生宪法。"②此论在中国宪法学术界影响极广,遂成"定论",被宪法学术界广泛接受,笔者那时初攻读宪法学专业,笃而信之,在后来的著述中都持此论。其实,早在20世纪80年代,就有学者对此说提出质疑。论者指出:"就我国西周时期社会结构来说,其政体形式,颇似近世联邦制国家;自厉王暴虐,引起国人起义以后,周、召二公为了挽救周室这一天下共主地位,不得不设法'团结民心,保全邦本'。这就具备了既需要又有可

---

① 转引自张紫葛、高绍先《论〈洪范〉的法学意义》,《成都大学学报》(社会科学版)1986年第2期,第28页。

② 转引自张晋藩、曾宪义《中国宪法史略》,北京出版社1979年9月版,第5—6页。

能产生宪法的社会条件。张晋藩等同志认为，在封建社会里是'朕即国家'，不需要宪法，这是只看到一个方面，却没有注意到周宣王即位初期这一特殊形势，因而是欠全面的。"① 本人这么多年在宪法专业领域中摸爬滚打，多少也长了些见识，对宪法学以往的所谓"定论"多有反思，现在也倾向认为，"有社会，就有法律""有国家，就有宪法"的学术意见是蛮有道理的。

还有学者从《洪范》成文的历史考察入手，认为："《洪范》这一篇名很可能是战国末期才加上去的，正如刘起釪所说是齐国方士根据其内容为适应统治阶级的需要才名之为'大法'。《洪范》一文讲的是统治方法，严格说来应属于一篇政论文献，不是法律、法典。将之与近现代的宪法联系起来，更是无稽之谈。"② 在古文献的疑古、辩古的治学态度古已有之，今天其势也未见消减。但也正如有历史学家所指出的，古代文献经几千年留传下来的极少，但也极其珍贵，无论是原作、伪作，还是托作，都具有极其重要的史料价值，也是我们后人认识久已湮灭的历史所资凭据的重要资料之一。不能因为有些古文献是后人伪作或整理的，就否认其珍贵的史料价值。再说，认为《洪范》一文讲的是"统治方法"，严格说来应属于一篇"政论文献"，不是法律、法典。从宪法学的立场上看，"统治方法""政论文献"之类的词语表达，很不专业。宪法之所以成为宪法，区别于一般的法律、法典，恰恰就在于它讲的是"统治方法"，用宪法学专业术语表述，就是"治国总章程""根本大法"或"治国大纲"等。另外，所谓"政论文献"不是法律、法典的提法也不够周延，只说对了一个方面。至于宪法都具有政治性，宪法区别于一般法律、法典明显之处就在于宪法兼具政治性和法律性，世界上所有宪法都有政治性，从一定的意义上看，也可以不那么严谨地说是一个"政论文献"。用"统治方法"和"政论文献"否定《洪范》作为"大法"的性质，是背离宪法专业常识的。至于说"将之与近现

---

① 参见李行之《〈尚书·洪范〉是中国历史上第一部宪法》，《求索》1985年第4期，第110页。

② 转引自李明德《中国法律起源模式探索》，《法律史论集》第1卷，法律出版社1998年版，第23页。

代的宪法联系起来，更是无稽之谈"。这种论断更显得过于武断。本书只就《洪范》的"前言""序言"的粗疏分析看，就辨识出《洪范》许多与近、现代宪法既"神似"与又"形具"的方面来，我们认为，这既有《洪范》作为古文献为凭借，又有宪法学基础知识所依据，应该不是"无稽之谈"。至于有学者断然认定《洪范》就是中国历史上第一部宪法，其释义与析理都有很强的说服力，对此学术判读尽管可以仁者见仁、智者见智，但绝不该视之为"无稽之谈"。

从以上分析我们可以得出如下的结论：

第一，作为世界上最古老的文明国家之一的中国，早在四五千年的开国之初，基于治国理政的实践和需要，就逐渐积累了较为丰富政治法律经验，其中的一些事关治国安邦的宪章、宪法等思想和观念，经过提炼、文字记载已定型为文献形式留传至今。《洪范》作为最重要的古籍之一，标志着中国上古时代就孕育了相当成熟的宪法观念、成文形制。在当今倡导继承和发扬优秀的传统思想文化的大背景下，上古的宪法思想和形制理当被认为，是中国传统思想文化的基本元素之一而被继承和发扬。为此，上古时代的宪法思想和形制作为中国现代宪法的本土资源应当得到体认。

第二，《洪范》作为上古时代留传下来的最重要典籍之一，其与近、现代宪法不仅神似，而且形具，堪称宪法史上的奇迹。英国人能用两三百年的时间，把1215年的《大宪章》这一原本为英皇对诸侯的"特许状""打造"成为英国不成文宪法中最初的"成文宪法文件"。这一重大的历史事实给我们最重要的启示应当是：将从内容到形式比起《大宪章》毫不逊色的《洪范》，通过专业性的而不是非专业性误读研究，在理论上和实政上先将其确立为中国古代最早的"成文宪法性文件"的性质与地位，进而视为中国现行宪法的本土资源。这需要学术界特别是宪法学术界通过长期的研究努力，才能达到的目标。这样做既不违背古代史实，也不悖于现代法理、宪理，又是响应继承和发扬优秀传统思想文化这一时代政治感召的具体行为。学术界特别是宪法学术界应该乐于、勇于为之。

（二）上古宪法思想和《洪范》何以能够成为中国现行宪法的本土资源

这是一个难题。再难也值得去做，也并非不能做。我们并没有成熟的意见，只有一些粗略的想法，试述如下：

1. 态度和立场问题

作为一个学术著述，本不该在此类问题上多费笔墨。之所以需要在此论及，也是势所使然。在几十年前长时期内不断地视传统文化为糟粕，必须从思想文化上予以根除，从而借以树立新的思想文化的总体氛围之下，人们自觉不自觉地认为新旧思想文化"势不两立""先破后立"。"不破不立"的思想文化指导方针行事，将传统思想文化不分良莠一律视为要"破"的对象予以不断地批判，必欲从思想文化领域将其影响清除干净。传统思想文化中的优秀的基本元素就这样湮灭在大批判的浪潮中。现实的意识形态的主导力量既然已经发出全新的对待优秀传统文化的号召，那么，学术界应当要对以往的视传统思想文化为糟粕，必欲破除为能事的态度和立场加以调整和改变。史学界现有人提出，优秀的传统思想文化的基本元素为历史的"金子"的主张，这是一个观念上的革命性的变革。法学界自然也应当跟进，以深挖历史上法律的"黄金"的全新态度和立场，去发掘古代中国法律的本土资源。这显然是一个前提，没有从态度和立场上进行这种根本性转变，一切都无从谈起。

2. 树立全局性、整体性观念看待中国传统思想文化

2014年习近平总书记在欧洲的一次访问中谈到这样一个问题，大意是，中国为什么是现在这个样子，而不是别的样子，这需要从中国的国情，从传统的思想文化才能认识这个问题。这是极有见识的全局性、整体性看待中国现实的正确意见和观念。同样的道理，我们也应当持这样的意见和观念看待中国的古代法律思想文化问题。从中国五千年漫长的历史全局和整体上看，法律思想文化在全局性、整体性的古老文明中始终是其中一个重要的基本元素，古代典籍中的相关记载史不绝书，内容十分丰富，已经形成了一整套、成系列的法律思想体系和法律传统。这个体系和传统表面上看在清朝末年或至中华人民共和国成立以后，被西学东渐和国家强力所中止，但实际上，五千年形成的中华法传统并没有被西学和废除"伪法统"所中断。在中国推行依法治国，实行法治

20多年后的今天,我们依然时时、处处感觉其存在。为什么国家制定了那么多的法律,贯彻实施却会遭到如此多的障碍?社会治安状况如此堪忧,是否陷入了"法令兹彰,盗贼多有"的历史怪圈?为什么我们煞费苦心地将"社会管理"改为"社会治理",有些管理上的瓶颈和难题依然如故?我们下工夫引进西方的司法观念,费力地建立起现代司法审判制度,司法正义是否如愿实现?诸如此类的法治困厄,还可以举出许多。为什么会出现这许多状况?根本原因或许就在于,我们没有从中国的历史和现今、从中国的具体国情去看待和实行法治问题。几千年形成的传统法观念和制度的遗风,至今依然强劲地吹在中国社会和现代国家之上,"风吹草堰",几乎影响了社会生活的各个方面。西方的法治观念和法律制度在中国表现出的"水土不服"是显而易见的,是否有可能假以时日,例如几十年、一百年或更长一些时间,就能达致西方的法治大观。也许能,但这么长的时间,真的值得我们苦苦地去经营,以致必须忍耐从西方移植而来的法治理念及相关制度所带来的、现实中由于"水土不服"而造成的种种"疾患"吗?这真的需要我们全社会认真考量、权衡。如果换一种思路,将中国五千年形成的优秀传统法律思想文化从整体上,而不仅仅是为了某个法律制度的借鉴去熔铸在现代性的法律思想和制度中,或许更能彰显法律、法治,对于社会和国家有效治理工具的价值和作用。古今结合、中西结合,充分发挥两优相兼的法律价值观念和价值体系的结合优势,可能更有利于当前及今后的社会顺利转型,实现和平、安定的社会理想和国家发展目标。即使从当前的维护社会治安,保持社会稳定和谐的现实紧迫的社会治理和国家法治的目标和任务来说,也是大有裨益的,甚至是事半功倍之举。

3. 破除学科间壁垒,学术界协力整体推进对传统法律思想文化的研究

现代的学科分类的越来越精细化的发展趋势,同社会分工越来越精细一样,在取得深化、专业化巨大成效的同时,也造成了各学科间的学术壁垒,学者们囿于自己学科的视域和方法进行的专门化研究,也给社会科学甚至某些社会科学与自然科学的整体性研究造成了障碍和困难。国内外学术界对此早有反思,并提出种种改进意见。其实,这种现象在法学界久已存在。最典型的表现之一,就是本书上面提到的法史学界特

别是刑法史学界，对古代法律思想文化作出了过于偏重刑法思想和体系的理解，甚至将《尚书·洪范》这样的上古典籍视为"中国第一部刑法典"，全然不顾其内容中一个字都没有提到定罪量刑之类的刑罚问题，而对于将《洪范》解读为第一部宪法的学术意见，竟斥之为"无稽之谈"。这种学术壁垒的存在显然不利于从全局和整体上理解和把握中国古代的传统法律思想文化。念及于此，提高法学界学术群体的学术自觉，当不失为一个合宜之举。如果法学界全体同人统一认识，协力促进对中国传统思想文化的研究，其结果将不仅仅是不在"中华文明探源工程"中缺位和失声，而且在这类工程或更广泛的领域突出法学探源的优势和显著地位，则会使"中华文明探源工程"这类工程更彰显其整体性、全面性，从而提高其总体品质。

4. 重视古典文献的研读

对于当今的中国历史包括法律史的研究来说，真是遇到了前所未有的时代机遇。近几十年来不断发掘的出土文物，包括竹简、铭文等真实的历史史料对于历史研究的推进，功不可没。以前有些长期存在争论的历史事实或事件，由于出土文物的出现而得到佐证或辨正。但因此也出现了过于偏重出土文物的证据作用，而忽视古代典籍的作用的学术倾向，认为古代典籍真伪莫辨，不可足信。其实，这种学术倾向的偏颇之处，至为明显，出土文物固然真实，但只能证明一时一事，对于中国历史的整体把握，古代典籍必不可少，即使是所谓的"伪作"，也是那个时代的产物，"伪作"中为什么会这样"作伪"而不是那样"作伪"，总是那个时代或远近不等的后代古人所思所想，而之所以有这样所思所想而不是那样所思所想，终究是那个时代法律思想文化观念和体系的一个侧面反映，对于今人来说，无论是原作还是伪作或是托作，都是极其珍贵的历史资料。试想一下，流传至今的《尚书》，如果舍去了孔安国所谓作伪的"书序"及比浮生口传的《尚书》多出的二十五篇，该是什么样子？古今文合编的《尚书》并没有因为有孔安国的伪作而失去其价值。这些都是今天研究历史包括我们探讨过的宪法史所依据的不可多得的珍贵资料。

目前，法学术界对于古典文献的研究不仅没有给予高度的重视，而且还存在大量的以讹传讹的不严谨的学术现象。本人初入此道之时，对于古文的引用多从他人著述转引,直到有一天,有同道告之,你在某书中的引文经查对原文,竟无发现。惭愧之余,也引起我的学术警觉,渐渐明白了不仅别人说的话不可全信,白纸黑字印出来的著述也不可全信。在本书的写作过程中,见几位作者所引的《管子》《墨子》《韩非子》等典籍中同一内容的引文竟然都不一致,无奈之下,只好破费买来原书继续核查。由此可见,认真研读原著不仅是察纤密微、穷推物理的学理所需,而且也该是学德所要求的,切不可轻慢对待。

5. 善于运用比较的方法

有比较才有鉴别,有比较才能明理,这不仅是事理使然,而且也是学理所需。学术界对于"比较"看法不尽相同,有的重之视为一门学问,有的轻之视为一种治学方法。但不管怎样,在学术研究的著述中,几乎没有不用比较的方法作为分析、阐述的平台或工具的。正如生活中的常识一样,比较在科学研究中无处不在。在"中华文明探源工程"的现有成果中,都可以看出比较方法在其中受到的高度重视并被广泛地应用。同样的道理,在法史领域中,也包括在我们倡导的,对先秦典籍中的宪法观念和宪法文献进行研究过程中,也必须高度重视比较方法的运用。通过古今的比较,我们可以更清楚地分析中国古今是否有相类似的宪法观念:如果没有,通过比较能否用现代宪法观念去否定也有人主张古时存在的宪法观念;如果有,通过比较是否能找到两者之间的相通之处和区别所在。对于像《洪范》这类的古典文献的性质判断,也是离不开古今宪法的相互比较的,否则就是无凭无据地妄下断言。我们认为,本书在上述关于《洪范》的性质判定虽未下断语,但认定它与现代宪法既"神似"又"形具"端赖比较方法运用之功,充分体现了有比较才能鉴别的这一比较方法的最大价值与功能。除此之外,中国古代的宪法观念及相关文件与古希腊时期的宪法观念和宪法文件,中国古代与其他古老文明国度的宪法观念和相关宪法类文件之间,都有广阔的学术空间进行比较,并能以此获取更多的学术信息和知识,从而提高宪法学术研究品质。

结论性意见:上古宪法思想观念和重要典籍《洪范》不仅能够视为中国现代宪法的本土资源,而且通过各种进取的科学态度和方法进行研究，也能够证实它就是中国现代宪法的本土资源。中国现代宪法一旦注入和融进中国优秀传统思想文化的基本元素、文化和知识资源，就能增强其理论的厚重感和总体品质，从而增进其抗冲击的理论能力和整体宪法学术的自信力。进而在更深的层面上，将基本上是从西方舶来的宪法概念、基本原理、整体体系、功能价值和工具价值，改造成为独具特色的中国自己的宪法理论与宪治实践。只要宪法学术界在此问题上取得共识，主流群体协力进取，和同促进，上述的宪法学理目标和前景，是值得期许的，更是可望实现的。

第三节　中国宪法学的马克思主义宪法理论指导

在前面一节，我们以广大的世界性胸怀包容了西方的宪法文明的各项成果和经验，以及中国自身特别是上古时期的本土宪法观念背景与宪法类文献的基础。我们一向认为，宪法是世界性的法律现象，应当客观地对待西方的宪法文明，同时，我们也坚定地认为，宪法和法律都是扎根于本民族、本国家的根基之上的，中外概莫能外。中国的宪法之所以具有强烈的中国特色，归根到底就是由于其扎根于中国自身这块沃土之上。不待说，中国宪法学一方面依托中国宪法的理论和实践，另一方面也是对中国宪法的理论诠释和科学性提炼与提升，同时也吸取了西方宪法文明中的优良元素。

一　中国宪法蕴涵的马克思主义宪法理论的基本要义是中国宪法学研究的理论指导

马克思主义作为中国各族人民的指导思想是体现于各族人民共同意志的国家根本大法之中的，即现行中国宪法明文确立下来的。现行宪法序言申明："中国新民主主义革命的胜利和社会主义事业的成就，是中国共产党领导中国各族人民，在马克思列宁主义、毛泽东思想的指引下，坚持真理，修正错误，战胜许多艰难险阻而取得的。我国将长期处于社会主义初级阶段。国家的根本任务是，沿着中国特色社会主义道路,集中力量进行社会主义现代化建设。中国各族人民将继续在中国共产党领导下,在马克思列宁主义、毛泽东思想、邓小平理论和'三个代表'重要思想指引下,坚持人民民主专政,坚持社会主义道路,坚持改革开放,不断完善社会主义的各项制度,发展社会主义市场经济,发展社会主义民主,健全社会主义法制,自力更生,艰苦奋斗,逐步实现工业、农业、国防和科学技术的现代化,推动物质文明、政治文明和精神文明协调发展,把我国建设成为富强、民主、文明的社会主义国家。"

必须指出,《宪法》确立的马克思主义作为思想指导的地位不仅适用于全国各族人民,也适用于社会和国家生活的各个方面,即是说,马克思主义不仅是执政党、国家、全体公民的指导思想,也是我们的理论基础和行动的指南。马克思列宁主义、毛泽东思想、邓小平理论和"三个代表"重要思想是早已为革命和建设实践证明了的科学的理论体系,是放之四海皆准的普遍真理。在中国,革命的历史一再证明,没有马克思列宁主义、毛泽东思想、邓小平理论和"三个代表"重要思想做指导,革命就不可能取得胜利。我们进行社会主义革命和建设,同样离不开马克思列宁主义、毛泽东思想、邓小平理论和"三个代表"重要思想的指引。以马克思列宁主义、毛泽东思想、邓小平理论和"三个代表"重要思想的科学理论作为观察国家命运,指导革命和建设的指针,就可以引导我们的国家和人民在社会主义道路上胜利前进,克服任何艰难险阻直到最后胜利。

作为社会科学的一个门类的法学和宪法学,当然也必须以马克思列宁主义、毛泽东思想、邓小平理论和"三个代表"重要思想为指导思想。但这是一个总的原则要求,并不意味着社会和国家生活的各个门类都不需要有自己更切合的马克思列宁主义分支思想的指导。具体说来,中国宪法学还必须以马克思列宁主义的宪法观、宪法学说、宪法理论为指导。但这种指导也不意味着只用教条式的或贴标签式的方式进行。马克思列宁主义理论具有强烈的实践性品格,既是理论指导,又是行动指南。中国宪法无论在指导思想上,还是在宪法内容上,都蕴涵了马克思列宁主义宪法理论的基本要义和依据马克思主义原理设计与建立的国家制度特别是基本制度。宪法学在研究过程中,通过对这些基本要义的阐明和基本制度的诠释,自觉地或实际上坚持了马克思主义宪法理论的指导。

在这类的研究中,我们认为,不必像通常的研究所做的那样,总是先行对马克思主义宪法观念、宪法学说或理论加以系统梳理和阐释。我们认为,像这类以宪法学的发展为主题的研究,从宪法本身体现出来的或蕴涵的马克思主义法律、宪法观念、学说或理论入手,是适当、可行的,因为这样做更贴近宪法本身,从而更符合主题阐释的学理要求。

二 马克思主义法学、宪法理论在中国宪法中的体现和发展

主要从三个方面加以论述,即:中国宪法是人民意志的表现;法律、宪法必须以社会为基础、为社会经济基础服务;公民权利和义务的一致性。

(一)中国宪法正确地体现和发展了马克思主义关于社会主义的法,是人民意志的表现的光辉思想

马克思在论及由人民制定的法律的性质时指出:"使法律成为人民意志的自觉表现,也就是说,它应该同人民的意志一起产生并由人民的意志所创立。"[1] 可以认为,马克思在这里深刻地揭示了社会主义法的民主本质。世界上从来没有什么超民主的法。以往一切剥削阶级为了维护本阶级的统治利益,也公开地宣称法的人民性,以此欺骗劳动人民。中国工人阶级领导人民制定的法律,不仅不掩盖法的人民性,而且还公开地宣称,我们的法律是工人阶级和其他劳动人民共同意志的体现,是执政党的主张和人民意志的统一。

中国宪法在体现人民意志方面,主要有以下几点表现:

首先,中国宪法旗帜鲜明而又准确恰当地规定和体现了四项基本原则,这就集中地体现了中国人民的根本意志。一百多年以来,中国人民为了摆脱帝国主义、封建主义和官僚资本主义的压迫,曾经进行了无数次艰苦卓绝、英勇悲壮的斗争,但由于没有先进阶级的领导和先进思想

---

[1] 《马克思恩格斯全集》第1卷,人民出版社1961年版,第184页。

的指引，这些革命斗争都先后失败了。只有在中国共产党诞生以后，中国革命的面貌才焕然一新。在以毛泽东主席为领袖的中国共产党领导下，我们推翻了帝国主义、封建主义和官僚资本主义的统治，建立了中华人民共和国，人民成为国家的主人，消灭了延续几千年的剥削制度，建立了社会主义制度，经济建设取得了许多重大成就，并基本上形成了一个独立的、比较完整的工业体系，社会主义的经济、政治和文化等都有了较大的发展。历史表明，没有中国共产党就没有新中国，只有社会主义能够救中国，人民民主专政的政权是我们事业胜利的根本保证，马克思列宁主义、毛泽东思想是我们行动的指南。早在三十年前，经过指导思想上的拨乱反正，四项基本原则又得到了极大的充实，具有更加丰富和新鲜的内容，已经成为全国各族人民团结前进的共同政治基础。这是中国亿万人民在长期斗争中作出的决定性选择，是人民根本意志最集中的体现。

其次，中国宪法明确地规定了国家的根本任务。在1956年，中国基本上完成对生产资料私有制的社会主义改造以后，国内的主要矛盾已经不是两个敌对阶级间的阶级矛盾，摆在全国人民面前的主要任务是集中力量发展社会生产力，实现四个现代化，逐步满足日益增长的物质和文化需要。可是，由于种种原因，我们在过去相当长的一段时间内，没有很好地把注意力转移到社会主义现代化建设上来，特别是"文化大革命"的发动和延续，更是严重地背离了社会主义现代化建设的轨道，给中国人民的物质生活和精神生活都造成了巨大的损失。痛定思痛，人民从切身的经历中深切地体会到，国家的巩固和强盛，社会的安定繁荣，人民物质文化生活的改善提高，最终都取决于生产的发展和社会主义现代化建设的成功。执政党集中了人民的意志，在中共十一届三中全会上，果断地作出了把工作重点转移到社会主义现代化建设上来的战略决策，实现了历史性的伟大转变。在执政党的第十二次代表大会上，又确定了执政党在新的历史时期的总任务。宪法很好地体现了执政党的这个总任务的要求，在《序言》中明确规定："今后国家的根本任务是集中力量进行社会主义现代化建设。""逐步实现工业、农业、国防和科学技术的现代化，把我国建设成为高度文明、高度民主的社会主义国家。"这些规定，为全国人民指明了今后努力的方向，如实地体现了全国各族人民的意志，反映了他们共同的愿望和要求。

1993年3月29日，第八届全国人民代表大会第一次会议通过宪法修正案，将原序言修改为："我国正处于社会主义初级阶段。国家的根本任务是，根据建设有中国特色社会主义的理论，集中力量进行社会主义现代化建设。中国各族人民将继续在中国共产党领导下，在马克思列宁主义、毛泽东思想指引下，坚持人民民主专政，坚持社会主义道路，坚持改革开放，不断完善社会主义的各项制度，发展社会主义民主，健全社会主义法制，自力更生，艰苦奋斗，逐步实现工业、农业、国防和科学技术的现代化，把我国建设成为富强、民主、文明的社会主义国家。"

此外，中国宪法还明确地规定国家的一切权力属于人民，人民行使国家权力的机关是全国人民代表大会和地方各级人民代表大会，各民族一律平等；国家维护社会主义法制的统一和尊严；加强社会主义精神文明的建设；公民在法律面前一律平等；公民在行使自由和权利的时候，不得损害国家的、社会的、集体的利益和其他公民的合法的自由和权利；等等，这些规定也都表达了广大人民的意愿，体现了他们的根本意志。

（二）中国宪法体现和发展了马克思主义关于法律必须以社会为基础，法律为社会经济基础服务的重要思想

马克思曾经指出："社会不是以法律为基础的。那是法学家们的幻想。相反地，法律应该以社会为基础。法律应该是社会共同的、由一定物质生产方式所产生的利益和需要的表现，而不是单个的个人恣意横行。"[1] 他还指出，法国的拿破仑法典并没有创立现代的资产阶级社会。相反，是资产阶级社会创造了那部法典。"这一法典一旦不再适应社会关系，它就会变成一叠不值钱的废纸。"[2] 马克思这些观点充分地表明了他关于法根源于社会经济基础的光辉思想。没有一定的物质生产方式所产生的利益和需要，世界上就根本不会出现法律现象。这是关于法的产生和发展的科学的说明。取得了革命胜利的无产阶级政党，在领导人

---

[1] 《马克思恩格斯全集》第6卷，人民出版社1961年版，第291—292页。

[2] 同上书，第292页。

民进行社会主义法制建设时，应当通过国家的立法活动，自觉地、有意识地贯彻执行这一光辉思想，使社会主义法律更好地反映国家的经济基础和各项重要经济制度，为经济的进一步繁荣和社会生产的更大发展，确立必须遵循的路线、目标、战略方针和具体政策。中国执政党领导人民制定的宪法，就是严格遵循马克思主义法学的这一基本原理的成功之作。

中国宪法以社会为基础，为社会经济基础服务。

首先，表现在它确认了生产资料的社会主义公有制为中国经济制度的基础，规定各尽所能，按劳分配的社会主义分配原则。生产资料公有制是社会主义社会最基本的特征。中国早在1956年就完成了对生产资料私有制的社会主义改造，建立了全民所有制和劳动群众集体所有制为基础的社会主义经济制度。六十多年来社会主义革命和社会主义建设一条最基本的经验，就是坚持社会主义方向和道路，坚持生产资料的社会主义公有制。同时，由于社会主义公有制消灭了人剥削人的制度，就使贯彻各尽所能，按劳分配的原则成为可能。尽管这一原则还不是共产主义的分配制度，也还没有超出"资产阶级权利"的狭隘眼界，但是，按劳分配有它的历史必然性，较之资本主义制度下的分配制度无疑是一个巨大的进步，在现阶段对生产力的发展起着积极的推动作用。所以现行宪法第六条明确规定："中华人民共和国的社会主义经济制度的基础是生产资料的社会主义公有制，即全民所有制和劳动群众集体所有制。社会主义公有制消灭了人剥削人的制度，实行各尽所能，按劳分配的原则。"这些规定正确地反映了中国社会经济基础的现实，进一步巩固了社会主义经济制度。

其次，中国宪法从中国的实际情况出发，规定多种经济形式并存。国有经济是社会主义全民所有制经济，是国民经济中的主导力量，对此，宪法首先做了肯定。宪法还规定了城乡各种形式的合作经济的法律地位。规定农村人民公社、农业生产合作社和其他生产、供销、信用、消费等各种形式的合作经济，是社会主义劳动群众集体所有制经济。城镇中的手工业、工业、建筑业、运输业、服务业等行业的各种形式的合作经济，都是社会主义劳动群众集体所有制经济。中国正反两方面的实践证明，城乡集体所有制经济在一定范围内，具有不可否认的优越性和进步性，是全民所有制经济的必要补充，而且在长时期内是全民所有制经济所无法代替的，宪法对此作出明确的规定，是完全正确的、必要的，反映了中国经济生活的现实和发展的客观规律。中国宪法还明确规定城乡个体经济的合法存在，作为社会主义公有制经济的补充，这也是从中国生产力发展水平较低，无论是国有经济还是集体经济都不可能满足城乡人民生活多方面的需要这一实际情况出发的。在保持社会主义公有制经济占绝对优势的条件下，在法律范围内允许城乡个体经济的存在，不仅丝毫不影响中国社会主义制度的性质，而且还是巩固和健全社会主义经济制度所必需的。这就清楚地表明，我们制定宪法是从中国的实际情况出发的，而不是从某种抽象的观念出发的。此外，宪法还明确地规定外国企业和其他经济组织可以在中国投资，同中国进行各种形式的经济合作，这对于加速中国社会主义现代化也是必要的、有利的。

再次，中国宪法明确地规定国家的土地制度。随着国家建设的深入发展和人民生活水平的提高，工业用地、城市建筑用地以及农村住宅用地大量增加，与农业用地的矛盾越来越突出；同时，有些地方还出现了侵占、出租，甚至买卖土地的现象。这种状况如不改变，势必影响社会主义现代化建设。宪法从这一实际出发，为了解决社会主义建设中这个紧迫的实际问题，及时地对中国土地制度做了规定。规定城市土地属于国家所有，农村和城市郊区的土地，除由法律规定属于国家所有的以外，属于集体所有。还对土地的征用等做了明确的规定。

最后，中国宪法还规定了国有企业和集体经济组织不同范围的自主权，实行民主管理；规定完善经济管理体制和企业经营管理制度，实行各种形式的社会主义责任制，改进劳动组织。这些都反映了中国经济体制改革所取得的成绩，确立了今后前进的方向。

（三）中国宪法生动地体现和发展了马克思主义关于公民权利和义务一致性的基本观点

马克思主义认为，在人类的原始社会，权利和义务是紧密地结合在一起的，两者没有任何差别。随着生产资料私有制和阶级对立的出现，在剥削阶级和被剥削阶级之间，存在着根本对立的意志和利益，从而产生了权利和义务的分离现象。在生产资料公有制为基础的社会主义制度下，已经消灭了阶级间的根本对立和人剥削人的制度，从而也就消除了公民权利和义务赖以分离的阶级根源和社会基础。公民的权利和义务应该在完全崭新的人与人之间的平等关系的基础上，紧密结合起来，不可分离。马克思早在他拟定的《国际工人协会共同章程》中就明确指出："工人阶级的解放斗争不是要争取阶级特权和垄断权，而是要争取平等的权利和义务，并消灭任何阶级统治。"① 并且还指出，在工人阶级革命取得胜利后，必须做到："没有无义务的权利，也没有无权利的义务。"② 中国宪法很好地体现了马克思主义关于公民权利和义务一致性的基本原理，这主要表现在以下几个方面：

首先，中国宪法在《公民的基本权利和义务》一章的开头就明确规定："任何公民享有宪法和法律规定的权利，同时必须履行宪法和法律规定的义务。"这就明确地表明了公民权利和义务之间的关系。就是说，它们是统一的、一致的。

其次，中国宪法在规定公民享有广泛的政治、经济、文化和社会等方面的权利的同时，还明确规定："中华人民共和国公民在行使自由和权利的时候，不得损害国家的、社会的、集体的利益和其他公民的合法的自由和权利。"这种规定，对于公民正确地行使自己的自由和权利，防止自由和权利的滥用是完全必要的。宪法还规定了公民有维护社会主义制度、维护国家统一和全国各民族团结、遵守宪法和法律等义务。这就是说，中国公民在享受广泛的权利和自由的同时，也必须认真履行自己的各项义务，绝不能允许任何人只享受权利，而不尽义务。

再次，中国宪法的第四十二条和四十六条分别规定，中国公民有劳动的权利和义务，有受教育的权利和义务。权利和义务在劳动、受教育这些问题上已经浑然成为一体，不能再分割。这是因为，在我们的社会里，已经消灭了生产资料和劳动者分离的社会基础，从国家对公民而言，公民的劳动、工作受到了国家和社会的保障，国家通过各种途径，为公民创造就业条件，并在发展生产的基础上，逐步改善劳动条件，加强劳动保护，提高劳动报酬，所以在宪法中能明确规定公民享有劳动权，这是社会主义制度优越性的重要表现。反过来，从公民个人对国家

---

① 《马克思恩格斯选集》第 2 卷，人民出版社 1972 年版，第 136 页。
② 同上书，第 137 页。

而言，劳动又是一切有劳动能力的公民的光荣职责，为建设社会主义而劳动，是每个公民应尽的义务。教育也是这样，公民接受教育是一种权利，但为祖国的现代化建设学习文化科学知识和劳动技能，又是每个公民应尽的义务。所以，关于劳动和受教育既是权利又是义务的规定，生动地体现了马克思主义关于权利和义务的一致性原则，深刻地反映了在我们的社会主义社会形成的新的社会关系。

中国宪法学从一九五四年宪法颁行之日起，就对由中国宪法所蕴涵的马克思主义法律、宪法理论的上述三个方面进行过阐释和讨论，当然，宪法所蕴涵或体现的马克思主义法律、宪法理论并不止这些，从马克思主义法律、宪法理论的本体论上和在宪法中的蕴涵和体现的形式与机制上，都有极其丰富的内容，一代又一代宪法学者也从各个不同的侧面进行过阐释和论述。60多年以来，特别是改革开放37年以来所积累的研究成果，是极其丰硕的。中国宪法学不仅在量上，而且在质上，都通过本学科专业性的研究，使马克思主义法律、宪法理论得到了广泛发扬的同时，也使马克思主义法律、宪法理论，对中国国家立法、立宪的指导地位和作用得到彰显。

总而言之，中国宪法学对马克思主义法律、宪法理论的宣传、阐释、弘扬和结合于国家立法、立宪实践的研究，都作出了重大贡献，使马克思主义法律、宪法理论对中国宪法的指导地位和作用，乃至马克思主义对全局范围内的指导地位和作用，都得到了加强。

第 三 章

现行宪法确立的三大基本政治制度

第一节 人民代表大会制度

一 人民代表大会制度概说

人民代表大会制度是中国人民革命政权建设经验的总结，是人民革命的创造性产物。

中国人民早在20世纪20年代就在上海、湖南，建立了市民大会、农民协会，出现了人民代表大会制度的萌芽状态；其后在30年代，建立了苏维埃制度，在40年代又建立了参议会制度、人民代表会议制度，为人民代表大会制度的建立积累了经验；最后，在1954年中华人民共和国第一部宪法中正式确认在中国实行人民代表大会制度。中国人民政权建设的历史充分证明，这种由人民自己创建的制度扎根于人民之中，当然是符合国情的。

人民代表大会制度是中国广大人民群众在中国共产党领导下，在革命斗争中逐步创建起来的。中华人民共和国成立后，人民代表大会制度被《中国人民政治协商会议共同纲领》和后来的宪法规定为中国的根本政治制度。宪法明确规定："中华人民共和国的一切权力属于人民。人民行使国家权力的机关是全国人民代表大会和地方各级人民代表大会。"随着中国政治、经济、文化生活的发展，人民代表大会制度在不断总结经验的基础上又得到了新的发展。

人民代表大会制度是中国人民行使管理国家权力的最根本的政治制

度，进一步巩固和发展人民代表大会制度，是继续改革和完善国家政治体制，建设高度社会主义民主的一个重要任务。

人民代表大会制度之所以能够成为中国最适宜的政治制度，就在于它按照民主集中制原则，正确地反映了我们国家的阶级本质，即以工人阶级为领导、以工农联盟为基础的阶级内容，保证了劳动人民的当家作主和劳动人民积极性、创造性的充分发挥；就在于它能在党的领导下，团结一切可以团结的力量，调动一切积极因素，在实行高度统一、集中领导的条件下，通过它的活动使执政党的路线、方针、政策得到正确的贯彻执行，使我们人民民主专政的国家政权能更好地实现它所担负的各项任务，以保证社会主义现代化建设事业的顺利完成。

人民代表大会制度作为中国根本的政治制度，最适宜中国人民行使国家的权力。它有两个最大的优越性：

第一，能够发扬高度的民主。人民代表大会制度是一个具有高度民主的政治制度，它的高度民主主要表现在：首先，中国的各级人民代表大会是由人民选出的代表组成的，县级以上的人民代表大会还是由人民直接选举产生的。这样产生的各级人民代表大会，具有广泛的群众基础，有着极强的组织力量和动员力量。其次，各级人民代表大会具有极其广泛的代表性。各民族、各民主党派、各人民团体、各阶层、各地区都有代表参加各级人大的工作，因而由它所制定的法律，以及由它讨论和决定的一切问题，就能够充分地体现全国人民的意志，照顾到各方面的利益和要求。还有，各级人民代表受选民和选举单位的监督，必须向人民负责，保证了代表不脱离群众、不违背人民的意志。所有这些，都体现了人民代表大会制度的高度民主。

第二，能够实现国家权力的高度集中统一。这种高度的集中主要表现在：中国各级人民代表大会是议事机关，又是工作机关，也即"议行合一"的机关，统一地行使国家权力。全国人民代表大会是中国的最高国家权力机关，也是行使国家立法权的机关。只有它才能制定和修改宪法、法律，决定国家的重大问题；它产生其他中央国家机关的领导人员，有权对其他国家机关实行监督，国务院是它的执行机关，国务院和最高人民法院、最高人民检察院都要对它负责并报告工作。总之，全国人民代表对在中国的政治生活和国家机关体系中具有全权的地位，实现了国家立法权和行政权的统一。

一九五四年宪法以国家根本大法的形式确立了中国的政体——人民代表大会制度。人民代表大会制度是在中国长期革命斗争中产生并逐渐成长起来的，它经历了人民革命的各个历史阶段，有着悠久的革命传统。中华人民共和国成立初期，我们借鉴和引入了苏联苏维埃政权建设的经验，正式建立人民代表大会制度。在中国进入社会主义建设时期以后，它又经历了社会主义建设的各个历史时期，几经磨难，日臻完善。长期以来，这一政体被认为是最适宜中国人民实现当家做主的民主权利的根本政治制度。

人民代表大会制度之所以成为中国根本政治制度，除了因为它是中国革命的产物和政权组织形式传统之外，更主要的是，因为在理论上这种政体被认为是中国人民行使国家权力最佳形式。

首先，人民代表大会制度具有高度民主的特点。宪法规定，中国的人民代表大会从中央到基层分级设立，虽互不统属，但构成一个完整的政权链。县以下的人民代表大会由本辖区域内的人民以无差别的平等选举权自主地直接选举产生；省、直辖市、社区的市的人民代表大会代表由下一级的人民代表大会选举；全国人民代表大会由省、自治区、直辖市和军队选举的代表组成。各少数民族都应当有适当名额的代表。人民代表大会的这种构成，具有广泛的群众基础，在原则上保证了全体人民都能行使当家做主的民主权利。

其次，宪法赋予了各级人民代表大会以决定中央和地方一切重大国事的权力，特别是赋予全国人民代表大会和全国人民代表大会常务委员会制定和修改宪法、法律的权力。制宪权和立法权是国家最高权力的一个重要方面。由国家最高权力机关行使，这就在原则上确认了人民代表大会在国家政权体系中的最高地位和权威，在政治体制内是其他体系不可比拟的，也是不可取代的。国家政权集中掌握在各级人民代表大会手中，有利于政治决策的统一和连续，避免政出多门、决策的频繁变动。最高的国家权力由最高的国家权力机关即人民代表大会统一、集中地行使，长期以来被认为是中国人民代表大会制度的优越性之一，这也从根本上有别于西方的三权分立制。

然而，政体或政治制度的生命力不只在于固守和延续传统，更重要的是不断的创新，使其能够适应不断变化的社会情势。如果不能随着时代的变化而不断地摒弃政体或政治制度中的过时的或不当的成分，并补充和丰富新的内容，那么，再好的政体也会逐渐丧失其活力甚至变成呆板的形式主义空壳。应当看到，这不是一个小事，它关系到中国政权的民主基础的深度，从而也关系到政权的稳固程度。在现代的民主宪制中，政体的稳固始终是一件必须认真关注的大事。

我们应当同时从观念上和制度上重视、加强、完善人民代表大会制度的建设。在观念上，我们必须从建立民主宪政、法治国家的高度来看待中国的人民代表大会制度。既然由体现中国人民根本意志和最高利益的宪法确立人民代表大会制度是中国的根本政治制度，就应当从这个政治根基上来考虑和设计中国政治体制总体系，合法地、合理地配置各种政治资源，协调好各种权力体系之间的相互关系，特别是其中的执政党的政治领导与国家权力之间的关系。在这方面，西方一些宪政国家长期奉行的某些政治观念和政权学说值得我们认真地加以研究和借鉴，如政治权力的合理配置和分工、权力体系之间的制约与协调、代议机关的"反应与选择"机制、政党在国家政权体系和政治关系中的地位以及执政党的执政方式，等等。

在人民代表大会制度建立60多年后的今天，广大人民群众和社会各界殷切地期盼有关方面，尽快地提高对人民代表大会制度重要性的认识，并尽快采取各种可行的步骤和措施，在坚持人民代表大会制度的同时，对其加以完善，并通过理论和制度上的创新和设计，进一步推动和强化人民代表大会行使国家权力的能力和条件，尽快地把中国的人民代表大会制度建设成为与时俱进的、保障人民充分行使当家做主权利的国家政权组织形式。

人民代表大会制度是中国的根本政治制度，体现了人民民主即社会主义民主的本质。《中华人民共和国宪法》第二条规定："中华人民共和国的一切权力属于人民。""人民行使国家权力的机关是全国人民代表大会和地方各级人民代表大会。"与西方国家的"代议制"相比，中国的人民代表大会制度更有利于人民民主的实现。其一，中国宪法规定，全国人民代表大会和地方各级人民代表大会都由民主选举产生，对人民负责，受人民监督；选民和原选举单位有权依照法定程序罢免由他们选出的人大代表。这充分表明，在中国，人民是国家权力的所有者，各级人民代表大会只是国家权力的行使者，他们受人民的委托和授权来行使国家权力，必须代表人民的意志和利益，否则人民有权撤换他们。其二，中国宪法规定，全国人民代表大会是最高国家权力机关，地方各级人民代表大会是地方国家权力机关，其他国家机关由同级人民代表大会产生，向它负责，受它监督；国家权力机关集中代表人民的意志和利益，制定法律、决定国家和地方的重大问题，国家行政、审判、检察等机关负责贯彻执行，并接受国家权力机关的监督。这表明："在社会主义制度下，形成了全体人民根本利益的一致。因此，我们国家可以而且必须由人民代表大会统一地行使国家权力；同时在这个前提下，对于国家的行政权、审判权、检察权和武装力量的领导权，也都有明确的划分，使国家权力机关和行政、审判、检察机关等其他国家机关能够协调一致地工作。……全国人大、国家主席和其他国家机关都在他们各自的职权范围内进行工作。国家机构的这种合理分工，既可以避免权力过分集中，又可以使国家的各项工作有效地进行。"[1] 当然，中国国家机关间的职权分工与西方国家的三权平等制衡不同，集中代表人民意志和利益的全国人民代表大会和地方各级人民代表大会，在国家机构体系中处于首要地位，其与同级其他国家机关之间是一种产生与被产生、决定与执行、监督与被监督的关系。这样就能够保证国家权力掌握在人民手中，便于人民管理国家事务和社会事务。

当然，任何制度都不是一蹴而就的，都有一个不断完善的过程，中国人民代表大会制度也不例外。中国人民代表大会制度当前面临的问题，主要不在于体制本身而在于实际运作。如何使各级人民代表大会依法行使职权，做到既不失职又不越权，是完善人民代表大会制度的关键。

第一，提高代表的政治素质与参政议政能力，并进一步完善代表行使职权的保障制度。人民代表大会是人民代表大会制度的核心，而人民代表大会是由代表组成的。所以代表的素质高低直接影响人民代表大会工作的好坏。实践中，长期以来，"代表"头衔往往被作为一种政治荣

---

[1] 《张友渔学术论著自选集》，北京师范大学出版社1992年版，第447页。

誉授予各行各业的先进工作者，这固然有一定的道理，但问题在于过分强调代表的政治荣誉，往往导致代表的政治责任在实践中难以落实。一些代表由于缺乏应有的政治素养和参政议政能力，又缺少为人民服务的政治热情，未能形成履行其使命和责任所应有的角色意识，从而成为只享荣誉不尽责任的"哑巴代表""举手代表"和"老好人代表"，更严重的是，争当"代表"成为某些人捞取政治资本为自己寻求政治保护以谋取私利的途径，引发了实践中的"贿选"以及"选举暴力"事件。因此，我们在肯定代表的政治荣誉的同时，应强调代表的政治责任以及为履行政治责任所应具备的政治热情、政治素质和参政议政能力。为此，首先必须完善人大代表的选举方式、选举程序和选举机制。在选举方式上，根据国家和各地经济、文化发展的实际情况，逐步地、有条件地扩大直接选举的范围；进一步完善选举程序，加强对选举活动的监督，对破坏选举的行为应及时予以纠正并追究相关人员的法律责任，保证选民在充分了解候选人的基础上真正自主地投票；引入竞争机制，保证选民能够选出确实代表自己意志、具有较强参政议政能力的代表；调整代表结构，减少政府官员担任代表的人数，以保证各级人民代表大会对政府的监督。同时为确保人大代表充分行使职权，在提高代表素质的基础上，必须进一步完善相关的保障制度，落实人大代表的人身特别保护权、言论免责权和物质保障权等权利，对打击报复人大代表的行为人依法追究法律责任；逐步引入专职代表制，免除代表履行职务时的后顾之忧。

第二，理顺人民代表大会和人大常委会的关系，建立健全各级人民代表大会对同级人大常委会的监督制约机制。根据中国宪法规定：全国人民代表大会选举并有权罢免全国人大常委会的组成人员，有权改变或者撤销全国人大常委会不适当的决定；县级以上的地方各级人民代表大会选举并有权罢免本级人大常委会的组成人员，有权改变或者撤销本级人大常委会不适当的决定。不言而喻，各级人民代表大会与同级人大常委会之间是一种监督与被监督的关系。实践中，有人认为，人大常委会是人大代表的领导机关；也有人认为，人大常委会是人大代表的专门"服务"机关。这些错误的认识造成实际工作中各级人民代表大会只注重对"一府两院"的监督，忽视对同级人大常委会的监督，从而导致人大常委会的失职或越权。近年来，一些地方发生了人大常委会的信任危机，这在一定程度上与各级人民代表大会依法监督的意识和能力严重不足有关。在人民代表大会制度的运行实践中，我们尚没有人民代表大会撤销同级人大常委会不适当决定、决议的先例，也没有人大常委会的工作报告未获通过的情况，更没有罢免人大常委会组成人员的实践。人民代表大会是会议制的国家机关，每年只开一次会，且会期很短，作为常设机关的人大常委会在本级人民代表大会闭会期间，如若不能代表人民正确、充分地行使宪法赋予的权力，势必会损害国家权力机关的权威，严重影响人民代表大会制度作用的发挥。因此，必须把宪法规定的各级人民代表大会监督同级人大常委会的原则制度化、规范化，使之具有可操作性。比如赋予人大代表评议、质询同级人大常委会的权利，规定人大常委会组成人员定期向同级人大代表提交述职报告，人大代表对同级人大常委会及其组成人员进行信任投票，等等，以促使人大常委会切实发挥作为国家权力机关的作用。

第三，健全和完善人民代表大会和人大常委会的监督机制，强化它们的依法监督职能。一个有效率的人民代表机关，不仅应做人民的代言人，通过立法和决定反映人民的意志和利益，并且应该做人民的眼睛，对其他国家机关的执法行为是否符合人民的意志和利益进行监督。近些年来，各级人大和人大常委会的监督职能在逐步加强，其作为国家权力机关的权威在逐步提高，这是一个好现象。但个别地方好大喜功，在探索监督新途径的过程中也出现了从监督缺位、监督软弱向越权干预变异的趋势。明确权力的分工是监督的前提，要进一步完善各级人民代表大会、人大常委会对其他国家机关的监督机制。首先，必须用法律的形式明确划分它们的职权界限，既确保人大监督权的行使，又保证行政权、审判权和检察权等依法独立行使。从目前来看，在人大与政府的职权划分上，容易出现混淆不清的主要是重大问题的决定权。因此，对于一些涉及国计民生的重大项目的审批、重大事项的决策和大额度资金的使用，在法律上都应明确规定必须通过人大的讨论审议来决定。在人大与司法机关的关系上，要正确处理人大监督与司法独立的关系，尤其在个案监督的问题上，不能以牺牲制度的形式正义来追求个案的实质正义，实现司法公正的根本途径应通过司法改革完成。其次，必须健全各级人大和人大常委会的监督机构。人大监督缺位或监督不力一定程度上源于人大缺乏明确的、专门的监督机构。近年来，不少学者和实际工作者一直呼吁在全国人大或全国人大常委会建立一个权威性的监督机构，采取监督委员会模式或监督专员模式。笔者认为，当前可先考虑在各级人大和人大常委会设立监督委员会，专司监督之职。监督委员会向同级政府、法院和检察院派驻监督组或监督员，对其行政、审判和检察工作进行监督。再次，尽快制定和出台《中华人民共和国全国人民代表大会和地方各级人民代表大会监督法》，对监督主体的职权职责、监督对象的权利义务、监督内容、监督方法及监督程序作出明确规定，增强人大监督的可操作性。最后，必须充分运用人大所拥有的财政审议权，以经济手段控制和监督政府活动。西方国家议会的实践和经验表明，利用议会拥有的财政审议权来监督行政机关的活动，是一种极为有效的手段。中国宪法和法律对人大财政监督只有原则性规定，缺乏有关监督范围、内容、实施程序和操作办法等的具体规定。我们应借鉴西方国家的有益经验，完善对预算形成、预算执行以及决算审计整个过程的监督程序制度，以实现对政府强有力的监督。

第四，提高人民监督意识，实现"选民或选举单位有权监督人大代表"这一宪法原则的制度化、法律化。为防止权力变异，防止国家机关由"社会公仆"变为"社会主人"，作为国家权力所有者的人民对权力行使者——各级人民代表大会进行监督，是人民代表大会制度题中应有之义。中国宪法和选举法规定：各级人大代表要与原选区选民或原选举单位和人民保持密切的联系，听取和反映他们的意见和要求，努力为人民服务；选民或选举单位有权监督并罢免由他们选出的人大代表。但由于缺乏具体的规定，实施起来存在许多具体困难。加之，中国的代表机关除县、乡两级人大外仍是通过多层次间接选举产生，从而导致人民随时罢免代表、人民对代表机关以及对其他国家机关的监督权不能真正落实，致使国家机关和国家机关公务人员普遍地存在着不同程度的脱离群众、官僚主义，甚至以权谋私、欺压群众等腐败现象。人民群众掌握监督权是防止我们的政权演变为官僚机构、实现人民当家做主的根本保证。因此，应建立通畅的人大代表与选民选举单位沟通的渠道，包括代表公示、代表定期述职等，并使之规范化、制度化；进一步增加人民代表大会的透明度,使选民充分了解所选代表开会和闭会期间履行代表职务的情况;最后,进一步完善包括罢免案的提出主体、提出理由、运作主体、运作经费及通过人数等内容的代表罢免制度,真正地实现"国家的一切权力属于人民"的主权原则。

二 创新解读全国人民代表大会权能和形制的中国特色

在我们看来,目前学术界在关于人民代表大会制度的种种观点和意见中,有些长时期流行性的观点其实是建立在对人民代表大会制度缺乏科学体认,主观联想甚至是误解的基础之上的,用我们大家耳熟能详的时代话语表述,即我们学术界包括宪法学术界对人民代表大会制度的中国特色并没有准确把握,一些学术分析长期以来在学界和坊间流行,学人们习以为常,不以为然。在人民代表大会制度正式建制60周年之际,我们认为,有必要创新解读全国人民代表大会权能和形制的中国特色,以正学术流行之误。

(一)全国人民代表大会"权能定性"的中国特色

就一般意义而言,人民代表大会制度与世界上任何其他国家的代表制或代议制都不同,但这只能体现差别,从学术的意义上来说,我们当然不能只满足于这种表述差异性的中国特色。现在就让我们先从人民代表大会的"权能定性"方面入手来深入解读其中国特色。

在初民社会发展到一定阶段以后,随着生产力的发展,原始社会的以血缘关系为基础的氏族制度逐渐受到冲击并最终解体,代之以某种特定的社会关系成为必然,原先氏族生活和生产的狭小领域也被纳入更广大的疆域。于是,以社会联系结成的各种形态的人类群体以及以一定范围的疆域国土面积便成为初期国家形态的自然基础。但这只是初期国家的自然基础,要把一定规模的庞大人口在一定规模国土面积上组织和管理起来,还需要建立超群体和超地域的公共权力体系,而这公共权力体系只能是由人来组织和运行,故必然要求设官分职、分工合作,以履行相应的国家权能。这是一个国家的必要建置,从最初级的国家形态到如今庞杂到无以复加程度的现代国家,概莫能外。在中国,传说中的人文始祖轩辕黄帝就因为"迁徙往来无常处,以师兵为营卫。官名皆以云命,为云师。置左右大监,监于万国"①。

尧帝因"试舜五典百官,皆治"②而把帝位传予舜。舜继帝位后,因有二十二人协助舜治国有功,便设官职予以重用。"皋陶为大理,平,民各伏得其实。伯夷主礼,上下咸让。垂主工师,百工致功。益主虞,山泽辟。弃主稷,百谷时茂。契主司徒,百姓亲和。龙主宾客,远人至。十二牧行而九州莫敢辟违。唯禹之功为大,披九山,通九泽,决九河,定九州,各以其职来贡,不失厥宜。"③舜帝时,还任命了地方行政长官,即所谓的"十有二牧"④。还设有相当后世的宰相之类的官职——百揆⑤,即百官之长。至秦国统一全国后,秦始皇始设"丞相"一职,统摄行政要务,率领百官。又"分天下以为三十六郡,郡置守、尉、监"⑥。以后历朝各代,官职之设虽有繁简,名称也多有差异,但都担负着各自的国家权能,维护了封建王朝的一统天下。

西方国家的官职之设虽与中国大不相同,但其执行国家的各种权能的本质是不变的。需要特别指出的是,自启蒙学者洛克、孟德斯鸠提出分权学说,并将国家权能分为立法、行政、司法三种之后,除被美国严格遵守并以此建制外,英、法、德等国家也都有各自的变异。但各自都为本国的资产阶级政权担负相应的权能。从国家权能的意义上看,权能的分设也好,议会主权或者总统制也罢,本质说来,就是分散配置的一种政治设计,为了执行基于分工而设计的国家权能。在西方,国家实现政治统治而人为设计出来的一种政治组织形式和建构的活动原则,它本身并不带有天然的"邪恶"本质,马克思主义揭示的资本主义社会的邪恶本质在于它的剥削制度,它必然灭亡的命运也是由于这个剥削制

---

① 司马迁撰:《史记卷一·五帝本纪第一》,中州古籍出版社1996年10月版,第1页。
② 同上书,第3页。
③ 同上书,第4页。
④ 陈襄民等注译《五经四书全译》(一),中州古籍出版社2000年8月版,第302页。
⑤ 同上。
⑥ 司马迁撰:《史记卷六·秦始皇本纪第六》,中州古籍出版社1996年10月版,第34页。

度，将资本主义国家的政权组织形式妖魔化实无必要。如果西方人愿意这样配置和组织实施其国家权能，就由他们好了，他人大可以平常心作壁上观，如果东方人或其他国家的人认为，这种国家权能配置和组织方式不适合自己的国情，不用就好了。重要的问题是，要高度集中政治智慧，对国情进行深入考察，找到并建构适合本国国情的政治权能的设置组织方式的政治形式。至于有人将这种国家权能的设置政治形式和组织方式拿来说事儿，以达到其某种超出国家权能意义上的目的，则另当别论。

中国现实的国家权能定性极具中国特色，主要体现在：

设立一个"最高权能"。在国家权能中设立一个"最高权能"，并不是中国首创的。西方启蒙学者卢梭第一个提出"政治共同体"或"主权者"的概念，并赋予主权基于"公意"而具有绝对的强制性或服从性。他说："因而，为了使社会公约不至于成为一纸空文，它就默契地包含着这样一种规定——唯有这一规定才能使其他规定具有力量——即任何人拒不服从公意的，全体就要迫使他服从公意。"[①] 正因为"主权"既然不外是公意的运用，"所以就永远不能转让；并且主权者既然只不过是一个集体的生命，所以就只能由他自己来代表自己；权力可以转移，但是意志却不可以转移"[②]。"由于主权是不可以转让的，同样理由，主权也是不可分割的。因为意志要末是公意，要末不是；它要末是人民共同体的意志，要末就只是一部分人的。在前一种情形下，这种意志一经宣示就成为一种主权行为，并且构成法律。在第二种情形下，它便只是一种个别意志或者是一种行政行为，至多不过是一道命令而已。"[③] 卢梭还提出，各种区分主权的主张之所以是错误的，是因为"出自没有能形成主权权威的正确概念，出自把仅仅是主权权威所派生的东西误以为是主权权威的构成部分"[④]。除此之外，卢梭还提出主权存在的基础是"契约的神圣性"，以及主权的各个部分都"只是从属于

---

① [法]卢梭：《社会契约论》，何兆武译，商务印书馆1996年2月版，第29页。
② 同上书，第35页。
③ 同上书，第36—37页。
④ 同上书，第37页。

主权的，并且永远要以至高无上的意志为前提"①。主权神圣性、至高无上性、强制与服从的绝对性、不可分割性和不可转让性，就是卢梭赋予主权、公意、社会契约的基本品质。

不过，在美国建国后的政权建构中，主要受洛克和孟德斯鸠分权学说的影响，以及基于对国家权能的分别配置的多种价值期待②，最终没有完全采纳卢梭的政治设计。但这并没有完全消损卢梭关于"公意""社会契约""主权"理论的价值，在后世的西方国家政权建构中，通过"代议制""宪法""选举合法性"等国家权能的配置与机理设定，"人民主权"的理论及其形制得到传承和弘扬，一直成为西方政治学、宪法学的主流理论与实践。只是到了最近几十年，西方人权理论的漫无边际的扩张与延伸，竟致"人权高于主权"的霸权式话语流传开来，最终使主权的至高无上性、神圣性、不可转让性和不可分割性受到剥蚀，主权沦为人权，也就是霸权的符号语言的附庸。

最高国家权能之设也曾在苏俄和苏联有过实践，新诞生的1918年的苏俄政权，以及自1924年建立直到20世纪90年代解体之间的苏联政权，都在国家权能中设立过"最高权能"，名义上属于人民并为人民所实施。苏俄1918年宪法和苏联历次宪法对此都有明文规定，苏联解体后，现俄罗斯改行西方国家的权能分设，不再有"最高权能"的设置了。

中国的国家"最高权能"的中国特色主要体现在如下方面：

首先，通过宪法确认"中华人民共和国的一切权力属于人民"。在这一根本前提下，通过民主集中制，由整体意义上的人民行使国家的最高权力。由于人民被法理和宪法确认为是国家的主人，通过理论上的预设具有共同的"意志"和根本的"利益"，再通过特定的政治设计的形式和机制，使这种"共同意志"和"根本利益"理论预设得到最大限度的现实体现，于是由人民行使国家最高权能在理念上得以承认，并在实践中得以实现。最高国家权能的设置体现的"人民主权"或"人民

---

① ［法］卢梭：《社会契约论》，何兆武译，商务印书馆1996年2月版，第38页。
② 关于这些价值期待，笔者曾做过详尽的分析，有兴趣者可参考陈云生《宪法监督司法化》，北京大学出版社2004年1月版，第165—176页。——笔者注

当家做主"的理念,从而使国家政权具有坚实的民主基础,并给予国家最高统治行为以最高的合法性。

其次,基于分工和合作产生最大效益的现代治理理念等诸多现实价值的考量。中国在设置最高权能的前提下,并没有盲目排除国家权能在一般分工意义上的加以配置的内在需要。即是说,在最高权能的体系中又派生出立法权、行政权、司法权、元首权、军事权共五项权能。但这五项权能并不是各自独立存在的,也不是并列对等排序的。立法权深嵌在最高权能中,行政权与执行权并列,而司法权既由最高权能自己在特定需要下自行行使,又派生出两大司法机关担负日常的司法职能,这也不是完全独立性的权能。元首权中部分是不独立的,军事权是独立的。这六种权能可以用下图3-1表示:

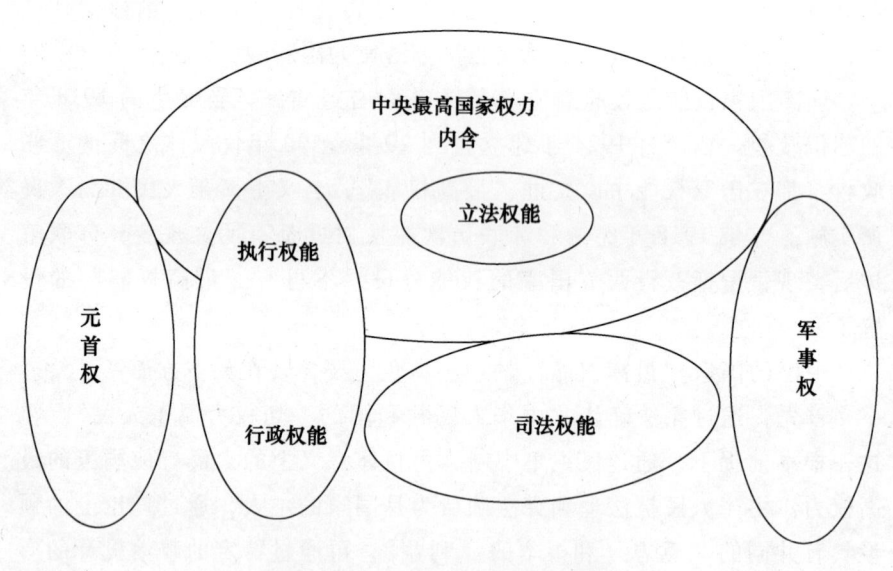

图3-1 中央国家权能配置图

从上述说明及图示中可以看出,中国的国家权能既不同于西方的平等并列排布,也不同于原苏联的配置模式。权能虽有高下之分,但不是判然分离,在最高国家全能的统摄下,有分有合,你中有我,我中有你,相互交叉、重叠,各自担负宪法规定的权能,而结合起来,就构成了独具中国特色的国家权能的整体图景。

再次，在制定一九八二年宪法时，除在宪法中明文写下"国家立法权"（第五十八条）外，其余的各项权能都没有在宪法中作出明文规定。这一不寻常的行文背后，其实隐含着一个重要的制宪指导思想，即中国决意要走具有中国特色社会主义道路，就必须建构具有中国特色的宪政体制，绝不照搬西方三权分立的政治体制，在宪法上只用"立法权"，而回避同时使用"行政权"和"司法权"，就是让人们体认：从宪法的规定的差别上，就表明中国要建构自己独具特色的宪政体制的决心和勇气了。当然，从宪法明文规定的"国家立法权"的规定上，我们还可以从学理的意义上合情合理地作出如下的推测，即中国虽然决心要走具有中国特色社会主义道路和建构具有中国特色的宪政体制，但在改革开放的总的战略态势下，中国要崛起和以强势立于世界民族之林，也不能与世隔绝而成为与世界潮流格格不入的"另类"。"国家立法权"入宪，就显见地搭建了中国宪法与世界上绝大多数宪法相互沟通的桥梁，表明中国立宪与实行宪政已经汇入了世界性的立宪和宪政的潮流，成为后者的一个有机组成部分。

（二）全国人民代表大会的"机关定位"

"国家权能"设定和配置无论多么科学、合理或适合国情，归根到底，也只属于政治观念和宪政体制上的类别范畴，要使这些权能在现实的国家政治活动和社会生活中得到实现，就要相应地配置国家机关以实际担负各自的国家权能。没有国家机关之设，就根本无实现国家权能的可能。古往今来的国家，都要设官分职，各谋其政，以实现各自不同的国家治理，概莫能外，相区别的只是国家机关的名称与职级不同而已。在通常的情况下，国家机关应当与国家权能相对应与匹配，权能、责任相表里，以保持国家机器的正常运转。但由于各国的国情不同，历史、文化、传统、建国理念、选择的道路各异，故各国在国家机构的设置方面，虽多数趋同，但各自多有不同。中国的国家机构同样具有鲜明的中国特色，不仅机构设置具有特色，在相互关系的配列上也很有特色。

现需要对"国家机构"和"国家机关"两个概念做些说明，中国宪法上第三章规定了"国家机构"，其中各节分别规定了各个"国家机关"。从这种宪法规定上看，"国家机构"应当是全部国家机关的总称，包括所有在宪法第三章规定的"国家机关",因此,"国家机构"应当是一个统合的范畴,而各具体的国家机构在分解的语境下通常被称为"国家机关",实务界和学术界通常也是这样区分和使用这两个概念的,但这不是确定性的,也不具有规范意义的称谓。这里只是说明一下而已。

按照中国宪法规定的"国家机构",我们可以简单地布列于下:

1. 与国家最高权能匹配的国家机关是"全国人民代表大会",宪法规定它是最高国家权力机关

它的最高性。首先,是由它组织的民主基础决定的。它由全国各阶层、各党派、各人民团体和军队分别提名,然后通过直接、间接的选举而产生的,具有广泛的代表性。其次,它是制定和修改国家宪法的唯一机关。在其他一些国家,为了突出宪法的最高法或根本法的地位与效力,往往通过临时组成的"制宪会议"来制定宪法,而这种"制定会议"又往往在革命成功或重大国家转制或社会转型之后临时组建,它的基本功能就是以人民的名义制定宪法,此时的国家政治被学术界称为"非常政治",完成制宪以后,"制宪会议"解散,国家转入"正常政治"时期,此后再没有相应的机关来制定新宪法,要制定新宪法就必须等到下一次"非常政治"时期的到来。中国的全国人民代表大会,由于其最高的权力机关的国家地位,事实上代替了特别的"制宪会议",由此可见其最高性。再次,全国人民代表大会还被宪法赋予了一系列有关国家事务的重大职权,而这些职权的行使具有独占性,任何其他国家机关都不能取代,除非有全国人民代表大会予以委托,否则,任何国家机关都不能行使全国人民代表大会的职权。最后,应当着重说明的是,如前所述,宪法并没有专设立法机关,宪法第五十八条规定,由全国人民代表大会和全国人民代表大会常务委员会行使国家立法权。这就是说,全国人民代表大会代行了其他国家立法机关的立法权,或者说,全国人民代表大会在行使立法权期间把自己降格成为国家立法机关,而它作为最高国家权力机关的地位始终保持不变,舆论界和学术界,常常把全国人民代表大会和全国人民代表大会常务委员会一般性地称为"国家立法机关",这是对宪法的误读和最高国家权力机关地位和性质的误判。

2. 与国家行政权能匹配的国家机关是"国务院",或"中央人民政府"

宪法第五十八条规定它一身二任:"中华人民共和国国务院,即中央人民政府,是最高国家权力机关的执行机关,是最高国家行政机关。"作为最高国家权力机关的"执行机关",它负责执行最高国家权力机关制定的宪法和法律、重大国策和决议等。从这个意义上来说,它给予"议行合一"的理论与学说以强有力的支持与证明。如果将最高国家权力机关的职权行使行为看做一种"议"的活动,包括在民主的基础上集思广益,依法定程序审议和最终以投票形式形成的"决议"这些活动;那么,由它根据国家主席的提名,不是经由选举的多数票决定,而是直接决定国务院总理,再由总理提名,经全国人民代表大会常务委员会批准的国务院其他领导成员,共同组成的国务院,即中央人民政府,就可以看做并在事实上就是最高国家权力机关自生或内置的执行机关。在这个意义上就是一个"议行合一"的组织原则和体制。但国务院即中央人民政府并不只是作为最高国家权力机关的"执行机关",它又是最高国家行政机关。宪法第八十九条第三款规定:"规定各部和各委员会的任务和职责,统一领导各部和各委员会的工作,并且领导不属于各部和各委员会的全国性的行政工作。"第四款规定:"统一领导全国地方各级国家行政机关的工作,规定中央和省、自治区、直辖市的国家行政机关的职权的具体划分。"此两款具体规定表明,国务院作为最高国家行政机关又外在于最高国家权力机关,宪法赋予它独立行使国家行政的专属职权。只有从这两方面理解国务院即中央人民政府的地位与性质,才能真正认识到它的中国特色。

3. 与国家司法权匹配的司法机关是最高人民法院和最高人民检察院

这在学术上通常被称司法机关的"双轨制",或形象化地称为"双驾马车"。宪法规定法院行使"审判权",检察院行使"检察权",前者的审判机关的地位与职权,除了并非完全的独立性之外,其他与其他国家的法院设置并无重大差异。而检察院则不同,宪法第一百二十九条规定:"中华人民共和国人民检察院是国家的法律监督机关。"而在第一百三十一条规定:"人民检察院依照法律规定独立行使检察权,不受行政机关、社会团体和个人的干涉。"这两条规定在学术界特别是在检察理论界引发了多种理解，其中最大量的理解即认为人民检察院既然是国家的法律监督机关，其职能当然是行使"国家的法律监督权"，而宪法上并没有"法律监督权"的规定，而有明确规定的"检察权"在学理上通常被忽视或冷落，鲜见有论者对人民检察院、法律监督机关、检察权三者之间相互关系作出有逻辑自洽性的说明。

对于这种"法律监督机关"的定位，笔者曾在专论中作出过自己创新性的解释，主要集中在两个方面：一是因为中国现在既不能发展出严谨而又科学的检察权理论体系，又不能建构严谨的权责相匹配的适格的国家检察机关，鉴于此种状况，现在的宪法安排，可以理解为以一种实事求是的精神来对待检察机关的建制问题，即用现行较为重要并且能够予以实现和运作的法律中司法执行环节中的法律监督职权，"暂代"整体的和完全意义上的"检察权"，并通过建立相应的国家机关来担负和执行这项职权。二是在宪法上将担负检察职能的机关定位于"法律监督机关"，也是灵活性的体现。在法学界看来，法律监督是一个很宽泛的概念，其职权有广泛的伸缩余地。在宪法制定时，主导力量和方面审时度势，对"法律监督机关"的具体职权和适用的原则适时地、及时地加以调整，以适应新的宪治、法治发展情势的需要。改革开放30多年来的实践证明，通过适当地、及时地调整法律监督机关的职权，使国家的法律监督机关的地位得到了提高，也使其法律监督的职能得到了更好的实现[①]。

4. 与国家元首权匹配的国家机关是中华人民共和国主席

1982年制定宪法时，第八十条规定："中华人民共和国主席根据全国人民代表大会的决定和全国人民代表大会常务委员会的决定，公布法律，任免国务院总理、副总理、国务委员、各部部长、各委员会主任、审计长、秘书长，授予国家的勋章和荣誉称号，发布特赦令，发布戒严令，宣布战争状态，发布动员令。"第八十一条规定："中华人民共和国主席代表中华人民共和国，接受外国使节；根据全国人民代表大会常

[①] 这些意见笔者曾在专论和专著中表达过。详见陈云生《论检察》，中国检察出版社2013年9月版，第270页。——笔者注

务委员会的决定，派遣和召回驻外全权代表，批准和废除同外国缔结的条约和重要协定。"按照第八十条的规定，国家主席不能自己独立进行国务活动，只能在最高国家权力机关已经作出"决定"的基础上从事必要的程序上要求的行为，而按照第八十一条的规定，国家主席作为国家元首也只能从事礼仪性活动。这在宪法学术上描述为"虚位元首"或"职务超脱"。这种国家主席，即国家元首的宪法规定，也是基于和服从于国家设立一个执行国家最高权能的最高国家权力机关这一总的宪政制度建构安排。

不过，根据新的国际交往的加强和从事实际国务活动的现实需要，第十届全国人民代表大会第二次会议，于2004年3月4日对第八十一条规定做了如下修改："中华人民共和国主席代表中华人民共和国，进行国事活动，接受外国使节；根据全国人民代表大会常务委员会的决定，派遣和召回驻外全权代表，批准和废除同外国缔结的条约和重要协定。"新增加的"进行国事活动"规定的意义绝非一般，它是一种具有实质内容的改变，国家元首从这一规定时起，就改变了原来的"虚位"定位，也不是仅仅从事具有礼仪性的活动了。从此国家主席的地位和职权变得"实"起来。然而宪法学术界对这一重大的、具有实质意义的修改并没有引起足够的重视，更鲜见有力道的分析意见。其实还需要从"国家权能"定性和"国家机关"定位的高度上重新进行解读。至于仍有些学者没有注意到这一重大变化，仍然坚持"虚位"和"超脱"的原先宪法规定的意义分析，则另当别论了。

5. 与国家军事权相匹配的国家机关是"中央军事委员会"

"中央军事委员会"的设置是以前历次宪法规定所没有的。在制定一九八二年宪法时，时值邓小平从国家的领导岗位上退下来，但当时政治领导核心的各个层面，仍一致要求邓小平保留"中央军事委员会主席"一职，邓小平同意留下这一职位。但在当时制宪时，在各国家机关都不能安排邓小平任职的情况下，宪法修改委员会在征求宪法专家意见后，决定在宪法国家机构一章中增加一节，即第四节，将"中央军事委员会"作为确立的国家机关在宪法上规定下来。这在当时宪法学术界被认为是制宪灵活性的体现，也是基于特殊情势的一个临时性或过渡性安排。但在后来的宪法学理研究中，由于客观上在国家军事权的问题上缺乏开放讨论和研究的空间,宪法学术界基本上对宪法上的这一规定的与军事领导权相匹配的国家机关只是点到为止,不去深入地进行研究。从我们国家权能和机关定位的意义上看来,上述学术态度虽然可以理解,但并不必要,无须多虑。既然宪法上已然白纸黑字,明文规定了在国家的宪政体制内设立了这样一个军事领导机关,这既是宪法所保障的最可靠的合法性,也是全国各族人民意志的根本体现。至于在宪政实践中,根据军事领导权的实际情况和需要,在体制上实行"两个机关、一个牌子"的做法,正是体现了中国宪政体制的中国特色。执政党对军队的绝对领导的理念与体制并没有受到丝毫影响,与此同时,军队是国家的军队的理念与意见,从宪法颁布实施的那一刻起,就已经成为中国的立宪理念与宪政体制的事实,不应当更无必要对此讳莫如深。如果对此仍然采取不适当的立场和态度,那就应当被视为对宪法、宪政和军事领导权及其机关的中国特色的误读和误判了。以上这几种定位可以用下图3-2表示:

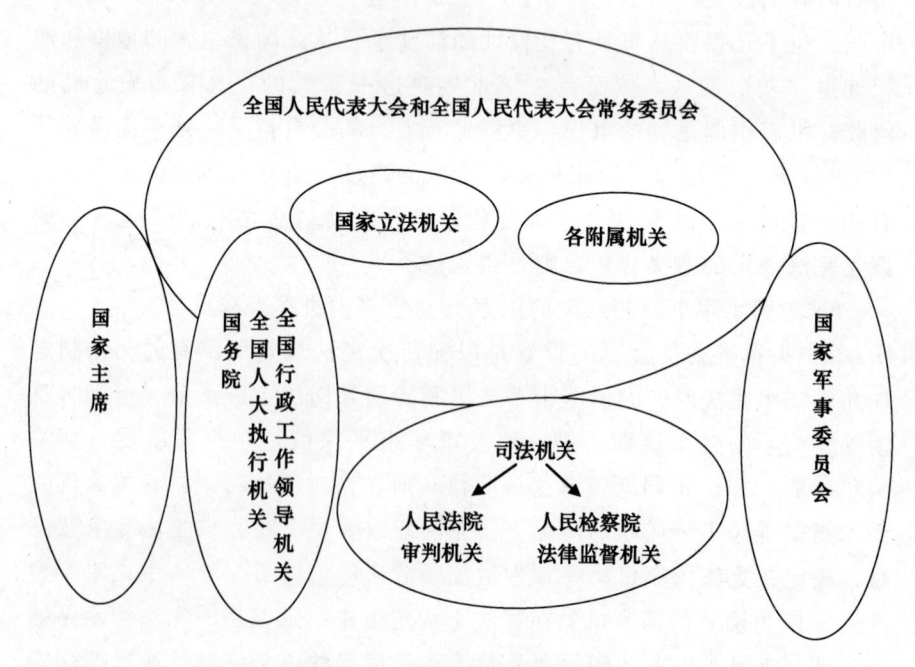

图3-2 中央国家机构配置图

(三) 坚持和完善人民代表大会制度

在执政党和国家满怀理论自信和制度自信，坚持走中国特色社会主义道路总的国家战略选择和志向的情势下，如何坚持和完善作为国家根本政治制度的人民代表大会制度，突出地提到执政党和国家领导层以及广大人民群众面前和议事日程上来。这方面可考虑的因素很多，但我们认为以下三点应优先予以考虑：

首先，正如本书主题所强调的，要坚持和完善人民代表大会制度，首要的是深刻解读人民代表大会制度的中国特色。观念、思想是行动的先导，没有对中国人民代表大会制度合乎宪法原则和规定的正确解读，就根本不可能对坚持和完善人民代表大会制度提出科学的、可操作性的具体建议。不待说，原先长期存在的将全国各级人大的不被重视的政权地位和功能调侃为"橡皮图章"，还是在现在各级人民代表大会的政权地位不断提高，功能也日见显著实现的情势下，对人民代表大会制度本身的改革势头远不如国家全面深入的大潮那样强劲。这种状况出现的原因是多方面的，其中社会的各个方面乃至全民的政权意识仍待提高是一个重要原因，而与知识界包括宪法学术界至今仍然不同程度存在的对人民代表大会制度的误读和误判也有很大的关系。从一般的意义上说，任何人事上的制度都不会是十全十美的，总有一些需要改进和完善的空间。而长期以来在理论界包括宪法理论界，除偶尔有人提出一些偏激的意见外，基本上都是在长期稳定不变的理论框架下，用相似的话语来描述人民代表大会制度，而用科学的探索精神进行深入分析，并进而提出可行性的建议的研究少之又少。因此，在理论界包括宪法学术界破除长期以来的故步自封，仅仅满足于人民代表大会制度不证自明的民主性和合法性的契合，以及天然优越性的描述，成为当务之急。只有对人民代表大会制度理论的精研进而形成科学理论体系的影响力量，才能在现实和今后更好地坚持和完善人民代表大会制度，这一理论与实践的关系理顺的重要性，应当得到格外的体认与重视。

其次，尽最大力量捍卫人民代表大会制度的纯洁性。人民代表大会制度作为国家的根本政治制度，保持其纯洁性无论怎么强调都不过分。从一般意义上说，人民代表大会制度同任何政治制度一样，要实现人们对其的价值期待，满足国家政治主导者对"政治机器"的功能要求，应当保持用以制造有关"机器"材料的质量，才能做到"货真价实"；如果用伪劣的材料来制造"机器"，即使该"机器"能够运转一时，但很快就会失灵，甚至很快地被锈蚀掉。近些年来，社会和国家各方面对反腐败的形势看得越来越真切了，反腐力度也在不断加强，然而，对于人民代表大会制度中存在的一些腐败现象特别是在人大代表选举中存在的腐败现象关注不足，更谈不上有力的反腐措施。长期以来，在利益的驱使下，资本力量不断侵蚀人大的肌体，通过金钱贿选，使一些握有资本权势的人和其他不适合当选的人甚至是一些不法分子当选为"人大代表"，使国家政权基础的纯洁性受到玷污。由于此种现象得不到重视，也没有采取必要的积极措施予以治理，在资本势力无限扩张本性的作用下，或许在事实上早已造成了对人民代表大会制度的严重损害。如此一来，被曝光的湖南衡阳发生的大规模贿选事件①，虽然可能只是个案，但愿不是冰山一角，但其发展到如此令人触目惊心的程度，绝不是偶然。这一严重事件应当给我们一个警醒，社会和国家的各个方面，包括理论界都应当把保持国家根本政治制度的纯洁性提高到反腐的议事日程上来。

再次，大力加强人民代表大会制度自身的建设。人大自身的建设包括"硬件"和"软件"两个方面。本人在改革开放之初的 1980 年曾去江苏、上海、山东等省市对当时刚刚根据宪法建立的地方各级人大常委会的初建情况进行了调研，当时的各级人大常委会的办公场所都是普通的机关用房，办公条件也很简单，其工作人员大多是从其他部门抽调出来的业务骨干，工作热情极高，在访谈和座谈中，给我提出最多的问题是有关人大的地位、职权应当是什么，工作怎么开展。当时"文化大革命"刚结束不久，这方面的教育、宣传极不普及，工作人员是从基本常识开始了解并在摸索中开展工作。他们都希望我向上级反映一下他们迫

---

① 此案于 2012 年 12 月底先后被境内外媒体所关注并报道，据香港《南华早报》网站 12 月 30 日报道：在针对湖南衡阳市展开的大规模贿选案调查过程中，市政府高官、学校管理人员以及公司高管位列 50 多名被撤销资格的省人大代表之中。在 527 名出席会议的衡阳市人大代表中，有 518 人被发现收受钱物，总计 1.1 亿余元，帮助 56 人当选省人大代表。——笔者注

切希望上级人大常委会能在业务上给予必要的指导,更希望社会特别是国家政治领导层面给予地方人大常委会的建设以大力支持。我调研之行所到之地,到处都显现满怀激情的工作氛围和探索精神,这给我留下了深刻印象,也使我很感动。回京后写了一篇《大力加强地方人大常委会建设》文章,发表在《人民日报》上,据反馈,一些地方如江苏无锡的人大工作人员认为这篇文章的发表,对于他们来说,犹如一场"及时雨"。而近些年来我每到外地开会或调研,所到之处,都见到专为人大常委会机关建设的宏伟大厦及考究的装饰,心中常常感慨人大"硬件"建设之快,变化之大。

由于久已没去地方人大调研,对其"软件"方面的变化与进步没有直观的印象,但从其他方面获得的信息,已知这方面的发展与进步也绝非当年可比。与此同时,各方面的信息也反映出人大"软件"建设方面,也有一些亟待改进和完善的方面。

首先,人大应当采取坚决有力的措施,大幅度地减少直至杜绝人大代表选举中的贿选行为,这不是一般的权钱交易或权力寻租行为。如上所述,这关系到人大作为各级国家权力机关的纯洁性问题。我们的社会各方面都不能腐败,而人大尤其不能腐败,还要特别加大反腐力度,其中防止和杜绝代表选举中的贿选现象是重中之重,像衡阳人大代表选举出现的大范围贿选现象,绝不允许再在全国各地方再次出现。

其次,近些年来,在人大常委会的工作机构和工作班子中,同其他国家机关一样,行政化的倾向日益显著。人大特别是人大常委会作为主要和"参与"功能相匹配的"议事"与"决议"(定)的职能实现方式,具有自身的特点,如果在其工作机关和工作班子的管理、程序流程中,不加区分地适用行政式的管理和程序,势必会损害作为"议事"和"决议(定)"的权力机关自身的特点,从而造成对人大职能履行的窒碍。这种情况应当尽快转变,为此提高对这种"行政化"倾向的体察以及改进的关注度,是必要的前提。

坚持和完善人民代表大会制度是一个重要而又需要长期关注的重大课题。值此庆祝人民代表大会制度正式创建 60 周年之际,希望人大工作得到进一步改进,功能得到进一步加强,在国家的政治生活中发挥越来越大的作用。

第二节　爱国统一战线和政治协商会议制度

一　爱国统一战线

爱国统一战线问题，也就是无产阶级及其政党在进行革命和建设的过程中组织和领导同盟军的问题。这一问题能否正确解决，是关系到无产阶级取得革命胜利和最终实现历史任务的战略目标的大问题。

爱国统一战线思想是人民民主专政理论的重要组成部分。按照马克思列宁主义观点，人民民主专政总是一定形式的阶级联盟。因此，人民民主专政和统一战线是密切联系、不可分割的。马克思、恩格斯早在《共产党宣言》中就指出："共产党人到处都努力争取全世界的民主政党之间的团结和协议。"[1] 列宁在提出无产阶级"要利用一切机会，哪怕是极小的机会，来获得大量的同盟者"的同时，还明确指出这"对于无产阶级夺取政权以前和以后的时期，都是一样适用的"[2]。

人民民主专政要靠广大的同盟军，这是由人民民主专政的性质和它所担负的伟大历史任务所决定的。统一战线的建立和发展有其自身的客观规律，它不以人们的意志为转移。毛泽东把马列主义关于建立同盟军的思想同中国的具体情况相结合，早在民主革命时期，就向中国共产党明确提出了统一战线这一概念。中国共产党一向认为，统一战线的职能就是要调动一切积极因素，尽量化消极因素为积极因素，团结一切可以团结的力量，为实现执政党和国家的各个时期的总路线、总任务而奋斗。在中国的具体历史条件下，无产阶级同盟军的范围十分广泛，它不仅包括巩固工人阶级和农民阶级的联盟，同时还要团结城市小资产阶级、爱国的民族资产阶级、爱国的民主党派和其他各方面的爱国人士，这是一个在工农联盟基础上的更加广泛的联盟。它是中国人民民主专政

---

[1] 《马克思恩格斯选集》第 1 卷，人民出版社 1972 年版，第 285 页。
[2] 《列宁全集》第 4 卷，人民出版社 1995 年版，第 180 页。

下统一战线的主要特点。

在中国共产党的领导下，中国的统一战线经历了新民主主义革命时期，又经历了社会主义革命和社会主义建设时期。统一战线的范围和对象是随着不同历史时期的形势和政治任务变化而变化的。

早在民主主义革命时期，中国共产党就组织了工人阶级领导的、以工农联盟为基础的人民民主统一战线。这个统一战线包括了两个联盟：即除了包括工人阶级同其他劳动人民（主要是农民）的联盟外，还包括全体劳动者同其他可以合作的非劳动者的联盟。民族资产阶级就是第二个联盟中的重要同盟者。在民主革命时期，如何正确处理劳动人民和民族资产阶级的关系，是中国革命斗争所面临的一个重大问题。中国共产党运用马克思主义原理，结合中国革命的具体实践，在科学分析民族资产阶级特性的基础上，制定了对民族资产阶级又团结又斗争的正确政策。这就使我们在民主革命时期达到了壮大革命势力，争取中间势力，孤立反对势力的目的，保持了革命的领导权，团结了最广大的人民群众，取得了民主革命的彻底胜利。

中国的统一战线是在中国长期的革命斗争中形成的。毛泽东同志早就指出："我们的革命要有不领错路和一定成功的把握，不可不注意团结我们的真正朋友，以攻击我们的真正的敌人。"[①] 他还指出，在当时的中国，"一切勾结帝国主义的军阀、官僚、买办阶级、大地主阶级以及附属于他们的一部分反动知识界，是我们的敌人。工业无产阶级是我们革命的领导力量。一切半无产阶级、小资产阶级是我们最接近的朋友。那动摇不定的中产阶级，其右翼可能是我们的敌人，其左翼可能是我们的朋友"[②]。中国共产党的统一战线的理论和政策就是建立在这样科学的阶级分析基础上的，是从中国实际出发的。中国的执政党和毛泽东同志深刻地研究了中国革命的特点和中国革命的规律，创立了无产阶级领导的、以工农联盟为基础的、人民大众的，反对帝国主义、封建主义和官僚资本主义的新民主主义革命的理论，其基本点之一，就是认为中国的资产阶级有两个部分。一部分是依附于帝国主义的大资产阶级，

---

① 《毛泽东选集》第 1 卷，1991 年 9 月版横排本，第 3 页。
② 同上书，第 9 页。

即买办资产阶级、官僚资产阶级；另一部分是既有革命要求又有动摇性的民族资产阶级。无产阶级领导的统一战线要争取民族资产阶级参加，并且在特殊条件下把一部分大资产阶级也包括在内，以求最大限度地孤立最主要的敌人。在同资产阶级结成统一战线时，要保持无产阶级的独立性，实行又团结又斗争、以斗争求团结的政策，在被迫同资产阶级主要是同大资产阶级分裂时，要敢于并善于同资产阶级进行坚决的斗争，包括武装反抗，同时要继续争取民族资产阶级的同情和中立。第一次、第二次国内革命战争阶段，就为统一战线的巩固和发展打下了良好的基础。到了抗日战争时期，人民民主政权执行了党的抗日民族统一战线政策，不分阶级、阶层、民族和宗教信仰，把凡是赞成抗日的人们统统团结起来，终于取得了抗日战争的伟大胜利。在解放战争时期，我们建立了工人阶级领导的、以工农联盟为基础的人民民主统一战线，把一切反对内战、赞成民主的人们团结起来，打败了国民党反动派，推翻了蒋家王朝，取得了新民主主义革命的伟大胜利。事实证明，中国工人阶级领导的、以工农联盟为基础的广泛的统一战线，是民主革命的一个法宝。毛泽东同志曾经总结说，中国人民已经取得的主要的和基本的经验之一，"这就是团结工人阶级、农民阶级、城市小资产阶级和民族资产阶级，在工人阶级领导之下，结成国内的统一战线，并由此发展到建立工人阶级领导的以工农联盟为基础的人民民主专政的国家"[1]。

在社会主义革命时期，人民民主专政的任务是消灭资本主义和资产阶级，工人阶级和资产阶级的矛盾本来是一种对抗性的矛盾，但由于民族资产阶级在民主革命时期同劳动人民有过合作的历史，在社会主义革命时期又表示愿意接受社会主义改造。因此，在中国的具体条件下，工人阶级和民族资产阶级之间，尽管存在着剥削和被剥削的关系，但它可以作为人民内部矛盾，用和平的方法，也就是通过统一战线的联盟关系，运用统一战线这个特殊的斗争形式加以解决。

实践证明，社会主义时期的统一战线，在变革资本主义生产资料私有制，消灭民族资产阶级而改造这个阶级的人们；在调动一切积极因素，反对内外敌人，巩固人民民主专政等伟大斗争中，都发挥了巨大的

---

[1] 《毛泽东选集》第4卷，人民出版社1991年9月版，横排本第1472页。

积极作用。这是中国和世界社会主义史上最光辉的胜利之一。

中华人民共和国成立后,中国的统一战线也随着新民主主义革命的结束和社会主义历史阶段的到来,而发展到实行人民民主专政,进行社会主义改造和社会主义建设的统一战线。并由《中国人民政治协商会议共同纲领》做了肯定:中国人民民主专政是中国工人阶级、农民阶级、小资产阶级、民族资产阶级及其他爱国民主分子的人民民主统一战线的政权。一九五四年宪法又进一步规定:"我国人民在建立中华人民共和国的伟大斗争中已经结成以中国共产党为领导的各民主阶级、各民主党派、各人民团体的广泛的人民民主统一战线。今后在动员和团结全国人民完成国家过渡时期总任务和反对内外敌人的斗争中,我国的人民民主统一战线将继续发挥它的作用。"社会主义历史阶段统一战线,在民主革命的基础上得到了进一步巩固和扩大,除了主要是工人阶级和以农民阶级为主的劳动人民的联盟外,还继续保留了工人阶级同非劳动人民之间的联盟关系,其中主要是民族资产阶级,这是中国社会主义历史阶段统一战线的一个重要特点。

本来,人民民主专政的历史任务,就是要消灭资本主义和资产阶级,建设社会主义,最终实现共产主义。但是在中国的历史条件下,如何处理好工人阶级和民族资产阶级之间的矛盾,采取什么方式和步骤来消灭私人资本主义所有制和改造民族资产阶级,这是一个值得认真研究和解决的问题。中国执政党和毛泽东同志运用马克思列宁主义的原理,结合中国的实际创造性地解决了这个问题。

执政党和毛泽东同志正确地认识到,在中国进入社会主义时期以后,民族资产阶级既有剥削工人阶级取得利润的一面,又有拥护宪法愿意接受社会主义改造的一面。这后一面就使我们的人民民主政权能够引导和迫使民族资产阶级,接受党的领导和宪法的规定、走上社会主义道路。中华人民共和国成立以后,在执政党和国家的领导下,民族资产阶级参加了爱国运动和经济恢复工作。经过"三反""五反"的严重斗争,许多资本家提高了觉悟,他们表示愿意接受社会主义改造。这样,我们国家对资本主义工商业就有可能采取逐步进行社会主义改造的政策,并且取得了完满的成功。在这场大规模的、极其深刻的社会变革中,我们不仅避免了在这类情况下通常难以避免的生产力水平下降,而且还发展了国民经济，壮大了社会主义的经济力量，并把原来的剥削者的绝大多数改造成为自食其力的劳动者。这是历史上的一个奇迹。这件事之所以做得这样迅速和顺利，跟我们把工人阶级同民族资产阶级之间的矛盾当作人民内部矛盾来处理是密切相关的。周恩来总理在1962年全国人民政治协商会议第三届全国委员会第三次会议上曾说："革命胜利以后，在社会主义改造的过程中，人民民主统一战线是起了作用的，动员了社会上一切可以团结的力量来参加社会主义改造的工作，使我们的社会主义改造进行得比较顺利、比较快。"事实证明，统一战线也是社会主义革命和社会主义建设的法宝。

可是，中国的统一战线在十年"文化大革命"期间，遭到林彪、江青反革命集团的极大破坏。他们诬蔑党的统一战线工作是"投降主义"和"修正主义"，统一战线工作的干部是修正主义分子，全盘否定中华人民共和国成立后17年统一战线工作的成绩和整个社会主义时期统一战线的作用。他们鼓吹"打倒一切"，对各少数民族、广大知识分子，各爱国民主党派、侨眷，实行法西斯式的"全面专政"，使统一战线经历了一场空前的浩劫。但是，统一战线并没有被摧毁、被搞垮，而是经受住了严峻的考验。执政党的十一届三中全会以后，在执政党和国家领导下，统一战线工作逐步恢复，统一战线政策逐步得到落实。

在中国进入新的历史时期以后的总任务是：团结全国各族人民，自力更生，艰苦奋斗，逐步实现工业、农业、国防和科学技术现代化，把中国建设成为高度文明、高度民主的社会主义国家。这是一个伟大而又异常艰巨的任务，要胜利实现这一任务，没有巩固的工农联盟，没有工人阶级领导的广泛的统一战线，是根本不可能的。因此，中国存在的广泛的爱国统一战线在新的社会条件下，不但有继续存在的必要，而且还必须得到进一步的巩固和发展。

执政党通过认真总结经验，在党的十一届六中全会通过的《关于建国以来党的若干历史问题的决议》中指出："今后我们一定要毫不动摇地团结一切可以团结的力量，巩固和扩大爱国统一战线。"这里需要强调指出，我们党根据新时期统一战线的性质所发生的重大变化，及时地把过去"人民民主统一战线"的提法改为"爱国统一战线"，正如在历史上，随着抗日战争的结束和解放战争的到来，执政党及时地把"抗日民族统一战线"改为"人民民主统一战线"一样，这不只是一般名称的变动，而是富有深刻含义的。它表明，随着执政党工作重点的战略转移，国内阶级状况的根本变化和国际形势的发展，新时期统一战线的性质、任务、方针、基本政策都发生了新的重大变化。

从统一战线的性质来说，主要变化是：统一战线的联盟范围更大了。由于执政党和毛泽东同志制定的为消灭民族资产阶级而改造这个阶级的人们的伟大战略方针，在中国已经变成了光辉的现实，过去工人阶级同民族资产阶级的联盟也就不存在了。社会主义的工人、农民、知识分子和其他拥护社会主义的爱国者，是我们国家的主人。建设和实现社会主义现代化是所有这些人的共同愿望和要求，也是他们的根本利益所在。统一战线的政治基础比过去任何时期都更加发展和巩固了。中国的历史经验表明，高举爱国的旗帜就能更广泛地吸引和团结各阶级、各阶层的人。现在的爱国的统一战线，不仅包括了台湾同胞、港澳同胞和国外华侨，而且包括了一切热爱祖国的人们。只要赞成祖国统一，即使并不赞成社会主义制度的人，我们都是要团结的。可见，执政党中央之所以把现阶段的统一战线称为广泛的爱国统一战线，就是因为它是全体社会主义劳动者和一切爱国者的广泛联盟。其中的爱国者，又包括拥护社会主义的爱国者和拥护祖国统一的爱国者。这样，就调动了一切积极因素，把一切能够联合的力量都联合起来了。它充分体现了中国目前阶段的统一战线的广泛性，这是中国历史上任何一个时期都不能比拟的。

从统一战线的任务来说，现在比以前更繁重了，不仅要担负着为社会主义现代化建设服务的重担，而且还担负实现祖国统一的责任。实现社会主义现代化事业，是我们现阶段的中心任务。阶级斗争已经不是中国社会的主要矛盾。我们必须适应这一形势，以经济建设为中心，使统一战线工作更好地为社会主义现代化建设服务，同时，台湾回归祖国，实现祖国统一是一件大事，统一战线在这方面也担负重要的任务。我们应该充分发挥一切热爱祖国，支持祖国统一的人们的作用，按照《告台湾同胞书》的精神，积极开展统一战线工作，促进台湾早日回归祖国，以实现祖国统一的大业。

总之，新时期统一战线的任务，就是要调动一切积极因素，努力化消极因素为积极因素，团结一切可以团结的力量，同心同德，群策群力，维护和发展安定团结的政治局面，为把中国建成现代化的社会主义强国而奋斗，也为台湾回归祖国和反对霸权主义、维护世界和平而奋斗。

新时期统一战线的基本政策也发生了重大变化。在统一战线内部已经不存在互相对立的阶级，尽管在各阶级、各阶层之间还存在这样或那样的矛盾，但是，它们之间已经没有根本的利害冲突。统一战线内部所有成员之间的共同利益和根本愿望，就是建设和实现社会主义的现代化。新时期的统一战线工作，应当把正确处理人民内部矛盾作为总题目，按照团结—批评—团结的公式，严格遵照社会主义民主和社会主义法制，坚持正面说服教育的方法，批评与自我批评的方法，正确处理统一战线内部的各种矛盾，调动一切积极因素，团结一切可以团结的力量，为实现社会主义现代化事业和统一祖国服务。

在具有伟大历史意义的执政党的第十二次全国代表大会的报告中，对中国统一战线的作用再次做了科学的总结，指出："在民主革命时期，统一战线是使我国革命得到胜利的一个重要'法宝'；在社会主义建设时期，它仍然发挥着十分重要的作用。"并明确规定，今后"必须尽一切努力，进一步巩固和加强由全体社会主义劳动者、拥护社会主义的爱国者和拥护祖国统一的爱国者组成的，包括台湾同胞，港澳同胞和海外侨胞在内的最广泛的爱国统一战线。"这里既指明了今后统一战线工作的努力方向，又清楚地表明了统一战线在性质上的变化及其广大的范围。

中国的宪法，正确地反映了中国的现实情况，坚定不移地贯彻了党对统一战线的方针、政策，及时地记载和肯定了统一战线的伟大历史功绩，规定了新时期统一战线的性质和任务。宪法在《序言》中明确指出："在长期的革命和建设过程中，已经结成由中国共产党领导的，有各民主党派和各人民团体参加的，包括全体社会主义劳动者、拥护社会主义的爱国者和拥护祖国统一的爱国者的广泛的爱国统一战线，这个统一战线将继续巩固和扩大。"

二　政治协商会议

宪法关于统一战线的规定，还有一个重要的发展，这就是明确地规定了中国人民政治协商会议作为统一战线重要组织的法律地位，肯定了它的历史作用和今后的任务。这在中国的立宪史上还是第一次，充分表明了统一战线社会地位的提高，以及执政党和国家对中国人民政治协商会议工作的关怀和重视。宪法在《序言》中指出："中国人民政治协商会议是有广泛代表性的统一战线组织，过去发挥了重要的历史作用，今后在国家政治生活、社会生活和对外友好活动中，在进行社会主义现代化建设，维护国家的统一和团结的斗争中，将进一步发挥它的重要作用。"

中国人民政治协商会议是在革命斗争中产生和发展起来的。1948年5月，正当中国人民解放军胜利进军，即将在全国范围内取得人民解放战争决定性胜利的时候，中国共产党号召全国人民团结起来，为巩固和扩大反对帝国主义、封建主义、官僚资本主义的统一战线，为打倒蒋介石，建立新中国而奋斗。同时号召各民主党派、各人民团体、各界人士，迅速召开新的政治协商会议，讨论并实现召集人民代表大会，成立民主联合政府。中国共产党的这一倡议，很快受到全国人民和各民主党派的热烈拥护和支持，1949年9月在北平（即今北京）胜利召开了中国人民政治协商会议第一届全体会议，并通过了《中国人民政治协商会议共同纲领》，这个纲领，是当时的国家根本大法，起到了临时宪法的作用。同时，这一届会议还代行了全国人民代表大会的职权，选举了中央人民政府委员会，代表全国人民的意志宣告了中华人民共和国的成立。

中国人民政治协商会议第一届全体会议的代表包括了各民主党派、各人民团体、各地区、人民解放军、国内各少数民族、华侨及爱国民主人士等各方面的代表人物，具有广泛的代表性。中国人民政治协商会议设全国委员会和地方委员会。全国委员会由各民主党派、各人民团体推选出的代表组成，并邀请个人参加。少数民族和华侨都有适当的名额。全国委员会就有关国家政治生活和人民民主统一战线的重要事项，进行协商和工作。政协的地方委员会设在省、自治区、直辖市，以及中心城市和重要地区。它们的组成和全国委员会相类似。主要任务是推行中国人民政治协商会议全国委员会的全国性决议和号召，协商和进行地方的人民民主统一战线的工作。

1954年由于第一届全国人民代表大会的正式召开，中国人民政治协商会议就完成了代行全国人大职权的历史任务，从那时以后，就一直作为团结全国各民族、各民主党派、各人民团体和各界爱国民主人士的人民民主统一战线的组织而存在，并发挥了它的重要作用。"文化大革命"期间，由于林彪、江青反革命集团的破坏，人民政协的活动陷于停滞。粉碎林彪、江青反革命集团以后，又恢复、重建了人民政协的工作。现在，我们国家正在进行伟大的社会主义现代化建设事业，坚持四项基本原则，是全党全国团结的政治基础。这自然也是人民政协的政治基础，人民政协正是在这样的基础上，在国家的政治生活中发挥着重要的作用。人民政协既是巩固和发展中国广泛的爱国统一战线的重要组织，也是中国政治体制中发扬社会主义民主和实行互相监督的重要形式。在国家的根本大法中对此作出明确的记载和规定，是非常正确的，也是很必要的。

中国人民政治协商会议是以各民主党派、各人民团体为基础组成的。中国目前还有八个民主党派。它们是：

（一）中国国民党革命委员会（简称民革）。成立于1948年，主要是由原国民党中的爱国民主人士组成。

（二）中国民主同盟（简称民盟）。成立于1941年。主要由文化教育界的高级知识分子组成。

（三）中国民主建国会（简称民建）。成立于1945年。主要由爱国的民族工商业家和一部分与工商界有联系的知识分子组成。

（四）中国民主促进会（简称民进）。成立于1945年，主要由中、小学教师和文化出版界人士组成。

（五）中国农工民主党（简称农工党）。成立于1947年，为医药卫生界人士、工程技术人员和文教人员组成。

（六）中国致公党（简称致公党）。成立于1945年，由归国华侨和与华侨有联系的爱国人士组成。

（七）九三学社，原名民主科学社。1945年9月3日为纪念反法西斯战争的胜利定名为"九三学社"。主要由文教科学技术界的高级知识分子组成。

（八）台湾民主自治同盟（简称台盟）。成立于1947年，由大陆地区从事爱国民主活动的台湾省籍的爱国民主人士组成。

民主党派原来的社会基础主要是民族资产阶级、城市上层小资产阶级和它们的知识分子，以及一部分其他的爱国分子。民主党派作为上述阶级、阶层和人们的政党，主要反映和代表民族资产阶级的利益和要求，但都不是单一阶级的政党，而带有阶级联盟的性质。它们主要是在抗日战争前后形成的，很早就同共产党发生了政治合作的关系，同甘苦、共患难，从民主革命到社会主义革命，这些民主党派都对中国人民的革命事业和建设事业作出过贡献。

现在，作为民主党派主要社会基础的民族资产阶级已经消失，这个阶级的绝大多数成员已经变成自食其力的劳动者。但是，这部分劳动者中，资产阶级思想的残余还会拖得很长，各民主党派还需要在一个很长的时期内继续联系他们，代表他们，帮助他们更好地为社会主义现代化建设事业服务。不过，由于其社会基础发生的历史性的根本变化，各民主党派已不是资产阶级、上层小资产阶级的政党，而变成了各自所联系的一部分社会主义劳动者和一部分拥护社会主义的爱国者的政治联盟。这是中国社会主义改造的重要成果。

执政党对各民主党派所采取的基本方针是"长期共存，互相监督，肝胆相照，荣辱与共"。这是在中国生产资料所有制的社会主义改造基本完成以后，根据中国的具体情况而提出来的。胡耀邦同志在执政党的第十二次全国代表大会的报告中明确指出，我们执政党要继续坚持这个方针。实践证明，各民主党派在代表和联系它们各自的成员和所联系的人们，帮助他们更好地为社会主义服务方面，参加国家大事，进行民主监督方面都发挥了作用，成为工人阶级提高这部分同盟者的组织程度和觉悟程度的助手。现在，在伟大的社会主义现代化建设事业中，各民主党派更要负起监督的责任，坚持四项基本原则，围绕着搞好安定团结，加强社会主义民主与法制建设，实现社会主义现代化，把监督的作用充分发挥出来。

现在，中国已经进入了以实现社会主义现代化建设为奋斗目标的新的历史时期，中国的统一战线也进入了一个新的发展阶段。随着国内阶级状况的根本变化，社会主义现代化建设事业的发展和全面改革的展开，特别是用"一国两制"的构想、实现祖国的和平统一的决策的提出，赋予统一战线以新的任务，使统一战线出现了新格局。在新的历史时期，中国的统一战线已发展成为爱国统一战线。在中华民族大团结、大统一的爱国旗帜下，统一战线的规模进一步扩大了，既包括由大陆地区全体劳动者和爱国者组成的，以社会主义为政治基础的联盟；又包括团结几千万台湾同胞、港澳同胞和海外侨胞在内的、以拥护祖国统一为政治基础的联盟。这两个范围的联盟，构成了爱国统一战线的整体，组成了为实现统一祖国、振兴中华而奋斗的宏大队伍。

目前，爱国统一战线的任务，就是以统一祖国、振兴中华为总目标，团结全国各族人民、各民主党派、各人民团体和无党派人士，团结台湾同胞、港澳同胞、海外侨胞和一切爱国力量，积极推动"一国两制"方针的实施，为统一祖国服务；发扬统一战线的爱国传统和智力优势，为改革开放、建设社会主义物质文明和精神文明服务；完善和发展中国共产党领导下的多党派合作，为社会主义民主和法制建设服务。

第三节 民族区域自治制度

中国是一个多民族的大国，汉族占全国总人口的绝大多数，其他55个民族的人口总数就很少。在中国，习惯上把汉族以外的民族通称为少数民族。在这样一个汉族人口占绝大多数的单一制大国内，如何既维护国家的统一和有利于国家的发展，又使包括少数民族在内的各族人民受惠于国家的统一和发展，并享受包括政治上自治的各项基本权利，这是摆到中国各民主政治势力，特别是执政的共产党、国家权力机关、全国各族人民面前必须解决的政治课题。所幸的是，经过多年的探索和长期的经验积累，我们终于找到了适合中国国情的解决这一政治课题的政治形式，这就是具有中国特色的民族区域自治制度。

一　在中国建立和实行民族区域自治制度是历史和社会发展的必然

中国的民族区域自治，就是在中华人民共和国领土内，在最高国家机关的统一领导下，各少数民族按照宪法和民族区域自治法的规定，在其聚居的区域内建立民族自治地方，设立自治机关，并通过自治机关行使宪法和民族区域自治法所规定的各项自治权利，自主地管理本民族内部的地方性事务，行使当家做主的权利的一种政治制度。这种制度既不同于超越居住地域的民族自治，即通常所说的"文化自治"，也有别于不以民族为主体的一般自治，即通常所说的"地方自治"或"群众自治"。民族区域自治是民族自治与区域自治的结合，是在以一个或几个少数民族聚居的区域，通过组建自治机关行使自治权实现的民族自治。因此，民族区域自治的特点就在于每一个民族自治单位不是像联邦制那样的国中之国，不是以成员国的资格和地位加入联邦中，而是统一的中华人民共和国不可分割的组成部分。民族自治单位，包括自治区、自治州、自治县，既是享有自主权的民族自治单位，又是中国的一级地方政权机关，享有与一般地方政权机关同等的地位和权力。民族自治单位的活动既要遵守国家的宪法和法律，统一受中央国家机关的领导或指导；又有权制定自治条例和单行条例，享有宪法和法律规定的广泛管理本民族地方性事务的自治权。总之，民族区域自治是在统一的中华人民共和国领土内，以民族为主体实行区域自治的政治制度和地方制度。

那么，为什么在我们这样一个多民族的大国不是以通过民族自决自行立国，或以联邦制的政治形式解决民族问题和保护少数民族的人权呢？这绝不能认为，是政治即兴所致或主观臆想。而是中国的历史和社会发展的必然趋势及结果，是中国特别的国情、族情决定的，是经过领导中国的政治势力和全国各族人民长期地探索和审慎抉择之后确定的。一句话，是势之使然，势所必然。

首先，中国自古以来就是一个统一的多民族国家，没有实行民族分立或实行联邦制的社会和民族基础。中国人自远古时代起就认为自己是龙的传人、炎黄子孙，并且确认了"中国"即"中央之国"或"中央大国"的国家观念。自距今两千多年前的秦始皇统一中国以后，中国在国家建制上就一直被认为是中央集权的统一国家。在两千多年的漫长历史时期中，有分有合，还出现过三次大的分裂时期，所谓天下大势分久必合，合久必分，但统一的态势始终没有改变。自元朝以后，大一统的国家格局维持至今。除此以外，中国以土地为民生之本的超稳定的土地价值模式，以儒家的"亲亲""尊尊"为核心的伦理道德思想文化模式，以及与四方隔绝的封闭的地理环境，也都是促成中国为统一大国的重要因素。在这样统一的大国内，各族人民在长期的共同生活中友好往来，不断增进友谊。各民族之间虽有矛盾，有时甚至兵戎相见，但民族间没有形成积怨，更无所谓的民族世仇。相反，各民族都很宽容，彼此通常都能和睦相处。各民族人民在长期共同的生活中，共同开拓和保卫了祖国的疆土，共同缔造了古代灿烂的中华文明。在近代，各族人民还经历了共同反对西方帝国主义列强侵略、奴役和国内反动势力压迫的争取民族解放和民主革命的历程。在这样的社会历史发展的客观环境的锻造下，各民族彼此间形成了强烈的认同感和归一愿望，这就在中国形成了在"国族"意义上的"中华民族"。中华民族具有强大的内聚力和向心力，这是保证国家统一和民族团结的精神源泉和内在驱动力。

　　如果把中国的情况与欧洲做一比较，更可以看出中国形成统一国家的历史必然性。中国面积与欧洲大致相等；欧洲共有75个民族，讲5个语系60种语言，没有通行的主导语言；中国有56个民族，虽有多种语言，但汉语是通行全国的主导语言；欧洲在历史上也有过长时间的统一，天主教神权和教会势力也曾长时间控制欧洲，但始终没有与欧洲的地理范围吻合过，更没有形成稳定的统一态势。而在近十个世纪以来，欧洲一直向着分立的民族国家方向发展，最终形成了大大小小的47个主权平等的民族国家，而中国在此期间基本上保持了稳定的统一态势。这表明，历史给定的条件只能使中国成为统一的多民族国家，而不能像欧洲那样成为主权独立的多民族国家。值得注意的是，欧洲目前正在以欧盟这一现代联盟的形式实现政治、司法和经济的高度一体化，这一事实表明，即使在历史上已经形成具有独立主权的多民族国家格局的欧洲，也终于踏上了各民族优势互补，共享资源、资金、技术等联合发展的道路。中国在历史上早已给定了统一的基础和条件，只是在近代，由于内外多方面的原因，中国被挤到落后民族的行列。而中国现代化的历程再次表明，统一的民族国家对于一个国家稳定而又持续的发展，该是一个多么宝贵的资源和条件。中国特殊的国情、族情也决定了只能在统一的国家内解决民族问题，保护少数民族人权，而不能像其他国家那样实行民族分立或通过联邦制解决民族问题，保护少数民族人权。中国56个民族人口相差悬殊，汉族人口有10多亿人，而少数民族人口总的说来就很少，最少的只有1000多人；各民族还在长期的共同生活和相互交往过程中，形成了大杂居、小聚居、交错杂居的分布局面，各民族没有明确的居住界限，而是你中有我，我中有你，交错杂居。这种民族人口和分布状况，决定了中国不具有建立各少数民族的主权独立国家，或以成员国的资格组成联邦或联盟的条件。在中国，只有在单一制的国家内，以一个或几个少数民族为主体，在其大小不等的相对聚居的地区建立民族自治单位，并通过建立的民族自治机关行使自治权，才是解决中国民族问题，保护少数民族人权的可行的、正确的选择。

民族区域自治制度是我国的基本的国家制度之一。在制定和修改现行宪法时，其中一个重要的指导思想，就是继续坚持民族区域自治制度。事实证明坚持这个制度具有重要的意义。

首先，通过这一制度恰当地解决了中国国家结构形式。任何一个国家不仅有其内部的阶级构成和政权组织形式，而且在外部也要通过一定的形式表现出来，否则就不成其为国家。外部表现形式就是国家结构形式。众所周知，任何国家都是与一定的地域和人口的因素相联系的，都有国家整体与部分、中央与地方的关系问题。统治阶级总是从自己国家的实际出发，采取一定的形式来调整这种关系。概括起来，基本上有两种形式，这就是单一制和复合制。

所谓单一制，就是由普通的行政单位或自治单位组成的国家结构形式。全国只有一个统一的中央政权，地方虽然也建有相应的政权机关，但它们的权限是由宪法和中央政权授予的，必须执行全国统一的政令。地方政权一般没有自己单独的宪法和法律体系，没有外交权。总之，单一制国家是一个统一的政治实体。现在世界上绝大多数都是单一制国家。

　　所谓复合制，就是由几个国家协议联合起来组成各种国家联盟的国家结构形式。复合制主要有两种：一种是邦联；另一种是联邦。邦联与其说是国家，毋宁说是国家联盟，通常是为了某种政治、经济、军事等利益而结成的。一般只有一个中央议事机关，并设有相应的执行机关，议事机关的协议只是靠各成员国自觉履行。联邦是比较常见的国家形式，它是由两个以上的成员国组成的，有联邦统一的宪法，有完整的中央政权机关。联邦的权力可以遍及全国各地，但各成员国也有较大的权限，还有自己的宪法和法律体系，有自己完整的、独立的政权机构。联邦和各成员国的权限和相互关系，都由宪法作出规定。中央和地方的分权问题通常被认为是联邦国家至关重要的问题。

　　社会主义国家也有单一制和联邦制两种国家结构形式。本来，马克思主义经典作家从无产阶级革命的观点和民主集中制的原则出发，主张建立单一制的国家，不赞成实行联邦制，认为联邦制削弱经济联系，对无产阶级专政的国家是一种不适合的形式。但又主张在特殊情况下可以作为一种过渡的形式。后来一些社会主义国家（如苏联和南斯拉夫）的实践证明，只有实行联邦制，才有助于完成革命任务。

　　中国执政党和国家根据马克思主义的国家结构形式的学说，从中国的实际情况出发，确定在中国建立单一制的社会主义国家。事实证明在中国实行单一制的国家结构形式是正确的。首先，中国早在两千多年前，就建立了统一的封建王朝，形成了全国统一的政治、经济、文化中心。在漫长的封建时代，尽管王朝更迭，疆域变更，也出现过国家大分裂时期，但中国作为一个统一国家的基本形态始终没有变化。在近代沦为半殖民地半封建社会以后，尽管帝国主义勾结中国的封建势力企图瓜分中国，但阴谋总也没有得逞。在中国共产党的领导下，中国人民推翻了三座大山，使统一的祖国获得了新生。可见，建立单一制的社会主义国家是中国历史发展的必然趋势，是全国人民的共同愿望，也是建设社会主义现代化国家的需要。完全没有必要把历史上早已形成的统一国家分成各个小国，然后再建立联邦国家。其次，从中国的民族情况看，也只能建立单一制的国家，不具备建立联邦制国家的条件。中国是一个多民族的国家，共有56个民族，由于汉族人口众多，所以习惯上把其余的55个兄弟民族称为少数民族。中国少数民族在历史的发展过程中形成了两个特点。一是人口比较少,现在全国少数民族的总人口只有6700多万人,占全国总人口的6.7%。其中人口比较多的少数民族又比较少,人口在5万人以下的共有20多个,最少的少数民族只有1000多人。民族人口比例如此悬殊,不可能像苏联那样建立以各民族为主体的民族国家。二是分布错综复杂,形成了交错杂居的状态。不仅汉族和少数民族杂居,就是少数民族也互相杂居,甚至较大的少数民族也是聚居的少(例如,回族,几乎遍布全国每个县,满族也分布在广大的区域)。在相对聚居的少数民族中,也杂居着其他的民族。一个民族单纯居住在一个地域的极少。例如新疆,除维吾尔族以外,还杂居着另外12个兄弟民族。西藏主要是藏族居住的地区,也还有回族、门巴族、洛巴族等民族杂居,而藏族在四川、青海等地也有不少的散居人口。在内蒙古自治区和广西壮族自治区,汉族人口却大大地超过了蒙古族和壮族的人口。这种民族交错杂居的状态也决定了不可能划出一块地域建立像苏联那样的民族国家。总之,历史的发展只给了中国建立单一制的国家的条件,而不宜也无法实行联邦制。我们的执政党和国家从这一实际出发,通过在一般地区实行省、县、乡制度,而在少数民族相对聚居的地区实行民族区域自治制度,把我们国家组成一个统一的不可分的人民共和国。

其次,通过民族区域自治制度恰当地解决了中国的民族问题。在多民族的国家,民族关系的好坏关系到国家的兴衰存亡。中国是社会主义的多民族国家,正确处理民族问题,建立良好的社会主义民族关系,对于国家的统一、安定和团结,对于全国各民族的共同繁荣和进步,以及对于社会主义现代化宏伟目标的实现,都具有重要的意义。民族区域自治制度就是解决中国民族问题的基本的、良好的国家制度。根据马克思主义的民族理论和国家学说,社会主义国家解决民族问题,可以考虑三种国家制度:(1)分立制,或称分离制。就是根据民族自决的原则,允许某个或某些民族从母国分离出去,组建独立的新国家。马克思主义并不是无条件地支持一切民族分立运动。认为只有在存在严重的民族压迫的剥削阶级国家,被压迫民族要求分立才是正义的,应予以同情和支持。但历史经验表明,单纯的民族分立运动往往达不到摆脱民族压迫和获得解放的目的。只有把民族解放运动纳入无产阶级解放的总运动中，才能达到上述目的。至于建立无产阶级专政或人民民主专政的社会主义国家以后，已经从根本上消除了民族压迫和歧视的社会根源和阶级根源，各民族一律平等，根本利益和前进目标完全一致。在这种情况下，各民族的问题不是分立出去，而是团结起来共同建设好自己的国家。例如，在中国，我们不仅不赞成，而且反对任何民族从祖国的大家庭中分立出去。任何民族分立活动，都是违背有关民族和整个中华民族的根本利益的。至于敌对分子和民族主义者分裂祖国，破坏民族团结的活动，是一种严重的犯罪活动，更是绝对不能允许的。（2）联邦制。有些多民族的社会主义国家也有利用联邦制解决它们国家的民族问题的。在这些国家，通过允许各民族建立自己的民族国家，使各民族通过自己手中掌握的国家政权，有效地维护各民族的权利和利益。同时，通过各民族国家的自愿联合，组成统一的联邦国家，由联邦国家的政权维护各民族的共同利益，协调各民族国家的关系，从而使各民族的权利和利益得到更好的保障。所以，联邦制也是解决民族问题的一种制度。（3）自治制。这种制度是在单一的国家内，由有关民族实行自治，自主地管理本民族的内部事务。民族自治往往和地方自治结合起来。在这种情况下，就是民族区域自治制度。在这种制度下，有关民族享有一定的自治权。这是一种把保持国家统一和维护民族自治权结合起来的制度。列宁在领导俄国革命的过程中，曾经设想在俄国实行这种制度，但后来事态的发展使这种设想没能实现。但利用民族区域自治作为解决社会主义国家民族问题的一种制度在中国得到了胜利的实现。

执政党和国家把马克思主义的民族理论和中国民族的实际密切结合起来，把民族区域自治作为解决中国民族问题的基本制度。自1947年内蒙古自治区建立以来的60年的实践证明，这一制度是适合中国国情的，是行之有效的，对于建立和发展平等、团结、互助的社会主义民族关系发挥了重要的作用。

二　中国的民族区域自治制度是极具中国特色的国家制度

由于各社会主义国家的国情不同，因此民族自治的形式也不同，各有其特点。

列宁、斯大林在领导俄国十月社会主义革命取得胜利之后，决定建立加盟共和国、自治共和国、自治省、民族州，以此作为民族自治的形式。之所以采取这种形式，是由俄国的历史发展和俄国革命的进程决定的。到19世纪，俄罗斯已经发展成为一个带有很大封建性的资本主义国家。在沙皇的残酷统治下，许多民族实际上已经处于完全分离和彼此隔绝的状态。同时，俄国历史发展又使各民族多数都是各自聚居在一起。革命也是由城市普及至农村和少数民族地区的。为了把各民族反对沙皇帝国主义压迫的斗争，同无产阶级、农民反对资产阶级、地主的斗争联合起来，列宁和斯大林当时提出了民族自决这个口号，采取了建立加盟共和国、自治共和国、自治省、民族州的形式，承认各民族有分立的权利。各民族可以成为独立的共和国，也可以参加到俄罗斯的社会主义共和国联盟。可见，苏联所采取的民族自治形式是从苏联的具体国情出发的，具有苏联的特点。

南斯拉夫也是一个多民族的国家。在漫长的历史发展中，作为一个完整的南斯拉夫国家，在南斯拉夫社会主义联邦共和国之前只存在过短暂的时间。其民族矛盾异常尖锐，历史发展的结果造成了民族分立的状况。南斯拉夫共产党在反法西斯斗争中，曾先后在这些民族地区开展了反对德国占领者及其帮凶的武装斗争。南共掌握全国政权以后，宣布所有的南斯拉夫各族人民的兄弟关系和团结，并作出了巨大的努力以实现民族平等。其中一项最根本的政策和重大步骤，就是建立联邦政体，实行民族自治。自治的形式是共和国、自治省。南斯拉夫之所以采取这种民族自治形式，也是由历史发展的结果和革命斗争的形势决定的，具有南斯拉夫的特色。

中国的情况和苏联、南斯拉夫不同。在中国实行民族自治的形式是自治区、自治州（盟）、自治县（旗）、民族乡。我们之所以采取和原苏联、前南斯拉夫等国不同的民族自治形式，是因为我们和它们的国情不同。从历史发展情况来看，中国各民族的分布在地区上是互相交叉的，内地更是如此。汉族和其他兄弟民族在长期的相互交往过程中，逐渐形成各民族杂居的状态，一个民族完全聚居在一个地区的很少，比如回族就散居在全国各地。由于历史上形成的各民族杂居状态，相互间交又时代很长，就使各民族相互影响，甚至相互同化。尽管历代反动统治者都实行民族歧视和民族压迫的政策，但各民族的相互交往和合作，仍然是中国各民族关系的主流。到了近代，在中国共产党领导的各族人民反对三大敌人的统治和压迫的共同斗争中，更逐渐形成了建立在共同利益基础上的民族团结与合作关系。中国各族人民，在长期反对帝国主义的侵略压迫和推翻本国反动派的斗争中结成了牢固的战斗友谊，终于使我们全民族得到了解放。中国这种内部、外部关系，决定了我们不需要采取原苏联和前南斯拉夫所强调的实行民族自决而允许民族分立的政策。历史的发展给中国各民族提供了合作的条件，革命运动的胜利给中国各民族奠定了合作的基础。中国共产党从中国这一实际情况出发，采取了适合中国国情的，即分别不同情况，设立自治区、自治州（盟）、自治县（旗）或者民族乡，它是极具中国特色的民族区域自治制度。

中国的民族自治制度和苏联、南斯拉夫的民族自治制度不同。首先是区域的划分不同。它们是把同一民族划分在一个共和国内或自治共和国内，而中国的同一少数民族，则根据其聚居情况，可以分别划分在自治区、自治州（盟）、自治县（旗）、民族乡内。在中央和地方的关系上也有很大的不同，它们是联邦政体，中国是单一政体；从地方和中央的联系上，中国要比它们密切得多。在民族自治机关的权力和权限方面，也有很大的不同。比如原苏联、前南斯拉夫的共和国，除了遵守中央的宪法和法律以外，还可以制定和颁布自己的宪法和法律，苏联的加盟共和国还有自己独立的外交权。而中国只有中央一部宪法和各项基本法律，自治区的民族自治机关只能在和中央的宪法、法律和行政法规不抵触的情况下，制定和颁布地方性法规。当然也没有外交权。

中国民族区域自治制度的优越性，首先，就在于它保证了中国少数民族能够充分享有自治权，使所有不论聚居的或者杂居的少数民族，都能实行民族自治，普遍地行使自治权利。这对于保证少数民族根据本民族聚居区域的具体特点和实际需要，自主地行使当家做主的权利，因地制宜、因时制宜地管理好本民族内部事务，无疑具有重要的保障作用。其次，有利于各民族的团结和互助合作。民族自治区域的划分，尽管是以主体民族为标准的，但中国各民族的杂居状态，决定了每一个自治单位都不是单一的民族，有些甚至居住着很多的其他民族，正因如此，所以聚居比较集中的少数民族,要实现自己的自治权,就必须联合和团结本区域内的其他民族,发展各民族的互助合作关系。民族区域自治制度就是这种团结的、互助合作的民族关系的重要保证。再次,这种自治制度有利于国家的统一领导。每一个自治单位都是中华人民共和国领土不可分割的组成部分,它们和一般的行政区域一样,都是一级地方政府,都必须遵守国家的宪法和法律,接受中央国家机关的统一领导和管理。这对于防止外部势力的挑拨离间、国内反动分子分裂国家和破坏民族团结的破坏活动,保证国家的统一,以及对于集中全国的人力、物力、财力,共同进行社会主义现代化建设,具有十分重要的意义。

中国的民族区域自治制度还做到了保障少数民族的合法权益与维护国家利益的完美结合,这也是它的一大特色。

以维护资本的利益为宗旨的资产阶级意识形态,对于被压迫的民族总是持歧视、排斥态度的。为了维护资产阶级在经济上的剥削和政治上的特权,占统治地位的资产阶级不能不执行民族压迫和民族歧视的政策。从这个意义上说,一部资本主义的发展史,就是民族压迫、奴役、战争,甚至是民族消灭的历史。作为无产阶级意识形态的马克思主义,彻底否定和摈弃资产阶级及其以前一切剥削阶级的反动民族观,认为只有人民才是世界历史发展的动力,全世界各民族都对整个人类文明作出了贡献,各民族不分大小,一律平等,都有权决定自己的命运。中国共产党就是这一马克思主义民族观的忠实信奉者和执行者,一贯主张民族平等,反对任何民族歧视和压迫,根据这一指导思想,宪法第四条做了"国家保障各少数民族的合法的权利和利益"的原则规定,民族区域自治法又根据宪法的原则,从各方面做了具体的规定,主要是:

首先,在《序言》中明确说明:"实行民族区域自治,体现了国家充分尊重和保障各少数民族管理本民族内部事务的精神。"这就是说,实行民族区域自治制度的一个重要目的,就是为了尊重和保障各少数民族的合法权利和利益,使少数民族自治地方的自治机关充分行使自治权。在《总则》中重申宪法的规定:"民族自治地方分为自治区、自治州、自治县",这种自治形式是根据我国各民族大杂居、小聚居的实际情况决定的,使那些有着各种不同情况聚居区的少数民族都能实行区域自治,行使当家做主的权力。还规定自治机关根据本地方的情况在不违背宪法和法律的原则下，有权采取特殊政策和灵活措施，加速民族自治地方经济、文化建设事业的发展。民族自治地方的自治机关在国家计划的指导下，从实际出发，不断提高劳动生产率和经济效益，发展社会生产力，逐步提高各民族人民的物质生活水平。为了保障各少数民族的民族特点和民族形式，还规定民族自治地方的自治机关保障本地方各民族都有使用和发展自己的语言文字的自由，都有保持或者改革自己的风俗习惯的自由，保障各民族公民有宗教信仰自由。

其次，在民族自治地方的建立和自治机关的组成方面，特别强调，民族自治地方的区域界线一经确定，不得轻易变动，需要变动时，由上级国家机关的有关部门和民族自治地方的自治机关充分协商拟定，报国务院批准。在民族自治地方的人民代表大会中，除实行区域自治的民族的代表外，其他居住在本行政区域内的民族也应当有适当名额的代表，还重申了宪法的有关规定，民族自治地方的人大常委会中应当有实行区域自治的民族的公民担任主任或者副主任。自治区主席、自治州州长、自治县县长由实行区域自治的民族的公民担任。还特别规定自治区、自治州、自治县的人民政府的其他组成人员，民族自治地方的自治机关所属工作部门的干部中，都要"尽量配备"实行区域自治的民族和其他少数民族的人员。这就从国家的建制和组织上保障了少数民族能够行使当家做主的权力。

再次，在自治机关的自治权方面，民族区域自治法按照宪法的原则规定，重申了制定自制条例和单行条例的权限。还特别规定，上级国家机关的决议、决定、命令和指示，如有不适合民族自治地方实际情况的，自治机关可以报经该上级国家机关批准，变通执行或者停止执行。这和前面的有权采取特殊政策和灵活措施的规定一样，是很大的自治权。重申了宪法关于依照国家的军事制度和当地的实际需要，经国务院批准，可以组织本地方维护社会治安的公安部队的规定。自主地决定本地方的医疗卫生、体育等事业。根据法律规定，制定管理流动人口的办法，实行计划生育的办法，保护和改善生活环境和生态环境，防治污染和其他公害。此外，还对自治机关在经济上和文化教育方面的自治权，做了具体的、扩大的规定。对上级国家机关的领导和帮助也做了明确的规定。这些规定的目的在于通过各种具体的措施和途径，使少数民族的合法权益得到保障。这就充分体现了国家对少数民族地区的深切关怀和特殊照顾,反映了中国民族关系的社会主义本质。事实表明,我们统一的多民族的国家是各族人民利益的根本保证。

民族区域自治法在保障少数民族合法权益的同时,也注意维护国家的利益。首先在《序言》中就指出,我们的区域自治是在国家的统一领导下实行的。在总结经验时也指出,民族区域自治制度对于发展平等、团结、互助的民族关系,巩固国家的统一,促进民族自治地方和全国社会主义建设事业的发展,都起了巨大的作用。今后,它将在国家的社会主义现代化建设进程中发挥更大的作用。坚持实行民族区域自治,必须切实保障民族自治地方根据本地实际情况贯彻执行国家的法律和政策。民族自治地方的各族人民应和全国人民一道,在中国共产党领导下,在马克思列宁主义、毛泽东思想的指引下,坚持人民民主专政,坚持社会主义道路,集中力量进行社会主义现代化建设,为各民族的共同繁荣把祖国建设成为高度文明、高度民主的社会主义国家而努力奋斗。在《总则》中又重申了宪法的重要规定,即"各民族自治地方都是中华人民共和国不可分离的部分",这一规定极为重要,它表明了民族区域自治在国家中的地位,即民族区域自治只是在中华人民共和国领土内,在国家的统一领导下,把民族自治和地方自治结合起来的一种政治制度,而不是"国中之国"。还规定自治机关根据本地方的实际情况贯彻执行国家的法律、政策,必须维护国家的统一,保证宪法和法律在本地方得到实施。领导各族人民集中力量进行社会主义现代化建设。要把国家的整体利益放在首位,积极完成上级国家机关交给的各项任务。自治机关在行使自治权的时候,也必须注意维护国家的整体利益,在许多条款的规定中,都有"在国家计划的指导下""坚持社会主义原则的前提下""根据法律规定和国家的统一规划"等限制性文字,这些都是从维护国家的整体利益出发的。

总之,民族区域自治法在各方面的规定中,始终注意正确处理自治地方和国家的关系。一方面保证民族自治地方的自治机关充分行使自治权,照顾各民族自治地方的特点和需要,使自治机关有大于一般地方的自主权。另一方面,又维护了国家的统一,使各民族自治地方成为祖国大家庭不可分离的部分,并保证了国家的统一领导和国家总的方针政策和计划在各民族自治地方的贯彻执行。我们的国家是中华各民族共同缔造的、由各族人民共同当家做主的国家，各民族的利益和国家的利益，整个中华民族的利益，在根本上是一致的。民族区域自治法的上述规定，正是很好地体现了这种一致性。

三　民族自治地方自治机关的自治权利

中国的民族区域自治制度，就是在中华人民共和国的领域之内，在国家的统一领导下，在少数民族聚居的地方，由各民族自主地管理本民族和本行政区域内部的事务。民族区域自治的实质，就是在统一的祖国大家庭内，使那些有着或大或小聚居区的少数民族，有当家做主管理本民族和本行政区域内部事务的权利，保障少数民族的平等地位，充分发挥各少数民族参加国家政治生活和建设社会主义事业的积极性，不断地增强各民族之间的团结和互助关系。

民族区域自治权是通过民族自治地方的自治机关行使的。

中国宪法赋予民族自治地方的自治机关以广泛的区域自治权利。这些自治权利主要有下述几项：

1. 享有同级地方国家机关的职权

宪法第一百一十五条规定，自治区、自治州、自治县的自治机关除了依法行使自治权以外，还同时行使宪法第三章第五节规定的地方国家机关的职权。这就是说，凡是一般地方国家机关依法享有的职权，民族自治地方的自治机关都同样享有。这表明，中国的民族自治地方的自治机关具有双重的性质，既是一级地方国家机关，又是民族自治地方的自治机关。

2. 制定自治条例和单行条例权

宪法第一百一十六条规定："民族自治地方的人民代表大会有权依照当地民族的政治、经济和文化的特点，制定自治条例和单行条例。"自治条例是依据宪法和民族区域自治法确定的原则，规定各民族自治地方的自治机关的组织和活动原则等综合性的条例。单行条例是民族自治地方的自治机关就某一方面需要解决的问题所制定的规定。自治条例和单行条例都是法律规范性文件，对于民族自治地方自治机关的自治权的行使，是重要的保障。

3. 财政自治权

宪法第一百一十七条规定："民族自治地方的自治机关有管理地方财政的自治权。凡是依照国家财政体制属于民族自治地方的财政收入，都应当由民族自治地方的自治机关自主地安排使用。"民族区域自治法又进一步规定，民族自治地方的财政收入和财政支出的项目，由国务院按照优待民族自治地方的原则规定。民族自治地方依照国家财政体制的规定，财政收入多于财政支出的，定额上缴上级财政，上缴数额可以一定几年不变；收入不敷支出的，由上级财政机关补助。这些规定保证了民族自治地方的自治机关享有财政自治这项实质性的权利。

4. 经济建设管理权

宪法第一百一十八条规定："民族自治地方的自治机关在国家计划的指导下，自主地安排和管理地方性的经济建设事业。"《民族区域自治法》又具体规定，民族自治地方的自治机关可以根据本地方的特点和需要，制定经济建设的方针、政策和计划，合理调整生产关系，改革经济管理体制管理和保护本地方的自然资源，自主地安排地方基本建设项目，自主地管理隶属于本地方的企业、事业，开展对外经济贸易，等等。这些规定可以保证民族自治地方因地制宜、因时制宜地搞好本地方的经济建设。

5. 公共事务的管理权

宪法第一百一十九条规定："民族自治地方的自治机关自主地管理本地方的教育、科学、文化、卫生、体育事业，保护和管理民族的文化遗产，发展和繁荣民族文化。"《民族区域自治法》也具体规定，民族自治地方的自治机关有权决定本地方的教育规划，各级各类学校的设置、学制、办学形式、教学内容、教学用语和招生办法，自主地发展具有民族形式和民族特点的文学、艺术、新闻、出版、广播、电影、电视等民族文化事业；自主地决定本地方的科学技术发展规划，普及科学技术和知识；自主地决定本地方的医疗卫生事业的发展规划，发展现代医药和民族传统医药；自主地发展体育事业，开展民族传统体育活动，等等。这些规定有利于少数民族的进步，有利于少数民族地区的社会主义精神文明的建设。

6. 组织公安部队权

宪法第一百二十条规定:"民族自治地方的自治机关依照国家的军事制度和当地的实际需要,经国务院批准,可以组织本地方维护社会治安的公安部队。"这对于保护少数民族的合法权益,在民族自治地方建立安定团结的社会秩序,具有重要的意义。

从以上规定中可以看出,尽管中国是单一制国家,但宪法却赋予了民族自治地方的自治机关很大的、多方面的自治权。这说明中国少数民族的平等地位是得到保障的,少数民族特点和各种利益是得到真诚尊重和照顾的。60多年来,尽管民族区域自治制度在实行过程中发生过一些偏差,在"文化大革命"期间还受到严重破坏,但总的说来,这一制度发挥了巨大的优越性,在实际工作中取得了多方面的成就。这些成就主要表现在以下几个方面:

第一,保证了各种不同聚居情况的少数民族都能享有区域自治权。中华人民共和国成立后,中国先后建立了117个民族有治地方,包括5个自治区、31个自治州、83个自治县。总人口为2亿2000多万人,其中各少数民族人口有5000多万人,总区域面积约610万平方公里,占全国总面积的60%以上。这就使凡是符合区域自治条件的少数民族都享有了区域自治权,从而极大地调动了各少数民族人民的社会主义积极性和劳动热情,发挥了各少数民族地区的优势,加快了少数民族地区的物质文明和精神文明建设,迅速改变着少数民族地区的落后面貌,同时也有力地支援了全国的社会主义现代化建设,为祖国的初步繁荣昌盛作出了贡献。

第二,确立和加强了平等、团结、互助的社会主义民族关系。平等、团结、互助是我国社会主义民族关系的三大特征。民族平等是中国执政党和国家基本的民族政策,也是维护和发展社会主义民族关系的首要方面,没有民族平等,就谈不上民族团结和互助。为了保障各民族的平等地位,宪法明确规定禁止对任何民族的歧视和压迫。国家还采取了一系列重要的措施保障少数民族在政治上、法律上的平等地位,并努力消除在经济、文化等方面事实上存在的不平等现象。民族团结是社会主义事业取得胜利的基本保证。民族团结在历史上就是中国民族关系的主流。在中华人民共和国成立后的60多年里,民族团结又有了进一步加强。宪法明文规定禁止破坏民族团结和制造民族分裂的行为。为了维护民族团结，还要反对大民族主义，主要是大汉族主义，也要反对地方民族主义。各民族互相帮助是社会主义民族关系不可缺少的方面。只有各民族共同发展，共同繁荣，才能在全国实现社会主义现代化，宪法对此也做了专项规定。中国平等、团结、互助的社会主义民族关系的确立和加强，是做了大量的工作和多方面努力的结果，其中民族区域自治制度的实行，发挥了重要作用。

第三，维护了国家的统一和独立。中国的少数民族大多数居住在祖国的边疆地区，地处国防前哨，战略地位十分重要。在民族区域自治制度下，各少数民族人民都紧密地团结在祖国的大家庭内，各民族自治地方都是中华人民共和国神圣领土不可分割的部分。各民族人民充分认识到它们在祖国大家庭中的责任，和全国人民一道，共同为维护祖国的统一、独立和主权、领土不受侵犯进行了英勇的斗争，有力地反击了国外敌对势力的侵略、颠覆、干涉活动和国内敌对分子的分裂、破坏行为，为保卫祖国的统一和安全作出了贡献。

四 大力发展少数民族的经济和文化，消除各民族间事实上的不平等

由于历史上的原因，各少数民族在经济、文化上的发展都相对落后于汉族，现在少数民族的落后面貌虽然有了很大的改观，但在短时期内还不能赶上汉族的发展水平。这种历史上遗留下来的事实上的不平等是客观存在的、不容否认的，应当采取积极的方针、政策和采取各种有力措施，消除这种事实上的不平等。民族区域自治法正是贯彻了这个精神。

除了在《序言》和《总则》中做了必要的说明和规定以外，还在经济、文化等方面的具体规定中做了许多必需的和切实可行的规定，以保证少数民族地区较快地发展经济和文化等事业。

在经济建设方面，规定在国家计划的指导下，根据本地方的特点和需要，制定经济建设的方针、政策和计划，根据国家法律规定和本地方经济发展的特点，合理调整生产关系，改革经济管理体制；根据民族自

治地方的财力、物力，自主地安排地方性的基本建设项目；自主地管理隶属于本地方的企业、事业，依照法律规定，管理和保护本地方的自然资源，确定本地方内草原和森林的所有权和使用权，对可以由地方开发的自然资源，优先合理开发利用，采取特殊措施、优待、鼓励各种专业人员参加自治地方各项建设事业，自主地安排利用完成国家计划收购、上调任务以外的工农业产品和其他土特产品，经国务院批准，可以开辟对外贸易口岸，在外汇留成等方面享受国家的优待。

在财政方面，规定属于民族自治地方的财政收入，由自治机关自主地安排使用，收入不敷支出的，由上级财政机关补助，民族自治地方的财政预算支出，按照国家规定，设机动资金，预备费在预算中所占比例高于一般地区，在执行国家税法时，除应由国家统一审批的减免税收项目外，对于属于地方财政收入的某些税收，经自治区（省）决定或批准，可以减税或免税。

在教育方面，规定自治机关自主地发展民族教育，根据国家教育方针，决定本地方的教育规划、学校的设置、学制、办学形式、教学内容、教学用语和招生办法，为少数民族牧区和经济困难、居住分散的少数民族山区，设立以寄宿为主和助学金为主的、公办民族小学和民族中学；招收少数民族学生为主的小学，有条件的应当采用少数民族文字的课本，并用少数民族语言讲课。但应在小学高年级或者中学设汉文课程，推广全国通用的普通话。自治机关要采取各种措施，从当地民族中大量培养各级干部、各种科学技术、经营管理等专业人才和技术工人。要举办民族师范学校、民族中等专业学校、民族职业学校和民族学院。

在文化方面，规定自治机关自主地发展具有民族形式和民族特点的文学、艺术、新闻、出版、广播、电视等民族文化事业。

以上这些规定，旨在充分发挥少数民族的积极性和主动性，充分发挥民族自治地方在自然资源等方面的优势和特点，依靠少数民族地区各族人民的共同努力，加速经济和文化的发展，改变少数民族经济和文化比较落后的状况。但是，国家对少数民族地区的帮助，也是很重要的因素。民族区域自治法从多方面规定了国家对少数民族地区的帮助和照顾。主要是：上级国家机关在制定国民经济和社会发展计划时，应当照顾民族自治地方的特点和需要；国家设立扶助民族自治地方的各项专用资金，对民族自治地方的商业、供销、医药企业给予各项照顾。在分配生产资料和生活资料时，照顾民族自治地方的需要，在投资、贷款、税收，以及生产、供应、运输、销售等方面，扶持民族自治地方合理利用本地资源发展地方工业，发展交通、能源，发展民族特需商品和传统手工艺品的生产，组织和支持经济发达地区与民族自治地方开展经济、技术协作。在民族自治地方开发资源、进行建设的时候，应当照顾民族自治地方的利益，作出有利于民族自治地方经济建设的安排，照顾当地少数民族生产和生活；根据民族自治地方的需要，采取多种形式，调派适当数量的教师医生、科学技术和经营管理人员，帮助少数民族地区发展经济文化教育事业；国家要举办民族学院，在高等学校举办民族班、民族预科班，专门招收少数民族学生；高等学校和中等专业学校，招收新生的时候，对少数民族考生适当放宽录取标准和条件，更多地招收少数民族学生；帮助民族自治地方从当地民族中培养各级干部、各种专业人才和技术工人。所有这些规定，都是为了能切实改变少数民族地区的落后状况，创造更适宜的条件，帮助少数民族发展经济、文化、教育等事业，逐步消除历史上遗留下来的民族间事实上的不平等。

总之，民族区域自治法全面地体现了党的各项民族政策，准确地贯彻了现行宪法关于民族问题的原则和规定，反映了全国各族人民的根本利益和共同心愿，是在新的历史时期指导中国民族工作的极其重要的法律文件。全国各族人民，一切国家机关，都要认真地贯彻执行它。

五 民族区域自治制度对少数民族人权的保护

在中国，民族区域自治制度对少数民族人权的保护取得了显著的实效。主要体现在以下几个方面：

第一，民族区域自治保证了各种不同聚居情况的少数民族都能行使区域自治的权利。按照宪法和民族区域自治法的规定，在少数民族聚居的地方，根据当地的民族关系、经济发展等条件，并参酌历史的情况，建立一个或几个少数民族聚居区为基础的自治地方。现在，中国共建立了156个民族自治地方，基本上完成了建立少数民族自治地方的任务，使得全国少数民族聚居的地区，凡是够一级自治行政单位的，基本上都建立了民族自治地方，使居住在该地的少数民族都能享有区域自治权，而通过广泛自治权的行使，使得少数民族的公民基本权利及一般人权得到了基本的保障。

第二，少数民族公民担任国家机关和区域自治机关公职的权利得到了保障。截至1996年年底，全国少数民族的公职人员已达到240多万人。现在，自治区主席、自治州州长和自治县县长都由实行区域自治的民族的公民担任，民族自治地方人大常委会都由实行区域自治的民族的公民担任主任或副主任。此外，民族自治地方自治机关的其他组成人员以及一般公务员，也尽量配备实行区域自治的民族和其他少数民族的公民担任；而与此同时，大量的少数民族公职人员还在全国性的和地方性的各类国家机关中担任要职及其他公职。

第三，少数民族的经济权利得到了基本的保障及较好的改善。据统计，1995年全国民族自治地方的工农业总产值达到6785亿元，是1985年的8倍多。从1986年至1994年，民族自治地方工农业总产值年平均增长率为10.7%。相对于世界上许多地区的经济发展缓慢、低速甚至衰退，这个年平均增长率是值得赞叹的。现在，少数民族农牧民人年均收入已达1000多元，比以前有了较大的增加。为此，少数民族地区的人民物质生活得到了明显的改善，贫困人口也有所减少。

第四，少数民族的文化、教育和使用本民族语言文字的权利得到了保障。在贯彻实施民族区域自治制度的过程中，对少数民族的社会、文化等方面的权利给予了特别的保护，截至1996年年底，在民族地区已建立小学103139所、中学11563所、高等学校105所，少数民族牧区、山区还因地制宜地举办了6000多所寄宿性的民族中、小学。少数民族在校学生以高于全国平均速度大幅度增加，民族地区人口文盲率有显著下降，少数民族人口的文化素质有了明显提高。少数民族的语言文字得到了有效的保护，其使用和教学也得到重视。目前有蒙古族、藏族、维吾尔族、哈萨克族、朝鲜族、壮族等21个少数民族800多万学生使用30种少数民族语言文字进行学习，每年出版的少数民族文字中、小学教材达2900多种，总印数达1.2亿多册。在少数民族地区，许多重要的、具有文物保护价值和宗教活动意义的寺庙、古迹和其他文化遗产，得到了有力的保护和修缮，国家每年都为此投入巨额资金。民族区域自治制度对少数民族人权的保护尽管取得了明显的成效，但不是说这一制度就尽善尽美了。事实上，有些问题一直没能很好地解决，如民族自治机关怎样才能真正有效地行使各项自主权，如何处理少数民族传统的保护与现代发展的关系等。在改革开放的形势下，面对国家对经济特区、计划单列城市的权力下放和政策放开，是否有必要适当扩大民族自治机关的自治权利或进一步放宽有关少数民族地区的政策？面对沿海地区与中西部少数民族地区逐渐拉大的贫富差距，如何加快少数民族地区的社会经济文化等全面发展？在欠发达的少数民族地区如何吸引人才、资金，加快发展？诸如此类的问题都需要我们认真地研究解决。

六　民族区域自治制度对当代世界性的民族问题的解决和民族人权保护的潜在价值

世人公认，当今世界的和平与发展是两大主旋律。全球经济一体化、区域集团化的发展势头强劲，势不可挡。在这种形势下，各国从本国的发展战略利益出发，争先恐后地汇入这一世界性的发展潮流中去。即使原来长期存在敌对情绪的国家或政治势力，也纷纷抛弃歧见，寻求对话，发展各种不同形式的"伙伴关系"。但是，人们也注意到，在和平、发展的世界环境中也存在不安定因素和不间断的动乱，主要表现为民族的矛盾、纷争、仇杀、恐怖活动以及战乱等。在跨入21世纪后，人们突然发现，他们在21世纪不得不面对还将延续下去的民族纷争，乃至民族战乱。

自从人类萌生"非我族类"的意识起，除少数贤达人士外，我们人类一直处于非理性的民族偏见的控制之下，以牺牲别的民族的生命和财产为代价，而获取本民族的生存机会和发展利益，充斥着迄今为止的主要民族关系史。古往今来的世界各族人民，都为此付出过沉痛的代价，有许多民族甚至从地球上永久地消失了。至今仍有许多民族成为过去的或现实的民族纷争或战乱的直接的或间接的受害者。

第二次世界大战以来，觉醒了的国际社会采取了一系列的决定性立法步骤，旨在加强包括少数民族人权在内的普遍人权保护，其中的《世界人权宣言》《经济、社会、文化权利国际公约》《公民权利和政治权利国际公约》，就是其中最重要的国际人权宪章。国际社会还就民族的自决权利、防止民族种族歧视制定了一大批国际公约，这些都对国际性的民族人权保护发挥了重要作用，并对各国在这些方面的立法发挥了启发性的影响和示范作用。

国际社会除采取坚定的立法步骤外，还采取直接干预的措施，旨在强行阻止民族间的仇杀或战争。20世纪90年代以来，联合国就曾对伊拉克对科威特的武力侵占、索马里的部族内战、前南斯拉夫地区的波黑民族战争，或直接或通过北约进行了干预。以联合国为代表的国际社会，为保护民族人权竟一改长期奉行的不干涉政策，并为自己创造新的"干涉权"。但这一变化的确表明，以联合国为代表的国际社会对无理性的、无休止的民族战乱的鲜明的反对态度和坚定的制止决心，尽管这种干涉权在国际社会和有关国家内不无争议。

国际社会和多民族国家在长期的实践中，为解决国际和国内民族问题，为保护民族特别是少数民族的人权，在摈弃了令人厌恶的民族不平等、民族歧视、民族灭绝等反动政策之后，创造和发展了一些对各国有效的或可行的政治形式，其中较为典型的有：联邦制，民族同化政策，政治权力按民族比例分享政策，民族文化自治和多元文化政策，民族整合政策等。由于这些政策适合有关国家的国情，执行也得当，所以取得了不同程度的业绩，更有些还获得了较为显著的成就。但也应当承认，由于各国的民族情况极为复杂，这其中任何一种民族政策都不具有普遍适用的价值。这就是说，每一项民族政策都有其特定的适用性。在此国可能是可行的和有效的，在彼国则可能是不可行的甚至有副作用的。

国际社会和多民族国家应当审慎地对待民族自决原则，更不可轻率地运用民族自决原则解决当代多民族国家内的民族问题和保护民族人权。在殖民统治时代，民族自决原则对于促进被压迫民族的觉醒和解放，作出了不可磨灭的历史性贡献。民族自决原则用于解决国内民族问题和保护民族人权，则鲜有成功，更多的是失败。在当代，通过公民表决实行民族分离和国家独立，更是留下了沉痛的教训，前南斯拉夫地区的波黑就是显著一例，1992年3月4日经公民表决独立后，塞尔维亚、穆斯林、克罗地亚三族的纷争、战乱不已，以至引来国际社会通过北约进行了大规模的武装干预。加拿大就法裔主要居住地魁北克省是否独立问题，先后在 1980 年和 1992 年进行了两次公民投票，引发了一场严重的宪法危机。值得注意的是，不仅在加拿大国内多数人不赞成魁北克独立，就是国际社会对此也采取冷漠和静观的态度。现在加拿大国内正在对通过公民投票使国家分裂的做法进行反思，资深的政治领导人已宣布今后不再举行此类的公民投票，认为让少数分离主义者决定联邦的统一或分裂，既不民主，也不公正。值得注意的是，中国革命的先行者孙中山和中国共产党自 20 世纪初到抗日战争结束，一直主张用民族自决的原则解决国内民族问题和立国问题。但经过长时期的探索之后，特别是在 1947 年 5 月 1 日内蒙古自治区成立以后，中国共产党认识到通过民族自决，建立联邦国家不适合中国国情，只有在统一的国家内建立和实行民族区域自治制度，才是唯一正确的选择。在当代，仍有一些人热心地鼓吹在国家范围内毫无选择地实行公民公决。这些人如果不是别有用心的话，至少也是对变化了的国际社会和各国国情毫无所知，死抱着过时的或不适用的民族自决原则不放。确实，由于历史和现实各方面的原因，在多民族国家包括中国，总还存在一些民族矛盾、纷争乃至分离的情绪和活动。重要的是，应当通过理性的政策和制度的选择，消除分歧，化干戈为玉帛，努力促进各民族间的平等、团结、共同发展和繁荣。如果不顾后果地运用公民公决的方式任由民族分立和国家分裂，对于具有众多民族的国家和世界来说，该是多么可怕的情景。照此做去，必致国将不国、世界大乱。因此，在现在鼓吹民族自决，是一种极不负责的主张和做法，对于中国来说，这简直就是犯罪。一个民族对于自己命运的把握是一个历史的过程，简单地实现独立并不一定能实现自己的民族社会理想。在当代，任何民族都不可能再在孤立的状态中自行发展，相反，对于绝大多数民族特别是弱小和欠发达的民族来说，要实现自身的发展与人权保护，主体民族、友邻民族的平等相待、支持和帮助是至关重要的外部条件。刚刚从苏联解体后独立出来的一些民族国家，现在又表现出与俄罗斯联邦一体化或结盟的强烈倾向，就是最生动的一例。

中国民族区域自治制度的建立和实行，使我们这个在世界上唯一的单一制大国内的各民族，从至大到最小，从发达到贫穷，都能做到和睦共处，团结互助，共同发展和共同繁荣。这与一些多民族国家民族矛盾突出，频频引发流血冲突和民族战乱，形成了鲜明的对照。当前中国社会稳定、经济持续发展，各族人民安居乐业，也在很大程度上得益于民族的团结和国家的统一；这与一些国家变乱不断，经济萧条或凋敝，许多民族沦为难民，流离失所，嗷嗷待救，形成了鲜明的对照。这一无可辩驳的事实证明，民族区域自治是适合中国国情的正确的民族政策和制度。其潜在的价值就在于：它为多民族的国家，特别是与中国的族情相类似的国家，找到了一条可供选择的、事实证明是正确的民族政策和制度。或许对那些没有明确边界划分的，局部聚居但又相互杂居的多民族国家，找到了一个证明是失败了的民族分离和国家独立思路和做法的替代思路和做法。须知，在当今的世界各国，不仅在亚洲、欧洲、美洲等许多历史上形成的国家都存在多民族杂居共处和局部聚居的情况，就是在非洲通过取直划线实现独立的国家，也存在许多跨国而居的民族或部族和许多相对聚居和杂居的民族或部族。这是一个不争的事实。民族区域自治政策和制度，对于这种世界性的民族分布状况来说，无疑具有潜在的理论和实践价值功能，值得国际社会和多民族国家深入研究和考量。

七　加强民族理论研究，坚持和贯彻民族区域自治制度

我们认为，学术界应当尽快加深这一体认，提高这一自觉。从民族理论研究层面上看，我们认为在以下几方面亟待改善和加强。

首先，是对中华民族多元一体的基本格局体认和研究不够。在这方面的确已发生和出版了浩如烟海的文章和著作，但与之相对应的是，一些学者包括一些有影响力的学者仍持有不同的看法。他们甚至认为，中国的多民族是在中华人民共和国成立后人为地"造"出来的，是人为的民族"识别"的产物；即使有民族，也不过是孙中山先生提出的"五族共和"中提到的几个民族，这显然是缺乏历史常识的表现，中国从上古时代起就有"华夷"之辩、"四国"之说、"多方"的表述。学者论述现实民族问题时，如果全然不顾这样的历史事实，其论述的科学性、可信性肯定会受到质疑，不是建立在事实上，包括现时的和历史的事实的任何理念与学说，都难以成立，这是科学理性所决定的。

其次，是对民族问题特别是民族关系问题的全部复杂性和长期性缺乏体认和研究。一些学者认为，现实的民族关系中出现的一些问题，特别是一些造成严重后果的负面、恶性事件，不是认真地主要从民族分裂势力、民族人性沦丧的少数人方面找原因并实施正确的对策，而是认为是现代民族观念误导和政策的制定与实施失当的结果。他们或许天真地认为，只要在中国只承认一个或几个少数民族，也不再去实行民族区域自治，就会减少或不再发生民族问题和民族地区的暴力事件。这种认识除了上述对中国的民族历史缺乏必要的、实事求是的认识外，对民族问题和民族关系的全部复杂性也缺乏体认。民族问题和民族关系的复杂性和长期性之所以被世界性民族学、人类学所公认，也是马克思列宁主义和毛泽东思想等先进理论所不断强调和重申的。除了其他的先进理论支撑这种公认观点和科学学说之外，就是对民族问题和民族学态度所采取的历史主义的或历史唯物主义的立场和态度。可以合理地推论，对民族问题和民族关系持简单化、单一化、片面化的主张，正是对民族的历史采取虚无主义立场的必然结果。本书立论的目的之一，我们认为，就是为了弥补民族理论和民族主张这种认识的欠缺或偏颇。

再次，是在民族理论研究中偏重现实问题的述说，而这种现实主义态度有偏重理论和学说的现实，相对缺乏对历史事实特别是"深历史"的关注。最近十几年来，随着民族理论和学说向广度的拓展，学者出版了一大批各少数民族的专门研究，其中尤以西南地区的一些少数民族的研究特别是结合田野调查的研究为盛，与此同时，对民间法特别是有关少数民族的民间法的研究成果也很丰硕。但这弥补不了在民族理论和学说方面具有历史深度的研究，特别是从上古神话和远古形制方面的历史最深处，发掘民族问题和民族关系的史影、史实素地及其蕴涵的价值。正是基于这一缺乏，我们认为，就当前的民族理论与学说的著述的总体而言，尽管体量硕大，堪称浩如烟海，但缺乏理论深度，给人以千篇一律的感觉。而理论深度的缺乏，至少就是导源于历史深度的缺乏。如果不能审慎认识中国民族历史的过去，就必然会浅说中国民族的现在，更无须侈谈中国民族历史的未来。不待说，本书的主旨之一，就在于弥补现实民族理论和学说的欠缺和不足。

最后，但绝不是不重要的，就是在跨学科。综合利用相关学科的知识与方法很不够。由于在中国很早就形成了民族及民族法的语境、话语体系、专门概念和理论体系，使得民族学继而民族法学自成一体，被强势地铸造成独立的学科。这种独立学科在教育体系和研究体制的全力推动和组织下，渐成一种封闭性、半封闭性的理论体系和学说，这两个学科完全可以做到不用凭借其他学科的支持与助益，便能自成体系，不仅自立还能自足。在这种学科孤立研究的状态下，从事该学科研究的学者，包括一些有学术影响力的学者，缺乏学术拓展和深化的学术自觉意识，甚至对其他相关学科的知识和方法全不感兴趣。这是亟待改进的学术立场。在民族问题和民族关系方面，近几十年来在国际范围内的人类学，特别是文化人类学或社会人类学领域取得了巨大的进步，但在中国人类学的研究只有少数大专院校和科研机构在进行，这方面的研究人才也寥若晨星；最近二三十年来，随着一大批新的考古发掘及其研究，全新的文字资料和实物史料在中华文明探源、中华民族的多元一体等方面取得了突破性的或重大的进展，本书上述转述的文献史料，已有许多被新出土或新发现的历史文献和实物史料所证实。但我们的民族理论和民族法学理论没有意识到把两者结合起来进行跨学科、进行综合研究的必要。意识不到，实际投入就不足，其结果就是长期呈现如下的民族理论和学说的总体态势：宏大叙事，常言大义有余，精微研究欠缺。这事在我们看来虽然极其重要，但知尚且不易，行动起来更难。本书也只是浅尝辄止、抛砖引玉而已。

  从民族区域自治的实践层面上看，至少有三方面亟待加以改进。

  首先，在贯彻民族区域自治法和实行民族区域自治制度的过程中，偏重财政和实际硬件建设项目等方面实力的投入，而在民族教育特别是在科学、理性的民族观、民族历史教育，以及民族传统文化等方面的软实力投入方面相对不足。实事求是地说，自中华人民共和国成立以来，特别是改革开放以来，国家在少数民族地区的资金投入十分巨大，累积起来差不多是一个天文数字，此外基础建设工程更是众多，路、水、电、通信等基本项目的相继开展和完成，使少数民族地区，特别是边远的少数民族地区的生产、生活条件得到了极大的改善，少数民族人民的生活品质得到了根本性的提升，这是完全有必要的，对于巩固和睦的民族关系，维护民族团结和祖国的统一，发挥了重大的作用。今后应当继续坚持做下去，以更大的投入加快少数民族地区的建设。但这只是问题的一个方面；另一方面即在物质生活之中和之后，也不应当忽视少数民族的精神生活和文化建设方面提高的需要。由于特殊的历史和生活环境所造成的，少数民族在宗教信仰、本民族的传统继承和发扬、民族的心理素质和精神家园的维护等方面，都有各自的特殊需要。这种需要是内在的、深潜的，如果国家、社会和其他兄弟民族特别是汉民族缺乏这种体认意识，就会不自觉地忽略少数民族这种特殊的精神和文化需要。长期累积的结果，就会造成不良的后果，甚至爆发极其严重的负面事件，给民族团结和国家的安定造成损害。在当前及今后国家和社会各方面实施对少数民族地区的帮助和支援中，应当把宗教信仰、民族文化保护与继承、科学的民族观和国家观等精神家园的建设，放在同物质和资金支援同等重要的地位。

其次，大力加强有关民族区域自治的法制建设，尽快推进自治区自治条例的出台。中华人民共和国成立之初我们通过制定《中华人民共和国宪法》和《民族区域自治实施纲要》，以及配套的一批行政法律规范性文件，打下了很好民族立法的基础，基本满足了实施民族区域自治制度需要。改革开放以后，于1984年又制定了《中华人民共和国民族区域自治法》，之后二十多年间，该法又做了几次修改，加上一大批行政法规和规章等相继出台，对保障民族区域自治制度的实施起了重要的作用。然而，近十几年来，在国家层面上对民族区域自治的立法几乎没有令人印象深刻的推进，尤其是全国五大自治区至今都没有一个以本自治区各自制定的《自治区自治条例》出台，有关方面包括民族法、宪法学术界一些学者，对此表现出某种焦虑情绪，显得很无奈。在中国早已将民族区域自治制度作为国家三大基本政治制度之一的宏观背景下，与五大自治区的相配套的《自治区自治条例》长期缺席，这在民族法制的整体上，确实是一个不小的"短板"，应当引起必要的重视。如果除了在做好其他的功课之外，在视野和技术上还感到心有余而力不足的话，我们建议是否可以回到历史深处，向我们的先祖包括传说中的人文先祖们讨教一番呢？要知道，我们先祖在极其恶劣的生存环境下，竟奇迹般地用各种理念和形制调整了如此复杂的民族关系，使中国大体上沿着民族和睦相处，在相互征伐中适可而止，使各个民族特别是少数民族族体也有机会生存和繁衍下来，历史发展到今天，形成了多元一体的中华民族大格局和祖国的统一整体，不能不说我们先祖具有何等高超的政治智慧！我们今人倘能以史为鉴，从古人那里学来一些解决民族问题和调处民族关系的智慧和技巧，当会对当今完善、推进民族法制建设，包括制定各大自治区相应的《自治区自治条例》大有裨益。

再次，加大对先进的民族思想、民族法制的宣传教育，尽快提高国内外对民族区域自治的中国特色和优越性的认识。从国际上看，各方面对联邦制和民族自治耳熟能详，但对民族区域自治特别是中国的民族区域自治所知不多，甚至完全无知。在国际性学术交流中，连中国近邻的韩国、日本的学者，竟然不知道中国一直在实行一种名为"民族区域自治"的制度，这令我们业内人士感到错愕，原因在很大程度上是我们对外宣传不够。据国外访学归来学者的介绍，在国外一些大学图书馆竟成排地摆放国内民族分裂分子首领的"著作"，真是连篇累牍，相比之下，正面宣传中国民族政策和民族区域自治制度的著作却几乎找不到。可以想见，这一极不对称的宣传局面会在国际上产生什么样的负面影响。至于在国内，也有加大对执政党和国家民族政策、民族区域自治制度宣传、教育的必要。国人即使不像业内人士那样熟知民族区域自治制度，也至少要有一个基本的了解。就在近些年，经常在视频媒体上听到主持人或嘉宾谈及广西时，不是以"广西壮族自治区"而是以"省"称之，令我辈业内人士深感国人对民族区域自治这一重大基本制度的了解是如此缺失。原因无他，就是宣传、教育不足。我们应当把对民族区域自治的宣传教育提到一个更高的地位，尤其应当在"普法"中加强其宣传、教育的力度。人文类报纸、杂志也应当多发表一些相关的学术研究文章、专论。这也需要有关方面予以支持，编辑人员亦要解放思想。民族问题、民族区域自治制度、民族政策不是也不应当视为"禁区"，而应当大力加强宣传、教育和研究。在这方面，我们似乎也应当从古人那里悟到些道理，学些什么。

我们要坚持和改进民族区域自治制度，就应当真正科学地加深对民族理论的研究，特别是要加强对马克思主义关于民族问题、民族关系的长期性和复杂性的研究。但民族理论也要与时俱进，绝不应当一味固守经典定义和理论而不允许有所创新。中共中央在这方面为我们作出了明确的要求,在 2014 年 5 月 26 日召开中共中央政治局会议上,研究了进一步推动新疆社会稳定和长治久安的工作,明确指出:"推动建立各民族相互嵌入的社会结构和社区环境,促进各民族交往交流交融,巩固平等团结互助和谐的社会主义民族关系。"① 这是中共中央向全党、全社会和全国各族人民群众发出的新的号召和动员,要全力推动、促进和巩固传统的和全新的民族制度、政策。同时也向理论界特别是民族理论界提出了传统的和全新的研究课题。

总之,《中华人民共和国民族区域自治法》的颁行具有重大的历史意义,其所蕴涵的内在价值历久弥新,仍需要和值得在当代及今后加以彰显。为此,我们要旗帜鲜明地坚持、完善和改进民族区域自治制度,进一步大力贯彻实施《中华人民共和国民族区域自治法》。

---

① 详见《中央政治局召开会议研究进一步推动新疆社会稳定和长治久安工作》,2014 年 5 月 27 日《人民日报》第 1 版。

第 四 章

改革开放三十多年的中国宪法学
发展的大致历程

粗略地划分一下，改革开放三十多年的中国宪法学大致可以分为六个阶段，即起步阶段、初转阶段、辉煌阶段、沉寂阶段、随起阶段、奋进阶段。

第一节 起步阶段

首先需要说明：本书只写作为亲历者和见证人的个人体验与感受，信马由缰，兴之所至，率性而书。倘使读者能从中了解一些那时鲜为人知的情境，或有所感悟，便认为达到作者的写作目的。详尽、严谨的有关著述[1]，已由中国宪法学者们作出，可供科研参考和引用。

中国的实务界和学术界公认改革开放是从1978年中国共产党十一届三中全会的召开开始的，那次具有伟大历史意义的会议的召开，不仅标志着十年"文化大革命"的正式结束，而且开启了以改革开放为根

---

[1] 关于这方面的著述主要有：周叶中、胡弘弘《中国宪法学世纪眸》，《法学评论》2001年第6期；蔡定剑《中国宪政运动——百年回眸与未来之路》，《人权与宪政》文集，中国法制出版社1999年版，第38页；张庆福主编《宪法学研究述略》，天津教育出版社1989年版；董番舆《中国宪法学四十年》，《政法论坛》1989年第5期；张庆福《中国宪法100年：回顾与展望》，《宪政论丛》第1卷，法律出版社1998年版；韩大元主编《中国宪法发展研究报告（1982—2002年）》，法律出版社2004年版；韩大元《中国宪法学：20世纪的回顾与21世纪展望》，《宪政论丛》第1卷，法律出版社1998年版。

本特点的全新时代。通过总结中华人民共和国成立以来的治理理念与实践，特别是通过总结"文化大革命"的惨痛教训，中国执政党及其领导的国家在其纲领性文件和修订后的一九七八年宪法中，都明确地申明"发展社会主义民主、健全社会主义法制"的战略目标和发展方向。而无论是民主还是法制，都是宪法学必须研究的基本问题。于是在"文化大革命"中消失了的中国宪法学，便不期然地迎来了使本学科发展必不可少的历史机遇，从此开始了艰难的探索之路。

改革开放三十多年的中国宪法学是在特殊的历史情境下拉开序幕的。在"文化大革命"的后期，尽管人们近乎疯狂的政治斗争和社会行为已经有所收敛，但人们头脑中的"左"的思想还处于热得发烫的程度，丝毫没有"退烧"的迹象。1977年苏联时期最后的一部宪法，在当时称为苏联"新宪法"颁布实施。如果说中苏自1959年开始的两国执政党连带两国关系的恶化，随着两党、两国关系在20世纪六七十年代的实际上差不多中止的话，那么，在意识形态领域的激烈冲突和交锋不仅没有停止，而且正在酣战之中，两国各自的每一项内政或外交举措，差不多无例外地都要受到对方意识形态式的攻击。在中国的思想界，当时正处在"左"的意识形态占绝对支配地位的时期。在国内方面，当时还是由主导的政治势力在"批四旧"总的意识形态背景下，正开展"批林批孔批周公"的大规模思想批判斗争；而在国际上，则是将批判苏共、苏联以及连带的东欧国家的所谓"修正主义"路线，作为对外开展意识形态斗争，捍卫马克思列宁主义的正统思想的主要意识形态战场。对于苏联制定和颁布实施的新宪法这被视为可以开辟极佳的意识形态的战场的机会，当然不会放过。于是，在中国学术界消失了十多年的中国宪法学，由几位在当时还是中国社会科学院法学研究所意气风发的中青年宪法和法理学学者——（后来成为中国宪法学和法理学资深的并享誉国内外法学术界的著名人物）主要的代表学者有王叔文、王珉、王灿、吴大英、刘翰、刘海年、张庆福等——率先发起了对苏联宪法的批判，在《人民日报》等报刊发表了一批文章，集中对苏联宪法中的"全民国家"等一系列所谓的"修正主义"理论与路线进行批判。饶有兴味的是，中国1978年刚刚恢复的研究生教育后，本人当时正在广西与越南接壤的深山老林之中接受"再教育"，备考中主要使用的参考文献和资料，除了当时尚可找到的马、恩、列、斯、毛的经典著作外，就是那样一批由中国社会科学院法学研究所的中青年法学家们发表的一系列批判文章，也正是从这些文章中，我得知了后来享誉国内外法学界的王叔文、吴大英、刘翰、刘海年的名字，他们都成为笔者的学术领路人。可惜前三位已然驾鹤西去，只有刘海年先生还活跃在法学术前沿上，每次见面，心中总会涌起对学术领路人的感恩和崇敬之情，这且不必细表。

如何看待那场中国宪法学的起步之战？现代人可能会得出一些不同评价。本人一向以积极的态度，看待那场在今人看来也许不是理性的或根本就是非理性的、非科学规范意义上的批判活动。

首先，科学史告诉我们，许多科学门类，包括法学和其中的宪法学，都是在假说、神话、宗教等由历史给定的情境和话语中开始的。其中许多在那种情境和话语中被认为是绝对正确的观念与理论体系，后来都受到了质疑甚至颠覆，但思想史绝不是可以截然分开的，如社会制度那样是阶段性的跳动历史，而是有其连贯性和割舍不开的承继性的。如"天赋人权""与生俱来"的人权和宪法基本权利等，不论其道德基础在历史上有多少争议和颠覆，但至今仍然是许多法理学和宪法学常常使用的话语。从这个意义上来说，一个学科从哪里起步也许并不重要，重要的是其有了开端和起步。只有有了这个开端和起步，才能有中间永无休止的过程和期待中的美好未来。人类的本性在于有一个永不满足的好奇心和持续不衰的探索精神，每一代人都有自己的精神追求和科学理想。一个学科无论以什么方式开端和起步，人类终究有能力在后来的科学研究的过程修正错误、坚持正确，使人类对本门类的认识一步步趋向真理。我们认为，对中国宪法学在那个特定时代的开端和起步，也应当以这样的态度来对待。

其次，中国宪法学在那个特定时代背景下，以那种方式开端和起步，昭示于内的倒是宣示了一个重要的学术信息，即宪法是重要的，宪法学自然也是重要的。在今人看来，在那个现实的阶级斗争的重要性高于一切的时代，政治领域里的博弈和拼杀，务必以政治斗争的一方为全赢，而以政治斗争另一方完全失败、政治哲学大行其道的政治环境内，人们自然会将政治斗争的重要性看得高于一切、重于一切，其他的社会和国家事务，包括国家的法制乃至宪法，是不太可能引起人们的关注的，更何况是那个长期处在敌视状态的国家的宪法。退一步说，即使人们关注了除政治斗争战场以外的事务，也只不过是在服务于政治性阶级斗争的总战略下的考量。学者们关注宪法现象，特别是关注了一个外国宪法的制定与颁布实施，无形中彰显了宪法作为人类现代文明的最高法律成果之一的重要性。尽管当时的政治和学术界主导者将其视为阶级斗争的一个工具，但为什么可资利用的其他工具包括法律工具还有很多，但为什么要将宪法拿来说事呢？潜藏其后的意旨，当然是宪法的重要性，即使单纯地从法律工具性来考量，它也有其值得特别关注的重要性。我们这样说，并非学术上的一种强词夺理，而是针对现实学术情境的一种反衬考虑。在三十多年后的今天，不仅在一般学术界，就是在法学界，还有其他友邻学科的少数学者为了提高本学科的学术地位而贬损宪法学科的学术地位；更有的宪法学者则是自贬本学科的学术地位。早已在世界上法学术界得到公认的"以宪法为山峰，以法律为峰谷"的法律位阶格局，在中国近些年来不断地受到挑战。一些学者煞费苦心地将宪法的高峰位阶刨平，使之与普通法律的位阶持平。与此相对应，20世纪70年代末那批宪法和法理学者，尽管是以曲折和隐晦的形式捍卫着宪法的崇高地位与最高权威，但他们的那种奋勇精神至今仍使人感动和崇敬。

再次，但不是最不重要的，是那次大批判事实上起到了对宪法知识的普及效果。在那个除了主流的意识形态之外，对其他差不多所有的知识体系都予以封杀的时代，人们几乎没有可能从正规的宣传、教育渠道获取真正科学的知识，学者们自然也没有条件去进行科学知识的普及与教育。在那次大批判中，尽管其指导的意识形态在今天被认为是扭曲的，但批判学者们运用的宪法知识是科学的，或可以解读为科学的。本人在备考中国社会科学院研究生院法学系宪法学专业研究生的阶段，就是从那些批判的锋芒的背后，慢慢地体味出那些在十四年前在大学一年级学过的，但经岁月的荒废已变得生疏的宪法知识，其实在那个年代根本就没有从完全科学规范意义上学习过宪法知识。这种雾里看花或反鉴之学使我受益匪浅，使我在全国近80名报考生员中以初试第二、复试第一的成绩顺利考取了中国社会科学院研究生院法学系宪法学专业的研究生。从此开启了个人终生从事宪法学研究的历程，虽经历坎坷，但终究成为一个通过知识改变命运的成例。当然，这已经是题外之话了，就此打住。话说回来，在那个特定的时代背景下开展的那场批判斗争不仅在一定范围内普及了宪法的知识，而且所使用的宪法学概念、话语以及某些宪法原理，在那个知识的荒原中，犹如一片绿洲和一汪湖水，使人目前一亮，倍感兴奋。不待说，那些概念、话语和宪法原理，直接传及日后的宪法学研习中，以致使用至今。

中国宪法学的起步阶段，仍然是一个需待开垦的学术处女地，需要我们认真地加以总结、体悟和反思。

第二节 初转阶段

可以从两方面理解"初转"的意义：一是从对苏联宪法的批判转入对中国宪法的研究，二是从沉寂中逐渐进入开启状态。

对苏联 1977 年宪法批判的锋芒性很快受到顿挫。一是因为那种主要基于意识形态的批判除了重复当时流行的政治话语之外，实在并没有再多的话可说，即使是在那个特殊的时代，无论是读者还是学者都对那些重复了千百遍的政治话语提不起持久关注的兴趣。于是，那场起初轰轰烈烈的批判斗争很快就烟消云散，归于沉寂。

二是中国共产党在 1978 年召开十一届三中全会之后，执政党和国家开始进行思想和路线上的拨乱反正，国家也开始进入了社会主义现代化建设的新的历史时期，在中国共产党的十一届三中全会提出的"发扬社会主义民主，健全社会主义法制"的战略目标正式进入实施阶段。在这种新的形势下，对中国的社会主义法制建设来说，首要的任务是修改一九七五年颁布实施的宪法。

一九七五年宪法是在"文化大革命"中，受到执政党和国家内部错误路线干扰最厉害的时期制定和颁布实施的。在一九五四年宪法从"十年动乱"之初实际上被彻底废弃之后，国家实际上处在没有宪法，也没有法制的"无法无天"的状态，大规模的"群众运动"、革命派"专政"肆虐全国，给广大人民群众的生命、财产造成了难以计量的损失，社会的正常生活和正常的国务活动根本无从谈起。在那种极不正常的历史时期，由极"左"路线和政治集团主导制定和颁布的一九七五年宪法，尽管也坚持了中国共产党对国家的领导和国家的社会主义性质，但在其他一系列的重大国事上都做了不适当的甚至错误的规定，实际上是通过国家根本大法的形式，试图将当时主导的"左"倾路线固定和确认下来，从而使当时的"左"倾路线和极"左"的政治集团对国家的统治合法化。因此，社会要转型，就必须从废除一九七五年宪法做起，按中国立宪的特定话语表述，就是要彻底修改一九七五年宪法，实际上就是要重新制定一部适合新的历史时期需要的新宪法。在这种情势下，当时的法学术界特别是宪法学术界，面临着"双重"但又"一体"的紧迫课题和任务，即：一方面要继续参与拨乱反正，那是执政党和全国共同的政治任务；另一方面要筹划制定新宪法。对于中国宪法学术界来说，当时参与拨乱反正直接的目的，就是要制定一部适合新历史时期需要的新宪法。为此，当时的中国法学界特别是宪法学术界为此做了大量调研和谋划工作，这其中的繁忙与劳苦自不必细说。我当时还是一个在读的研究生，并没有实际参加一九七八年宪法的制定工作。当时只在《黑龙江日报》上发表了一篇法制宣传教育的约1200字的短文，也算是一个微不足道的贡献吧！那篇短文是笔者平生第一次公开发表的文章，记得当时在看到报样上印有自己名字的白纸黑字时，欣喜和激动的心情溢于言表。可后来即使出版了上一百万字的"鸿篇巨制"，都找不回来当初的那种感觉了。可见，凡人都难以超越所谓的"幸福满意度"的"边际理论"的域限。

然而，由于时间过于匆忙，拨乱反正的任务还没有彻底完成，加之当时法学理论特别是宪法理论的准备不足，为新的历史时期制定一部新宪法的任务并没有交出一个完满的答卷。一九七八年宪法较之一九七五年宪法固然有了重大的进步与突破，特别是在申明坚持中国共产党对国家的领导、坚持社会主义方向等重大原则的同时，也宣示了国家进入了一个新的历史时期，国家在新历史时期的总任务是集中精力进行社会主义现代化建设；规定了国家发展社会主义民主，健全社会主义法制的总的战略方针；还规定了国家为完成社会主义现代化总目标和总任务所需要的各项重大方针、政策；国家机构的组织与活动原则，以及公民的基本权利和义务等。这些都是一九七八年宪法值得肯定的方面。而与此同时，在该部宪法上仍然保留了浓重的"左"倾思想和路线的痕迹，甚至在"文化大革命"中作为无产阶级专政工具的所谓"革命委员会"的组织都没有从宪法中清除。事实表明，中国宪法学在理论层面上还需要大幅度提升。无法想象，一个仍然深陷知识荒原中的中国宪法学，就能给当时的立宪给予充分的理论支持。中国宪法学在学科的理论建设上仍然任重而道远。

初转阶段的中国宪法学，留给我们最重要的反思和启示之处，或许就在于，从科学规范的意义上来说，宪法学应当培养和造就自身独立的学术品格，否则，就那时的中国宪法学的总体状况来说，要成为拨乱反正、改革开放的理论先导，还是一个难以承受的时代之重。然而，要建构科学的宪法的理论体系又谈何容易？不仅需要智慧和勇气，而且还需要假以时日，需要积淀和开拓、创新。所有这些，在那个刚刚从迷乱中警醒的时代，显然还不具备宪法学理论水平大幅度提升的条件。中国宪法学无论在知识水平上，还是在人才资源的培养上，都没有做好准备。但在初转的阶段，曙光已然显现，只待日出东海，跃然升腾了。

中国宪法学在那个时代的曙光初现，首先，是表现在当时的中共中央、国务院决定在1977年恢复高等教育的全国统一考试。在那个动乱即将结束的年代，知识的地带依然是一片荒漠。国家恢复高考以后，成千上万有志于学的热血青年，有机会从此陆续地进入高等学府的科学殿堂。后来他们中许多人都成为中国法学界包括宪法学专业的精英和骨干，为中国法学包括宪法学作出了重要的贡献；还有少数人成为蜚声法学术界包括宪法学术界的著名学者，可以毫不夸张地说，现在活跃在全国各地的宪法学的骨干队伍和领导人物，基本上都是来自1980年前后进入大学接受高等法律教育的学生。

其次，是当时中共中央、国务院决定在中国恢复和扩大实行硕士研究生教育。1978年率先招考法学硕士研究生的高等科研机构和高等院校，只有区区中国社会科学院法学研究所和北京大学法律系等一两家。中国人民大学、北京政法学院（后改建为中国政法大学）正在筹办复校之中，至1979年才陆续开办法学硕士研究生教育。首批考上中国社会科学院法学研究所（旋后成立中国社会科学院研究生院法学系）的全部硕士研究生只有16人，被戏称中国法学研究生教育的"黄埔一期"。其中宪法学专业研究生只有四位，他们是贵立义、吴新平、敖俊德、陈云生。除敖俊德被转为没有招满名额的刑法专业之外，其他三位都于1981年顺利毕业，并获得法学硕士学位，都用一生从事宪法学专业的教学和研究工作。贵立义毕业后到东北财经大学工作，是该校法学的骨干教师，长期担任该校法学院院长，现已退休，依然活跃在宪法学教学科研的第一线。吴新平毕业后一直留在中国社会科学院法学研究所国家法室（后相继改为宪法室、宪法行政法室）工作，现已成为该室的资深研究员，此外，吴新平还是中国香港基本法和澳门基本法以及港澳法领域公认的有学术影响力的学者。陈云生毕业后也一直在法学研究所国家法室从事宪法学、行政法学、政治学、法哲学等领域的研究工作，退休后，除或长或短时期内辗转北京市和外地的一些高等院校做兼职教授外，一直继续从事宪法学的教学和研究工作。

继中国社会科学院法学研究所之后，北京大学、中国人民大学、武汉大学相继招考了宪法学研究生，为国家培养了一批又一批宪法学高精尖人才。他们中的一些人自20世纪90年代以来，陆续成长为中国宪法学的专业骨干、知名学者和学术领军人物，至今活跃在中国宪法学的教学和科研领域。

在改革开放三十多年后的今天，当我们满怀深情回顾这三十多年的不平凡的历程时，我们整个法律学界包括宪法学界，特别是在那个特殊艰难时代培养出来的包括宪法学专业人才在内的所有法学专业人才，其中也包括三十多年中国宪法学从无到有、从弱到强的发展历程的亲历人和见证人的本人，都应当对执政党和国家怀有感激和报恩之心，对精心培养我们的老一代专家、教授同样怀有特殊的感激之情。试回想一下，在刚刚结束"十年动乱"的20世纪70年代末和80年代初，国家被"动乱"破坏得千疮百孔，百业凋敝，而在国家进入新的历史时期以后，百业待兴，用人用物的地方很多很多。而在那个极其困难的条件下，国家拿出大量的人力、物力和财力资源去发展包括法学在内的高等教育和研究生教育，该是多么不容易的事。要知道，教育是属于"软实力"的培育和积淀，俗话说，十年树木，百年树人，非一朝一夕就可以见效的。可就是在那个各方面都需要大量投入人、财、物的时代，执政党和国家都肯拿出极为稀缺的力量去发展高等教育特别是研究生教育，该是多么深谋远虑、高瞻远瞩的战略决策！作为那个时代高等教育和研究生教育的直接受惠者，如今已成长为国家各方面栋梁之才的人们，怎么能不对那个时代英明而富有远见的战略决策心怀感激和报恩之情呢？

第三节　辉煌时期

在由中国政法大学主持召开的一次研讨改革开放三十多年中国公法学发展的学术会议上，笔者在作主题发言时，曾提到在20世纪80年代之初延及中期，中国宪法学凭借一九八二年现行宪法的制定与颁布实施的那一难得的历史机遇，曾经极盛一时，创造了中国宪法学史上难得的"辉煌"。在发言后的评点中，年轻的评点学者对此"辉煌"的评价提出了质疑，以为言过其实，与今天的宪法学在深度和广度上的发展相比，那个时代的中国宪法学根本谈不上"辉煌"。个人所见不同这很自然，问题可能是出在对"辉煌"的评价和认定的标准上。

我们首先承认，那个时代的中国宪法学，无论在理论研究的深度还是在广度上，确实无法与今天的中国宪法学相比。然而，愚仍执拗地认为，那个时期是中国宪法学确实可以称得上"辉煌"的时代。主要体现在"深""众""广""多""敏""显"六个方面。确切地说，就是对一九八二年宪法及中国宪法学，宪法学人涉入之深、公众参与人数之众、宪法知识普及之广、发表著述成果之多、涉猎问题之敏感、与其他学科相比之显这六个方面。

一　宪法学人涉入之深

本人没有详细地考察过中国百年的立宪史，特别是没有对宪法学者们究竟在多深的程度上，涉入中华人民共和国成立前历次的制宪活动之中做过深入的研究。史学留给我们的记述，基本上都是各该当时主政的政治官僚或军阀的作为，以及他们之间的明争暗斗。在清朝末年力主实行君主立宪的康有为、梁启超等"维新派"的知识分子，也许是个例外。他们自 19 世纪末至 20 世纪最初的十年左右已经深深地卷入清末的立宪活动中去了，谭嗣同等义士为此甚至搭上了个人的身家性命。但终究说来，他们也只不过是作为当时的政治附庸而不是主角被载入立宪史册的。

而我个人亲历的一九八二年宪法的制定过程中，中国宪法学界涉入之深，却是有深刻体会的。

首先，从宪法学者参加的人数说，差不多囊括了所有的北京地区的宪法学者。当时中共中央在作出了修改一九七八年宪法即制定一部新宪法的决定，并成立由中共中央委员会全体委员参加的宪法修改委员会之后，旋即成立了"宪法修改委员会"的"秘书处"，具体着手准备新宪法的调研和起草工作。"秘书处"由在京的著名宪法学家王叔文、肖蔚云等组成。总负责人是中国法学界的泰斗、著名法学家、时任全国人大常委会法工委的副主任张友渔先生。王叔文先生与张友渔先生之间虽没有明确的师生身份认定，但王叔文个人以及在法学界圈子内公认前者是后者的"学生"这样私谊关系，加之王叔文时任中国社会科学院法学研究所所长兼国家法室主任的身份，所以秘书处的一些学术调研和资料准备工作，便自然地由张友渔直接交与王叔文承担。而王叔文每当领回这方面的任务便急匆匆赶回法学所，召集国家法室全体成员或集体或个人分工承办。当时的国家法室主要成员是周延瑞、张庆福、王德祥，还有研究生毕业后留下来工作的吴新平和笔者本人。记得自 1981 年下半年至 1982 年上半年是宪法草案起草中最紧张和繁忙的时刻，起草小组每草拟一个条款，都要求参考有关的国内外特别是外国宪法的相关资料，而那时的宪法资料相当缺乏，为查找一份资料并据此写出相应报告，工作中常常是不舍昼夜，更遑论周末和节假日，绝不允许稍有延误和疏漏或瑕疵之事发生，不合要求的报告，都要返工重来。到宪法制定完毕和颁布之后，汇总起来，由国家法室完成的资料收集和作出的调研报告，总计有七八百万字之多，可见当时付出的辛劳是何等之多了。后荣升国家法室主任的张庆福先生曾几次提议要将这些资料整理出版，但终因种种原因而未果，留下不小的遗憾。此是后话，这里不必细表。

此即所谓的宪法学者涉入之深的一个侧面。

二 公众参与人数之众

一九八二年宪法的制定开创了中国立宪史上的一个创举，就是在宪法草案拟定之后，由《人民日报》全文公布，供全国人民共同讨论。当时各方面的组织和公众参与的热情之高、人数之众前所未有，并提出了大量的修改意见。这些意见在宪法正式通过之前得到了认真的审理，许多正确和好的意见被采纳。关于这方面的详细情况，彭真在关于宪法草案的报告中都做了较为详细的说明，这里自不必由在下陈述。

三 宪法知识普及之广

值得记述的是，那次关于宪法草案的全民大讨论，从普及法律特别是宪法知识之广的意义上来说，可以说是空前的，尽管未必是绝后，但至今没有再现。站在宪法学的立场上看，那次在全民中普及宪法知识之广确实是一件意义重大的宪法史实。自此以后，宪法是国家的根本大法，宪法是治国的总章程之类的宪法常识，被许多人所熟记并总能脱口而出。在宪法学业内人士看来，这种宪法知识的普及的意义绝非一般。宪法作为国家的根本大法，其贯彻实施，政治家们的主导、司法机关的保障、法律特别是宪法学者们的鼓吹和理论引导固然都很重要，但是，最重要的力量还是在于广大民众之中。没有广大民众对宪法的理解、认识、自觉地遵守和身体力行，以及对公共权力部门和公职人员在贯彻执行宪法中实行强有力的监督，特别是没有对宪法理念、原则、精神和各项规定的精神上的信仰，即使再好的宪法也不可能得到正确的实施。广大公众才是实施宪法的真正强大的社会力量，这才是宪法生命力的真正所在。我们认为，一九八二年宪法的制定过程，特别是那场关于宪法草案的全民大讨论，确实可以称得上中国立宪史上辉煌的篇章。

四 发表著述成果之多

此阶段的辉煌不仅表现在以上政治层面的空前的重视,以及广大民众参与热情之高等方面,还表现在发表的著述成果数量庞大的方面。当然,从学术规范的意义上来说,单纯从成果的数量上看并不能判定学术成果在品质上就一定是优良的。如果是精品或优品,数量上当然是越多越好;反之,粗制滥造、品质低劣,即使数量上有如汗牛充栋,又有何益可言?此为常理,无须赘言。

此阶段宪法学学术成果之多,主要表现在三个方面:

一方面即为前面所述,是在对宪法草案的全民大讨论中,由学者和广大热心参与的民众所写的大量有关对宪法草案的评论、个别条款的修改意见、需要补充的内容和需要改正的表述上或文字上的错误等。

二是由各方面的专家、学者在宪法正式通过并颁布后所撰写的大量释义性文章、"讲话"等。一段时间内,有关的内容充斥报纸、电台和刚刚出现尚未普及的电视等媒体上,通过各种不同形式的"释义",一时间掀起了一场浩大的对新宪法的宣传、教育、普及的热潮。本人当时初出茅庐,不知天高地厚,也主动和应邀写了几十篇的报刊文章,几部自著和与他人合写的有关新宪法的"讲话"。至于全国在那个时期总共发表了多少文章和出版了多少部著作,似乎还没有这方面的统计数字,但实际上这个数量是相当可观的。光本人自己手中持有的"释义"或"讲话"之类的著述,就有十多本。

如何看待和评价这些洋洋大观的文章和著作?不仅今天的宪法学者,就是在那个时代的学者对其评价都不高。记得本人在20世纪80年代后期在申报破格晋升研究员的申报材料中,列举了一长串这类的著述题目或书名,记得当时的领导在审查时曾冷冰冰地说过"就凭这些东西"的话,不以为然的态度显而易见。这句话深深地刺痛了我,以至20多年后仍然不能忘怀。这倒不是因为自己感觉过于良好或气量太小,而是认为这种消极的评价有失公允。是的,我个人也坦然承认,按当今的中国宪法发展的水平来衡量,那个时代所有的宪法学著述——无论是文章还是著作——总体上水平确实不高。但请不要忘记,那个时代的中国宪法学乃至整体法学仍是一片荒漠的地带，大量的宪法"释义""讲话"不仅解除了广大民众和社会、国家各方面对宪法知识需求的饥渴，而且以超常的速度在知识的荒漠中培植了一片绿洲，而这片绿洲实际上成为后来乃至今天中国宪法学发展的基地。我不敢确认今天的中国宪法学是否已经长成了一棵参天的大树，但不管怎样，中国宪法学是在那个基地上发展和延伸下来的，这确是一个不争的事实。

还可以做进一步的分析：每个时代都有自己特定的思想范畴和文化的话语，不同时代的这种范畴和话语可能是一种传承关系，也可能因为对立而形成断裂的关系，但不论怎样，它们之间并不存在一种简单的对比关系，更绝不是单向的后优前劣的对比关系。中国当代著名画家和学者范曾先生在联合国教科文大会上的讲演中曾指出，七千年前中国新石器时代先民中的制陶工匠在制作的陶罐上画的是一头猪，那神态的精妙与造型的奇绝和七千年后的中国伟大的画家八大山人的作品，完全可以等量齐观。[①] 范曾先生这里讲的就是这种道理。在艺术领域如此，在社会科学和思想领域莫不是如此。早在2300多年前古希腊亚里士多德提出的法治优于人治的思想，在2300年后的今天中国法学界还在为此苦心求证其意义和必要性。而在法学界以外，社会上甚至政治实务界又有多少人真正懂得了这个道理呢？即使在法学界，至今我们还在为刀（制）和水（治）这样的入门话题上争论不休且没有争出个结果。而今人在法治理解和执行上依然存在着种种的谬误而不自知。由此可见，在法学思想上，并不能做"后法优于前法"那样的简单类比。包括宪法在内的法律观念、理论甚至体系，是不能以前后、远近作为评判优劣的标准的。对1982年前后这一特定时期包括宪法在内的法律思想、观念、理论体系，作出不深刻以及算不上"辉煌"的判定，可能是过于简单化了。

不过，有一点需要特别予以指出，就是在这数量庞大的宪法学著述中，有相当多的一部分是出自非宪法专业甚至非法学专业人士之手。面对新的历史时期被社会和国家各个层面极为看重和寄以极大厚望与期待的新宪法的诞生，各方面的有识之士满怀热情参与撰写新宪法的释义、

---

① 参见《学习时报》2008年6月2日，第1版。

宣传文章，这无疑有利于增强人们对新宪法乃至宪法学的理解与深入认识，作为宪法学业内人士，对此应当予以热情的鼓励与支持。本人在当时的一个经历就与此有关。在一九八二年宪法颁布后，在一个西北地区某省人民出版社的一位编辑的撮合下，要我与并不认识也从未谋面的一位记者合写一本《新宪法释义》的书，约好之后就分工各自去写。我原以为他写完之后会让我这个还算是"业内"的人看一看，钜料他把两人各写的部分合在一起就拿去付梓了。他的那种自信和不屑与我共谋划的态度确实出乎我的意料。我至今尚未弄明白，一位非法学专业出身的记者，何以愿意并能写出连宪法学业内的一些人都没有弄明白的一些宪法条文，更不待说全部条文了。这事或许从一个侧面反映出在改革开放初期，在思想上获得了解放的知识界在知识上刻意积极进取的心态与欲望。当然，这个经历又从一个侧面折射出在那个时代，一些非法学业内人士对这种极为严肃的宪法释义著述所采取的随意态度。值得注意的是，这种情境的出现似乎向社会乃至学界透漏出这样一个值得深思的信息，即宪法学太简单了，简单得到了这样的程度，无论是宪法学业内人士还是非宪法的其他各业人士，只要愿意都能够提起笔来从事宪法学专业领域的写作。这样的情境尽管在后来的宪法学专业的研究中没有再现，但那样的信息作为"遗产"却被传承下来了，以致在当代宪法学专业领域里的许多重大的研究课题与领域，竟不断地遭到非宪法学专业的一些学者，特别是法理学和民商法学者的"闯入"，一些著述堂而皇之地登上了宪法学的"大雅之堂"。其中一些确实具有很高的学术品质，值得我们宪法学专业人士认真地学习和反躬自省。当然另有一些著述，宪法学界则难以认同了。

五　涉猎问题之敏感

在一九八二年宪法的最初规划和设计中，曾有仿行西方的两院制和建立全国人大体制内的"宪法委员会"的动议，这种动议还曾出现在最早的宪法草案中。为了这个制宪的实际需要，在宪法修改委员会秘书处的安排下，至少在中国社会科学院法学研究所国家法室中就组织过较大规模的调查研究，并写出过相关的研究报告。记得在当时的报纸还出现过有关分析西方两院制和东欧国家践行的宪法（和法律）委员会之类的文章。这类话题在改革开放之初的特殊情境中，曾广泛地在报纸上公开讨论和研讨过，还曾登上宪法草案的"大雅之堂"。仅就这一点来说，说中国宪法学在那个时代曾有过"辉煌"，当不是妄语。

六　与其他法学学科相比之显

在"文化大革命"中，法学从总体上来说都是重灾区，宪法学科需要重建，其他法学学科同样需要重建。不过，事务总有轻重缓急，总要按自然形成的先后顺序依次而行。在改革开放之初的法学重建中也应当如此而行。中国在改革开放之初最重大、最紧迫的任务是通过拨乱反正，彻底结束社会和国家的无序和混乱的状态。与此同时，就是要重建国家的政权机构（当时的政权组织形式还在延续"文化大革命"中产生的各级"革命委员会"）。确立社会和国家重大的目标和治国的战略方针，尊重和保障公民权，特别是生命权和人身安全权。所有这一切都需要通过制定一部适应新的历史阶段迫切需要的新宪法，加以确认和规定，作为国家在新的历史时期进行社会主义现代化建设的总章程。至于社会和国家其他各方面的生活所需要的经济、民商、行政、打击刑事犯罪和维护社会治安等方面的刑事法律，也很需要甚至是急迫地需要。早在1979年，全国人大同时通过了国家急需的七项法律，虽然显得粗糙一些，但当时有一个法律观念，就是急用先制定，有总比没有好。当时制定的七项法律就是在这种思想指导下制定的。这七项法律在改革开放的中国，发挥了重大的法律效能，有的法律一直延续至今。但与宪法比起来，还是宪法显得更重要些和急迫些。在这种特定的社会和国家情境下，作为规范和调整社会与国家各方面生活的根本法宪法和其他相应的各种法律比较起来，自然也存在发展进程中先后、轻重和缓急的差别。为适应新宪法的制定和释义、宣教的需要，宪法学在那个时代率先得到重建和发展，这是势之使然，并不是宪法学界自我"坐大"作出来的。相比之下，其他各门类的法学学科在各自学术界的推动和努力下，也相继开始了重建的历程，但从总的态势上看，显得有些拘谨和低迷。这绝不是对这些学科的冷落和歧视，其实是势之使然，势所必然。记得本人当时在发表了大量的报刊文章和出版了几本宣传新宪法的"讲话"后，在学术界和新闻、出版界还算混个"脸熟"。正在"得意"之时，忽然想起了在京的其他学科的研究生同学们多少显得有些寂寞，也许是天性善良使然，忽然间觉得应当为他们做点什么。于是把他们联合起来共同撰写了一本《法学基础知识》的普及读物，包括各个门类的法学学科，由江西人民出版社出版发行。为了避免自己过于突出或让人误以为别有用心，我没有给自己戴上"主编"的"桂冠"，连作品署名也与几位同学按姓氏的笔画多少排列；而低廉的稿酬也是让出版社按各自的份额分别寄给他们，目的也是避免由我分发可能引起的不必要猜忌。这虽然是一件微不足道的小事，但毕竟反映出那个时代法学各个学科之间存在的先后、轻重和缓急来。与其他学科相比，宪法学显得格外突出，是那个时代当之无愧的"显学"。然而，令人不禁歔欷的是，宪法学的"显学"地位只保持了短暂的几年时间，也许正是由于中国哲学中所谓的"物极必反""三十年河东，三十年河西""风水轮流转"的内在规律使然，中国宪法在当时的"显学"地位很快就从高端跌落了下来，而且一直跌到谷底，至今仍然挣扎在落寞的深渊而不能自拔。颇具讽刺意味的是，其他的一些友邻学科，特别是经济法学、民商法学等随着后来国家的经济改革的深入而从沉寂中鹊起，一跃而成为"显学"，其上升势头至今有增无减，成为中国法学发展的一道亮丽的风景线。

在20世纪80年代的中、后期，在中国宪法学中还有两个学术动向值得记述下来并值得进一步体味。因为这两件事与我本人有关，所以并没有列入"显学"的名下来讨论。这样做的原因并不仅仅是自谦，还因为我们现在讨论的是中国宪法学历史发展历程。这当然是一个严肃的话题，在下实在不愿意因为这涉及自己而可能被人误解在为自己"张扬"而分散对讨论中的真正主题的注意力。

第一个学术动向是中国在20世纪80年代初国家启动的博士研究生教育，不期然是从宪法学发端的，第一位由中国本土培养的博士研究生和授予的法学博士学位也是一个宪法学人。事情的原委是这样的：早在1978年国家正式恢复硕士研究生教育以后，却凸显了更高层的博士研究生教育的空白状态。鉴于中国在世界上具有举足轻重的大国地位，又鉴于国家进入新的历史时期以后急需各方面的高等人才发挥骨干和栋梁的作用，再鉴于已经恢复和开办了硕士研究生的教育，所以在当时正处在改革开放时期的中国，就历史地提出了开办博士研究生教育的需要，以此为国家培养各方面迫切需要的专家型人才。但是，博士研究生教育的思路并不是从一开始就被明确地提出来的，而是有一个小小的曲折。大约在1983年，当时的主管国务院教育部门的领导，曾经设想由国家几位泰斗级的老专家以传统的"以师带徒"的形式为各自培养一名学术传承人。当时最初确定的老专家有号称中国法学泰斗的张友渔先生，以及其他几位哲学、经济学和考古学等学者。几位老先生授命以后，就分头在全国范围内寻找自己的"门徒"。可能也是一种历史机缘吧，本人自1982年起就实际承担起张友渔老先生的文字秘书工作，只是没有名分而已。自1981年至1989年长达七八年的时间内，先后为张老起草了大量的报刊文稿、书稿、接见外宾的讲话提纲等。其中的《宪政论丛》是我从上千万字的旧文稿（其中大量的文稿是发表在国民政府在重庆统治时期主流报纸的时评文章）中整理、甄别、集结而来的。由于这种特殊的关系，加之那时经常为文稿的事情光顾位于木樨地的张老先生公寓接受任务、交接文稿，所以与张老先生处得很熟。恰值其时乱世甫定，学业凋敝，张老先生要在全国为自己选中一位得意门生，确也并非易事。某虽不才，倒也近在咫尺，不用劳神费力满世界去寻找。于是，本人作为唯一报考人通过没有竞争的考试考取了张老先生的博士研究生。接下来的岁月便成就了我自己一段传奇的经历，即本人既成为张友渔老先生的开门弟子又是关门的弟子，而且还是唯一的先是门徒后为博士研究生的人。这是发生在1983年的事。然而，传统的师带徒的学艺传承方式毕竟不符合现代化教育的理念与制度。国家随后即在1984年正式启动和开办博士研究生教育。遂后在1985年，刑法、民商法、行政法、法理学等法学学科都招录了本学科的第一代博士研究生，他们中的一些人后来成为各自学术领域的大家和领军学者，享誉学术界。

究实说来，由谁成为中国本土培养的第一位法学博士并不重要。如上所述，那不是像我在硕士研究生招考时那样，是在全国性的激烈竞争中，凭优异考试成绩而录取的，因而多少带有机缘的安排，并非全由人力所为。如果说其中还蕴涵着某种意义的话，那就是中国宪法学的学术地位和学术声誉,在中国新的历史时期的法学学科重建和发展的历程中,曾占有一席显著的地位,以及或许令其他法学学科羡慕的声誉。尽管现在的中国宪法学还苦苦地挣扎在有些许的悲凉情境的落寞之中,但中国宪法学也曾经创造过傲人历史和无可改写的记录。我等宪法学人如果能够从这段历史中体味出自立自强的敬业精神,找回自信,并激励自己在当代和未来勇于开拓、创新和奋发图强,这难道不是一件很有意义的事情吗?

第二个学术动向就是在那个辉煌时期的后期,在经历了轰轰烈烈的对一九八二年宪法的释义和宣传之后,中国宪法学术界的一些学术先辈,特别是宪法学术界的龚祥瑞和何华辉等学术大家,开始了从事真正具有宪法科学规范意义上的创作,先后出版的有龚祥瑞的《比较宪法和行政法》和何华辉的《比较宪法》。这两部学术著作由于其超凡脱俗(相对于对一九八二年宪法的释义和宣传而言)的学术品位,不仅深深地影响了当时宪法学的教育,使一批批致力于宪法学学业学习的莘莘学子学到了真正符合科学规范的宪法学知识,而且也开启了中国宪法向着更深邃的宪法学基础理论和更广阔的比较宪法领域发展的先河。其对中国宪法学的贡献,即使在今天,也应当予以充分的肯定,对两位早已仙逝多年的学术前辈更应当予以更多的缅怀和给予更多的尊敬。关于这两部宪法学专著,学术早有评论,而且两著并不难找,感兴趣者自会去阅读和品味。因此无须在下细加评论,这不是对两位备受我尊敬(顺便提及,在何华辉先生辞世前几天,本人曾在何先生的高徒童之伟的陪同下,曾专程到医院探视病重中的何先生)的前辈及其大作的不尊重,实为这样的历史回顾的题材所不宜。

下面在下首先要向读者道歉,读者也许不明就里,写得好好的,为何贸然道起歉来?究竟有何歉可道?这其实是有原因的。因为接下来所要写的内容,又与我个人的研究思路和成果有关。在一部回顾性的作品中反复,着重地写自己,这可能被认为是不够谦逊甚至是张扬的表现。但通过反复斟酌和深思,还是决定写出来。本人执拗地认为,由自己写出真实的研究思路,不仅是对有关著述最好的解读,而且还能真实地反映出中国宪法史中那一段历史的一个片断和情节。相信本人只要剔除私心杂念,只要是出于忠实和负责的精神去书写,哪怕与自己有关甚至全然是个人思路和经历的情节，也会得到广大学术同人的理解和宽容的。不待说，这也是本书的写作宗旨以及书名所预先确定下来的。

这个情节是完全属于我个人的，是关于在下在20世纪80年代后期完成的两部作品的研究思路。

一部是《民主宪政新潮——宪法监督的理论与实践》，由人民出版社于1988年12月出版。该著的出版颇有些偶然和恰逢机缘。当时的人民出版社有一项在今天看来相当开明的政策，就是为了学术上的长远之计和出版社的声誉，每年允许出版两部在投入资金大于收益的"赔本"的学术专著，但要经过严格的筛选和评估，不以作者的资历和名声为依据，只凭作品的质量和学术力度取胜。本人当时虽然有几十篇文章和几部《新宪法讲话》之类的一般性学术作品出版，但也只能算是初入道者，资历尚浅，名气更不大，我的作品竟然被选中免赞助费出版，实在是大喜过望。但仔细想来，此事也并非纯属偶然，天上不会平白无故地掉下馅饼。从本人如下的创作思路和学术价值取向，便可体察其中的入选缘由。

如前所述，包括宪法学在内的法学和其他许多重要的社会科学学科，在"文化大革命"中遭到了毁灭性的摧残，到那场"动乱"结束的时候，科学规范意义上的社会科学的大部分门类基本上都变成了一片荒漠。面对这种社会科学的苍凉背景，国家在新的历史时期，即在实行改革开放之初，就历史地提出了重建社会科学的重大而紧迫的任务又鉴于"文化大革命"中法制受到的摧残是最彻底，人权被践踏得全无保障可言的现实状况，对法律科学的重建是重中之重。也如前所述，中国宪法学借一九八二年宪法制定和颁布的历史良机，率先得到重建并在一九八二年宪法制定和颁布的前后曾经出现了持续几年的"辉煌"时期。但这只能是作为中国宪法学重建和发展的一个历史契机。大量的有关新的宪法的释义和宣传性文章、著述，尽管也是宪法学中的重要组成部分，在那个特定的历史时期甚至可以称得上是中国宪法学空前繁荣和进步的标志性内容。但这不是中国宪法学的全部，中国宪法学也不能在内容上永远这样的"演绎"下去。中国宪法学下一步将走向哪里，如何向前发展？这是中国宪法学业内人士必须面对和需要回答的问题。

本人作为中国宪法学队伍中的一个新兵，人微言轻，根本没有资格去谈这个引领中国宪法学发展方向的沉重话题。但是，这并不是说，这只能是一个由"肉食者"谋划的话题，而"草食者"们则无须置喙。事实上，发展中国宪法学是每一位宪法学业内人士——不论其资历和地位如何——的共同话题。每一位立志于投身中国宪法学的学人都有责任为中国宪法学的发展作出自己的贡献。愚虽为初入道者，自当不能例外。

笔者在当时对中国宪法学发展方向的基本思路集中在两个方面：

一方面认为，中国宪法学术界对一九八二年宪法的释义和宣传的历史任务，基本上在1985年前后就已经结束，如潮水般的文章、"讲话"之类著述的发表，对一九八二年宪法的基本原理、精神、条文、功能、意义等所有能够和应该涉及的方方面面，差不多都得到了完全彻底的、淋漓尽致的阐释。大概到1985年前后，包括宪法学专业人士在内的学术界对新宪法的阐释和宣传表现出一定的"疲惫"倾向，有关的文章、"讲话"等著述的数量锐减；与此同时，广大民众的关注度和热情也迅速转移和降温。在这种情势下，新闻出版界对有关一九八二年宪法的阐释和宣传的热情也在下降，有关书籍的销售市场也大幅度萎缩。当然，在那个计划经济和重讲政治效应的时代，新闻出版业还是在计划经济的体制中运营，政治效应永远放在第一位，经济效益置于服从政治效应的地位。但这并不意味着，当时的新闻出版行业全然没有经济效益的考量。不过，即使如此，当时的经济效益的考量也是无法同今日的考量相提并论的。在下的一本20多万字的《新宪法讲话》当时的定价只有六角（0.6元）人民币，大概只相当于今日同类书籍定价的1/70—1/50。相对于今日暴涨成天价的书价来说，区区的六角人民币简直如同白送一般。即使如此，当时的出版社也还有微利可赚，绝不会亏本印刷和发行。由一本书的价钱上的变化，足可以看出世道变化之快又如何至速且深了。这当然是题外话了。总之，从学术人到公众和新闻出版人都处在中国宪法学前进的十字路口上，朝哪个方向、走哪条路已然是一个需要选择、决定和实行的问题了。

鉴于以上情势，个人感到中国宪法学的出路首先应当从对一九八二年宪法的阐释和宣传中走出来，再好的文化"盛宴"，也如同饮食盛宴一样,人们也总有吃饱喝足乃至厌倦的时候,正如俗话说:"天下没有不散的筵席",就是此中意也。宪法学应当将自己的眼光首先更多地集中在宪法学的基础理论方面。从科学规范的意义上来说,任何科学体系都建立在自己学科乃至所有学科共同拥有的(例如哲学)基础理论之上。科学之所以称得上是科学,就在于它不是由任何个人主观臆想创造出来的体系,而是经过许多科学家在几代乃至几十代人中间去发现和建构起来的。一个科学体系的确立必须由科学家们共同承认的基本理论体系包括基础知识在内的理论构成,在自然科学领域要经得起反复实验的证明,一次实验的结果还算不上科学,只有反复实验都能得到相同的结果,才能称得上科学;而在社会科学领域,包括法律科学在内尽管不能用严格的实验标准去验证,但其所立论的基础是应当有逻辑基础和条理清楚,是在经过论证之后就可以确立下来的一个知性体系,使后学者一看就明白、就信赖而无须从头做起。

现在,包括宪法学在内的法学,经过历代无数的法学家们的共同努力,早已建立起这样的基础知识。我们后学者也许不必像古代的柏拉图和亚里士多德那样,从最基本的法律理念和制度的研究和实践做起,但我们后学者不能不接受这种理念,更不能不认知和熟悉这种理念。当然,有能力的可以而且应当在基础理论方面有所拓展或创新,但前提是要了解和熟悉这个基础理论,要承认和接受这个基础理论,否则,人人都从个人主观臆想出发而率性而为,怎么能建构具有科学规范性的学科体系出来?在当时,对于中国宪法学术界来说,一是由于"文化大革命"对科学体系的蔑视和摧残,二是由于学术环境的影响,中国宪法学术界对于普遍性的宪法学基础理论还相当陌生,不仅如此,对其中的一些理念与制度基于非学术性的引导与限制,还采取了强烈的批判和拒斥的态度。这在国家结构理论、权利理论、基本的民主理论和立宪主义等诸原则特别是法治原则等方面,表现尤其突出。这种状态对于宪法学的学科体系的长远发展是极为不利的。人们在当时,即使在今天也未必完全搞明白这样一个基本事实和道理,即近现代宪法并非天外来物,也不是我们的老祖宗和少祖宗们自己发明的,而是在近代从西方法制文明和宪法文明的国家传过来的。本是地道的外来之物,从本质说来,宪法和宪制在中国从来都是改革开放的产物。

最早是在19世纪末20世纪初，不甘落败的屈辱的清朝政府在以康有为、梁启超为首的一批维新派人物的论证和倡导下，希图通过变法图强，西学东用，用君主立宪的政体改变原封建体制造成的腐朽和落后的状态，以避免延续了二百多年的清王朝毁于内乱外侮之中。因此，迫于情势，清政府中以光绪皇帝为首的改革派主张并着手实行君主立宪，康有为等人也向皇帝介绍了大量的西方的"开国会""立宪政"的做法和经验。志有所图的光绪皇帝欢迎和接纳了许多有关的立宪意见和建议，并在实际上大力推进改革，一系列的新政在短时期相继出台。无奈以慈禧太后为首的保守派最终扼杀了那场轰轰烈烈的变法图强的宪制运动，使腐朽的清王朝得以延续和复兴的最后希望破灭了。本来，如果清王朝的立宪改制是顺应历史潮流的，且能坚持下去，当时中国也许会走向君主立宪的道路，并以此制使国家获得复兴和强大。毕竟先有西欧和北欧各封建王朝改制的成功先例在先，而近邻又有日本的明治维新大获成功的范例在后。其实在政治和宪法学术界也有一些学者认为，君主立宪政体尽管与近、现代的民主理念与民主制度不相切合，但该制仍有其重大的政治利益和价值。此制不仅可以满足人们从历史上流传下来的对政治权威依赖和信托的心理需要，即使作为一种政制，其在维持政体的稳定性和保持社会安定的政治价值也应当予以充分的肯定，相比之如美国那样的每四年举行一次大选并由此造成举国的政治动荡，甚至基于党派政见不同而造成的社会分裂来说，也有其不可否认的优越性，在中国的法学界，包括宪法学术界也有人认为，中国的清王朝的末代统治者如能把握好那次宪制运动的历史机遇，也是中国近代复兴和自立自强的一种政制选择。

中国是一个有着两千多年封建君主传统的国家，民众对君、师等权威有着复杂的心理感情，像西欧、北欧、日本、东南亚等国家那样实行君主立宪制，民众未必不能接受。然而，由于清王朝主政的顽固势力的倒行逆施，自己断绝了这条改良之路，于是以孙中山为首领的革命派，顺势发起了反帝反封建的民主革命，最终推翻了封建帝制。但是，由辛亥革命首发的推翻帝制的斗争，并没有取得彻底的胜利。后由北洋军阀所掌控，遂之带来了一系列如走马灯一样展开的恢复帝制和反复辟的斗争，和平斗争又演变成为延续了十几、二十年的战争，进一步推进了国家的劫难,人民饱受战乱之苦。这种长期的政治角逐和社会动荡,对于中国的国运和人民的福祉究竟是福还是祸?历史早有定论,学界当有反思。但不管怎样,历史就是历史,历史从来不会给人以重新选择的机会。中国第一次的宪法运动以失败而告终。尽管宪法和宪制的西体中用的进程并没有完全停止,但毕竟使中国宪法学失去了向纵深的基础理论和巨大实效层面发展的宪法与宪制的平台。这种基础理论和宪制实效层面的中国宪法学建构只能留待后世去完成。

中国民主主义革命的先行者孙中山先生,是中国那个时代最了解和熟悉西方宪法和宪制真谛的人。他既是革命的实践者,又是伟大的思想家,甚至可以说是宪法和宪制学家。但他的宪法思想和宪制理念似乎从一开始就陷入了一种两难境地。一方面拒斥了西方的宪法和宪制,他在《建国大纲》中声称,西方国家的宪法和宪制是学不来的,也是不必学的;而在另一方面他创意在中国制定一部"五权宪法"并以此建立宪制,这就是说,在中国还是要实行立宪和建立宪制的,只是不同于西方的宪法和宪制罢了。按今天的说法,这就是所谓的具有中国特色的宪法和宪制。其实,孙中山的这种立宪和宪制的创意和构想,并没有从根本上解决中国宪法和宪制与西方在基础理论方面的联系与区别的问题。既然同为宪法和宪制,如前所述,就必然存在着学术界共同承认和接受的基础理论体系,建制可能有所不同甚至存在很大差异,就是在西方国家的宪法和宪制,尽管在内在机理上是共同的或相通的,但表现于外的形制方面却是存在很大差异的。更何况中国与西方各国的内在机理相通而外在形制不同的景况,同样适用于中国与西方各国的宪法和宪制。如果抽出了宪法和宪制共同或共通的内在机理,即使制定了完全相同的宪法和建立完全相同的宪制,那还是原初意义上的宪法和宪制吗?更何况这种情况根本就不可能实现。孙中山也许是中国继晚清政府之后继续求解中国宪法和宪制路在何方问题的翘楚者,但他犹豫在既想利用西方的宪法和宪制的外在形制,又拒绝西方宪法和宪制的内在机理这两难之间,天真地想利用通过对"三权宪法"增容的方式,即变"三权宪法"为"五权宪法"的方式,走出中国宪法和宪制的困境。但"三权宪法"和"五权宪法"并无本质的区别,历史证明他也没有获得成功。而他关于在中国建立宪制须按照国情经过一定时期由占统治地位的政治势力主导的"训政"阶段，这种思想颇具创意。但实行起来并不容易，后来竟被他的继承者们所利用，最终起到了延续中国宪制发展进程的负面作用。

在北洋军阀时期，立宪活动随政府走马灯似的更迭而不绝如缕。宪法如同政治的牌局玩弄于军阀们的掌心之中。军阀个人及其派系的视现实权力和利益高于一切，更不须奢望他们去关注中国宪法和宪制的前进方向与中国的命运了。

在国民党政府统治时期，本来可以充分利用全国统一和通过抗日战争达到的全国范围内各政治层面和社会势力，以及四万万民众在民族主义基础上空前团结的史上少有的局面，通过实现真正意义上的立宪主义和建立宪制度，来达到使中国走向自立自强之路。但以蒋介石为首的国民党政府并没有很好地抓住和利用好这个难得的历史机遇。宪法和宪制也在专制的统治下变得无足轻重，甚至连起码的保国功能都没有发挥出来，最终使国民党政府败走台湾，在海岛上续写那个残破的宪法及其宪制。

中国共产党领导的新民主主义国家经过了通过武装起义建立革命根据地，即土地革命、抗日战争、解放战争三大革命阶段的漫长历史时期，从总体上看，在"枪杆子里面出政权"的革命战略思想的指引下，武装斗争和军事战争成为夺取政权的主要手段。可以说整个革命斗争都是以武装斗争和军事反抗为重点的。在战火的考验和锤炼下，一大批原本出身于贫苦农民的军人成长为能指挥千军万马、运筹帷幄、决胜千里之外的各级军事指挥员、将军直到元帅。可以想见，在频繁的战争中，人们通常都会做足"武功"的文章，而对于基本上没受过文化教育（少数中国共产党的高级领导人曾在法、德等国留过学除外）的军事指战员们来说，要让他们关注和实行"文治"是件很困难的事情。而立宪和实行宪制又是"文治"中的最高层次，做起来当然更是难上加难。然而，令人感到惊异的是，立宪和实行宪制竟然从一开始就成为中国共产党领导的新民主主义革命斗争的一个重要的战线，尽管从今天的规范意义上来说可能是初级的和不完备的，但作为配合武装斗争的一条战线，确也发挥了重要的辅助作用。在土地革命期间，通过制定1931年的《中华苏维埃共和国宪法大纲》，对于当时革命根据地各项重大事务作出了总的原则性规定，对于当时革命根据地的各项事业建设、人民的权利发挥了很好的促进和保障作用，有力地支援了工农红军的武装斗争。在抗日战争阶段，通过制定并实施具有宪法性质的《陕甘宁边区抗战时期施政纲领》和《陕甘宁边区施政纲领》等宪法文件，有力地保障和促进了边区的各项事业的建设，进而保障了边区军民和中国共产党领导的八路军和新四军对日作战的进行。在解放战争期间，主要通过在国民党统治区开展反对国民政府的"宪政"运动，有力地动员和组织了各方面的社会力量反对国民党的专制统治，从而有力地配合了中国人民解放军发动的解放全中国的战争取得最后的胜利。

解放战争即将在全国大部分地区取得彻底胜利之际，在中国共产党的领导和组织下，于1949年在北平（今北京）召开了中国人民政治协商会议，各民主党派和各方面组织、势力的代表共商国是，并制定了具有临时宪法性质的《中国人民政治协商会议共同纲领》，它除了决定中华人民共和国的成立之外，还对国家的一系列重大政方针作出了原则性的规定。这部临时性的宪法以及依据其规定着手建立起来的初级宪制，在中国的立宪史上占有重要的地位，应当予以充分的肯定并深入地加以研究。

一九五四年宪法的制定是百年中国立宪史上特别是中华人民共和国立宪史中的重大事件，占有突出重要的地位。但那部至今还在法律和宪法学术界仍受好评的宪法，还没有来得及全面地贯彻实施，就在1957年之后执行的一系列"左"的政治路线所干扰和扭曲，直到20世纪60年代发动的那场史无前例的"政治动乱"中，遭到彻底的破坏和废弃。该宪法在今天看来都是很不错的原初各项政治、法律和社会事务的设计，基本上没有得到展现的机会，至少是一个缺失了实践的立宪经历。

至于"十年动乱"结束以后的初期的立宪和宪政建设经历的得与失，在前面已经略做介绍和分析，这里不再赘述。

以上对近百年中国立宪和宪政史的简单回顾与分析，正是本人在写作《民主宪政新潮——宪法监督的理论与实践》的构思和研究心路所及。事实上，该著是在笔者的硕士论文和博士论文的基础上深化研究和扩大容量而完成的。因此，对于近百年立宪和宪政的思考实际上早在此著出版前十来年就开始了，对这百年的立宪经历和事件的思考越多，就越清晰、越强化了如下的一些看法：

首先，中国自19世纪末20世纪80年代初期的近百年的立宪和宪政建设经历，不论其间由哪种政治势力主导，都表明中国已经走上了现代化进程的不归路。而现代化的道路在国家的政治、法律和社会层面上都是以一部宪法和一套宪法制度为标志的，这是世界上所有走上现代化进程的国家都要走的共同之路，至今没有发现例外。中国近百年的历史可以说如同波澜壮阔，沧桑变幻，但始终如一的，都是由持久不断的立宪和实行宪制为标志的现代化情境的实现所主导的。持续近百年所走的立宪和欲建宪制的不归路，事实已经雄辩地表明，在中国人民的心目中，早已接受和认同了立宪和宪制，不然难以解释这近百年持续不断的立宪和宪制史。顺便提及，指出这一点并非无关紧要或没有意义，而在笔者那部著作出版了二十年之后的今天，有关宪制的争论仍在继续，当下依然需要深入研究中国百年的立宪和宪制史，以史为师，以史为鉴仍不失为中国宪法学研究的内在动机和底蕴。

其次，近百年的立宪和欲行宪制的坎坷经历表明，历代的主政者都没有跳出"宪法和宪制是西方的产物，是要拿来为我们所用"的思维范式，用学术的术语表示，就是"工具目的论"。想要将宪法和宪制作为工具为我所用以达到我所欲的目的，这本身并没有错，宪法和宪制终究说来，就是一种治国的工具，不论其有多么精致的形制和显著的功能，终究还是"工具"，确切地说是安邦治国的政治法律"工具"。但是，在宪法和宪制最初起源的发达的国家，它们之所以将宪法和宪制运用得如此精妙而又娴熟，其实并不仅仅是将其视为纯粹的"工具"，而是对宪法和宪制赋予更多、更深的意义、价值和功能。正是这些意义、价值和功能，才使宪法和宪制发挥出其他治国"工具"所不能比拟，更不可替代的独特功效。正是中国近百年间的历代主政者们缺乏对宪法和宪制更深层次的意义、价值和功能的深切体察和了解，所以在进行立宪和实行宪制的过程中，显得有些蹩脚，总是不可避免地使宪法和宪制走在弯曲和坎坷的道路上。

再次，是关乎宪法基础理论的学术研究方面的。如果社会科学真的可能存在着一种"宿命"的话，那就是任何一个社会科学的门类都不可能不打上时代的印记，每一种社会科学都会在自己的理论体系中注入时代的基因。在社会科学史的研究中，学者们通常能够通过破解这些基因，复原那个时代的社会特有风貌。宪法学自然也不例外，它的时代印记和特征也是十分明显的，任何人也不能否认，更不应该否认。但这并不能成为宪法学只能是作为特定时代的政治附庸，宪法和宪制从科学的规范层面上可以说是一个独立的体系，尽管它从最初的发生学意义上来说，宪法和宪制都是人们根据社会和国家的政治和法律事务等的实际需要发明和设计出来的，人们终究要让它为自己的社会和国家的利益服务。但这并不是说，宪法和宪制完全是随机的，可以像少女一样任人去打扮，或者像戏院中的某些演员一样，可以充当任何"角色"，只要观众或听众不介意各种"角色"演得是否"到位"或足够好。实际不是这样，也不应当是这样。

如前所述，宪法理论和宪制学说是经过两千多年的思想家、哲学家、法学家，到了近、现代则主要由宪法和宪制学家经过长期的精心研究，才从中抽象和归纳出的一个完整的、有条理的理论体系，这个理论一旦受到公认和实际政治法律事务的检验，就基本上定下型来，成为一种规范的科学体系。这个规范的科学体系是需要知识界去研习和传导的，是要通过知识阶层的理论先导而达致实际的政治层面中去的，使政治层面在作出政治法律决策时有所信赖并得到理论支持。由此看来，宪法和宪制与实际的政治层面，既要保持密切的联系、相互支持，又有必要适当地保持一定的距离。理论只有保持其相对的独立性和稳定性，才称得上是理论而不是实用主义的教条；同样，政治层面也只有给理论发展一个自主自立的空间，才能使理论保持相对的纯粹科学性，也才能更好地为政治服务。宪法理论和宪制学说也不应该是个例外，不论宪法理论和宪制学说与现实的政治有着多么深的关联，给予宪法和宪制的理论、学说以相对的独立性，不仅是必要的，而且是极其重要的。但是，在实际操作中，正如近百年的宪法和宪制所表明的，总是把握不定，存在着一定的张力和不良倾斜，一方面政治层面不断地要求宪法理论和宪制学说为其提供合法性支持，另一方面，对于宪法理论和宪制学说层面任何一种理论动向都保持很高的敏感度，动辄就加以约束和限制。在这种政治主导的情境下，宪法理论和宪制学说层面表现得相当脆弱，稍有受挫，便改弦易章，最后则被迫或主动地表现出对政治层面的驯服，最终以牺牲学理上的科学性作为代价。近百年的宪法和宪制史都是在这种境遇下走过来的；特别是在20世纪50年代后半期至70年代末，甚至是以极端的形式走过来的，在那个不算短的历史时期内，连中国宪法理论和宪制学说作为政治附庸的地位也没有保住，中国宪法要么沦为极"左"意识形态的驯服工具，要么被彻底摧毁，使自己变成寸草不生的荒漠。

  对于上述的在百年中所遭遇的境遇和形成的状况，社会、国家各个层面都需要反思和调整。但从中国宪法学术界的立场上看，也许我们不能奢望这些反思和调整能够很快地到位，社会归社会，政治归政治，社会和政治的运作并不会总是如人所愿的，包括也不会总是如宪法学术界所愿的。在社会和政治层面，我们既要充满期待，又必须保持足够的耐心。然而，中国宪法学术界自己完全应该也有必要和可能在自己的学术范围内做得更好些。如果中国宪法学术界能够调整好自己的心态，端正学术的态度，立足科学的规范立场，下工夫进行宪法学基础理论和宪制基础学说的研究，虽一点一滴，但积沙成塔，集腋成裘，不仅可以积厚宪法学的知识总体，而且其潜移默化的学理先导所及，终究可能在有朝一日在社会和政治层面上发挥巨大的实际效用。问题是我们宪法学术界要有这个意识，要有所动作，而且越早做越好，哪怕一点一滴也不推诿和辞让。对于这一种认识，在下必须申明，处在20世纪70年代前后刚入道的宪法研习人的本人来说，对于这个道理的认识绝不像现在这里所写的那样清晰和深刻。但那种对中国宪法学所处形势的判断与学术自觉还是有的，而且也的确想通过谨慎和试探性的动作，表明中国宪法学术界在那种境遇和状态下还是可以有所作为的。我自认为《民主宪政新潮——宪法监督的理论与实践》就是一本力求有所作为的书。该书专设第五章讨论"资本主义国家宪法监督的理论基础与实践"。其中对资本主义国家宪法监督的理论基础如"宪法优越论""有限政府论""权力分立和制衡论""国民主权论""法的支配论"等被视为西方资本主义国家典型的基础理论，进行了介绍和分析，而对于西方国家的一些典型的宪法监督体制如"司法审查制""宪法法院制"以及"议会督察专员制"等也做了介绍和分析。在第三节对"资本主义国家宪法监督的分析和评价"中，还就各种体制的优劣进行了比较，并指出资本主义国家的宪法监督是个系统工程、具有制度化和专门化的发展趋势。这些文字就是在今天，仍然具有重大的理论反思的学术意义。

最后，是关于顶着学术研究外在环境问题。伴随着国家的改革开放势必会引发中国自身正统社会观念和结构上的一些变化。基于维护中国自身正统意识形态和结构的需要，也是在根深蒂固对西方社会和国家保持高度警惕的民族主义的有意无意的引导下，在坚定地走上改革开放道路的同时，也在思想战线上进行了一系列的抵制西方资产阶级意识形态"侵蚀"的斗争，其中既有开展时间并不长久、声势不够浩大的反对和抵制西方资本主义和资产阶级"精神污染"的斗争，也有持久开展声势浩大的反对和抵制西方"资产阶级自由化"的斗争。在时局的大背景下，中国法律和宪法的学术组织，曾专门针对法学研究特别是宪法研究中存在的"资产阶级自由化"倾向，列举了多达十几种方面的表现。中国宪法学一时间被疑为"资产阶级自由化"的重灾区。在这种情势下，《民主宪政新潮——宪法监督的理论与实践》一书能够出版，从另一方面也印证了国家的开放态度和政治上的宽容。

笔者的第二部作品是个译作，名为《成文宪法的比较研究》，英文书名是 *Written Constitutions a Computerized Comparative Study*。此书是荷兰两位著名的宪法学家亨克·范·马尔赛文和格尔·范·德·唐所著。从我在图书馆第一次见到这部书，就留下了深刻的印象，从此爱不释手，从没离开过我的书桌。该书是本人在作硕士论文以及接着作博士论文时主要的参考书。在笔者完成博士论文后，就将在几年间陆续摘译的各个片断集合整理遂成为一部并非完整的译作（有些注释及书后的附录没有译）。但该译作的出版颇有些波折，先是由刚刚复社的法律出版社接纳出版，因那时尚没有签订出版合同的概念和做法，但有社长的签字可证。在搁置了三年多后被一位令我无法忘怀的程姓青年编辑否认接受过出版此书一事。无论我如何耐心解释也无济于事，就是拒绝出版。后辗转到华夏出版社，被收入当时名噪一时的由邓朴方先生任主编的《二十世纪文库》。但由于是外国著作，该文库的法学分编委会深感责任重大，不敢定夺，于是又要求由当时的国家"天字第一号"王牌出版社——人民出版社的一位资深编辑审稿把关，结果又耽搁两年之久，到1987年10月才正式出版。我不能确定，该译作是否就是改革开放以后正式出版发行的第一部法学译著，但应该是宪法学中的第一部译著。该译著的出版在中国宪法学术界乃至法学界确实发挥了巨大和深远的学术影响,却是一个不争的事实。其原因主要有以下几个方面。

一是该书印数较多,所以流传面较广。该书第一次就印刷了13000册。在那个刚刚实现法学重建的阶段,对于这样一本专业性很强的比较宪法专著,出版社竟能放量如此之多的印数,真不知道是有先见之明,还是纯粹对需要数目的无知。相比之下,现今的出版社能对市场需要量有多种渠道和手段予以"精确地"计算,但不管怎样,就个人的亲身经历来说,对于学术色彩浓重的著作,那只市场经济中"看不见的手"通常不会用电脑上的键盘点过3000的册数,少有的例外是5000,这大概就是封顶的印刷册数了。而在20世纪80年代的后半期,那时出版人的经济头脑尚不够"发达",所以一下子就印了在今天看来近乎天文数字的印数。而令人惊异的是,这批书很快销售一空,又是绝版,到了20世纪90年代竟成难觅之书了。以至有报考本人门下的博士研究生告诉我,要找到此书参阅,需要到北京图书馆珍稀馆去办理借阅,需付费不说,还不准复印和外借。这倒是在下始料不及的。在现今,每当与出版社商谈专业著作出版时,通常总是被告知时销量有限,需要补贴云云,尽管本人常拿此译著说事,但还是拗不过那只"看不见的手"。

二是该书号称是被引用最多的法律书。常有学术同行如此说,对此我一向持谨慎态度,不仅是自谦,更重要的是没有科学规范的统计数字支持。不过,在许多的法学著作中,确实是经常看到有关的引用资料,特别是统计数字的资料。这一现象并不表明该著在宪法学理上有什么特别的独到之处才引起学术界的兴趣,而是表明中国法学术界这方面资料的稀缺。历史在20世纪80年代已经把中国法学的重建舞台搭建起来了,舞台上也活跃着各种角色演出各种剧目,就是缺乏应有的道具。长期以来,在意识形态和极"左"路线的影响下,视西方的一切包括法律学术著述为洪水猛兽,人们避之而犹恐不及,谁敢贸然去领戴各种廉价的政治或意识形态的"帽子"?但科学研究特别是法律科学研究又绝不可以在一个封闭的环境中闭门造车,其本然就是开放性的、规范性的,在一定程度上又是普世的,所以要进行真正符合科学规范性的法学研究,势必也需要学术上的对外开放,需要参考和借鉴国外学术的研究成果，需要有各种符合科学规范的和真实的资料，包括外国相关资料的证实。还值得提及的是，在前述为制定一九八二年宪法的收集的外国宪法资料以及各项研究报告中所用的资料和数字，基本上都取自该书。该译著的出版，恰恰满足了中国法学研究的这种需要，甚至是渴求，所以被不少的法学工作者放在案头作为必备的参考书籍，该书的各种用电子计算机统计出来的资料被广泛地引用这一事实，一方面反映了当时中国法学术界资料稀缺的状况，另一方面也表明了中国法学包括中国宪法学内潜的巨大积极性。

还应当指出，此书的有趣和好用之处，主要是其用计算机就全世界当时的 142 部宪法所作出的统计数字。这又涉及中国宪法学乃至全部法学研究中的一个"软肋"，就是缺乏必要的基本统计数据的论理支持，常见的学者们的研究范式，通常先有个理论支点，然后佐以一般的学术资料和宪法资料的论证。学术资料通常都是引用学术大家的著述，这在所有社会科学中都是这么做的。学术大家们的严谨的科学研究态度，其论点和结论的科学性和精确性，常常使得他们赢得权威的声誉而在学术界得到广泛的尊重和承认。所以在科学界特别是在社会科学界包括法学界、宪法学界，学者们常常运用学术大家们的观点、经典语言来支持自己的观点和结论，这并不稀奇，但仅以此来从事科学研究显然还是不够的。科研中常常需要一些统计数字作为实证上的支持。因为精确的统计资料被认为是难以辩驳的实证支持。然而，要得到有关的统计资料谈何容易？不仅统计过程中有诸多的繁难需要一一应对，而且就资料本身的收集——即使在今天——也是一个难以克服的难题。且不说要用各种手段去四处查找，就是查找到了，在科研经费年复一年都相当窘迫的情况下，望着天价般的中外文书籍，不仅个人难以筹款购买，就是大学和科研单位的图书馆所购买的图书也在不断地缩减之中。本人退休前所在的中国社会科学院法学所，在 20 世纪 80 年代是由著名的宪法学家王叔文先生担任所和国家法室的领导工作，由于专业的关系，在我的建议下，由他力主购买了一套由布劳斯坦和弗兰茨编辑的《世界各国宪法汇编》（以下简称《汇编》），该汇编用黑色硬皮装帧，共 14 卷，除包括全世界各国的现行宪法的英文本（或是根据具体情况翻译的）之外，还附有各该国扼要的政治和宪法史；并附有第一手的和第二手的资料来源及背景性材料的注释性书目。受该《汇编》已被选为笔者翻译的上述比较宪法著作的启发,我从学术直觉上感到这部多卷本的《汇编》的重要。此外,该《汇编》的出版用的是活页的续编形式,续编的材料通常都是各国宪法的修改或新修定的宪法,每年不定期地出版几次,每次出版后都会邮寄给购书人或单位,由购书人或单位自行将寄汇来的活页附在相关国家宪法的文件之后即可,非常方便并享受经常更新的便利。记得当本人在法学所图书馆的书架上看到这部《汇编》的时候,欣喜之情溢于言表,爱不释手。我当时确信,该《汇编》不仅来之不易,花费不菲(当时的书价大概是两千五百美元呢!),而且珍贵异常。在下长期从事宪法学研究,深知宪法文件资料的缺乏对于宪法研究来说,是何等的困难。中国宪法学术界长期以来,只用欧美几个发达的国家的宪法来做研究的基础材料的研究现状,是绝难结出丰厚的果实的,至于一些宪法学者不加甄别、不注明资料来源而随意使用统计数字所造成的以讹传讹的现象,更是令严肃的学者难以容忍。现在有了这部《汇编》不仅学术上的开展有了基础材料的保障,而且有望克服研究上的不正之风。

就这样,通过以这部《汇编》为基础材料而著就的 *Written Constitutions a Computerized Comparative Study* 再经由本人翻译成中文的《成文宪法的比较研究》一书,全世界当时的142个国家的现行成文宪法就呈现在中国的法学术界的理论前台上,特别是原著中用电子计算机处理的大量数据,在中国的宪法学术界乃至整个法学术界更被广泛地、长时期地使用着。愚大半生从事宪法学研究,虽多方受益于学术先进及大量的第一手、第二手资料,但对本人学术思想和创作影响至深、至广、至远的,还是这部《汇编》及以这部《汇编》为基础材料的英文比较宪法的著作。它们不仅启迪了我对一些宪法现象及宪法理论的独到见解,而且还提供给笔者从事宪法学研究近40年的学术基础资料。除此之外,它们还极大地开拓了在下在宪法学研究中的视野,本人在宪法学的研究方面和研究问题中的许多创意与实际进行的研究工作,都是来自这部译作的直接启发或间接影响。

三是该著引起了中国宪法学术界对宪法进行量化研究的重视。前已指出,迄今为止的中国宪法学早已形成宪法研究中的某种约定俗成的范式，即先提出译作观点，而后予以学理、宪法条文的有关的统计数字等方面的论证。在这个范式中：观点是自己提出的或沿用别人的，只要言之有理，便无可厚非；至于学理更是有许多宪法学著述或网络文章等可随手拈来，这种论证大抵不会错，只是有关论证是否贴切或是否有力的问题，学术界通常不会加以苛求；至于宪法条文，现可见到的中文译本还可便利查找，只是宪法条文是否经过修改、是否仍在实施、是否翻译准确等方面，还存在着甚至往往存在着不确定的因素，这多少会影响论证的科学性和确定性；至于说到统计数字，著述中针对同一方面的统计，往往有不同的陈列，而且往往不给出数字的出处，结果造成了以讹传讹的非规范现象非常普遍，这是中国宪法学研究中亟待重视和解决的重大问题之一。

正是针对这种宪法学研究中存在的学术状况，有学者和研究生欲着手对宪法进行量化研究。毫无疑问，应当对学术同人对有关的研究计划和实际操作予以鼓励和支持，将这方面的努力看做是中国宪法走出"幼稚""泛泛之谈"的一个有意义的起点。然而，我们也应当清醒地意识到，这绝非一件易事，从宪法资料的收集，到问题选项的设计与提出，再到数据的处理，都会面临着巨大的困难和挑战。首先由学者个人独立进行不可取，个人势单力薄，难成正果，到头来不是半途而废，就是以失败告终。笔者曾对立过此志的宪法学研习者提出过这种忠告，实践证明他们在这方面的努力终究没有成功。

在 2012 年 10 月，由曹建明检察长任编辑委员会主任，由孙谦、韩大元任主编的《世界各国宪法》，已由中国检察出版社出版。这部共四卷本的巨大宪法集成，囊括了世界各国宪法，是中国宪法史上的一个壮举。为中国宪法学的发展提供了宝贵的资料来源和支持。

四是该译作引发了中国宪法学对宪法文本翻译工作的重视。如前所述，《世界各国宪法汇编》在中国的引进之后，作为一部有影响的宪法文件《汇编》，由于深堆在法学所图书馆的书架之中，还鲜为人知，但由于本人上述译著的出版，这部《汇编》的学术价值慢慢地被发现并引起学界对其使用的重视。最初利用的行动首先发生在法学所内。在所长王叔文先生的亲自组织和参与下，由吴新平和我二人参加，首先在法学所内对《汇编》中收集的全部宪法文件中的章节进行了翻译。王叔文所长以宪法学专家的学术洞察力,深知这部《汇编》对中国宪法学研究的价值,但限于当时的人才和财力,无法完成整部《汇编》的翻译工作,但能将全部收编中的外国宪法中的章节翻译出来,对于资料稀缺的中国宪法学术界,至少对于法学所的宪法学研究来说,也是有很大参考价值的,从每部宪法中的章节连贯起现行世界各国宪法发展的大致图景,对中国宪法学研究来说,虽然有限,但也能发挥很好的启发、借鉴和引起联想的作用。所以在当时的情况下,这样做虽多少出于无奈,但也是一个可取的选择。后来这些译文还集中整理印刷成册,在一定范围内得到了使用。

这个《汇编》的价值还在法学所之外的学术界受到了重视,大约在20世纪90年代上半期,本人当时注意到法学所国家法室的周延瑞老先生(前几年已仙逝)经常去图书馆借出这个《汇编》分卷去复印,后经了解,他当时正在参与由山东姜士林先生组织的《世界宪法全书》的翻译和编辑工作,其所使用的基本原始材料,恰恰就是这部英文版的《世界各国宪法汇编》。我当时知道这个真相后,也分不清是狭隘的单位本位主义在作怪,还是本能地具有一些所谓的经济头脑,总觉得这是由法学所用高价从国外进口的图书,让外单位无偿使用感觉上有些不应当,但当时还是国家计划经济时代,有偿使用的概念似乎还没有流行开来。如果是今天,恐怕得另有说法,最近本人去法学所图书馆复印一份材料,也要照章计费。但不管怎样,我当时曾向所、室领导,谈过这种想法、建议由法学所或国家法室组织力量进行翻译出版,一者可以充分利用本所的图书资源,二者也是一项宪法研究的基础工作,是一个有利于整个宪法学术界乃至法学界的一项事业。因为本人对此情有独钟,愿意参与具体的翻译工作。无奈笔者人微言轻,加之法学所新任领导学术专业及学术研究重点的转移,所以到头来只剩下一个无果的期盼。幸赖姜士林先生及其组织的庞大的翻译队伍矢志不渝,经艰苦努力,最终翻译、编辑出版了那部宪法学者们几乎人手一册的《世界宪法全书》,十多年来流行于宪法学术界,为中国宪法学的研究作出了不可磨灭的贡献,每当想到此事,遗憾和惆怅之余还怀有敬佩之情。

时至今日,那部14卷英文版的《世界各国宪法汇编》仍然静静地栖身于中国社会科学院法学研究所图书馆的书架上,由于没有续订陆续出版的活页资料，其文本大多数是四五十年前的各国宪法文本了，其绝大多数都不再是现行宪法或经过多次修改前的宪法，资料的现时使用价值已经大打了折扣，加之有了中译本，因而几乎无人问津了。笔者偶尔前去看看，也只是满足一下对其以往的"辉煌"的怀旧情感罢了。

五是该译作拓宽了中国宪法学研究的思路。原英文著作是由荷兰的两位著名的宪法学家所著。荷兰以及周边的西欧、北欧国家自19世纪末20世纪初以来，在哲学上盛行实证主义，构成了强大的反理性的浪漫主义思潮中强大的一翼。实证主义哲学渗透到法律领域之后，法律实证主义学派在法学术界随之鹊起，其发展势头之猛竟使其一时占据了法学术界的绝对主导地位。尽管这一学派在20世纪上半期以后受到了新自然法学、新康德主义以及法律价值学的强烈冲击下，很快就退出了强势的法学派舞台，但其学术影响的余威仍然在西欧和北欧有很大的市场。原作两位教授的法哲学思想当受到过这种法律实证主义的学派的影响，即使他们并非就是这一学派的信徒。他们在这部著作的研究中所持的哲学立场，就应当是这种法律实证主义。有中文版原作者序为证："在我们实施调查，对资料进行收集和分组以及评价结果时，忽略了所考察文件的历史的、政治的和意识形态的背景；我们也忽略了这些国家宪法运行其中的法律传统和政治文化。认为这些特征蕴涵着对本次调查更为重要的限制，可能是正确的。但我们仅仅研究宪法的实际规定，而不考察或思索隐藏在宪法规则背后的、通常被称为政治现状或是意识形态背景的东西，这却是经过深思熟虑所做的选择。当然，我们也很感兴趣宪法为什么会以某种方式规定某一事物及宪法所欲达到的目标，但这种好奇心我们许多同事也都具有。我们的主要目的是更充分地了解宪法说了什么，同时通过收集信息和将之系统化，对成文宪法这一现象本身做更为深刻的洞察。我们只想让宪法自己说话。"[1]

这里不必讨论法律实证主义哲学立场和方法的是非问题，也不在事实和价值、规范和逻辑以及形而上和形而下之间的关系问题做判断。只想指出，在中国宪法学术界近些年来确实增强了对宪法规范、宪法解释

---

[1] 转引自〔荷〕亨克·范·马尔赛文、格尔·范·德·唐《成文宪法——通过计算机进行的比较研究》，陈云生译，北京大学出版社2007年3月版，中文版作者序第5—6页。

等方面的实证研究的兴趣，一些学者做了这方面的大量研究，并结出了一些有价值的成果。关于中国宪法学术界这种兴趣的转移是否就是这部译作影响的结果，本人无力甚至根本不可能作出实证的研究。这里只不过是一种推测。实证的研究，以及包括前述的量化研究，确实是英文原著所秉持的基本研究的哲学立场和方法。

六是该译作激发了在下对原英文著作重译的信心并付诸实施。译作《成文宪法的比较研究》在发行了二十年以后，本以为由于其所依据的宪法文件早已过时，此译作恐怕已无现实的参考和利用价值，按理早应当慢慢地归于寂灭，遂之淡出学术界的视野。然而，出乎意料的是，书中大量的过时统计资料仍然不断地被引用，这使我感到很不安。曾经与原作者联系过，由我协助以全新的资料做一本新书，无奈协商未果；由自己来做，正如前文所谈及的，人单势薄根本无力完成。无奈之下，只有将原著作重新翻译出版，关于这样做的原因，本人在"译者序"中做了如下交代：

"译者决定将本著经精心重译后重新出版，是出于如下的一些考虑：

"第一，本著在中国自1987年首次出版至今，已历二十年，令人惊奇的是，书中的统计资料和观点仍在法学界被广泛地引用，说明此书仍有学术参考价值，值得重译出版。

"第二，前述宪法学（其实不只是宪法学）研究方法的老套和模式化现象，至今并没有明显的改观。宪法学研究方法的更新以及相应的宪法观念的更新，仍然是当前宪法学学术研究中亟待解决的重要问题。引入和介绍外来的一些科学、规范、新颖、别致的研究方法，可以开拓我们的学术视野和思路，这应当是解决上述问题必不可少的辅助条件。

"第三，在这二十年期间，新的一代宪法学者成长起来了。新学者自然应当有新气象，特别是应当为宪法学的发展与进步注入新的活力。然而，一些僵化的学术教条和老套的、模式化的研究方法阻滞了他们中的许多人的学术创新和活力的展现。为了改变这种状况，对青年宪法学者似乎更应当向他们介绍和推广新的学术观点和新的研究方法。从一定的意义上来说，本著毋宁说更是为青年学者，特别是青年宪法学者而重译的，希图（图应为注——笔者注）为他们的学术研究带来新的观念、方法与活力，最终是为了推进中国宪法学的发展与进步。

"第四,我们想利用重译出版的机会给读者提个醒。该书由于原译本在出版时间上的几年延误,在1987年10月出版时,就使原著中截至1976年3月31日的统计资料,显得有些过时了。尔后又过了二十年,某些资料的可用性就与现行的资料有一些甚至很大的差异了。在这种情况下,我们向研究者建议,在引用有关统计资料时,应当有所选择,对于那些明显过时的统计资料就不宜再引用了。当然,对于这些资料所反映出来的一些趋势,仍然可以作为我们研究有关问题的参考,但不宜再直接引用了。因为有关的统计数字只反映了1976年3月31日以前的状况,而不再反映自那之后特别是现在的实际状况。不过需要说明的是,并不是本著中所有的统计资料都过时了,有些资料,包括联合国《人权宣言》与各国宪法在价值方面的相互影响与启示作用等方面的资料,仍然可以作为在这方面进行研究的直接参考。此外,有关历史上一些宪法的统计资料并无更新问题,当然可以继续引用。

"第五,本著提出的一些与各国成文宪法直接相关的学术意见与理论观点,过去是、现在仍然是宪法学研究中被忽视的领域和薄弱环节。借此重译出版的机会,也希望能引起宪法学界的重视。不待说,这些状况如果长期不加以改变,是根本谈不上宪法学在整体上的繁荣与进步的。

"第六,原译本出版时,其中有些注释、附录由于种种原因没有同时译出,因此,原译本就成了一部不完整的书。为此,译者一直引为憾事,特别是附录一'文献目录'的缺失,更使广大读者失去了及时查阅、参考的便利。这次补译齐全,全书整体出版,也算是亡羊补牢之举吧!

"第七,因为这种实证的研究方法很难重新进行,所以才有此不得已的选择。或问,与其将这部分资料已经过时的原著重译出版,何不依据现行宪法文件做成一部新书?此问在理!译者其实早有此愿。1992年年底译者在荷兰鹿特丹伊拉斯谟大学做了一个月的讲学逗留,其间与原著者之一的格尔·范·德·唐教授进行了密切的交流。当时译者曾向他婉言提起该书的资料已经稍嫌过时,应当予以更新了。然而此事未及详细筹划,最终没有谈定。在过去二十年间,译者也曾多次萌发过做一部新书的念头,甚至进行过预备性的考察工作,终因资料收集和经费筹措的困难而打了退堂鼓。依译者个人的学术风格，凡是想要从事的有价值的研究项目，再困难都会尽力去完成。然而这个项目是个例外，它实在太困难了，仅凭译者个人努力，再大的决心和韧性也难成其果。最终还是做了这无奈的选择，将原著重译出版，聊补学术研究和个人志趣方面的缺憾吧！① 此处还要提及的是，重译此作不仅是基于各方面的现实考虑，更重要的是，笔者对此作对中国宪法学在当前及今后的发展产生的启发性影响，特别是对宪法学中一些重大的理论问题研究思路的开拓，抱有强烈的期待和充分的信心。此外，借此机会，笔者还想就此次重译表示一下对河北经贸大学法学院的刘静仑副教授的感谢之情，我们虽是师生关系，但他的无私帮助以及为此书往返石家庄与北京之间多次与译者沟通，特别是译作的附录书目的翻译和编辑几乎都是他一人完成的。这些都使我感动并致以谢意。特别的感谢还应当给予北京大学出版社法律部的编辑薛颖。这里不妨重复一下笔者在'译者序'中对她说过的感谢的话：'是她以一个专业编辑的高度责任心、热忱和精准的英语能力及高超的翻译技巧，对于译稿进行了全文校改。更难能可贵的是，所有的改动都是在经过逐字逐句核对原文后进行的。正是由于她这种巨大的付出，不仅纠正了译稿中一些不确切之处，补上了一些遗漏，而且使整个译稿在信达雅的规范要求上前进了一大步，增色不少。此外，对照原文添加全书的边码，本来应当是译者分内的工作，而薛编辑却代译者做了这一工作。对于薛编辑的无私奉献和巨大付出，译者谨表热忱的敬意和谢意！书记于此，以志不忘。'②

　　七是该译著拓宽了本人对宪法学乃至整体法学教育、研究的新视野。这里的所谓"新视野"并不是指从译作的内容中直接得来的，关于直接得来的视野拓展，已在前面说明了。这里指的是从与译作有关的事件中受到启发或者是联想得来的。这要从在下一次不寻常旅欧说起，笔者有幸于1990年1月被中国社会科学院法学研究所公派去美国由福特基金会资助和组织的旅美进修。先后在俄勒冈州的路易斯·克拉克西

---

① 转引自〔荷〕亨克·范·马尔赛文、格尔·范·德·唐《成文宪法——通过计算机进行的比较研究》，陈云生译，北京大学出版社2007年3月版，译者序第2—3页。

② 同上书，译者序第4页。

北法学院、加州大学伯克利分校法学院和哈佛法学院做访问学者，共计两年之久。待期满即将回国前，经与《成文宪法——通过计算机进行的比较研究》作者之一的格尔·范·德·唐教授协商，他所在的荷兰王国鹿特丹市伊拉斯谟大学社会科学系同意我在回国时绕道欧洲荷兰，在该校驻停一个月做讲学和学术讲演等活动，并负担除路费以外的一切费用。这对笔者来说，真是大喜过望。喜之一是终有机会与自己敬重的国外同人当面切磋学问；喜之二是促成了个人人生中一段不平凡的经历，即绕行地球一周。这在现在对许多人来说，或许只是轻而易举的事，而对于当时的本人来说，无论是从出身的卑微还是人生际遇的坎坷来说，似乎都是一个永远难圆之梦。但梦想即将成真，能不大喜过望！

在荷兰的驻停虽然仅是短短的一个月，但对于我的学术生涯和人生阅历来说，都产生了重大的影响。在此期间，除了与众多的荷兰宪法学教授们直接交流外，还遍览了该校丰富的宪法学藏书并复印了许多原版著作并带回了国内继续研习。笔者还在该校用英文对教授们进行了关于中国宪法学研究的讲演。这对本人来说，也是平生第一次，至今都不能有二。除了这些学术活动之外，还有三件事给我留下了深刻的和永远磨灭不掉的印象。

第一件事，是关于学者们的外语水平，欧洲人由于地缘的环境，一个人能熟练掌握和运用多种外语的情形非常普遍。早年学习马恩著作，得知马克思在60多岁时为写《资本论》才开始学俄语，并很快地就能运用俄文资料，而恩格斯竟能熟练地掌握和运用20个欧洲各国语言的能力，给笔者留下了深刻的印象，视之为"神奇"。但那毕竟是书本上介绍的，没有真正见过。而在格尔·范·德·唐教授的家里，才使我第一次真实地体验了欧洲学者们在运用外语方面的非凡能力了。格尔教授笔者通晓多种欧洲语言，他的夫人是法国人，讲法语，他两个年幼的孩子讲荷兰语，而笔者只能讲没有经过标准训练的中国腔的英语。在这个家庭式的交谈中，我们每人各自讲自己的语言，格尔教授充当翻译。令人惊诧不止的是，他竟能毫不迟疑、更无磕绊地在英、法、荷语三种语言间切换，使这一即兴结成的"家庭"在各成员之间的交流融洽之极，如同在讲同一种语言一般流畅，谈笑风生之间尽显欢乐融洽。相比之下，很少见到有中国学者能如此熟练地使用外语。还记得曾在国内的一次与德国学者共同召开的学术研讨会上，中文发言者在用中文发言时夹带了一些德语的专业名词，本以为这会给因不熟悉这些专业名词同声传译者提供一些方便，从而更好地保证翻译质量，这原本也是出于好意。钜料竟遭同声传译人的罢译抗议，并当场指责发言人这样做让她无法翻译。这使我想起在格尔教授家的经历，在本人看来，这其实只是掌握和使用语言的熟练程度问题。在通常情况下，一个人的外语水平的高低就体现在是否具备能在三种甚或三种以上语言之间相互切换的能力。中国和外国宪法学者之间的运用外语能力方面的差距，由此可见一斑。

第二件事，是专程出席阿姆斯特丹大学的一位教授的晋升仪式。荷兰国土面积不大，教授晋升是学术界的一件大事，全国的学者，不分是否是同一专业，都赶来祝贺。他们教授晋升同中国的教授晋升方式比起来，有很大的不同。耐人寻味，更值得中国学术界反思。

首先，教授的名额如同铁定钢铸，绝不允许任何"破格"或"超额"。各个专业的教授名额由于固定不变而变得相当稀缺，要想得到这种晋升，除了要等空缺下来的名额外，就要靠学识的资质和水平在同行之间竞争了。因此，在荷兰，看不到像中国现实一般的教授如云的"壮观"景象。教授的职衔崇高并能获得尊重，而荣获教授职衔的学者更是以此为荣，弥足珍惜，造假之事极其罕见，几乎不存在，而且更无假冒的机会与可能。抄袭和剽窃更不为教授们所齿，处处颇显学者尊贵的风范。而在时下的中国，许多学者以名利资源的眼光来诠释教授职位，不惜以各种非学术手段去奋力争取；而官场中的许多精明者也在尽享官场之利益的同时，看中了教授职衔这块"肥肉"，而且由于他们手中掌握的实力资源，只要有所求，往往得来全不费功夫。除此之外，有的教学和科研单位，竟然会出现全院教授，而副教授和讲师次递减少甚至空缺现象。更不可理喻的是，据一中国著名大学的校长在一次国际学术会议上讲，现今中国最大的"博士"群体不在学术界，而在官场，各级官员中的博士比比皆是。这本不足奇，更不应当责怪。据说在德国，有时竟把内阁会议开得像一个学术讨论会。因为内阁成员大多数具有博士学位。以学术的观点来分析现时的政治、法律、政策等问题，实属自然。在中国的官员中，不排除有些人想通过自己的刻苦攻读获得博士学位；近些年来，由于对知识的重视，也有很多有博士学位的知识精英被选拔进入领导岗位或自己应聘官员队伍的。但也不必讳言，官员中的许多博士头衔是通过他们所掌握的资源和（或）"关系"而获得的。于是，庞大的官场博士群就这样不断地增容。

其次，教授要尽教授职衔之责，就是说要做学问。在得到正式教授职衔之前，要有一年的考察期，一年届满要在一公开的场合做一高水准的学术讲演，以作为"转正"的阶梯。笔者那次出席的学术讲演会，就是由一位晋升届满一年的"教授"做汇报讲演。讲演开始前和结束后都实行一个简朴庄严的仪式，开始由一队穿着从中世纪流传下来的古老服饰，并由一长者高高举起一个类似中国"禅杖"之类的物件引领讲演者从听众席中间走向讲坛，在支持人简短地做过介绍后，就开始了讲演，持续了一个多小时，然后大家起立鼓掌，表明讲演获得成功，"教授"从此正式"转正"，然后又由前述引领的队伍护送走出会场，听众再次起立鼓掌欢送。而在时下的中国学术界，教授职位一旦评定下来，漫说要有一年的考察时期并取得学术界公认的学术成果，甚至有些连学问也懒得做了，仿佛天然地已经达到一个学术上的至高境界。有一位30多岁就被评为教授的学者坦言，30多岁就走向了学术领域的顶端，今后几十年将怎么度过？这其实反映了一种普遍的学术心态。早有一些青年学者在得到教授职位的晋升后，或再过一两年再获得个"博士生导师"的"头衔"，便同时进入了保险箱，从此淡忘了学术，或四处出击去钻营各种非学术的名利了。真正做到续进奋取，业有专攻的学者，或曰始终保持学者风格的人，反而少之又少了。

第三件事，是荷兰学者（或许是整个欧洲学者）对"官位"的淡漠态度，与时下的中国迥然不同。在那里，至少在鹿特丹伊拉斯谟大学社会科学系所看到的，教授们对当"官"不感兴趣，不知是什么魔力驱使，可能就是"官本位"的缺失吧！那里的教授云集，却无人愿意当系主任，或如我们的法学院院长。无奈之下，竟由教授们轮流坐庄，每人两年，大家公平"负担"，竟也相安无事，终使系里的教务及其他须待管理的公务照常运行。当笔者被时任系主任的印度尼西亚裔教授（印尼是前荷兰殖民地之一）接见并告之此种情景时，真是惊诧不已，感慨良多。在见惯了为了获得这一"主任"或"院长"之类而去苦心钻营的现象之后，真是感慨万千，一个官场体制在塑造一个民族的人格心理和官场风气等方面，影响是何等之深啊！现在的中国学术界，在巨大的官场利益的诱惑下，一些很有潜质的学者本来可以在学术上开创属于自己一片光明天地，却纷纷改变志向，义无反顾地走上了投笔从政的道路。现时中竟有几十位教授、副教授竞聘某一"副处级"官位之事，竟然不再成为"新闻"，人们见惯而不怪了。这在笔者看来，实在有些令人惋惜！这倒不是认为从政不可取。人既然是社会性或政治性的"动物"，社会和国家生活中的政治人类生活中是重要的一环，自古至今概莫能外，在任何社会和国家中总是需要有人从事政治事业。不论是在中国的以往乃至现时，政治一旦被罩上耀眼的光环，能够凭借由公共权力之砖铺就的平坦大道走向人生光辉的顶点，使其成为人中之豪杰、社群中之头领，从而满足人类本性中的权力欲和控制欲。现代生物科学研究已经证明，在现今的灵长动物中，其本性中都存在这种权力欲和控制欲，雄性尤其如此。极少数人还具有天生的领袖气质。终极说来，芸芸众生之中，总是要有人从事政治管理乃至充当政治领袖的。从这个意义上来说，学者热心于从政，是无可厚非的，不仅是社会和国家的内在本质和人性的内在需求使然，也为现代社会多元化和个人自由所保障。不过，在现时的中国，为数不少的学者纷纷从政的现象，倒也应当引起如下的反思，即在"官本位"的社会和国家情势下，从政所获得的各种利益可能或者实际就是要比从学所获得的各种利益要大得多和更加便捷；甚至在国家大力反腐倡廉的情势下，除极少数例外情况外，许多腐败官员都不必然是付出高昂得代价的，其腐败成本在许多情况下几乎为零。从这个侧面也可以看出，何以有如此多的中国学术界的学者纷纷投笔从政的内在缘由了。荷兰也许是个反例，它赋予了学术以及学者们应有的尊严和价值，甚至各种实际利益，而把政治看做一种职业，或是一些人为了生存而从事的生计而已。有志者尽可以在政治舞台上去拼个"你死我活"，而无意从政者尽可以在一旁冷眼观之。其中蕴涵的社会和政治情境，是一个国人包括许多学术界的精英们至今还体察不到的。

在荷兰短短的一个月所经历以及获得的感受不仅令本人终生难忘，而且也深深地影响了我的人生志向。既然无意也不能挤上政治舞台上的"大雅之堂"，那么，就退而居"其次"，在学术的舞台上默默地耕耘，当也是一个不错的选择！人世百业尽皆可取，亦不可缺，人各有志，岂能强求？人生苦短，业须专攻，一人一生之中能做成一件事就已难能可贵，何必在"对弈"之中思"援弓"而射鸿鹄，学界常有称在下为当今保持学者风格者少之又少人中之一，虽不知是誉还是毁，然而于本人自己而言，以学为业，以学立命，却是志明行笃，名至而实归。

围绕着一本普通英文的比较宪法著作，已经引出如此多的话语，不论旁人怎么认为和评论，于我却是铭肌镂骨，感念不忘。人常说，人生难得一知己，而我又会说，人生难得一本书。学问人能邂逅一本书，读懂它，不仅在为学上，就是在做人方面都可能受益终生。30多年来，一本《成文宪法——通过计算机进行的比较研究》的普通而非经典的书，逐步将愚钝蒙昧不化的本人引上了治学之路。它于我已不再仅仅是一本书，而是治学的益友，又是源泉和精神的导师，其中的问学之道早已化为我个人学术和人生的基因，深深地植入到肌体和灵魂之中，成为笔者事业和人生的一部分。

《成文宪法——通过计算机进行的比较研究》对本人的学术生涯影响之大，刚刚做过了全面的梳理和披露。按理，应当就此打住了。钜料，中共中央十八届四中全会的召开，中共中央和共和国的最高领导人对"全会"主要决定的"说明"，不期然又引出了本人对《成文宪法——通过计算机进行的比较研究》这部译作新的话题。至此际遇，特补记些许。事出偶然与仓促，未来得及与责任编辑、特邀编辑以及出版人商议，就自作主张，加写了不算短的一段文字。在他们看了以后，想必也会予以惠允的。

本人于2014年10月21日上午9点左右，接到责任编辑张林副主任寄来的书稿清样，旋即开始审改。此时正是中国共产党第十八届中央委员会第四次全体会议开幕之际。在浓浓的法治氛围中，审改这部《改革开放三十七年的中国宪法学——亲历的体验与感受》书稿清样，其可谓博得了一个好"彩头"。

果不其然，正当笔者于2014年10月24日刚刚审改完上述书稿清样中有关《成文宪法——通过计算机进行的比较研究》这部译作部分的当口儿，恰逢《中共中央关于全面推进依法治国若干重大问题的决定》以及习近平总书记《关于〈中共中央关于全面推进依法治国若干重大问题的决定〉的说明》发表。习总书记在该"说明"中指出："全会决定提出建立宪法宣誓制度。这是世界上大多数有成文宪法的国家所采取的一种制度。在142个成文宪法的国家中,规定相关国家公职人员必须宣誓拥护或效忠宪法的有97个。关于宪法宣誓的主体、内容、程序,各国的做法不尽相同,一般都在有关人员开始履行职务之前或就职时举行宣誓。全会决定规定,凡经人大及其常委会选举或者任命的国家工作人员正式就职时,公开向宪法宣誓。这样做,有利于彰显宪法权威,增强公职人员宪法观念,激励公职人员忠于和维护宪法,也有利于全社会增强宪法意识,树立宪法权威。"

当听到习总书记这个《说明》中两组数字,即"142"和"97",的时候,本人真的惊呆了,竟怀疑自己是否听错了。听之再三,果然不差。这两组数字:"142"和"97",对我来说,真是再熟悉不过了。但囿于"耳听为虚,眼见为实"的常理,耐心地等到2014年10月29日上午9时许,迫不及待地跑到住地最近的新华书店,第一个从柜台上买来刚刚到店拆装的《中共中央关于全面推进依法治国若干重大问题的决定》(人民出版社2014年10月第1版)。通读全书之中,果然见到了第51页的上述两组数字,此时一颗始终悬着的心总算落实了。

或问:"142"和"97"这两组极普通的数字,何以引起你如此的关注、期待和兴奋?这并不难回答,因为这两组数字正是在英文 *Writtenconstitutions a Computerized Comparative Studt* 这部著作中出现的数字。[①]不待说,这两组数字是笔者从原版英文著作中准确无误地翻译过来的。可见之于中译初版本《成文宪法的比较研究》(华夏出版社1987年10月版),或者中译再版本《成文宪法——通过计算机进行的比较研究》(北京大学出版社2007年3月版)。

（一）关于这两组数字来源的推定

下面要讨论的问题是,怎么就推论这两组数字就是从上述两部中译本中引用的,这也不难回答。

[①] 详见[荷兰]亨克·范·马尔塞文、格尔·范·德·唐《成文宪法——通过计算机进行的比较研究》,陈云生译,北京大学出版社2007年3月版,第22、116页。

首先，我们可以排除其他外国和中国学者著述的原始来源。迄今为止，外国和中国学术界，尚无任何学者从事过这种通过计算机对全世界142部成文宪法进行的综合比较研究的成果出版；中国坊间也未见过其他学者对上述英文著作再次翻译出版。因此，可以确定排除其他的原始来源。

其次，这两组数字的原始来源只有三个：第一个是来源于英文原版著作，第二个是来源于中文著述转用的第二手资料，第三个来源就是在下的上述两本译作，或者就是《成文宪法——通过计算机进行的比较研究》这部译作。三者必居其一。

考虑到习总书记日理万机，即使他酷爱读书，要想从浩如烟海的英文著作中找出这两组对他有用的数字，也不太现实。这种情况，想必对《说明》起草班子的成员们来说，也是如此。因此，第一个来源基本上可以排除。

第二个来源虽然现实，但考虑到这类极为严肃的政治性文件，也不太可能运用第二手资料。因此，第二个来源基本上也可以排除。

最大可能的来源，应当就是第三个。一者，该两部译作先后两次在坊间出版，流行于学术界近30年，为许多学者所熟悉和引用；二者，该两部译作先后由华夏出版社和北京大学出版社这两家有影响力和信誉的出版社出版和发行，该是可靠的并且容易找到和引用的。综合上述考虑，本人可以合理地推定："142"和"97"这两组数字最初的来源，极有可能就是从中译本《成文宪法的比较研究》或《成文宪法——通过计算机进行的比较研究》中引用的。

（二）两组数字的引用非比寻常

如果笔者上述的推定可以成立的话，那么接下来的问题就是：这两组数字的引用同一般学术著作中的引用有何不同？简单的回答就是非比寻常。试分析如下：

此次两组数字的引用之所以被本人认为是非比寻常的，因而值得认真地、深入地解读。就在于自1987年10月由华夏出版社出版本人的译作《成文宪法的比较研究》以来，其中的大量统计数字已经被学者在各自著述中,广泛而大量地引用过了,用以佐证或支持各自的理论或观点。本来,对这些学术著述中的引用,大可以平常心看待,视为极普通、极正常的学术现象。但这次习总书记的引用,其非比寻常之处,不仅在于是当今中共中央和国家最高领导人引用的,而且还或许是中国共产党自建党以来,首次在中共中央作出的重大决策的相应《说明》中引用(由于时间仓促,只查阅了习总书记在十八届三中全会上所作的《关于〈中共中央关于全面深化改革若干重大问题的决定〉的说明》)。因为是在中共中央具有纲领性的文件中首次出现,其影响力超出了学术影响力之外,而"漫溢"到政治领域中去了,所以说这次引用非比寻常,也就近情入理了。

(三)这两组数字背后隐含的政治意义

如果我们上述关于在中共中央纲领性文件中首次引用数字用以支持重大决策的推论,可以成立的话,那么,接下来我就可以顺理成章地分析其蕴涵的政治意义了。

首先,展现了中共中央领导集体及其核心的领导层宽宏大量、包众容物的博大政治胸怀。我们知道,在中国的传统文化中,自上古时期就有丰富的"宣誓"理念与制度(拟另题详加论述——笔者),在民间也有广泛的通过"发誓"而建立诚信信誉的社会基础。但毋庸讳言,宪法和宪政上的现代"宣誓"制度是在西方首创和建立起来,并得到了广泛实行。这正是习总书记在《说明》中用两组具体数字,明确无误地表达出来的。这一绝无仅有的举动,彰显了中共中央领导集体及其核心领导层,中共中央和国家最高领导人宽宏大量、包众容物的博大政治胸怀,为了坚定走中国特色的社会主义道路,实现建设社会主义法治国家的战略目标,在有充分的理论自信和制度自信的基础上,或许还怀有对中国传统优秀文化的信念,并通过吸收全人类共同的优秀文化成果,包括西方普遍实行的,经过长期实践证明是有巨大政治效用的宪法和宪政制度,如宣誓制度等,都可以通过引进其形制,赋予其全新的中国特色的内容,完全可以为建设中国特色法治国家服务。敢于和善于引进西方的某些有用的宪法和宪政制度,不盲目地回避,更不刻意地拒斥,这正是政治上高度成熟和睿智的体现。相比之下，我们理论界和社会各界的某些人士，至今仍在意识形态领域划分东、西方的"隔离线"，用危言耸听的强势话语，让人无可奈何地"选边站"。这种"逢西必反"的非理性态度和立场，与中共中央领导集体在其纲领性文件中所体现的博大政治胸怀，形成了鲜明的对照。这难道不值得我们理论界和社会层面某些人士的警醒和反思吗？

其次，展现了中共中央领导集体及其核心领导层，作出政治决策越来越科学化和根据的公开化、透明化。就我个人在制定一九八二年宪法亲历的过程来说，拟定中的宪法草案为什么要这样写，而不是那样写，都需要我们从事具体工作的辅助人员收集尽可能详细的资料，并作出相应的研究报告。其中，大量的支持数据，通常都不会在当时就向社会公开。在中国的保密制度下，连一九五四年宪法制定时的相关内部资料，至今都没有公开，不经过特殊的批准程序，是不能查看的。对中共中央历次纲领性文件的起草，我们猜想其情形大抵如此。而如今，习总书记在《说明》中直接披露中共中央作出建立"宪法宣誓"制度的决策依据，就明白无误地表明中共中央作出如此重大的宪法和宪政决策，是源于科学的精神，是有先例和数据支持的，从而是经得住考验的科学决策。当然，这种决策的科学化和根据的公开化、透明化，既表明了新的中共中央领导集体及其核心的领导层，科学理性的显著提升和政治上的更加成熟和睿智，也彰显了自身的理论自信和制度自信，以及对中国传统优秀文化的自信。

（四）这两组数字引用对学术风气的启示和引领意义

这两组数字的引用对学术风气的改善是有重大的启示和引领意义：

其一，长期以来，在法律科学研究中，形成了一种不符合科学精神和理性要求的学术风气和治学态度。一些学者在法学研究中，建立自己的学术体系或学术流派的时候，往往只见宏大的叙事、论理，却少见甚至不见相应的可靠依据；也有的虽引证充足的相关经典和文献根据，却缺乏实践上的证据，尤其是缺少数理证据的支持；还有些论者对引用的数理证据非常随意，以讹传讹，错误百出；此外，学术著作中大量都是论理性研究成果,鲜见对某种法律现象的量化研究。这种不符合科学精神和理性要求的治学立场和态度,虽在近些年以来有了很大的改观,但仍存在不少亟待改善的状况。习总书记在对中共中央纲领性文件作出《说明》时,用数据支持重大的决策的合理性和必要性,堪称是在"治学"中率先垂范。我辈学人应当认真反思我们的治学精神和态度。以习总书记为榜样,在科学研究中恪守科学精神的底线,努力做到不妄言,勿虚论,既要做到"言之成理",也要做到"持之有故"。

其二,增强法学学术研究中的文化自觉性。已故社会学大师费孝通曾用极其精炼的语言概括了他一贯坚持的"文化自觉性",即"各美其美,美人之美,美美与共,天下大同"。中共中央作出了在中国建立"宣誓"的宪法制度,可以说最精到地诠释了这种"文化自觉性",这值得我们包括法律学术界在内的社会科学学术界认真地学习和反思。在我们的社会科学学术界,有些学者太过专注在意识形态领域去做划"隔离线""立界碑""选边站"等事情,错失了对外国相关制度的检讨和事理分析的机会,以为"他山之石"只能用做先碾碎成灰,再去扬弃的事,而不能拿来"用以攻玉",这既违背了"文化自觉"的精神,也不符合吸收一切人类优秀文化遗产的科学理性原则。

中共中央领导集体及其核心领导层,在作出重大的政治决策中体现的科学精神和典范,足以引领学术风气向着科学学的方向发展,但愿包括法律学术界在内的社会科学学术界认真体悟,"风吹草偃",尽快改善我们科学精神和治学态度。

写到此,仍有意犹未尽的感觉,一项中共中央重大决策,一次中共中央和国家最高领导人说明性的讲话,一本比较宪法学原著,两本同一本书的中文译著,一本书稿的清样,一次审改清样过程中各个时间节点的无缝衔接,这种种的因素恰好结合成一个完整的"故事",真是令人匪夷所思。即便是"巧合",也是巧合得如此这般,堪称"神奇"。我猜想,即使是最有才华的数学家用偶然性的最大概率,即"大数定律",都难解释清楚这次巧合。这不由得不让人感慨"造化"的神奇与功力,真非人力所能企及也!正是:

盛世谋法治,

建制数理持；
治国依章法，
行宪勿稍迟。

在1987年和1988年相继出版的上述一本专著和一本译著，在20世纪80年代中国宪法学学术上留下了印迹，至今常被宪法学术界认识和谈及。那本译著连同2007年的再版中的两组数字，还在严肃的政治纲领性的文件被引用过。在接下来的1989年，中国正在酝酿一场震惊中外的政治风暴。那场政治风暴来势之猛完全出乎人们的预料，当然更谈不上任何的预做准备。在那场风暴中结束了中国宪法学的"辉煌"时代，开始进入沉寂时期。

第四节 沉寂时期

1989年发生在中国各地特别是北京地区的那场政治风暴，虽然在短短的一两个月的时间内得以平息，但其对社会和国家的冲击及造成的损害却是至深且远。中国宪法学在20世纪90年代最初的几年内表现得不够活跃，开始进入宪法学术界认真反思的沉寂时期。

强烈的政治风暴对于学术界来说，犹如大浪淘沙，在很大的程度上涤荡了学术研究中的污泥浊水，纯洁了科学队伍。本人一向认为，并在一些著述的"自序"中表明，政治与学术固然密不可分，每个时代的社会科学学术研究，都势必要打上时代政治的烙印。甚至社会科学的术语都不能超越时代的思想范畴和文化语境，但这只是一方面的联系，而在另一方面，两者也应当而且必须作出区分。最简单的区分，正如前面表述过的，在特定意义上，应当尽可能做到政治归政治，学术归学术，它们都应当在自己的范围内运行。但这绝不意味着政治与学术就是彻底分开的两张皮。实际上两者同样应当相互支持，相互渗透，但不能混为一谈。作为一个学者，就应当将学术研究当作一项本分的"高雅"的事业去从事，要耐得住寂寞，须兢兢业业，学有专攻。除非你愿意部分或全部放弃科研工作，转而去从政。应当深刻体察到，要把学术理念转变成政治现实，是一个需要方方面面都能适应和接受的复杂过程，激情与过激行为不能替代审慎的理性思维，非理性的对抗活动也只会给现代化的和平进程，包括宪法学术界正常的科研工作造成严重的伤害。

如果说西方的民主宪政思想自文艺复兴、人文运动，再经启蒙运动持续了五个多世纪，而西方国家的宪制从建立到发达也经历了三四个世纪之久的漫长过程的话，中国式的民主宪制岂可以在一夜之间就能实现？现时中国从几千年的封建制度中脱胎而来，巨大的社会转型可以以革命的形式在几十年甚至几年间完成，而思想上的转变，哪怕是一个观念的转变，也许要经历漫长的过程，试想想看，中国从"人治"到"法治"的治国方略的转变，至今也就有二十年的历史，即使现在人们已经普遍接受"法治"的提法，但距离对"法治"真正含义的理解也还有不小的差距。而从"法治"到"宪治""宪制"的转变，又不知还要经历多么漫长的时期。不要忘记，在执政党和国家在社会各方面都确立和接受将法治作为治国方略的政治背景下，在国家已经有了一百年多年的立宪史的宪法环境中，我们少数知识精英阶层中的人士，包括一些法学圈内的人士，正在煞费苦心地论证与宪法密切相关的政制在中国如何不可行，以致一旦实行就势必引起严重的后果等。这一现实的理论动态明白无误地提醒我们，观念上的任何一点点的进步，都要经历漫长的思想启蒙、开智、积淀和解放的过程，更不要说科学观念方面的巨大的、根本性的转变了。我们理论界包括宪法学术界的同人中，有些至今尚不能完全体察思想观念转变和进步的艰巨性和长期性，不仅没有坐下来进行长时期乃至终生的进行严谨科学研究的思想准备，而且不切实际地想要在一夜之间就"实现"自己的政治主张和社会理想。这种治学态度确实留给我们很大的反思和理智思考的空间。

主流的中国宪法学术群体，正是利用这个特殊的历史时期进行了学术研究的思路和进程的反思，并在惆怅中充满期待和信心，正蓄势待发，实现更进一步的进取。果然，在经历了几年的沉寂之后，中国宪法学迎来了一个生机盎然的春天，拓展并开辟了中国宪法学研究的一片新天地。

第五节　随起时期

"随起时期"是笔者自己主观划定的，尚未见之于其他宪法学者的学术著述之中。主要是基于如下的考虑：

"随起"者，顾名思义，是"随之而起"之谓也。"之"为何？具体来说，就是法学中的法学理论学界对某些法学理论的倡导，再确切地说，就是对"人权"和"法治"的观念、理论的倡导和普及。中国宪法学的再次逢春，就是"随"这个"人权"和"法治"理念而来的。说来也许是令中国的宪法学术界汗颜的事，是"人权"和"法治"的理念即使不是由法理学界首先提出，至少也是经过法理学界和其他法学界的大力倡导和弘扬，才在中国大地上树立起来并普及开来的。对此，中国法理学界和其他法学界，对中国的人权事业的发展和"依法治国"重要方略的确立，真是功不可没，值得我辈宪法学人乃至整个中国法学界同人的尊重。

"人权"理论在当代的世界范围内，无论是各国的内部和国际社会，都是一个如日中天的政治、社会、法律乃至伦理道德层面上的话语。传统的带有浓重神圣性色彩的"人权"，经现代改造后，更成为一种普遍承认和流行的现代话语。还不止于此，经现代人的努力开拓和进取，"人权"更变成了一项事业，而且是由以联合国为代表的国际社会共同致力于并采取协同的步骤推行的一项伟大的事业。不论现在国家处于何等的发展状况，也不论其对"人权"价值观采取何种立场和态度，在由发达大国们主导的世界性的"人权"价值体系内，任何国家只能主动或被动地汇入这个世界性的"人权"价值体系和保护机制的框架内。不仅如此，还要尽可能地做得好些、更好些，尤其要保持高度的警觉和清醒，以致不能在国际社会留下"人权"不良的记录。中国在改革开放的起始阶段，在正统意识形态的主导下、在执政党和国家政治层面的坚持下，曾在较长时期内坚持中国对"人权"自成价值体系的别样理解。这种别样理解恰恰又是与国际特别是西方大国们所秉持的"人权"理解形成鲜明的对照。在中国执行改革开放政策以后，对外已经逐步地在一个领域又一个领域地突破了自我封闭的防线，在许多方面开始汇入国际社会的主流中去。如果不是说最后，至少也是最顽强地坚守中国自己的阵地的，就是"人权"领域。事实证明，这种坚持使中国的国际形象，受到了实际的损害。当然，这其中的原因除了是国际上的反华势力从中作梗以外，也不能否认，我们在"人权"保护方面存在的不足与缺陷的形成，至少部分地与我们坚持自己对"人权"的理解有关，也是没有适当地融入普遍的人权价值观所造成的必然结果。以中国法学界的法理学者为主导力量的对"人权"理论的弘扬和对"人权"保护事业的力倡，成功地缩小了中国的"人权"观念和保护态度与普遍的"人权"观念和保护态度之间的差距，通过开展中国与美国、中国与欧洲等一系列"人权对话"，促使了中国的人权保护事业逐渐汇入国际性人权保护事业的洪流中去。这样的经历和结果的出现，不但有利于改善中国在国际社会中的形象，促进中国改革开放政策向纵深发展，而且也促进了中国法学研究事业的发展深入地进行，从而提高了中国法学研究的总体质量。不能忘记补充的是，中国宪法学也从中受益匪浅。对此，中国宪法学术界应当向中国法理学界表示感佩并应致以敬意的。

本来，中国宪法学术界应当而且是有机会首先进入"人权"领域并率先作出研究成果，并能推进现实层面上的人权事业的发展的。然而，事实并非按照"应当"的逻辑发展。这或许也算是中国宪法学的一种"宿命"吧！当法理学的学者正在大力弘扬"人权"理论的同时，再或者如民商法、经济法等法学界在大力推进某种财产权之类的人权的倡导与理论研究的同时，唯独中国宪法学者在同样领域的学理研究没有相应地开展起来。对于这种"宿命"，在中国宪法学术界曾在较长时期内弥漫着埋怨和消极的情绪和态度。但事态并不会因为人的情绪和态度而改变什么，事务总是按照自身的逻辑去发展。然而，这只是世态的一个方面，从另一方面看，即从中国宪法学自身方面来看，需要反思的是，我们对"人权"的研究是否进行过深入的研究？至少在那个时期没有发现有影响的著述发表或出版。假如我们也承认，"人权"、公民权利、宪法权利、宪法上的基本权利之间存在某种差别，需要从不同的理论层面进行研究，即使如此，我们宪法学术界可以"光明正大"地将一般

"人权"或"公民权利"留给法理学专业或其他专业去研究，而无任何借口将公民的"宪法权利"或"宪法基本权利"的研究不遑多让地给以其他兄弟学科去研究。遗憾的是，中国宪法学术界在"宪法权利"或"宪法基本权利"的研究上，即使在量上不算少，但在质上却不够上乘。不过，这也不能成为过多地埋怨宪法学术界的理由。与西方宪政国家特别是实行违宪审查制度的国家相比，它们在公民宪法权利的研究方面，永远不会失去鲜活的实体材料供学者们去分析和研究；而在中国，学者们除了在"公民权利"，即使是公民的"宪法基本权利"研究上，除了在一些基本原理和（或）宪法条文上进行一些演绎和阐释外，在结合实例的研究上，特别是在保护机制的延伸和拓展的研究方面，确实不能有多大作为，这自然很难出有影响的学术成果了。

然而，在笔者踌躇多时之后，还是本着实事求是之精神，将自己在那个时期的一本有关"权利"的专著，提出来进行分析。那本名为《权利相对论——权利和义务价值模式的建构》的书，是1994年2月由人民出版社出版的。严格说来，那本拙著并不是"随"法理学的"人权"研究而"起"的。事实上，那本书早在20世纪80年代中期就开始写了，前后经历了十年左右。那本拙著之所以值得提出来单独加以分析，并不是简单地基于笔者个人的偏爱或炫耀。事实上，它对于法理学关于"人权"的研究，特别是关于"权利个人本位"的研究的主导潮流的"反潮流"之作。

该著凝聚了本人对当时中国宪制和法制总体方向的深沉的思考，体现了在下试图将经过承继和扬弃的西方法的理念和制度与本土优良的和可资利用的文化、道德和法律传统相融汇，从而实现建构新的法律价值的观念和体系模式的尝试。上述的思考和建构设想毫无疑问是一个庞大的理论和实体建构体系，本人尽管有深沉和长期的思考，但还不够成熟，而且人生不良际遇使自己无法融入学术主流的体制中去，从而无法利用更多的学术资源进行大规模的、成建制的学术研究，只能以自己个人的学识、坚韧和勤勉等"软性资源"进行研究。本人从一开始就意识到，这是仅凭个人单枪匹马的微薄之力不可能完成学术上巨大而又艰苦的工程，但又不忍放弃长久以来的学术观念，以及心中总是涌动着应该做点什么和现在就可以开始做点什么的冲动。此书号称耗费十年之功，实际上大部分时间都是在做收集资料和思考工作，真正写的时间并不多，几乎是一气呵成的。

  既然本人从一开始就没有立意去进行一个宏大体系的研究，选取一个适合的切入点则成为完成这项创作的必然选择。当时的选择思路是这样的。改革开放极大地解放了当时法学界学者们的思想，中国的法制发展方向是什么，是当时的法学工作者特别是一些先进的法理学者重点思考的问题之一。受西学东渐潮流的影响，部分学者特别是法理学者和宪法学者，针对当时中国人权观念淡薄和人权保护机制不健全的现状，适时地提出了用西方"个人权利本位"的传统法律价值体系，来建构新生的中国法制的价值体系，于是，一场空前浩大的人权启蒙、价值体系建构的运动，就在中国的法制天地开展起来了。个人一向认为，针对当时中国人权积弱的状况，大力启蒙、倡导和弘扬人权不仅及时，而且十分必要。就是在今天看来，人权的观念的增厚和保护机制的增强的现状，都是当时人权倡导功绩的惠予，功不可没。然而，本人当时就认为，倡导的人权观念和保护机制从一开始就具有一定的盲目性，缺乏深思熟虑的理性考量。我的思路是这样的：应当充分肯定由启蒙学者们倡导的人权在历史上发挥的巨大的历史进步作用，并成为西方自由主义建构整个宪制和法制大厦的基石的重要地位的同时，也应当看到西方刻意建构的"权利人"社会；由于个人的法定义务、社会责任关系的失衡所造成的种种社会弊端，也是应当引起我们的警醒和关注。在取得正、反两方面的充分的历史经验的基础上建构中国的宪治和法治，是否可以更理性地对待人和公民的权利问题？是原封不动地照搬西方的"个人权利本位"，重走西方宪治和法治的老路，还是借鉴和利用西方历史经验，在中国这样一个全新的宪治和法治舞台，重新思考和建构权利价值模式？可能包括的价值模式应有以下四种选择：（1）建构权利和义务价值并重，相互关系和谐的价值模式；（2）建构纯粹的义务价值模式（事实上有学者这样主张和倡导）；（3）放弃权利或义务的价值并重模式或义务本位的价值模式，仿效西方建构"个人权利本位"的价值模式；（4）彻底抛弃任何有关权利和（或）义务的价值模式的思维定式，加入或创立如美国式的"批判法学运动"，只解构不建构，任其自然发展。笔者当时就认为，第一种选择是最可欲的，至今也还坚信不疑。《权利相对论——权利和义务价值模型的建构》一书的中心思想，就是以此为主线展开的。后来，此书中的精华被压缩成一篇长文，题目仍叫《权利相对论》，发表在中国政法大学的《比较法杂志》上。直到 2004 年中国法制出版社编辑《宪法与行政法论文选萃》时，有幸被选用。

既然已经有了上述拙著为例，索性就如下的两本有关人权的书再提出来加以分析。就是《反酷刑》(2000 年 4 月由社会科学文献出版社出版) 以及其后由中国社会科学出版社于 2003 年 9 月以《走向人权与法治——反酷刑纵横谈》为书名的再版本。感谢改革开放所形成的社会和国家的开明与宽容，2000 年的版本在社会上和学术界平静地流行了几年，其间除了听说有法学界的朋友说过笔者似乎已经是"江郎才尽"，作为一个宪法学人却做起了这种"不务正业"的研究之类的话之外，倒没有引发什么争议。反酷刑毕竟是当今国内外人权保护事业中的重要一环，至今尚无人提出过相反的观点或反酷刑与人权保护无关的观点。争议可能出在某些非学术原因，例如"面子"之类。

就那个时代的法学术界"人权"研究的总体状态而言，学者们将主要的精力和时间用于正面的人权理论研究方面，既及时又必要且重要，本无可厚非，如前所述，而且应当给予大力地鼓励并予以敬意。然而，正如《反酷刑》一书的"自序"中所表明的，由于人权保护中存在的较为严重和普遍存在的各种消极现象，不论在理论上还是在事实上都构成了对人权理论基础和人权保护事业的损害，所以必须予以正视、重视及采取各种必要的措施加以纠正。我们不能一方面大力地弘扬人权理论，力倡加强和完善人权保护的机制；另一方面又长期无视甚至漠视大量违反人权现象的存在，容忍国家公共权力机关及相关的工作人员不人道地甚至是残忍地对待普通民众的人权，特别是人身安全权、生命权。从学术的观点看来，《反酷刑》的意义就在于填补了人权理论和人权保护研究的一个空白，或者确切地说，是填补了人权理论和人权保护研究中的另外"半边天"。只有从积极的、消极的或从正、反两方面去研究人权，才是一个完整的人权理论和人权保护机制。不幸但也有幸的是，这"半边天"是由不谙世事的笔者补上去的。

但在后来，《走向人权和法治——反酷刑纵横谈》一书受到政治上的严厉责难，遂之受到多方面的审查，给时任出版该书的出版社的领导很大的压力；而笔者个人，始终保持一种平常心，坚信审查归审查，但无人可以提出与"反酷刑"相反的学术观点。如今在国家司法行为中，要实现正义，减少冤假错案，"反酷刑"成为绝对必要之举，甚至成为中共中央主导的司法改革中一项重要内容和痛下决心的纠弊举措。

再说法治，这也是中国法学界法理学科在那个时代大力弘扬和倡导起来的重大理论问题和治国方略问题。如前所述，由中国法学术界中的法理学界主导提出、弘扬的法治理论与实践，对中国法学的发展作出了很大的贡献，应当被视为中国法学在当代发展中浓重的一笔。

关于"法治"的话题和学术课题，并不是一个新鲜的话题和课题，更不是一个简单的时势造英雄或英雄造时势的问题。从历史深处来说，英国早在17世纪资产阶级革命成功以后，就在治国中秉承西方自古希腊亚里士多德至西欧新兴市民阶级的启蒙学者，所一贯倡导的法治精神，以自己特殊的法律理念与机制实行法治，只不过这种法治是以隐晦的方式实行的。在英国普通法的传统、习惯、司法制度等方面，都贯穿着巧妙而又精致的法治原则和特有的制度。这种法治精神和制度不易被那些没有专门研习法律的人特别是普通民众所了解。只是到了19世纪末，由英国著名宪法学者戴雪提出，特别是在其宪法名著《英宪精义》（英文原名：*An Lntroduction to The Study of The alw of The Constitution*）中将法治（Rule of law）作为英国宪法三大支柱之一全面加以论述之后，法治的概念及其理念和运行机制不仅被英国人所知，也在世界范围内流传开来，到19世纪70年代，德国因击败拿破仑而国威大振，随之乘势大兴改革之风，法治的概念与机制也随之得到阐扬，进而促进和推动了由警察国向法治国的转变。在英、法、德等国的带动下，在欧洲主要国家自19世纪中期兴起的立宪风潮中，法治的理念与机制逐步推广开来，并渐渐铸就欧洲治国方略的基本范式，即实行依法治国，努力建构法治国家。

远在大西洋彼岸的美国，尽管是在从北美殖民地基础上通过独立战争，从宗主国英国的母体中脱胎而建立的，但其立国后所确立的治国方略，却没有照仿其母国以及西欧其他国家的法治范式。美国从建国之初就制定了世界近代史上第一部正式的国家宪法，从其建国时就坚定地走上了宪治和宪政的道路。在美国人的政治和法律观念中，宪法和宪政的观念要比一般法治的观念浓重和深刻得多。在美国确立宪治和宪政的治国方略之后，国家的一切重大的政治和法律事务的展开，都是在宪法的框架下进行的。国会虽享有立法权，并在国家立法中发挥了重大的作用，但所有的国家立法都必须服膺宪法，并接受司法机关的审查，一旦发现有与宪法不一致之内容，便会被宣布为"违宪"而在事实上被废止。表面看来，由于存在宪法至上的地位与权威，一般法律以及依一般法律而治的"法治"理念与机制受到克减。为此，在法学术界，美国的宪治和宪政的治国方略有别于欧洲式的甚至英国式的法治范式，但法学术界也并对此刻意作出严格的界分。在欧美宪法和法治的历程中，正如两大法系之间的差别已明显缩小、逐渐走向趋同一样，法治与宪政的区别也在缩小并逐渐走向趋同。这就是说，在美国司法的地位和作用在国家的法治中越来越得到强化，特别是在联邦最高法院长时期实行司法审查自约的情况下，更是如此；而与此同时，欧洲国家对宪法及宪政的地位和作用也得到很大的提升和加强，特别是第二次世界大战之后，欧洲许多国家纷纷建立了宪法法院，法国还建立了宪政院（宪法委员会），一方面加强了对公民宪法权利的保护力度；另一方面也强化了对普通立法的违宪审查。从这一有增无减的发展趋势上看，现在欧洲基本上已经成功地实现了由法治的治国方略，向宪治和宪政的治国方略的转变。当然，这种转变不必要一定理解为是以同时削弱法治的治国方略的重要性为前提或条件的；但可以明白无误地理解为是向着强化宪治和宪政的治国方略的地位与作用的基础的方向转变的。这一治国方略方式的转变说来并非无关紧要或全无意义，其转变的背后，隐约地深潜着一种未公开挑明但已有显现的信息，即法治作为治国方略的地位与作用似乎已度过了其辉煌和鼎盛的时期，现在已经让位于宪治和宪政占主导和强势的地位和作用了。

关于"法治"作为与"人治"对应的治国方略，早在中国两千多年前的春秋战国时期就出现了。只不过在中国传统"人治"之基本的、超稳固的治国方略框架下和体系内，"法治"只是作为学术争鸣中的一个"学派"及少数政治家信奉和实践的治国理念，虽然在战国时期和秦朝建立中国统一王朝的过程中曾经有过短暂的"辉煌"，但随着秦朝二世而亡以及汉帝国的建立很快就走向式微，在漫长的历史长河中似乎只留下了片断的历史记忆。

直到中国开启了改革开放的政策大门，在近、现代意义上的"法治"才再次成为一种公共论坛上的话题。这当然也是首先在法学界提出来引起关注并加以研讨的。中国老一辈著名的法学家、北京大学的陈守一教授早在 1979 年就在总结"文化大革命"的教训时提出要进行有关"人治"与"法治"的研究。尽管当时并没有在政治层面和社会各界引起必要的关注，但在执政党和国家，包括一九八二年宪法都明确提出或确定"发展社会主义民主，健全社会主义法制"的战略方针，也可以看做对"法治"这一提法的积极响应。在中国香港地区，也有学者早在 20 世纪 80 年代就对法治进行过较为深入的、系统的研究。笔者在前述的拙著《民主宪政新潮——宪法监督的理论与实践》中，当论述到资本主义国家宪法监督的理论基础时，也曾将"法的支配论"作为其中一项重要内容加以研究。原本是直接用"法治"这一表述语词的，考虑到当时的政治环境仍然处在相当封闭的状态，对于任何西方政治和宪政概念或词语的运用，都可能招致政治和学术上的风险，为安全计，所以改为"法的支配论"，并在此标题下的行文中申明："法的支配又称法治，它也是基于自然法而产生的一种政治法律信念。"[①] 而在接下来谈到的社会主义国家宪法监督的理论基础时，则明白无误地运用了"宪治和法治论"的标题并以宪治和法治的真正含义展开了论述。因为在当时确实具有这样一种基本的信念，即在坚持并尊重正统的社会主义国家的意识形态的情境下，讲些当时在公共论坛上较为新颖的话题还是可以得到宽容的，至少不会发生能引起严重后果的学术乃至政治上的不利。

然而，还是应了"时势造英雄"那句俗不可耐的老话、套话。在执行改革开放政策伊始时期，社会和国家还没有达到一定水准的开明程度。换句话说，在那个刚刚打开封闭的国门，春风初度的"时代"，还造不出日后那些如日中天的法治论者们那样的"英雄"。陈守一

[①] 陈云生：《民主宪政新潮——宪法监督的理论与实践》，人民出版社 1988 年 12 月版，第 74 页。

老先生没有成为,他之后的晚辈书生如笔者更不可能成为那个时代的"英雄"。

无论如何,法治的"晚兴"在中国近现代史上,都是一件具有里程碑式的大事。它不仅标志着中国已经走上了现代化的正确之路,从此中国才可以郑重地宣称最终找到了建设全新的现代化国家的战略方针,而且在学术上特别是在法学术界也找到了向科学特别是法律科学进军的突破口。自20世纪90年代中期以后,在长达十多年的时间内,中国的法学界特别是法理学界,光是就法治议题就进行了激烈的讨论、争议及从不同侧面进行的深化研究,这使中国法学研究呈现了空前的繁荣景象。当然,作为其中一个辐射效应,不期然地带活了沉寂已久的中国宪法学研究。中国宪法学术界的许多学者不失时机抓住了这个千载难逢的机会,乘势而随,协力掀起了宪法学研究高潮,进而将中国宪法学研究推进到本书下面所谓的"奋进时期"。

第六节 奋进时期

中国宪法学研究的"奋进时期"大约始自20世纪最后几年,一直延续到当今,曾有宪法学业内学者炫耀地自称宪法学已经变成了"显学",虽未免有些夸大之嫌,但也绝不是一句妄语。中国宪法学在这个时期的研究,有许多可圈可点之处,已经蔚然成为大观,呈现一派欣欣向荣的景象,这确是一个不争的事实。

需要说明的是,中国宪法学研究"奋进时期"的到来,尽管如前所述,曾经是随着"人权"和"法治"研究高潮的到来而随起的。这多少有些令宪法学术界同人们汗颜的感觉,但笔者绝没有"长他人志气,灭自己威风"的"降尊纡贵"之意,只是基于事实的一种判断。而进入21世纪之后,中国迎来了两次对宪法的重大修改或曰补充。一是1999年3月16日第九届全国人大第二次会议通过的修正案中,增加了"中华人民共和国实行依法治国,建设社会主义法治国家"的规定,这可以简称为"法治入宪";二是2004年3月14日第十届全国人大第二次会议通过的宪法修正案,增加了"国家尊重和保障人权"的规定,也可以简称为"人权入宪"。除此之外，这两次相距时间不长的宪法修正案还相应地修改了一九八二年宪法中一些较多的、与序言有关的内容，以及其他一些条文规定。所有这些修改都为中国宪法学提供了相当丰富的研究课题。这一次中国宪法学术界当仁不让于中国法理学术界，积极地、主动地承担起相关研究的重任，掀起了中国宪法学研究的高潮。

我们之所以将这个时期称为中国宪法学研究的"奋进时期"，不仅在于对两次宪法修正案进行了多角度尽可能详尽的文字及义理诠释，而且在宪法学一些基础理论和实践方面都有广泛而深入的展开。中国宪法学正在慢慢地走出沉寂和随波逐流的低谷，正在逐渐形成学术自觉和重建学术信心。

对"奋进时期"的中国宪法学作出全面的总结、分析和评价，并不是一件容易的事，特别是笔者在学术活动范围狭小，所掌握的这方面的信息极为有限的情况下更是如此。因此，有关这方面的总结和评价、分析最好由其他对此感兴趣的学者来进行。此外，中国宪法学会每年都举行一次大型理事会议，每次会议都设一个研讨主题，并能征集到大量学术论文。关于会议讨论情况，通常都有理事会指派的人员总结，故不需要像笔者这样的鄙陋之辈对此多费笔墨。还应当强调指出，宪法学者们在这个领域进行了许多有价值的总结和评价、分析。因笔者在这方面的信息掌握得很不充分，故笔者所做的总结、评价和分析，主要局限于作为亲历者个人的体验与感受。

中国宪法学术界在"奋进时期"所取得的研究成就，大致有如下的几个方面。

一 对新修订的宪法修正案进行了深入的诠释

针对1999年的宪法修正案和2004年的宪法修正案，中国宪法学术界在报纸杂志上发表了一系列的论证、释文和引申阐述性文章或专论。这些文章或专论对于这两项修正案的意义和实质内容，在社会和国家的传播和实施都发挥了重要的作用。但是，正如前面所分析过的那样，中国宪法学术界在推动这两项重要的宪法修正案制定方面，还是不惶多让于中国法理学术界，后者在其中所发挥的作用要远远大于中国宪法学术界所发挥的作用。中国宪法学术界在其中所发挥的作用是被动的、从属的，或者如我们所说是"随起"的。出于这个原因，这里不就这方面做系统和全面的总结和评价。这倒不完全是出于因"汗颜"而羞于下笔，也是基于对中国法理学界的尊重而避免有不知趣的"争功"之嫌。不过，相关的分析还是要做的，只是留在下面的专题分析中进行。

二 中国宪法学术界试图以科学规范的标准来界定宪法学学科体系

中国宪法学主流学术群体意识到，在我们所谓的"奋进时期"，要对宪法学的研究和教学取得进展，就必须首先对自己所要研究和教学的学科对象，予以科学规范标准上的界定。这样做是一种学术自省和反思的必要行动。中国宪法学主流学术群体意识到，在经历了改革开放后二十多年的宪法学研究和教学中，我们始终没有对中国宪法学的学科体系本身予以认真的科学对待。究其原因：一方面是在二十多年内，中国宪法学始终没有跳出"诠释宪法学"的窠臼，在高扬为现实政治服务的宗旨下，将宪法视为一种单纯的政治工具。在国家的政治大棋盘中，宪法只是一个棋子，想要它出现在哪里，就让它出现在哪里，想让它发挥什么作用，就让它发挥什么作用。当然，毋庸讳言，宪法确实是治国的工具之一，让它在适当的地方、适当的时机发挥适当的作用，这本身并无可厚非。但是，宪法毕竟是国家的根本大法，它的价值和功能远不止于只是作为一个治国的工具。然而，在习惯成为自然之后，不仅政治层面没有或不能积极地发掘宪法潜在的其他或许更多价值与功能，就是在中国宪法学术界对此也表现出相当的学术迟钝。当有需要时便蜂拥而上，而一旦时过境迁，便归于沉寂，等待下一次需要时再挺身而出。平时不习"操练"，更不推演"兵法"，致使宪法学学科体系长期处于一片"处女地"状态，只见"荒草丛生"，难觅"田园景色"。

另一方面，就如同前面所分析的那样。改革开放以来的中国宪法学，正在游走于西方宪法学、原苏联宪法学和中国宪法学之间，当中国宪法学主流学术群体，尚在是否全盘还是部分地接受西方宪法学学科体系，是否需要或有保留地摒弃苏联宪法学体系，以及是否有必要和能够建立起具有完全中国特色的中国宪法学独立体系，这三者之间如何作出选择的问题上，还举棋不定的时候，要探讨如何界定中国宪法学学科体系的问题，还为时尚早。因而，任何界定中国宪法学的学科体系，一直是中国宪法学的一个学术空白。

在改革开放了二十多年以后的21世纪之交，中国的法学界包括宪法学术界仿佛突然间激发了沉寂多年的学术灵感和热情，一大批面向21世纪的新著纷纷问世。本来以百年作为基数的世纪纪年法原也起源于西方，还与我们长期对其保持必要距离的西方基督教有关。然而，中国却无条件地接受了这个纪年法并使其成为法定的纪年，这本无可非议，这是全世界都公认并正在使用的纪年法。值得深思的是，这原本只是一个时间的概念，却被中国法学术界赋予了学术更新的超越时间概念的意义。当然，这也无可厚非，在认定的某一有意义时期用来作为刻意进取某项有意义的事业，本也具有积极的意义。本书不就是对改革开放时期的中国宪法学进行总结和分析，以促进中国宪法学在原来的基础上更上一层楼吗？我们应当反思的是，以世纪之交作为学术更新的起点，究竟是适应情势还是学术"幼稚"的一种表现？按理，学术上的转型、进退、兴衰是无论如何不应当以时间为始终的，哪怕是世纪之交也不具有这种魔力般的学术意义。不过，这都是题外话了。

中国宪法学术界在进入21世纪之后，在如何界定中国宪法学的学科体系方面，做了较多的研究，提出了一些有启发性的设想，值得在此加以总结和分析。

在中国宪法学术界，有学者主张将这种理论体系理解为理论研究的"内容"[1]，而另建一"学科体系"的概念，认为"宪法学不是一门单一的理论学科，而是包括若干研究分支的有机联系的学科群，宪法学各分支的基本构成及其内在联系就是宪法学的学科体系"[2]。如从历史的角度，可形成中国宪法思想史、外国宪法思想史、中国宪政制度史、外国

---

[1] 参见董和平等《宪法学》（"九五"规划高等学校法学教材），法律出版社2001年1月版，第2—6页。

[2] 同上书，第6页。

宪政制度史及国别宪法史等学科。从社会研究的角度，可产生宪法社会学、宪法政策学、宪法意识、宪法文化、宪制秩序与宪制等已经分支。从宪法本体的角度，则形成宪法学原理、中国宪法、外国国别宪法、宪法规范学、宪法立法学等研究分支。以比较研究的角度，则形成国别比较宪法史、各国比较宪法史、宪法规范比较研究、宪法制度比较研究、宪制环境比较研究、比较宪法学原理等分支学科。宪法学就是由上述四个研究角度形成的各个分支学科构成的一个纵横联络、有机联系的学科群。① 而"面向 21 世纪课程教材"中的《比较宪法学》，认为"现代宪法学是由宪法学知识、规则与程序相结合的有机的理论体系。从宪法学体系的构成要素看。它由本国宪法学、外国宪法学与比较宪法学构成"②。关于比较宪法学与宪法学体系的关系，著者又认为，比较宪法学与宪法学体系内部的不同之间存在着原理之间的相互关系。这些不同学科包括宪法社会学、宪法政策学、宪法解释学和宪法史学。③ 在新近出版的《宪法学导论》中，首先肯定了宪法学是一门"科学"，它是法学的重要"分支学科"，形成了一个完整的"理论体系"。④ 接着作者又探讨了"建立中国宪法（学）体系"问题，认为进入 21 世纪，不少宪法学者萌发了关于中国宪法（学）体系的设想。作者在此只是指出，现在为中国的宪法学体系设计"蓝图"或许过早。⑤ 再接下来，作者表述了在什么意义上宪法学是一门"科学"的看法，认为"至少在三个相互关联的层面上，宪法学表现为一种科学。首先，在规范层面上，宪法学应澄清并梳理宪法所规定的价值规范秩序；与此相关，在逻辑层面上，宪法学应提供解释宪法含义的技术；最后，也是最重要的，在实证层面上，宪法学应该是一门分析人性和社会权力的科学，并进而指导宪法的制定与修改"⑥。按照这种看法，作者依次将宪法学分为"规范宪

---

① 参见董和平等《宪法学》（"九五"规划高等学校法学教材），法律出版社 2001 年 1 月版，第 6—7 页。
② 参见韩大元主编《比较宪法学》，高等教育出版社 2003 年 10 月版，第 1 页。
③ 同上书，第 3 页。
④ 参见张千帆《宪法学导论》，法律出版社 2004 年 1 月版，第 35 页。
⑤ 同上书，第 37 页。
⑥ 同上。

法学""诠释宪法学"和"实证宪法学"①。从仅举的上述三例中不难看出,中国宪法学术界特别是宪法学教育界已经在认真对待和探讨宪法学的理论分类问题,其中不少的见地和设想具有学术启发性的影响,或许有朝一日能为中国建构科学的宪法学理论体系作出贡献。与此同时,我们也应当看到,迄今为止对中国宪法学的理论体系所做的分类是如此的不统一和殊异,表明中国宪法学术界在这方面还没有取得基本的共识。甚至在什么是"理论分类""学科分支"这样的基本概念和相互关系的认识上,相差竟是如此之大,说明中国宪法学术界目前还缺乏这方面的基础研究。这无疑是中国宪法学术界亟待改善的一个方面。

依我们看来,从最一般的科学意义上来说,对客观事物(务)和研究对象进行分类,其本身就是一门科学,完全可以作为科学研究的对象。而且事实上,至少在西方学术界,特别是在18、19世纪逐渐发达起来的植物学、动物学、地质学、物理学、博物学、人类学、社会学,就是在所观察到的实际知识与科学、详细的分类互动中,建构了各自科学的理论体系。其中的许多分类,如动、植物的分类和地质的分类等一直延续至今,是今人乃至后人研习和了解有关的知识的必要先导。自然科学中分类学的发展潮流所及,也使分类的研究方法广泛地运用于社会科学包括法学的研究中来。宪法学就是一个明显的例子。可以说,对宪法进行分类已经成为宪法学一贯的学术传统。既往和现实的宪法学著述,特别是宪法学教科书,几乎无一例外地都有关于宪法分类的章节。

从最广的科学意义上来说,既云"科学",除了前述有关构成"科学"的三要素之外,其体系本身及构成各部分的关联,当是有条理的、系统的。这种条理性和系统性既是科学研究的成果,又是使科学研究对象成为条理化、系统化认知对象的必要条件。自不待言,如果对于一个科学研究对象长期处于混乱的、无序的甚至混沌的状态,就很难称得上是一个科学的认知体系。不仅如此,对研究对象条理化和系统化的内在需要,又使作为研究成果的理论体系本身的条理化和系统化成为必要和

---

① 参见张千帆《宪法学导论》,法律出版社2004年1月版,第37—41页。

可能。例如，在宪法学领域，作为研究对象的"宪法"本身进行科学的分类，总是必要的和可能的，而为了达到从科学上认识"宪法"的现象和本质的目的，对宪法理论体系本身进行适当的分类，也就成为必要和可能。

正是理论体系本身对一般意义上的科学研究如此重要和必要，所以在科学史上，许多学者，无论是自然科学的学者还是社会科学的学者，都比较关注并实际进行了大量的理论分类。并在此基础上逐渐兴起和发展出一个专门的、独立的科学门类——类型学。德国著名的社会学家马克斯·韦伯就是类型学的创始和发展的领军学者。[1] 类型学发展到今天，一些科学家正在倡议绘制"科学门类图"，或称为"科学全貌图"。据"美国每日科学网站"2004年4月7日文章，美国《国家科学院学报》月刊2004年4月号特别刊载了一些未来绘图者撰写的近20篇文章。这些代表计算机、信息和认知科学、数学、地理学、心理学和其他领域的研究人员，提出用不断增加和演变的大量数据建立科学门类的设想。印第安纳大学的凯蒂·伯尔纳说："科学正在迅速专门化，导致零散和重复发明的情况越来越多，出版物数据库和其他数据来源的图谱能帮助说明，科学家和科学成果是如何相互联结的。"他还说："建立一个囊括所有科学门类的图谱需要大规模的电脑基础设施。这项工作要涉及几万亿比特的数据（出版物、专利、捐款和其他数据库）、可升级的软件和捣弄大量数据的能力。这类计算工作在物理学和生物学中很常见，但在社会科学领域不常见。不过，科学门类图会给所有领域带来好处。"[2]

印第安纳大学的理查德·希弗林说："如今，几乎所有人获取知识的方法都与沿用了数百年的方法大为不同。传统方法利用图书馆的书、参考书和实际资料，它们的正确性大多已被某个权威所证实。如今我们坐在计算机前，把网撒入信息的海洋，而很多信息是不正确和把人引入歧途的。"[3]

---

[1] 参见[荷]亨克·范·马尔赛文、格尔·范·德·唐《成文宪法——通过计算机进行的比较研究》，陈云生译，北京大学出版社2007年3月版，第307页。

[2] 参见《科学家拟绘制科学门类图》，《参考消息》2004年4月10日第7版。

[3] 同上。

无论这种"科学全貌图"或"科学门类图"的绘制是否可行和前景如何，但认为"科学正在迅速专门化"，以及"科学门类图会给所有领域（包括社会科学领域——笔者注）带来好处"的看法，无疑是正确的。这对于我们所主张的在宪法学理论体系方面作出虽非严格但门类明确的划分的意愿，是一个有力的支持。

我们应当对宪法学理论体系的分类持谨慎和认真的态度。以往的分类给人以没有经过精心求证，甚至有些随心所欲的感觉和印象。至少在以下几个方面值得我们认真加以思考：

首先，我们既往和现时所做的理论分类能否得到科学规范的支持？尤其应当关注一下所做的分类在知识总量方面是否有了足够的或必须的积累。显见的是，有些被称为"学科分支"的"理论体系"，只是进行过不系统的、零散的研究，这自然还称不上是什么"学科分支"或"理论体系"。

其次，有些学科分类从其最初的划分基点上是否可靠？看似是可靠的，而实际上往往并不是可靠的。例如在静态宪法学与动态宪法学，规范宪法学与实证的宪法学之间，就很难严格加以分开。事实上，迄今为止还没有或很难找到这样分类的典型著述。

再次，如何避免各学科之间的大范围、大规模的交叉或重复现象？在宪法学各学科之间无论进行怎样严格的区分，交叉或重复现象都不可避免，避免的只是大范围、大规模的交叉或重复现象。中国宪法学术界在现在所做的某些分类中，就存在这种现象。这不可避免地会造成学术资源的浪费和提高学术教研的成本。

最后，我们是否有必要在既有的宪法学理论体系与拟议中的宪法学体系之间作出区分？现在作出的分类，在学术价值上也许是极可欲的，但在事实上并不存在，充其量只能算是拟议中的或创议中的。如果不加以区分，不仅不利于学术研究，而且对初学宪法学的学子们来说，可能形成某种程度上的误导，这显然是应当避免的。

基于以上的分析和考虑，我们主张在宪法学科分类上应认真对待，不仅要克服那种随意的倾向，而且要将其视为和作为宪法学的基础功夫。宪法学术界既然是法学的基础学科之一，而且博大精深，那么就应当对之进行有条理的、系统的并符合科学规范要求的研究。既然如此，就让我们尝试从宪法学科划分做起吧！

或问，在你看来，此亦一是非，彼亦一是非，然则当如何划分宪法学的理论体系？其实，我本人并无什么高见，只是赞同并附和世界性的宪法学术界公认的宪法学理论体系的划分，即所谓的三分法：国家的宪法理论、比较宪法理论、一般的宪法理论（或宪法学原理）。

国家的宪法理论的科学研究对象是一国的宪法。它研究的是一部宪法或一系列连续性的宪法。宪法学在这个领域取得的成果最大，至少从数量上来说是这样。在有成文宪法的国家包括中国，在这方面已经做了大量的研究，取得了丰硕的成果。

比较宪法理论重在比较。比较的对象既可以是各种宪法，也可以是个别国家宪法上所做的各种研究，还可以是一些国家的宪法或属于某个集团国家的宪法，即所谓的家族宪法。迄今为止，比较宪法理论所做的研究较少。其原因一是学术界至今还没有就"比较宪法"究竟是一种"理论"还是一种"方法"达成共识，这影响了宪法学术界同行的共同进取；二是比较研究既费力又耗时，令学者望而生畏；三是有关比较的资料收集常常成为问题，也是一个难以克服的困难。

一般的宪法理论（宪法学原理）是将宪法作为一个整体进行的理论性研究。这种研究可能具有历史的或教条的性质，也可能具有哲学的或政治法律的性质。自20世纪中叶以后，在实证的研究方面也有了较大的发展。

从最一般的意义上来说，凡是被称作"学科"的，就必然具有自己特点的研究对象、范围与领域，也就必然形成不同于其他学科的理论体系。这就是说，任何学科都具有独立性。但这只是学科的基本属性或品格，并不能理解为它本身是孤立的，更不是封闭的。从最广阔的整个科学的范畴的立场上看，科学知识或许只受一个特定时代的科学发展水平以及人们的知识能力的限制，各门科学知识之间从总体上看是融会贯通的，至少是密切或相互联系的，即使在自然科学和社会科学之间也都是如此。现代科学的分科，实际上是由于人们的知识水平和能力的限制，导致刻意区分开来的，学科之间程度不同的相互分立，固然便利于人们学可专攻，从而更容易取得科学成就；而与此同时，也存在着不利于科学知识之间的相互融会与贯通的弊端，这对于增强科学性来说是不利的。因为现代一些科学领域，本身就交汇着不同学科的知识，甚至横跨传统上所分的自然科学和社会科学两大领域，这在基因科学、克隆技术、信息科学和环境科学等领域尤其具有这样的性质和特点。这正是为什么当代的交叉学科、综合学科的倡导和发展受到高度的重视与强调的原因。

宪法学的学科意义就在于，它使我们经常提及、每日每时与之息息相关而又可能不甚了解，尤其难以深入认识的国家根本大法——宪法加以理论化，并给予科学化的专门说明。换句话说，宪法学就是通过一整套专门的知识体系、专门术语对宪法进行深入而又细致的分析，包括其产生发展的背景和环境、宪法结构、宪法规范、宪法职能、宪法效力、宪法责任、宪法监督等各个领域。通过这些分析，实际上将有关宪法的知识编制成一个巨大的知识相互关系网，宪法就是这个知识关系网中的核心联系点。如果能达到科学化标准而织就的有关宪法的知识网，就会向我们全面而又深入地展示宪法的本质、内容、特点、作用等知识。如果能达到这样的理论层次，那么，人们对宪法的认识也就从一般的了解层次而达到深入理解的程度。

三 对中国宪法学研究方法问题的高度重视以及对其研究方法的拓展

在"奋进时期"作为中国宪法学研究进步的一个重要象征，就是宪法学研究方法受到了空前的重视，传统宪法学研究方法也相应地得到了拓展。

关于中国宪法学研究方法，胡锦光教授及其爱徒陈雄在一篇名为《关于中国宪法学研究方法的思考》的论文（以下简称《胡文》）中，做了在我看来是客观、全面的总结。首先应当说明，本书尽管主要是基于笔者个人亲历体验和感受的文章，但为了全书的客观性和系统性、连贯性，本人不得不耗费大量的时间和精力去收集、整理、阅读中国宪法学者相关的著述，并从中总结和发现有价值的资料和学术观点，以作为笔者的知识基础和背景资料。然而，需要评论的胡教授《关于中国宪法学研究方法的思考》文章，使我无须再去费力地从成堆的著述中去觅迹寻踪了。

《胡文》首先对宪法学研究方法的重要性加以肯定，这与笔者可以说是不谋而合。《胡文》开宗明义地指出："近期以来，关于宪法学研究方法问题的探讨成为中国宪法学者关注的焦点之一[①]，宪法学者对研究方法的反思是学科成长的体现，研究方法的成熟是一门学科成熟的标志，反之，研究方法的滞后则会对学科发展产生负面影响。因此，宪法学者对研究方法的研究和反思无疑是具有重大意义的，但同时应该指出的是，目前中国宪法学界关于宪法学研究方法问题的探讨还远远没有达到成熟的程度。"[②] 情况确实是这样，中国宪法学研究方法既是中国宪法学者近期关注的"焦点之一"，又是"远远没有达到成熟的程度"。

《胡文》将中国宪法学研究方法放在第一代宪法学教材和第二代宪法学教材的语境下进行回顾。认为：第一代宪法学教材明确提及的或者实际体现的宪法学研究方法，主要有阶级分析方法、历史分析方法、比较分析方法、系统分析方法、理论联系实际方法；而第二代宪法教材中的宪法研究方法，是由第二代宪法学人在第一代宪法学人开启的"伟大航程"中继往开来的。认为第二代宪法学人所倡导的研究方法呈现多文化发展趋势，方法论自觉性也大大增强。第二代宪法学人所运用的主要研究方法有如下几种：用法权分析方法重构宪法学体系、经济分析方法，包括宪政的经济分析和经济宪法学、规范宪法学方法、宪法哲学方法、宪法解释学方法，文本分析方法；宪法社会学方法、宪法学的实证研究方法、宪法学研究的逻辑分析方法、价值分析方法、语义分析方法等。笔者认为《胡文》的总结是到位的、准确的，唯一与笔者不同的方面是，笔者是以时间的阶段性来分期的，现在讨论的是所谓的"奋进时期"，而《胡文》用的是"代"的分期，要识别谁是第一代宪法学人或是第二代宪法学人也许并不十分困难，问题是，"代"的边界也许不易掌握，是否就没有"第三代宪法学人"参与其

---

① 比如在2004年，中国宪法学会、中国人民大学宪政与行政法治研究中心与浙江大学公法研究中心，于杭州联合举办了"宪法学基本范畴与研究方法研讨会"。另外也有就宪法研究方法进行探讨的专业论文，部分论文在下文会提及。

② 参见胡锦光、陈雄《关于中国宪法学研究方法的思考》，《浙江学刊》2005年第4期，第132页。

间的创意与建构？如果有，但愿他们不会因为没有列上"第三代宪法学人"而感到失落。

《胡文》在接下来讨论的"什么是宪法研究方法"部分，只是在同"法学研究方法""政治学研究方法""宪法解释方法"的对比分析中，使我们对宪法学研究方法有个总的宏观把握，并没有具体涉及宪法学研究方法的具体方法。而在"什么是中国宪法学研究方法"部分，也只是强调"本文不重点探讨当代中国宪法学研究的方法类型或者提出新的研究方法，只是探讨在确定当代中国宪法学研究方法时要注意的几个维度"。这自然使我们看不到作者对究竟"什么是中国宪法学研究方法"的具体意见或设想。

范进学教授在《宪政与方法：走向宪法文本自身的解释》一文中，在论及宪法学研究方法选择时认为："我以为宪法学之研究大致基于三个层面：一是价值宪法学，二是规范分析宪法学，三是宪法解释学。这三个层面上的研究分别指向价值法学、分析法学与解释法学，价值法学之理论基础是自然法学，分析法学之理论基础是分析实证法学，解释法学之理论基础则是哲学与语言诠释学。价值宪法学所研究与关注的是'宪法应当是什么'的命题，规范分析宪法学所研究与关注的是'宪法是什么'之命题，宪法解释学所研究与关注的则是理解与解释宪法规范意义的方法与技巧之命题。研究的对象不同，研究的方法不同，则关注的命题亦不同。"[①] 在谈到"宪法解释学"时，指出："宪法解释学是关于发现宪法规范并具体阐释其概念意义进而解决纷争、处理个案的技巧与方法的学问，它所运用的方法则主要是哲学解释方法与语言文字解释方法。解释学是意义宣告、阐释和解释的技巧，它是一门避免误解的艺术，其基本功能在于把一种意义从一个文本世界移植到现实世界。宪法解释学就是发现、阐明和解释宪法文本意义的技术，从而把文本规范之应当意义转换为个案的运用。宪法学必然具有解释学的性质，因为如果不进行意义的转换，就不可能有对文本的理解和解释。"[②] 范教授进而

[①] 引自范进学《宪政与方法：走向宪法文本自身的解释——宪法学之研究方法转型》，《浙江学刊》2005年第2期，第18—19页。

[②] 同上文，第19—20页。

认为："虽然，已有宪法学理论研究者涉及这一领域，但为数甚少，尚不能从整体上形成注重研究之风，对宪法解释实践的指导作用也没有充分发挥出来，对此，急需加大对宪法解释研究的力度，在必要时创建宪法解释学这门学科体系，探讨和建立具有中国特色的宪法解释学学科，以进一步推动宪法研究之深入发展。"[①] 范教授还为他力挺的"宪法解释学"专门著成《宪法解释的理论建构》一书。有学者认为："该书是我国大陆学者完成的第一部专门研究中国宪法解释问题的学术著作。"[②]

《山东社会科学》在为韩大元教授《试论宪法解释的效力》一文所写的"编者按"中指出："在依法治国就是依宪治国、依法行政就是依宪行政的当下，应当把宪制所蕴涵的真理性价值转换为制度性的选择与建构；而学术界的理论贡献则主要是为国家宪制机制提供一套得以运行的方法，这套方法就是宪法解释，研究这套解释方法的学问就是宪法解释学。因此，走向宪法文本的解释，就成为关乎宪法学研究方法转型的大问题，也是确立宪法解释学的核心与关键问题。"[③]

中国的宪法学者中，还有好几位在建构自己的宪法学"知性体系"或"学科体系"时，也谈到宪法学的研究方法问题。但在有关的引文时，却将有关的"知性体系"或"学科体系"同时表述为"研究方法"。在这几位作者看来，在"知性体系"或"学科体系"与"研究方法"之间作出区分似乎不必要，至少不重要。这与我所持的意见不尽相同，相关的评价和分析，将在下面尽可能地作出。

以上这些研究表明，中国宪法学术界尽管不是全体，至少在精英阶层对宪法学研究方法形成了高度的学术自觉，并且着意在这个领域有所进取并取得了相当丰硕的成果。但在作为"学问""专题研究""方法论"之间的联系与区别，尚有很多值得探讨和研究之处。

我本人一向重视宪法学研究方法的运用，这在前面已经做过详细的

---

① 引自范进学《宪政与方法：走向宪法文本自身的解释——宪法学之研究方法转型》，《浙江学刊》2005年第2期，第21页。

② 引自夏泽祥文《宪法解释：一种拯救中国宪法权威性的方法——读范进学教授著〈宪法解释的理论建构〉》，《法学论坛》2006年第1期，第139页。

③ 引自韩大元《试论宪法解释的效力》，《山东社会科学》2005年第6期，第5页。

介绍，下面再将自己的一些体验简单地做一介绍。

宪法学的研究方法应该得到尽可能的丰富。一方面由于一般方法论，特别是社会科学方法论总体的丰富为宪法学的引进提供了客观的、现实的基础；另一方面，宪法本身在义理、内容和调整范围上的博大、精深和广阔，也为宪法引进众多的研究方法留有广阔的兼容空间。宪法的发展需要引进更多的研究方法，而更多的研究方法的引进又进一步促进了宪法学的发展，两者联动、互为因果，值得认真地加以总结。

大致说来，宪法研究的方式可以分为七种，即文字的、原意的、历史的、普通法、比较法的、哲学的和社会学法学的。

四　加强了宪法学中的一些专题研究

在"奋进时期"，中国宪法学所取得的重大进步中的一个显著的方面，就是大力开展了有关宪法学的多项专题研究。在笔者看来，世纪之交以来中国宪法学在如下的一些专题领域进行了广泛的和深入的研究，包括宪法解释、宪法监督、宪法规范、宪法中规定的经济制度、宪法效力、宪法哲学等。笔者意识到，将以上的各项研究列入"专题"研究序列，可能会遭到有关热心和全身心投入的研究者的异议，因为他们中可能有学者认为，他们所从事的研究不仅根本就不是按"专题"研究的，而是刻意或苦心为建构某一领域的"学科"而打造的。若以"小人之心，度君子之腹"，或许其中有宪法学者认为，将某一学科的品位降格为"专题"序列，是对其学术上的品位的一种降低或贬损。这当然只是笔者个人的猜测，或许从根本上就是一种庸人自扰。无论如何，这是个人的一种见解，有关的详细理由，将在下面的"分支学科"的综述和评价部分再加以详细陈述。正因为是基于此种看法，所以在这一部分将综述和介绍的领域只集中在"宪法司法化"或"宪法监督司法化"方面，其他的领域则在下面的"宪法学分支学科"部分加以综述和评价、分析。至少在中国宪法学术界，至今尚未有学者主张"宪法司法化"或"宪法监督司法化"是宪法学中的一个分支学科。

本来，关于"宪法监督"的话题，或者有时名为"宪法实施的监督"的话题，是改革开放以来中国宪法学术界一直关注和长期作为重点、热点的话题。笔者记得,在1984年笔者作为中国法学会宪法研究会创立的具体组织者,就曾协助王叔文会长确定第一次会议在湖南省湘潭大学举行,后因湖南省司法厅的一位负责人不同意在湖南举行这次会议,于是于1985年改在贵州省省会贵阳举行。那次成立暨学术研讨会所确立的主题就是"宪法实施的监督"。这个主题一直延续到20世纪90年代中期,在此期间举行的差不多有近十届的学术"年会"上,宪法学术界的主流学术力量都对此专题进行了热烈的讨论。这十年左右的时间,大概可以分为前后两个阶段:在前一个阶段,宪法学术界从主流上看,对宪法监督之类的话题讨论和研究表现出极大的兴趣,投入了很高的热情,不仅在各种级别和场合的学术会议上发表慷慨激昂的演说或报告,而且还著文立说,在各种级别的报纸杂志发表了难以计数的文章和论文,出版社也相继出版专著或夹杂着这方面内容的著作,一时间你方唱罢我登场,讨论和研究之风蔚然成一大观,与此同时,在政治体制层面,学者们也提出了各种设计方案,特别是在由宪法明文规定的全国人大和全国人大常委会作为国家"监督宪法实施"的机关内,设立诸如"宪法委员会"或"宪法与法律委员会"之类的专门机关的呼声甚高,不仅在文章和著作中作为学术意见提出,而且还在实际的层面上以各种方式和渠道直接、间接地向有关主导的政治决策层提出。其中最值得提出的,就是时任中国社会科学院法学研究所所长、中国法学会宪法研究会干事长[1]王叔文先生还曾联系持此意见的全国人大代表,在达到法定提案发起人人数额以后,正式向全国人大会议提交议案,要求在全国人大体制内建立"宪法委员会",作为专门负责监督宪法实施的机关。然而,无论是学者们的呼吁,还是人大代表所采取的实际步骤,都没有得到相应的反映,经过这一系列的"挫折"以后,在宪法学术界对此话题的讨论和研究热情开始由高涨的转而变得低调,在此后的宪法学术界在一些学术会议上不再听到高谈阔论,偶尔还能听到一些不理解

---

[1] 当时的宪法研究会领导结构的名称叫"干事会",是王叔文先生力主借用日本学会名称而定下来的,基于习惯,当时其他许多宪法学者不同意这个称谓,觉得还是用"理事会"符合中国的习惯和接受方式。不知从什么时候开始"干事会"改为"理事会",至今沿用"理事会",其成员不再"干事"而称"理事",其首长也不再称"干事长"而称"会长"。——笔者注

的埋怨之声。但宪法学术界从总体上并没有放弃对这个话题的研究，有些宪法学者开始从更深层的学理上进行研究，认为表面上热烈的讨论并不能从根本上解决现实宪法实施中存在的监督不力、不到位的问题，在国家现行体制内设立诸如"宪法委员会"之类的专门机关，也并不仅仅是个建制问题，中国宪法的监督要做到制度健全、职能专业、实际有效，需要从宪法学学理上讲清论透，还需要有一个观念转变和思想解放的过程。总之，要解决中国宪法监督这一根本性的重大问题，是单凭学术热情和强烈的呼吁不能做到的，宪法学术界还面临着重大的理论研究课题，必须首先从宪法学理上采取扎实而艰苦的步骤，任重而道远。

在经过反思和思路调整之后，中国宪法监督问题的研究在新的学术进路上继续向前推动。自20世纪90年代中叶以后，一大批有关宪法监督的文章、专论相继发表。其中涉及的基本内容大致包括两个方面。一方面是加强了对外国特别是西方宪法监督的理念与体制的介绍和比较研究，其中着重突出了西方国家，特别是宪政发达国家的宪法监督的制度化、专门化和经常化的发展趋势，以作为中国建立宪法监督制度的参考和借鉴的他山之石；另一方面，又针对中国宪法监督的现实情况，有明确目的指向性地加强了对中国宪法监督的必要性和重要性的研究，并且不再仅仅满足于向政治主导层面的呼吁和提出要求，而是从学理上进行具体制度的设计，以供实际政治决策的参考。笔者个人就在这一时期在《比较法研究》上发表一长文，精心论证了宪法监督的制度化、专门化和经常化的问题。[①]

写到此，还想补充一个重大的变化。在2014年10月23日通过的具有重大历史意义的《中共中央关于全面推进依法治国若干重大问题的决定》中，就强化宪法监督问题作出了如下重要决定："完善全国人大及其常委会宪法监督制度，健全宪法解释程序机制。加强备案审查制度和能力建设，把所有规范性文件纳入备案审查范围、依法撤销和纠正违宪违法的规范性文件，禁止地方制发带有立法性质的文件。"[②] 这种清

[①] 详见陈云生《宪法监督司法化》，北京大学出版社2004年1月版。
[②] 《中共中央全面推进依法治国若干重大问题的决定》，人民出版社2014年10月版，第9页。

楚、态度鲜明的表述，一方面彰显了中共中央对于宪法监督制度的认识，已经提到前所未有的高度，以及要在中国健全宪法监督制度的坚定决心；另一方面，从宪法学术的角度上看，也是对宪法学术界在这个领域多年的学术探索和倡议的充分肯定和回应。我辈宪法学倍感欣慰的是，多年来完善具有中国特色的宪法监督制度的梦想，就要实现了，充满活力的中国的宪法监督制度，已经呼之欲出、指日可待了。

还有一点也应当指出，那个时期中国宪法研究会还正式写出报告（我记不清是否经由我手起草的），向国家提议设定"宪法日"。中共中央在《决定》明确提出"将每年十二月四日定为国家宪法日"。经全国人大常委会批准后，2014年12月4日，全国各族人民已然欢欣地度过了第一个宪法日，举办了各种宣传、教育活动。

特别值得提出的是，在这次宪法学理上深入讨论的基础上，一个看似颇为激进的学术意见出现了，这就是"宪法司法化"问题。在一批有关的论文、文章发表的同时，由北京大学的王磊教授所著的《宪法司法化》出版了。该著是中国宪法学术界第一部公开出版的这个话题的专著，一时引起宪法学术界乃至法学界的较大反响，真可以说是一石激起千层浪。从此以后，在中国的宪法学术界，关于宪法司法化的讨论和争论就没有停止过，至今仍是一个热门的话题。而对于笔者来说，对王教授的学术远见和勇气还是感到由衷的感佩。毕竟这在我看来是一个良好的学术开端，是中国宪法学研究向深入层面发展的一个可喜的成果。

"宪法司法化"的命题被王磊教授等学者提出来以后，在中国宪法学术界引起了广泛的讨论，也产生了一些强烈的质疑意见。在学术上发生争议本来是极正常不过的事。宪法学毕竟是由一整套符合科学规范、并被学界共同认可和接受的学术语言表述的学问或理论，它不可能也不应当完全与宪法的规定切合而不允许偏离，就以当前中国学术界某些学者竭力阻击由宪法学术界主流力挺的"宪政"来说，不仅在宪法上没有出现过，在其他的权威性文件上也没有出现过。如果我们不沿用传统宪法学中的诸如"立宪主义""分权""制衡""代议制""直接民主"之类这些通常都不见之于宪法文件的概念，我们怎么可能对宪法与宪政作出有学理价值的研究或批判？再以其中的"司法审查"的概念与机制为例,宪法学术界——无论是中国还是外国的——都熟知它在美国宪法和宪政中是何等的重要,它是使美国宪法保持活力的重要原理与机制之一。而它的产生竟被认为是马歇尔大法官在1803年的马伯里诉麦迪逊的判决中"强夺"过来的,在美国宪法上根本就没有规定。再从中国宪法来说,宪法学术界在现今的理论研究和教学体系中,大量地沿用时下社会中流行的概念,如"宪法和法律至上""科学发展观""以人为本""执政为民""科学执政""依法行政"等,这些显然都没有在现行宪法中出现过,但许多宪法学者并没有认为这些都可能是值得关注的理论现象。

在中国的宪法学理论研究中,有一种研究方法我们可以称之为"排除法"。所谓"排除法",即是从宪法理论与宪制实践中将其彻底摒弃,这样就可以使讨论中或争议中的问题不复存在,所以就不必再讨论和争议下去了。也是在"宪法监督"和"违宪审查"的争议事项上,有学者就以这种"排除法"予以"彻底"了结。论者认为,按法国《人权宣言》那条著名的在人权没有保障、权力没有分立的地方便没有宪法的"标准"来衡量,中国目前就没有宪法,现行宪法虽然也叫"宪法",但只是一个不符合"标准"的"宪法",所以后续所延伸讨论的宪法监督或违宪审查之类的问题根本就没有必要,因为从根本上就缺乏"宪法"这个前提,这个使成百上千的宪法学者们争论不休和研讨不止的复杂的宪法理论与宪制实践问题,就用这么一个简单的"排除法"彻底地、一劳永逸地解决掉。中国是一个有着古老制胜智慧的国家,"釜底抽薪"被视为一个能彻底制胜的方法,这个方法也被当代中国宪法学者用在宪法学的研究上,尽管"简单"易行、"成效"明显,然则,它并没有"排除"或"抽掉"宪法理论与宪制实践本质上的复杂性。任何一位严肃的宪法学者都有权主张和坚持自己的学术观点,也有权不同意或反对别人的学术观点,这是当代的学术自由所赋予的权利,但是任何一位严肃的宪法学者都不应当用这个简单的甚至涉嫌有些违背科学理性的方法来对待别人的观点、意见。中国宪法中的"司法机关"和宪法监督理论与实践中的复杂性,是不会以人的主观意志被轻易地"排除"或"抽掉"的。自有宪法以来,不知有过多少代众多的宪法学者在这块学术园地上耕耘了几个世纪,所发表的文章、论文或专著恐怕多得难以计数。退一万步说，即使"宪法司法化"或"宪法监督司法化"在中国根本就不可取，我们也得以科学的态度面对它。毕竟它早已为自己营造了一个庞大的、复杂的宪法学术阵地，一个宪法学中屹立高耸的学术"帝国"。

笔者对"宪法监督""宪法保障"的话题的研究始终保持高度的学术兴趣。前已说明，自 1978 年接受研究生教育以来，从硕士论文到博士论文再到《民主宪政新潮——宪法监督的理论与实践》的出版，都一直在围绕着这个话题来志学和专攻。即使在 20 世纪 80 年代末 90 年代初在西方国家做访问学者从事学术研修期间，这也是研修的重点领域和收集资料和文献的重点之一。自 20 世纪 90 年代中期以后，本人在这个领域所从事的研究更向广度和深度的方向发展。在《比较法杂志》发表的那篇有关宪法监督的长文之后，便集中向宪法监督司法化的研究方向发展，在完成了《宪法人类学》和《反酷刑》的写作之后，就将主要精力和时间用在了"宪法监督司法化"问题的研究上。并且，此时笔者在这一时期对早年出版的《民主宪政新潮——宪法监督的理论与实践》重新进行了审视和反思，并在关于在中国如何建构更有效的宪法监督制度的设想方面，发生了一个重大的学术转变，即由原来主张、坚持的在中国宪法监督的现行体制内建立专门的"宪法和法律委员会"的工作机构，以协助全国人大和全国人大常委会履行有实效的监督宪法实施的职责的认识，转变成主张和倡导建构具有"司法性"的、独立的宪法监督机关的观点。正是这一学术观点的转变，促成本人用了好多年的时间，精心地对《民主宪政新潮——宪法监督的理论与实践》进行了在质和量上大幅度的改造和重写。在这一过程中，于 2002 年在中国宪法和宪制史上发生了一件让学术界和实务界都始料不及，甚至毫无思想准备的山东"齐玉苓案件"以及最高人民法院的那个有争议的"批复"。一时间中国的法学界特别是中国宪法学术界以此为契机，展开了一场关于"宪法司法化"的大讨论，沉寂了许久的中国宪法学术界，仿佛被注射了一针强心剂，在一夜之间，突然迸发出鲜见的学术活力，在全国各地召集的各种学术讨论会此起彼伏，各种文章、论文如潮涌来。就是在这个空前的学术热潮中，"宪法司法化"的理念在中国宪法学和法学术界得到广泛的传播，无论是赞成的还是反对的意见，为了使自己站在最有力的学术立场上，都从较深的理论层次上进行了研究和论证。本人对《民主宪政新潮——宪法监督的理论与实践》的修改恰逢其时，从当时的学术大讨论中吸取了学术营养之后，更加强化了对宪法监督司法化的学术信心和勇气，于是加快了研究和写作的进度，最终完成了《宪法监督司法化》的著作。

关于笔者在那个时期的学术研究心路以及学术观念的追述和转变，我在《宪法监督司法化》的"自序"中做了较为详细的交代。其中关于"宪法监督司法化"的主张，"自序"是这样写的："中国宪法学界应当致力于寻求改善和加强之策。但要取得有价值的建树，就应当拓展我们的学术视野，广泛地研究宪法学在这个领域的一切学术成果和实践经验。事实已经表明，'司法审查'和'宪法法院'的理念与机制或许就是宪法监督本身内在的必然的要求，这种理念与机制之所以在当前通行于全世界范围内千差万别的许多国家，就表明了这种理念与机制确实有它存在与发展的理由与根据。正如我们在本书第六章所提出的，这种宪法监督司法化的发展趋势，或许正是一般意义上的宪法监督理论与实践的必然结果。事实上可能就存在着宪法监督司法化的'大数定律'，即'偶然性的最高定律'。简单地、粗暴地批判和拒斥了它，就等于中国自己阻断了一条通向宪法监督光明之路的可供选择的途径，并在无意间违背了宪法监督的'大数定律'。实际上，对'司法审查'和'宪法法院'的理念与机制简单而粗暴地批判与拒斥，并没有促进中国宪法监督体制的改善、加强和发展，倒是阻塞了我们开拓进取、勇于创新、吸收外来的有益的宪法理念与机制之路。改善和加强中国的宪法监督的路在何方？中国应当树立什么样的理念和建立什么样的体制，才能既符合国情，又能发挥实际的效力？这样的难题至今仍困扰着至少部分中国宪法学者，使得他们苦苦寻觅，但至今也没有得到适当的、可以被广泛承认的方案。这一结局和事实或许再次表明，某种程度和形式的'司法审查'或许真的是改善和加强中国宪法监督状况的一个不应回避的或者值得高度关注的问题。由最高人民法院于2001年8月13日对山东'齐玉苓案'所做的《批复》而引发宪法学界关于'宪法司法化'的大讨论，可以说正是反映了中国的宪法、宪政、宪治，包括宪法监督，对引进和加强公民宪法权利的司法保护的深沉的呼唤和诉求。"[1]

进入 21 世纪的头几年至今,亦即笔者所谓的"奋进时期"的最新时期,关于"宪法司法化"和"宪法监督司法化"的研究在遭遇到各方面的阻击之后,有关的学术研究很快走向低潮,宪法学术界的研究热情也迅速变冷。不过,令人感奋的是,这个领域的研究并没有完全停止。在本人看来,在最近几年兴起的有关"违宪审查"的专题研究,当可以视为"宪法司法化"和"宪法监督司法化"的研究的继续和深化。已有一些相关的观点引起了学术上的热议,特别是在有人提出"良性违宪"的概念和理念提出之后,著名的宪法学者童之伟教授撰写了有力度的辩驳专论,一时间形成了一次宪法学术研讨的小高潮,韩大元教授等宪法学者都先后参与其间的讨论。在此期间,不论持何种观点,无论是反对的或赞成的,抑或是居间折中的,都使原来不被人关注的"违宪"概念和观念,在宪法学术界乃至社会的某些层面得到了普及或有所知晓。无论如何,都应当以积极的态度中肯地评价这次学术讨论对宪法学所作出的贡献。

这次讨论同样引起笔者的学术兴趣,并深入地参与其间。关于"违宪"的讨论和研究以及本人在很深的程度上介入其间,使我的学术功底和对宪法原理的认识水平有了很大的提升。检视之下,以往笔者对宪法学的研究尽管从主观上试图在深层次的理论体系上有所深入,但仍嫌浮于宪法现象和宪法事理的表明之上,在可称道的深层次学理上建树不多。然而通过对"违宪"的探讨,使我进入更深的理论阶层去认识宪法现象和宪法事理。特别是在"违宪"方面,本人逐渐认识到,"违宪"绝不是一个简单的"违反宪法"。不论是违反宪法条文、规范,还是违反宪法的原则或精神的问题,它实质上是关涉这样一个在宪法学上长期被忽视的现象,即对宪法实施的方式的更深层的理解和选择。传统宪法学一向教导我们,宪法是国家的根本大法,要使其发挥最大法律效能,就一定要保证其得到正确的、严格和全面的实施,一切违反宪法的行为,无论是立法行为、行政行为还是司法行为,都必须受到查究和纠正,以维护体现人民根本意志的宪法的最高法律地位和最大法律权威。

---

[1] 陈云生:《宪法监督司法化》,北京大学出版社 2004 年 1 月版,其自序第 10 页。

几乎所有的宪法学人都是在这种教育下成长起来的,而他们几乎没有例外也在将这种理念传给法学学子,以及用著述传达给社会。而实际上,情况远比这复杂得多,宪法的实施除了按照宪法规范以外,也必须依照时代的脉动和社会的变迁、转型作出必要的适应性调整。在这方面,在实行司法审查的国家,除了通过司法机关的判决影响宪法的实施转变,有时是颠覆性转变之外,还大量地见诸一种宪法之外的力量或因素,例如中国在改革开放过程中,对国家的计划经济体制向社会主义市场经济体制的转变,就不是在宪法的规范下进行的,或者说是在罔顾宪法或违背宪法的情境下实施的,但社会各个方面,包括国际社会,对此都给予了几乎一致的认可和支持,连最挑剔的宪法和宪政学家,都没有从"违宪"的立场来看待这场具有深远意义的改革。这些事例或许暗示着宪法的实施是一个非常复杂的,可能不仅仅是一个单线进行宪法行为或宪政建构。或许更进而宣示,宪法的实施有时特别是在重大的历史转变或社会转型的关头,需要以法外的力量、智慧、权威在不严格遵守宪法既定路线和轨道的方式加以实施的。这就提出了一个严肃的宪法命题,即"反宪法规则的政治决策的法律效力"问题。笔者通过认真地研究和考察,世界上几乎没有一部宪法是在完全严格遵守其规范的情境中实施的,反宪法规则的政治决策尽管不能普遍存在,但至少在宪法和宪政史上不绝如缕。在得到这种体察之后,本人借鉴国外法理学界关于"反法律规则的效力"就是法律效力一个组成部分的理念,演绎出"反宪法规则的决策的效力"也是宪法效力的一个内在的必要组成部分,从而应当从宪法理论上有条件地认肯"反宪法规则决策"的合宪性、合法性和合理性,有条件地承认"反宪法规则决策"的法律效力。这种体认显然超越了传统宪法学上的"违宪"的认识层次,应当视为对"违宪"理论的一种新的探索。

笔者关于这个全新的理念写就一篇名为《反宪法规则决定的法律效力》的长篇论文[①],并收入拙著《宪法监督司法化》之中。该论文发表后,在非法律学术界倒是取得了积极的反应,先后有几家刊物和出版社

---

① 详见陈云生《反宪法规则决定的法律效力之由来:理论与实践》,《中国社科院研究生院学报》2005年第1期,第53—62页。

的出版物收录其中。遗憾的是，在中国宪法学术界至今没有得到任何反应。这不免使笔者感到一些莫名的失落和失望。但即使如此，我对此观点的秉持仍投入极大的热情，在新编的宪法学教材以至新近完成的国家社科违宪研究项目中，都将其收录其中。①

本人在学术上尽管自诩为具有独立个性，但有时也会从善如流。在关于"违宪"的讨论和研究中，也算是一个活跃分子。继《反宪法规则决定的法律效力》一文之后，我又有幸主持了2004年国家社科项目"宪法监督理论研究——违宪审查制度的建构"项目，已于2007年完成研究，并在2010年顺利结项。在此项目中，本人又对"违宪"的概念、历史演变以及违宪审查的原理、违宪审查制度的建构等方面，进行了本人资力和智力范围所许可的范围内的全景式的研究。我甚至确信，关于"违宪"的历史渊源的考察和对"违宪"所蕴涵的宪法，作为高级法和至上法律的原理的发掘和探究，在宪法学著作中还是仅见的，甚至可以说填补了一些宪法学术中的空白。此外，在这个较大型的项目中，笔者还从哲学上的理性和非理性的视角，对"违宪"所蕴涵和内潜的哲学原理尝试进行了探讨。② 这一方面体现了本人一向重视的将宪法学和哲学结合起来进行研究的学术态度；另一方面也期许能从这种尝试中，能为宪法学的基础理论建设增砖添瓦，通过引用和利用新的知识资源，以增加宪法理论的厚度与深度。

尽管中国学术界的主流对关于"违宪审查"的研究投入了极大的热情，也结出了可称道的成果，笔者是以极积极的态度来看待，近些年来关于"违宪审查"这一重大的学术问题所进行的讨论和研究的。这也正是本人热心投入这个讨论和研究的行列中来的内在动因。然而，如同前述关于"宪法司法化"或"宪法监督司法化"的讨论和研究中，出现的质疑或反对的意见一样，对于"违宪审查"也同样存在着一些别样的看法，尽管并不像前者那样用"釜底抽薪"式的"排除法"，但以

---

① 详见陈云生《宪法学原理》，所附《宪法学学习参考书》，北京师范大学出版社2009年8月版，第129—147页。
② 详见陈云生《宪法监督的理论与违宪审查制度的建构》，方志出版社2011年11月版，第七章，第275—335页。

另一种"不合时宜"的理由提出了论者自己的分析。

令笔者和许多学术同人感到欣慰和鼓舞的是，正如前引的《中共中央关于全面推进依法治国若干重大问题的决定》所表明的，中共中央不仅明确地使用了"违宪"的概念，而且在建立"违宪违法审查制度和机制"方面，作出了有原则性又有明确方向性的规划。

第 五 章

改革开放三十多年中国宪法学分支学科建构的审思

第一节 中国宪法学分支学科创立的学术背景

本书前面之所以着力分析一般宪法学的三个方面，是有明确的目的指向性，即为了本章的主题论述，对中国宪法学分支学科的论述展开广阔的学术背景。一方面，中国的宪法学，从广阔的全球背景上看，也是世界宪法学的一个组成部分。没有在一个人口如此众多、地域如此广阔的中国宪法学的参与其间，宪法学在整体学术意义上肯定是不完整的。这也只是从消极的立场上看。如果从积极的立场出发，一个发达、活跃的中国宪法学汇入世界性宪法学的总体系中，肯定会增强其学术地位和分量。另一方面，由于中国是在一个历史上盛行人治的社会、文化背景下实行西方式的立宪和宪制建设的，一百多年来我们都在学习、仿效和适应西方传入的宪法理念和宪制制度。尽管在这一过程中国人从总体上讲是怀着宽容的心态和进取的热情，但也不容否认，由于这需要从根深蒂固的人治的政治、文化传统中脱胎出来，而向全新的外来政治、文化的方面转型，其间也必然伴随着失落、挫折等经受痛苦的过程。事实上，我们至今还没有完全走出这一痛苦的过程。在宪法学术上，一方面我们不得不吸取和接受西方宪法和宪制制度的基本要义和架构，使用西方宪法学通用的理念甚至话语；另一方面，我们又有意无意地与西方宪法学保持距离，直至刻意划清界限。表现在中华人民共和国成立初期，我们是那么深深地依赖原苏联的宪法范式和宪法学的体系,而在与苏联的政治关系破裂之后,宪法学又在很长一段时间内,不情愿地又转向从西方国家的宪法范式和宪法学体系中吸取养料,以重建中国宪法学的体系。在这新的一轮重建过程中,我们仍然徘徊在接受和排斥的两难之间,结果在宪法学术界,实际上在整个法学界形成了两股学术倾向或思潮。一股是可以简单地称为"师于西方"的倾向或思潮,主要是由有西方法学教育背景的学者特别是一批中青年学者所倡导。改革开放30多年来,一批又一批宪法和法学学者被公派或自费去西方国家研习宪法学和法学,待他们逐渐成为中国宪法学和法学的学术精英之后,自然会将他们从西方宪法学和法学知识,用于中国宪法学和法学的教育和研究中来,其标志性的话语就是"民主""人权"和"法治",并以此建构中国宪法学和法学的理论体系。另一股则可以简单地称之为"中国特色"的学术倾向或思潮。他们的标志性话语则是反对"全盘西化",主张建立具有"中国特色"的宪法学和法学的理论体系。客观地说,两股学术倾向或思潮都有其客观存在的基础和积极的学术价值与意义。现代化的一个标志性特征就是多元化,宪法学和法学的多元化也是其中的题中应有之义。不仅自然,而且具有积极的意义。但同时也不能否认,两股学术倾向或思潮都各有自己的困难问题需要面对和解决。"师于西方"者需要面对和解决的紧迫问题是,如何使外部移植来的宪法和法律理念与制度适应中国本土的异质文化土壤,从而使其健康茁壮成长。而"中国特色"的学术倾向或思潮所要面对和解决的紧迫问题,则是如何建筑具有真正与西方宪法学和法学显著区别,或独立性的宪法和法律文化与理论结构。实在说来,这一学术倾向或思潮的出发点和目的是无可厚非的,而且还具有极可欲的创新意义,但实行起来却非常不易。如果我们真正从别具一格或特立独行的意义上来理解"中国特色"的话,那么人们不无理由地会产生如下的疑问,即宪法究竟是普遍的理念与体系抑或国别的理念与体系?如果是前者,又有什么必要去刻意地从这个普遍的理念与体系中脱离出来而自成一体?如果是后者,我们又如何解决将一国的宪法理念与结构,从普遍的宪法理念与结构中独立的合理性问题和必要性问题?除此之外,还有一个可能性问题,毕竟,现有包括宪法学和法学的宪法与法律文明,是经过全人类至少两千多年的综合知识的探索、积淀和锻造出来的,从这样漫长的历史中走出来的一个综合性的法律文化体的信心何在?我们猜想,这种宪法学和法学的学术倾向或思潮或许从一开始就没有关注到这一方面,甚至没有去想如何去面对和解决这个现实问题。我们认为,这也许正是这一学术倾向或思潮的困局所在。在现实的中国宪法学中的一些新锐人士满怀进取和强烈的进取精神与创新欲望,但从一些有关宪法著述总体的理论体系和内容上看,多半是以传统的宪法理论和知识为基础,杂以原苏联宪法学中一些过时的理论与知识组成的混合体,真正有创意的新论不多。如果非要将这样的宪法理论与内容称为"中国特色"的理论与内容,实在太过牵强且与科学的精神不符。

从总的态势上看,中国宪法学还基本上游走在西方、原苏联和中国本土文化的法律资源中间地带,既有西方宪法学的浓重印记,又有想摆脱又走不出原苏联宪法学的阴影,还带有强烈中国本土文化的欲望。宪法学术界对此安之若素,将此视为一个安全的可以避风的港湾。大量的同一内容和低层次的宪法著述充斥坊间、书店和学生的课桌上,让人不忍卒读,学生们更觉乏味。少有人不以为这是个问题,更鲜有人意欲去改变这种静如止水的状况。用心理学的术语说,这就是"集体无意识"。这种状况的出现和存在,或许是中国宪法学发展中必然要经历的阶段,从长期发展目标上看,更可以视为一个有利于宪法发展的大好因素。我一向认为,任何的科学体系都不可能从一个空白的地上凭空建起,从多元的立场上看,夹杂着多元的理论与知识,正是可以积厚和坚实建构新的理论体系的基础。问题是我们对此状况要有一个深刻的体认或洞见,不能安于现状,更不能不思进取!

在前述的"奋进时期",中国宪法学无论在研究视野的广度还是在学理研究和探讨上深度,都是前几个时期不可比拟的,标志着中国宪法学正在取得实质性的重大进步。不仅如此,这种视野广度和学理深度上的进展,还是通过创意和建构中国宪法学分支学科的学术倾向中体现出来的。近十年来,中国宪法学人在这方面表现出来的兴趣之大、动作之快、涉及面之宽,实在有些出乎学术人的意料之。以往传统宪法学通常作为专题研究的一些视域,如宪法与解释、宪制与经济、宪法与哲学、宪法与民族、种族、文化集团、宪法与社会等方面,现在则由许多学者创意或实际打造成为宪法学中的专门学科,这在中国的宪法学术语境下,通常被称为"中国宪法学的分支学科"。尽可能详尽地列举这方面的堪称"大观"的学术景象,并对之加以评价和分析,不仅能使我们准确地把握这个时期的中国宪法学术发展的基本特点和态度,而且通过总结经验和教训,还能使我们在学术上超越某种事实上存在的某种盲目性和迷狂,端正正确的学术方向,进而使中国宪法学在未来有一个健康的、可期许的光明前途。

拙著《宪法人类学》(北京大学出版社 2005 年 3 月出版)出版之后,在学术界引起了一定的反响,而有些学者对此类课题引发了浓厚的兴趣。就本书的主题的范围上来讲,之所以要将其单独提出来进行评析,主要是基于如下三点的考虑:

第一,它从一开始就作为宪法学的一个分支学科来打造的。笔者在最初设计时,就定位在一个独立的学科地位上。指出这一点并非毫无学术意义,因为我一贯倾向认为,一个学科应当具有独立的符合科学规范的理论体系,它应当显著区别于学科研究中的方法论。只有在这样的学科定位的前提下,才能倾全力去朝着这个方向努力,也才有望达到预期的目标。在前面评价和分析过的宪法学分支学科中,通常都存在着这种学科定位的不确定性和不坚定性,因而表现出在创意和建构宪法学分支学科与作为适用方法论之间的犹豫不决和摇摆不定。本人认为,《宪法人类学》在创意与建构方面表现出来的确定性和坚定性,以及朝着这个方向所做的努力,或许就是区别于其他宪法学分支学科的创意与建构的一个显著之处。这也是我们将其提出来专题加以评价和分析的一个理由。

第二,"宪法人类学"作为宪法学的一个分支学科,是相关的早已发达起来的法学的分支学科,即法律人类学作为学科的比对与基础。这个对比与基础也并非无关紧要。在笔者看来,一个科学学科的建立和确定,并非全由创意者和建构者个人的主观认定,学术界的普遍承认和已经定型的成例,都应当视为创意与建构某一新的学科的有力支持。这一点恐怕也是与前面评析的宪法学分支学科的最大区别。缺乏相应学术界的认同和已经定型的成例,只有创意者和建构者个人的构想与努力,相对于获得成功的目标来说,需要付出更大、更多的努力。

第三,"宪法人类学"有了整体学科理论架构的初步构想,指出这一点更不是没有学术意义。任何一个学科都需要制备一套自身独立的、完整的理论体系。从这个意义上说,《宪法人类学》只是一部半成品,作为一个学科来说,它是没有完成之作。尽管如此,因为它做了一个较全面、系统的学科体系的规划,也已经使其具备作为宪法学分支学科的模样,至少指出了学科建构的方向。这一点也与前面评价和分析过的宪法学分支学科不同,在那些创意与建构中,通常都缺乏一种综合性体系的构想。

第二节 宪法学分支学科的笔者个人界说

"宪法学分支学科"也许是近些年来中国宪法学术界约定俗成的提法,在传统宪法学上是没有这个概念和体系的。因为是约定俗成,所以不具有公认的规范性。学者们对此有各自的理解和表述,因此出现歧义的理解在所难免。为了更清楚地表述本书的论旨,避免不必要的概念表述上的纷争,所以这里首先需要表明一下笔者个人的见解和界说。我所理解的"宪法分支学科"具有如下的特征。

一 宪法分支学科应当具有相对独立的学科体系

既然宪法分支学科被定位在"学科"的序列,自然应当自成体系,否则就因为不能满足作为"学科"的规范要求而很难称得上真正科学规范意义上的"学科"。那么,科学规范意义上的宪法分支学科应当具有哪些基本的特征呢?根据前书关于宪法学的科学规范体系的总框架,它也应当满足下列的基本规范要求。

首先,应当具有明确的研究对象,这个对象不能由研究者个人的偏好而主观地设定,它的体量和容积应当是足够大的宪法现象中的某个视域。太小了不能构成充分的科学研究的空间,太大了又可能与一般宪法学或宪法学总论的理论体系重合,可能造成侵蚀其母体学科的理论体系,以致可能造成学科体系上的混乱,至少也是要付出宪法学研究成本上的重复或浪费的代价。依照此种观点，像"比较宪法"之类的研究，应不具有明确的宪法现象中的特定的对象或客体，故不宜作为独立的宪法分支学科加以体认。事实上，在宪法学术界长期以来，就比较宪法是一个独立的宪法分支学科，还是一个基本的研究方法或范式问题进行过争论。使比较宪法成为一个独立的宪法分支学科尽管极具可欲性，但由于难以确定明确的比较对象，故始终没有被宪法学术界公认为一个独立的分支学科，尽管国内外已经出版了大量的学术专论和比较宪法的专著，至今也没能成功地建立起自己的"独立学科"或"宪法学的分支学科"[1] 其基本原因之一，就在于不能满足学科所要求的研究对象的确定性。比较宪法既可以通过比较各国宪法，也可以通过比较对个别国家宪法进行的各种研究，来建立各自的甚至迥然不同的体系。从我们所能见到的最早的美国政治学者伯吉斯的《政治学及比较宪法论》的中译本（朱学曾译，商务印书馆1890年8月版），到中国最有影响的王世杰、钱端升所著的《比较宪法》（中国政法大学出版社1997年12月版），再到中华人民共和国成立以来出版的各种版本的《比较宪法》[2]，以及台湾学者近几十年来出版的各种版本的《比较宪法》。[3] 其中台湾学者张亚沄所著的《比较宪法》，可能会使最初阅读者不明就里，因为该书只就如下的几个问题进行研究：（1）五权宪法与其他宪法之比较研究；（2）战时宪政体制之研究；（3）三民主义的权利学说；（4）言论自由面面观。[4] 但作者却冠以《比较宪法》的书名。综合所有已经出

---

[1] 有关比较宪法的创意与构想，参见韩大元文章《当代比较宪法学基本问题探讨》，《河南省政法管理干部学院学报》2003年第4期。

[2] 其中较有影响的著作有：龚祥瑞《比较宪法与行政法》，法律出版社1985年版；沈宗灵《比较宪法：对八国宪法的比较研究》，北京大学出版社2006年版；李步云主编《宪法比较研究》，法律出版社1998年版；何华辉《比较宪法》，武汉大学出版社1988年版；韩大元主编《比较宪法学》，高教出版社2003年版；赵新民《比较宪法学新论》，中国社会科学出版社2000年版；宪法比较研究课题组编《宪法比较研究文集》，中国民主法制出版社1993年版；宪法比较研究课题组编译《宪法比较研究》，山东人民出版社1993年版；王广辉《比较宪法学》，北京大学出版社2007年版；秦前红等《比较宪法学》，武汉大学出版社2007年版。

[3] 参见陈毅成《比较宪法》，商务印书馆1935年版；林纪东《比较宪法》，台湾五南图书出版公司1971年；萨孟武《政治学与比较宪法》，商务印书馆1937年版。

[4] 参见张亚沄著《比较宪法》，台湾商务印书馆发行。

版的有关比较宪法的著作与论文，我们很难发现它们在比较对象和客体上有什么共同的或趋同的选择，更不待说在基本理论、比较方法以及创作目的等方面有什么可以被认定作为一个宪法学分支学科的规范体系了。

从以上分析可以看出，至少在目前比较宪法的学者们还没有就比较宪法的对象或客体达成基本的一致。其原因不仅在于宪法作为一种政治法律现象，本身就是一个十分复杂的综合体，而且更在于比较宪法学术领域，至今也没有出现一位或一批有足够威望和能力的"领军"学者，而由这样的学者开学术先河，统合各个分散的学者在研究对象、方法和建构规范体系等方面达成基本的共识，是建立任何一个学派或学科所必不可少的要素。即使被今日的宪法学者公认没人可以企及和超越的《比较宪法》的两位作者王世杰、钱端升，在其著作中作为宪法理论基础的"绪论"中，也只论及宪法和国家的概念，并没有去打造比较宪法自身的理论基础。大师们尚且如此，可见这比较宪法的理论基础和知性体系的建构是何等之难了。依我们之见，恐怕在客观上就根本做不到，至少在确定一个公认的比较研究的对象或客体方面就是如此。

然而，以上的分析绝不能被理解为是笔者不赞成对宪法进行比较研究，事实上，比较的方法是笔者钟爱和常用的研究方法，这不仅在长期的宪法学研究中身体力行，而且还在一些著作的"自序"中特别做过说明。[①] 对于种类繁多、层出不穷的《比较宪法》著述的相继问世，笔者不仅乐观其成，而且以极浓厚的兴趣对其中大部分著述都予以认真的拜读和学习，并从中获益良多。本人只是认为在目前还不宜将"比较宪法"作为一个宪法学分支学科加以打造，更不赞成在尚不具有一个学科规范的基本体系的状况下，就贸然断定"比较宪法"就"是一个宪法学的分支学科"或"是一门独立的宪法学科"。

还应当指出，笔者对"比较宪法"学科地位和性质的判断，只是针对目前的实际困难和业已形成的学术研究状况而言，并不具有终结性。作为一个平生致力于宪法学研究的学人，当然也会同所有学术同人一

[①] 参见陈云生《宪法人类学——基于民族、种族、文化集团的理论建构及实证分析》，北京大学出版社2005年3月版，"自序"第11页。前文已经引录。——笔者注

样,期待当代或后代的有志于将"比较宪法"打造成为一个独立的学科或宪法学分支学科的学者有所作为,励精图治,以成大业。

其次,宪法分支学科需要有一个有条理的及结构内在相连的总体的知识框架。任何学科的建立,除了上述要有明确的研究对象以外,还需要有一个基本的知识的总体框架,这个框架当然不是一堆散漫无序的知识,而应当是一个有条理、其内在结构又有一定联系的架构。换句话说,作为一个学科,即使是子学科,也应当是一个系统知识的体系。在我们看来,宪法学分支学科同样需要满足这一基本的要求。

再以前述的比较宪法为例,就被认为很难或根本不能满足这一要求。首先,学者选择的对象通常都是极具个性化的,从一般宪法到宪法现象中的一些特定的领域,从具体的问题到宪法意识及形而上的精神领域,从一国宪法到他国宪法,从一部宪法到多部宪法,从这一类型的宪法到另一类型的宪法,从老的宪法到新的宪法,从废弃的宪法到生效的宪法,诸如此类,不一而足。任何学者都不能去驱使其他学者只能就同一对象进行比较研究,极具个性化选择的结果,也使学者间事实上很难达成对象选择上的基本认同。其次,即使是就同一宪法对象进行比较研究,学者们在比较方法的采用、比较价值标准的认定、结论的得出等方面,也很难甚至基本不可能达成一致的意见。只要看看前面注释中所列举的各种版本的"比较宪法",就可以印证我们的这种分析意见。为此之故,至少到目前为止,我们还不能从科学规范的立场上说,"比较宪法"就应当或就是宪法学的一个分支学科。

基于同样的理由,宪法解释学、规范宪法学、宪法哲学到目前为止,还不能满足这种学科科学规范上的要求。不过,这些学科之所以现在不能称为甚至不大可能成为宪法学的分支学科,还另有其他的理由,容在下面再加以分析。

二 宪法学分支学科应当是一个交叉学科或边缘学科

可以在同一意义上,将宪法学的分支学科称为交叉学科或边缘学科。当然,这是从宪法学上来说的。整个社会科学毫无疑问是一个庞大的体系,每个社会科学的研究都可以视为总体社会科学中的一个分支。

例如宪法学就可以视为社会科学中的一个分支。至于在这个意义上的宪法是否还可以在自己的理论体系内，再设立分支学科乃至分支下再立更次级分支学科呢？理论上没人说不能，但我们认为应当有所界定。宪法现象虽然纷繁复杂，但绝不像其他社会现象如社会现象那样宽泛，在社会学之下设立一些交叉学科也许更可取、更适宜，但在宪法学中设立宪法自身研究范围内的更多学科，是否还有必要呢？我们认为没有必要。在宪法现象中，可以用"专题研究"来满足宪法学拓展和延伸研究的要求。在宪法现象自身设立诸多的分支学科不仅不必要，还有徒增加宪法理论体系混乱的风险。除此之外，节约宪法学研究的学术资源也是应当考量的因素。如前所述，如果要在宪法学中建立一个分支学科，相关的条理性、内在相关的总体理论框架是无论如何都要精心打造的，这当然要付出成本。为此之计，我们主张在宪法学中尽可能多地开展专题研究，以满足宪法学拓展和深入发展的学术目标和要求。

那么，在宪法学中是否就不需要再建构任何的分支学科呢？当然不是。必要的宪法学分支学科还是要创建的，只不过我们认为，不宜在宪法专题的单一基础上创建，而是朝着与其他学科交叉的方向发展，或者在宪法与其他学科的边缘地带求得发展。

国内外的宪法学者都已经提出了这方面分支学科的创意、构想与建构。据中国宪法学者介绍，日本在第二次世界大战以后，尾高朝雄教授在日本法社会学的刊物《法社会学》第一期上，发表了系统的宪法社会学论文，正式确立了宪法社会学的概念。并进而介绍说：从目前宪法社会学发展的趋势与研究成果看，其基本框架包括如下内容：

（1）宪法产生与社会条件的关系。宪法—国家—社会是揭示宪法社会学逻辑基础的基本依据。

（2）对不同国家宪法制定和修改过程进行实证分析是宪法社会学的历史基础。在说明国家权力与制宪权关系的基础上，系统地分析影响制宪过程的事实、制宪者思想、制宪模式等因素。

（3）宪法实施过程的社会学分析。宪法社会学为人们提供了分析宪法动态发展的方法与途径，有助于转变宪法实施问题的观念，确立宪法价值现实化的规则。

（4）违宪问题的系统研究。违宪存在于社会生活之中，应从社会的眼光分析其产生的原因、违宪责任、违主体、违宪制裁与程序等。

（5）宪法意识的研究。在宪法社会学框架中社会主体的宪法意识是评价宪法社会功能的重要内容，构成宪法社会学的心理基础。

（6）宪法功能综合研究。通过宪法社会学理论的分析，建立政治宪法—经济宪法—文化宪法—国际宪法相统一的功能体系。

（7）宪法功能评价指标与体系问题。宪法社会学研究重视社会对宪法功能的评价问题，要求建立相应的评价指标。

（8）国际化时代宪法价值观的演变与功能问题的综合研究。

（9）宪法学统计与定量分析方法的研究。

（10）宪法学教育方法与形式问题的研究。

概括地讲，宪法社会学是以宪法与社会关系的分析为基本出发点，以宪法运行过程的动态分析为基本内容，以宪法的社会效果为评价体系的动态知识体系，反映了宪法学理论与方法的基本发展趋势。

从某种意义上讲，宪法学的发展历史就是宪法学方法论发展的历史，科学而多样化的研究方法的开发与运用，是宪法学逐步成熟的条件与标志。

宪法学研究方法一般分为基本研究方法和具体研究方法。基本研究方法包括历史分析法、系统分析法、比较分析法与综合分析法。具体研究方法有功能分析法、实证分析法、规范分析法、价值分析法与判例分析法等。不同形式的宪法学研究方法中，宪法社会学既构成独立的研究方法体系，同时也起到整合各种研究方法的功能。如综合分析法要求人们在分析宪法现象时，从综合的角度分析不同性质的宪法制度，确立综合的研究思维，在统一的知识结构中合理地运用宪法学知识。功能分析法侧重于宪法发挥社会效果的分析，要求研究者从动态中把握宪法发展规律。价值分析法主要从价值论的角度，分析宪法制度的内在结构及其运行过程，是对宪法实践价值的一种社会评价方法。

在宪法学研究中，大力引进宪法社会学方法是宪法实践发展的客观要求，有利于更新传统的宪法学研究方法，以保证宪法现象的分析具有客观性。在传统的宪法学理论中，我们虽强调了研究方法转型的必要性，但始终没有在方法论上取得较大的突破。其原因是多方面的，其中重要的原因是宪法学研究方法缺乏统一性，没有形成方法论上的学术共识，缺乏遵循方法论规则的学术自觉。由于方法论与社会现实之间出现冲突，人们难以以成熟的宪法理论解释社会现象，无法准确地把握宪法问题与法律问题之间的界限。比如，在宪法学教学中，我们介绍了大量的西方宪法的理论与方法，但这些理论与经验的社会正当性基础与适应性问题，并没有得到学术的严格验证。在宪法与宪制、宪法分类、限制基本权利的界限与原则、基本权利的分类、宪法公共性与意识形态性之间的关系、宪法与主权、人权第三者效力、宪法与民族等基本宪法理论问题上，有时我们所提供的知识与方法是不完整的，往往满足于制度或规范的分析，未能从宪法现象存在的特殊社会矛盾与冲突中寻找原因。

实际上，影响宪法制度发展与演变的因素是多方面的，运用制度的人的功能是不可忽略的，经过社会实践检验的"社会的力"始终是影响宪法发展的重要背景。社会生活的差异决定了宪法体制的多样性，同时形成了多样化的宪法理论。人类的宪制历史告诉我们，宪制价值的普遍性并不否认各国实现宪制理想的具体方式与过程，人类生活的多样性是宪制所具有的道德品德。因此，从宪法社会学的角度，向民众说明宪制生活的特色与多样性是必要的，不应片面强调文化与生活的一致性，更不应该以牺牲社会生活的个性为代价，保持所谓的普遍性价值。

在宪法社会学理论看来，宪法现象的分析是在一种体系和规范中进行的，宪法所体现的是规范价值与生活方式，规范宪法与现实宪法之间的合理平衡，仍然在宪法社会学所提供的知识空间内得到实现。如采用宪法社会学方法，可以寻找实现宪法规范的社会基础与力量，建立评价宪法发展的综合体系，即以宪法学者的理论研究、宪法问题判断者的智慧、宪法教育的形式、公众的宪法意识与社会的宪法支持等为基础，建立宪法价值的综合评价体系。这些相关因素的有机作用构成推动宪法发展的内在动力。从这种意义上讲，宪法社会学是以"体系分析"为基本框架的"体系理论"，承担着对宪法体系进行社会学分析的任务。对已建立的宪法体系的合理解释、宪法体系内部各种要素的实证分析、宪法运行动力的发现等，都需要宪法社会学的思维与方法的积极运用。在宪法社会学理论比较发达的国家，宪法裁判功能的分析基本上依赖于宪法社会学所提供的信息与方法，甚至对宪法解释者判断依据与具体背景也要通过宪法社会学理论来进行分析。

宪法社会学接近宪法现象的理论思维是"原因—结果"的方式，即透过实际生活中存在的宪法现象说明产生某种现象的原因，并以宪法价值评价其社会效果。当人们发现产生某种宪法现象的原因时，可以根据已提供的经验，得出某种结论。如果人们所发现的原因与结果之间缺乏必要的逻辑关系时，我们应在原因或结果中寻找相互联系性，对其性质进行合理的判断。如前所述，宪法现象是复杂而多变的社会现象，一种原因有可能产生多种结果，也会出现原因与结果之间冲突的后果。从宪法社会学的角度看，宪法规范与社会现实之间形成合理平衡的基本条件是：社会共同体对宪法价值观的普遍认可；良好的宪法文本的存在（成文宪法的国家）；宪法审判制度的存在；健全的宪法教育等。规范与现实之间发生冲突就说明维持平衡的某些条件受到了破坏，需要在社会生活中加以分析和观察。我们需要运用宪法社会学的思考方式与具体经验，分析宪法实施中到底出现了哪些问题、哪些因素阻碍着宪法的实现等问题。

宪法社会学作为宪法学的基本研究方法，为规范研究方法和经验研究方法的相互结合提供了方法论基础。规范研究方法和经验研究方法乃是现代宪法学研究的基本方法，尽管其内容与运用过程发生了变化，但在整个宪法学体系中的影响仍没有发生实质性变化。在人类已进入21世纪的今天，规范研究方法并没有失去存在的意义，价值分析作为宪法学研究中不可缺少的因素，直接或间接地影响着人们对宪法问题的分析。但是，规范研究方法也面临自身无法克服的局限性，容易把价值问题绝对化。为了客观地分析宪法制度运作的规律与规则，有必要运用科学方法进行经验研究，以推动宪法学成为具有说服力和解释力的理论或方法。规范研究与经验研究的相互渗透和融合，反映了现代宪法学研究方法的基本趋势，拓展了宪法社会学知识的运用范围。特别是经验性研究主要通过宪法社会学知识的运用过程得到实现，如宪法社会学的案例分析、社会调查、功能分析、定量分析等直接为宪法学的经验研究提供背景与认识工具。[①] 中国宪法学目前在这方面的研究成果还达不到这种

[①] 参见韩大元《试论宪法社会学的基本框架与方法》，《浙江学刊》2005年第2期，第14—16页。

广度和深度。不过，论者的这种总结和分析，为中国在目前及今后宪法社会学的创意与建构提供了很有价值的思路与框架。

另有中国宪法学者提出了"宪法的人类学解释"的研究思路。① 其中着重从哲学上论述了人与宪法、人的存在与宪法存在的相互关系与联系方式，并没有提出甚至根本没有论及"宪法人类学"的学科创意与建构问题。或许由于论者的这种研究旨趣或者其他的原因。本人早于论者研究一年之前，即 2006 年正式公开出版发行的《宪法人类学》（笔者刻意作为宪法学分支学科的创意与建构的专著，下文将详细加以介绍），完全没有进入论者的学术视野，使该拙著十分遗憾地错过了一次难得的学术批判的机会。其他的宪法学分支学科如宪法（宪政）经济学的创意与构想，也是极可欲的备选，下文将进行具体分析。

总之，在我们看来，尽管并非基于严格的学科规范的要求，将宪法学分支学科的创意与建构，校正在宪法学与其他学科交叉或边缘的方位上是可欲的，也是可取的。

与此相对应，对于目前被一些宪法学者刻意建构的其他宪法学分支学科，如规范宪法学、宪法解释学等，依笔者的这种视角观察，当不属于宪法学分支学科。因为这些"学科"并没有满足这里所谓的"交叉"或"边缘"的条件。

在中国当下的宪法学界，"规范宪法学"是由林来梵教授创意和倡导的。按照林教授在其有影响的一部力作《从宪法规范到规范宪法——规范宪法学的一种前言》中的主张："力图将（对宪法现象——笔者注）认识的聚焦点设定于宪法规范之上"②，又说："必须让宪法学返回规范，……宪法学的核心任务应该在于探究宪法规范，而考量那些围绕着这一轴心展开的其他宪法现象则是为完成上述任务服务的次级任务。"③ 林教授还指出："在将规范宪法确立为宪法规范的理想形态之后，上述所谓的'规范宪法学'仍然可称为'规范宪法学'，然而值得

---

① 参见江国华《宪法的人类学解释》，《法学评论》2007 年第 5 期。
② 参见林来梵《从宪法规范到规范宪法——规范宪法学的一种前言》，法律出版社 2001 年 5 月版，绪论第 3 页。
③ 同上书，绪论第 4 页。

注意的是，它已不再是一种单纯的方法论，或曰一种单纯的规范科学，而是一种拥有一定理论内涵的知性体系。"① 然而，林教授又宣称"通过本书的论述，我们可初步形成一套属于'规范宪法学'自己的规范理论。其中，我们既可确立'规范宪法学'的方法论和基本理论，……我们所说的规范宪法学基本上仍是一种方法论，一种宪法学研究的立场，……"②

全面评价和分析林来梵教授的"规范宪法学"的理论体系与方法论，并不是本书的任务。在我们看来，尽管林教授并没有宣称自己刻意打造的"规范宪法学"就是宪法学的一个分支学科，但无论是其"知性体系"还是"基本理论"以及"方法论"，都具有自身的独立品格，使人看起来或者在别人看来都像是一个学科体系，而这一体系显然又区别于其他的宪法学分支学科的体系，在形制上又似乎不像是宪法学总论或宪法学一般理论体系的拓展或延伸。如果从我们对宪法学分支学科的这种跨学科的交叉性和边缘性的立场上看，显然不属于宪法学的一个分支学科。笔者倾向认为，如果以宪法规范为研究宪法的一个基点（切入点）或作为一种研究方法论，通过这种研究达到拓展和深入宪法学总体理论或知性体系的学术目的，就是对宪法学发展的一大贡献。至于能否在宪法学总体框架中再建构一个独立的知性体系，本人是持相当的保留态度的。不错，宪法本身就是一个庞大的政治与法律规范体系，理论上可以进行无穷尽的研究；同样，宪法本身也是一个政治与法律价值体系，宪法现象中到处渗透着制宪人、实施宪法的人和遵守宪法的人的价值评价、价值认定和价值选择。以宪法价值为研究宪法的一个基点（切入点）或作为一种研究方法论，通过这种研究同样可以达到拓展和深入宪法学总体理论或知性体系的学术目的。就我个人的体验来说，在拙著《权利相对论——权利和义务价值模式的建构》的创作过程中，就是运用价值论的方法论，以宪法权利和义务的价值模式建构为切入点，对宪法权利和义务的理论进行深入的研究。笔者并没有刻意甚至根本不去想

---

① 参见林来梵《从宪法规范到规范宪法——规范宪法学的一种前言》，法律出版社2001年5月版，绪论第9页。

② 同上书，绪论第10页。

创立宪法权利和义务的自己的理论体系或知性体系。当然，笔者个人的体验和做法不足为训，对其他宪法学者的创意与建构的努力更是乐见其成，只是对在宪法总体理论或知性体系的框架内，再行建构自成一体的理论或知性体系的创意与努力一时还把握不定，仅此而已。我坚信，无论采取什么样的学术立场和创作方法，只要是持一种科学态度和理性方法，对宪法学总体理论和知识的深入、丰富，都是大有裨益的，并对此坚信不疑。

基于同样的理由，也适用于对"宪法解释学"的分析。在中国目前的宪法学术界，宪法解释学的研究已经蔚然成风，著述丰硕[1]，成绩斐然，彰显了当下中国宪法学的发达与进步。学者们从各个不同的立场和角度对宪法解释进行了阐述。这其中，有些学者明确或暗示要建构称为"宪法解释学"的宪法分支学科的主张或意见，这关系到我们在本章里所讨论的主题，故引起我们的兴趣。被学者称为"我国大陆学者完成的第一部专门研究中国宪法解释问题的学术著作[2]（《宪法解释的理论建构》）的作者范进学教授，在他的《从规范分析宪法学到宪法解释学——中国宪法学研究范式转型之宪政意义》[3] 一文中提出："宪法学研究要摆脱这一远离实际的超验性，就必须从规范分析返回到解释宪法之路上来，这就要面对和解决宪法之规范性与解释性的背离，走向解释性的宪法学"，"所以，走向解释的宪法学，是中国宪法学发展之必然趋势"[4]。范教授接下来在谈到"将宪法学研究的重心必然由规范分析宪法学的研究转向为宪法解释学的研究上"[5] 的意义时指出："……有利于创建中国特色的宪法解释学学科体系，以进一步推动宪法和宪制理论研究之深入发展。"[6] 这是见诸文字的明确地主张创建宪法解释学的

---

[1] 有关的著述见文后的"附录"。
[2] 参见夏泽祥《宪法解释：一种拯救中国宪法权威性的方法——读范进学教授著〈宪法解释的理论建构〉》，《法学评论》2006年1月5日，第21卷第1期，第139页。
[3] 参见范进学《从规范分析宪法学到解释宪法学——中国宪法学研究范式转型之宪政意义》，《河南省政法管理干部学院学报》2005年第2期，第1—5页。
[4] 同上文，第3页。
[5] 同上文，第5页。
[6] 同上。

学科体系，而且还是要具有"中国特色"的。青年宪法学者牛凯在《宪法解释若干问题初探》一文中认为，应"进一步加强宪法解释的理论研究工作，尽快建立起科学的宪法解释学"[①]。我们也将这种主张视为学科意义上的意见。

基于同"宪法规范学"分析的同样理由，我们对"宪法解释学"作为宪法学分支学科的创意与建构同样也把握不定。宪法解释，无论是有权机关的立法解释，抑或有确断性的司法解释，又抑或是非确断性的学理解释，都很重要，甚至可以说无论怎么强调都不过分。但这并不是说，一定要到创建这样一个相对独立的宪法学分支学科，才能开展或推动对宪法解释各方面理论与实践的深入研究。在我们看来，宪法解释本来就是宪法学总体系中一个需要进行深入研究的重要方面，无须自立门户以建立一个有着独立理论系统的分支学科。我们甚至认为，同"规范宪法学"一样，对是否能够建立起这样一个分支学科，也持相当的保留态度。

三 宪法学分支学科应当以宪法学理论为基点进行研究

初期的宪法学长期委身于政治学而使自己自立的品格受到压抑，得不到伸张。随着宪法普遍性价值不断得到认定和提升，宪法学也逐渐摆脱了政治学的羁绊而自立、自强起来。还不止于如此，由于宪法学的博大精深的品格，它的学科效应也不断地扩散、渗透到其他学科并使之受惠于宪法学的精义。目前这方面的发展态势很猛，尽管并不总是深思熟虑考量的结果，有些视域的学科体系被越来越多地冠以某某宪法学之类的学科名称。这一现象明白无误地表达了如下的一个信息，即在社会科学的研究中，有些视域受到自身的天然限制，进一步深入的发展已经不能在自身的理论体系中展开，而宪法学作为对宪法这一本质上是社会存在和发展的深层次总体结构进行研究的科学，其理论体系的宏大深邃无疑能够成为其他学科绝佳的理论背景，有关视域的科学研究，由于越来

[①] 参见牛凯文《宪法解释若干问题初探》，《湖南省政法管理干部学院学报》2000年第3期，第9页。

越多地从宪法学中吸取了营养，而使自己的理论体系得以丰满和壮硕。时至今日，无形有形地冠以某某宪法学的称谓的学科如雨后春笋，纷纷现身于学界名家的著述中。最近评阅一些法学硕士论文，竟在其中出现过"财政宪法学""税收宪法学"之类的表述，着实令笔者惊异于宪法学影响的深远。问之何为诸如此类的"××宪法学"，回答竟是"不知道"，只是自己想到或听别人说到再或从别的文章或著作中看到之后，不经意间就写下了。

纵观当前的学术界，除了前面介绍的"宪法社会学"之外，另有一昭著的学科发达于当今的中外学术界，这就是"宪政经济学"或"宪法经济学"或"立宪经济学"。该学科的创始人和领导者是获诺贝尔经济学奖的经济学大家布坎南，他在中国的学术界也广泛地享有盛誉。其著作业已被译成中文出版。① 据信，其他的相类似的著作，如德国的《经济宪法和经济行政法》的译作也正在付梓之中。

《宪政经济学》是由英文"Constitutional Economics"翻译过来的。按照《宪政经济学》统校者的解释，该著中虽然提到"宪"或"宪制"，绝对不是单指政治学上明确定义的"宪制"。根据布坎南和图洛克（Tullock）1962年出版的《同意的计算——立宪民主的逻辑基础》这部构成宪政经济学早期基础的论著，是指"一系列预先达成的规则，嗣后的行动都在这一系列规则范围内进行"②。可见，见诸经济学家布坎南等学者论著中的"Constitution"一词，实际上是在该词的"基本规则"或"规则之规则"的意义上使用的，德国学者为此将其直接译为"秩序经济学"。这与我们宪法学在"组织"意义上使用的"宪法"或"宪政"既有密切的联系，又有所不同。在我们宪法学术界，一些学者在论及西方的《宪政经济学》时，通常将这类论著视为宪法学的一个新的分支学科或新的宪法学学术流派，这是不准确的，泰半是望文生义的结果。除此之外，我们还应当注意到，"宪政经济学"本质上是经济

---

① 参见［澳］布伦南、（美）布坎南《宪政经济学》，冯克利等译，中国社会科学出版社2004年1月版。

② 引自并参见［澳］布伦南、［美］布坎南《宪政经济学》，冯克利等译，中国社会科学出版社2004年1月版，第2—3页。

学的一个分支学科，而非真正意义上的宪法学的一个分支学科。试分析如下：

首先，"宪政经济学"是由经济学者创意并建构起来的。按照前述《宪政经济学》"译者的话"的介绍和分析，"宪政经济学"最初的思想渊源是功利法学派的集大成者亚当·斯密提出的"看不见的手"这一经济学上的根本规律。在亚当·斯密看来，人欲无所不在，要想让"看不见的手"创造出国民财富，就必须用"法律和制度"约束人的经济行为。于是，对法律和制度的关注开始进入了经济学领域的研究。

这个学派据此提出的"秩序政策"思想，其基本要求就是政策的制定必须以一部"经济宪法"的规范为基础。

其实，经济学家们并不是一律把自己学术视野局限在一般的法律和制度对政府的约束方面，而是另有学者开启了从"宪政主义"的视角来研究经济问题。首开先河的，是一批被称之为"弗莱堡学派"的德国经济学家所从事的研究。在20世纪30年代该派创立时，就引入了"经济宪法"的概念，他们把经济理解为一个各部分有着结构性关系的有机整体，这个整体是由一个被称之为"经济宪法"的总规则所规范。他们进而认为，既然政府的行为要遵守"政治宪法"的规范，那么政府和私人的经济行为也应当受"经济宪法"的约束。这就是闻名于世的"经济宪法理论"，其核心理念是在"经济宪法"的约束力，实行经济上的"秩序自由主义"。他们所谓的"经济宪法"，就是一种针对政府之经济行为为界限的"全面决定"。

在第二次世界大战之后，西方国家的福利主义的民主制度渐趋成熟，经济活动日益按既有规则平稳运行，用一般法律和制度规范和调整经济活动的紧迫性不再像以往那么强烈。然而，进入20世纪70年代以后，西方国家的经济停滞和高通货膨胀相伴，政府开支居高不下与高失业率并存的经济状况，使人们特别是经济学家开始反思原先的一般法律与制度的约束的有效性，继而认为，议会民主制对政府极度膨胀的权力、规模，以及有增无减的政府开支的约束已经失败。于是，经济学家们开始把自己的注意力转向控制政府的现行一般法律和制度之外。布坎南等经济学家认为，现代社会的经济活动应当受到高序位的规则的规范。这种高序列规则即为"基本规则"或"规则之规则"，即人们通常在宪法学或政治学上理解的"宪法"。布坎南等学者认为，经济活动之所以要"立宪"，其最终的理由，就是宪法（Constitution）所独具的稳定性、前瞻性和持久性。社会的经济行为一旦被纳入由"宪法"规范的半永久性和长期性的社会结构之中，便能得到对社会制度安排的合理预期，并构成人生美好生活的经济利益，无论是对个人还是对社会来说，都是如此。①

其次，"宪政经济学"作为经济学的一个分支学科的另一个理由，便是研究的切入点，即从研究经济现象入手，寻求从"宪法"或"宪制"的高序列的规则体系，得到更深入的理解和更合理、更稳固及更持久的安排和调整。

再次，"宪政经济学"研究所要达到的学术目的，归根到底还是要实现对经济行为的高序列的法律和制度控制，从而，使个人和社会的经济活动不致成为桀骜不驯的"怪兽"，从而实现人类经济利益乃至福利主义的长远目标。

西方的"宪政经济学"尽管由于上述的原因，应当被视为而且事实上就是经济学中的一个分支学科。但这并不影响我们宪法学科对它的承认和接受程度。尽管宪法学者也许并没有明确地意识到这种分支学科的经济意义，而且事实上就视其为宪法学的一个分支学科。宪法学者当然可以从宪法和宪制的角度和立场，来研究社会的和个人的经济行为和现象，学术体系和研究方法也有别于经济学的学术体系和研究方法，但最终可能是殊途同归，即在人类的经济领域和宪法、宪制领域找到最佳的契合点，并进而取得两者有机结合的学术效果。至于究竟是使经济行为得到宪法的规范和调整，还是使宪法能够更切实有序地规范和调整个人与社会的经济行为和活动，倒显得并不那么重要了。

可喜的是，中国宪法学术界近年来对"宪法经济学"的研究兴趣越来越浓厚，并取得了一些初步的成果。② 这方面的成就主要体现在以下

---

① ［澳］布伦南、［美］布坝南《宪政经济学》，冯克利、秋风、王代、魏志梅等译，冯克利、冯兴元统校，中国社会科学出版社2004年5月版。此处的分析主要参阅和综合了《宪政经济学》两位统校者冯克利的"译者的话"和冯兴元的"《宪政经济学》编校序"。详见前引该书的"译者的话"和"《宪政经济学》编校序"。

② 主要的一些著述参见文后的附录有关部分。——笔者注

几个方面:

其一,对西方的"宪政经济学"的理论要点,基本上进行了较为详尽的介绍和分析。欧阳景根在《规则与公正:宪政经济学视野下的立宪、释宪与修宪》①的文章中明确地提出:"宪政经济学"(constitutional political economy 或 constitutional economics,又译为立宪经济学)是宪法学与经济学的一个交叉学科。简单地说,这是一门用经济学的分析方法研究宪法问题的新兴学科。布坎南指出,宪政经济学是研究规则与制度(个体借助它们进行互动)运行的特征,以及这些规则与制度选择或形成过程的研究纲领。有些学者把布坎南创建的宪政经济学理解成"从宪政主义的视角研究经济的做法"②,这种看法如同前面所分析的,其实是不准确的,甚至可以说从根本上曲解了宪政经济学的学科属性。

严格地说,詹姆斯·布坎南是这一新兴学科的开山鼻祖(仅在作为一门完整学科的意义上说),因为是他率先系统地运用公共选择理论来分析宪法的制定与选择以及宪法之下的选择,也是他率先把这样一种研究方法提升到一门学科的层次,并使它获得了一门学科的地位。

李慧芳在《布坎南宪政经济思想初探》③一文中,对布坎南宪政经济学思想理论基石、研究脉络、核心思想等做了简明的介绍。有意思的是,黄锫在《规范主义经济宪法学的理论架构——以布坎南的思想为主轴》④一文中,一反当今学术界对"宪政经济学"的译名和分支学科的普遍趋同的表述,将其称之为"经济宪法学",但他又说:"经济宪法学也称宪政经济学、宪法经济学或立宪经济学……"在他看来,叫什么名称似乎并不重要,但他明确地提出,经济宪法学"是宪法学、经济学

---

① 参见欧阳景根《规则与公正:宪政经济学视野下的立宪、释宪和修宪》,《南京社会科学》2006年第9期,第76页。

② 布伦南、布坎南:《宪政经济学》,冯克利、秋风等译,中国社会科学出版社2004年1月版,"译者的话",第4页。

③ 参见李慧芳《布坝南宪政经济思想初探》,《大学时代》2006年第4期,第13—14页。

④ 参见黄锫《规范主义经济宪法学的理论架构——以布坝南的思想为主轴》,《法商研究》2007年第2期,第146—152页。

和政治学交叉研究领域内最为活跃的理论思想"①。"规范主义经济宪法学直接导源于 20 世纪中期开始兴起的'将经济学应用于政治科学'的公共选择思想,其理论出发点在于对集体政治决策形成过程中悖论的反思。"② 陈旭东在《宪政经济学与中国经济改革的宪政问题》③一文中脉络清晰地回顾了经济学自身在一百多年间的发展演化的进程。从亚当·斯密等人的以市场、效率和资源配置为核心的新古典经济理论为基础而发展起来的主流经济学,即单纯的经济学,到马克思建构的包罗政治、文化、思想等所有社会问题的庞大经济理论体系,再到 20 世纪初期老制度经济学和随之而来的新制度经济学,直到布坎南所创立的宪政经济学。从中可以看出从单纯经济学到制度经济学,再到宪政经济学这一依次递进的学科发展历程,宪制经济只是经济学发展到今天所达到的新的高峰。王小卫在《宪政经济学的思想与模型》一文中,也对亚当·斯密的宪政经济学思想、哈耶克的宪政经济学模型、布坎南的宪政经济学模型,以及科斯、诺思、阿罗与阿马蒂亚·森的相关贡献做了系统的梳理,使读者不仅了解了这些宪制经济学的各自特点,它们彼此之间的异同,而且也使读者了解它们之间发展的一脉相承的关系。④

其二,中国的宪法学术界从西方的宪制经济学中得到了启发。在改革开放的总体形势下,社会和国家的各个层面都应当顺应这个不可逆转的趋势。学术界也不能例外,其中的中国宪法学也绝不能成为改革开放大潮中的一个孤岛。尽管目前在宪法学术的发展中还受到包括学术界在内各方面的一些阻滞,但改革开放的历史潮流是阻挡不了宪法学术的发展的。在中国的宪法学术界,从一定的意义上来说,正是从西方的宪政经济学的发展态势,最先受到"启发"的学术领域之一。如前述王小卫在其论文中,在全面地介绍了宪政经济学的各个阶段和模型之后,就以"简短的启示"为题,谈到了作者的想法。陈旭东在前述文章中,

---

① 参见黄锫《规范主义经济宪法学的理论架构——以布坝南的思想为主轴》,《法商研究》2007 年第 2 期,第 146 页。
② 同上。
③ 参见陈旭东《宪政经济学与中国经济改革的宪政问题》,《现代财经》2007 年第 2 期,第 3—7 页。
④ 参见王小卫《宪政经济学的思想与模型》,《上海行政学院学报》2003 年第 3 期。

也以《宪政经济学与中国经济改革的宪政问题》，对于"宪制与限政""宪制与经济改革的公平问题""经济改革中要树立宪制的精神"进行了论述，从中很清楚地体现了作者从西方宪政经济学发展的理论基础与实践历程中得到的"启示"。黄锫则在上述的论文中，在"结论"部分提出："事实上，在英语国家的学术界中，它在很长一段时间内都是经济宪法学研究的主体。然而，在我国的宪法学研究（特别是经济宪法学研究）中，规范主义经济宪法学却很少进入学者们的视野，学者们大都将研究重点放在宪法中的经济性条款之上，这归因于我们在很大程度上受到了德国经济宪法学的影响，属于实证主义经济宪法学的研究路向。虽然这些研究同样重要但却导致了经济宪法学研究体系的'跛足'。因此，对规范主义经济宪法学基本结构的梳理与勾勒，可以平衡规范与实证两种经济宪法学研究，从而促进我国经济宪法学研究的进一步完善与发展。"[①] 这其中的反思也体现了作者从西方的经济宪法学中得到的"启示"。欧阳景根在《理解宪法：几种宪制经济学视野下的宪法观、复合宪法观与宪制的建立和巩固》[②] 一文中，从几种宪制经济学的视野下受到了"启发"，从而提出了作者关于"宪法观、复合宪法观与宪制的建立与巩固"的观点和意见。

其三，对中国的"宪政经济学"的建构提出了具体的意见和建议。在前述的一些文章中，对中国宪法学关于宪政经济学，或以宪法的角度研究中国的经济特别是研究中国经济改革中的宪制问题，提出了一些颇具见解的学术意见或建议；除此之外，对于中国的"宪政经济学"具体的理论体系、研究方法等也提出了一些意见或方案。这些都是中国宪制经济学这一分支学科建构的有建设性的起点。

关于"宪政经济学"作为一个宪法学分支学科的创意与实际建构，在一些基本的方面，存在不同的看法和需要追问的问题，如是由经济学家发动的，还是由宪法学家发动的？是通过经济学的研究以适应宪法学

---

① 参见黄锫《规范主义经济宪法学的理论架构——以布坎南的思想为主轴》，《法商研究》2007年第2期，第151页。

② 参见欧阳景根《理解宪法：几种宪政经济学视野下的宪法观、复合宪法观与宪制的建立与巩固》，《晋阳学刊》2006年第5期，第29—36页。

深化和拓展的需要,还是通过宪法的元规则的约束和调整,以弥补传统经济学主要以市场、效率、资源配置等视域的不足和欠缺?是通过经济学的引用以拓展或延伸宪法学理论与实践的学理需要,还是宪法学在本原的意义上就应当将社会经济问题纳入自己学科的视野?是经济与宪法这原本就密切相关的两大领域被传统社会科学的分工自然的分开,还是现代兴起的交叉学科、边缘学科方兴未艾的发展势头下的随波逐流?尽管有些分歧和需要探究的问题,却都不影响"宪政经济学"作为宪法学的一个分支学科存在的必要性和合理性。即使是按照前述笔者所谓的关于构成学科和分支学科较规范的标准,"宪政经济学"都应当可能并且实际上已经成为宪法学的一个分支学科。只是目前在中国宪法学术界,尚未有学者在这方面着手有深度和力度的学术体系的建构,现在有的只是一些创意或合理性的论证意见,以及作为该学科发展所必需的背景性知识,特别是对西方古典的和现代的宪政经济学较全面、系统和发展脉络清晰的综合、介绍与评价。

无论如何,"宪政经济学"在中国宪法学中,是到目前为止较少争议、具有广阔学术前景的一个宪法学的分支学科。本人同许多的宪法学术界同人一样,对此怀抱信心,充满期待。

其四,宪法哲学作为一种知性体系,无论是从宪法现象的立场研究哲学,还是从哲学的立场来研究宪法,本身都具科学的价值。从最早并曾得到恩格斯充分肯定的"自然哲学",到后来的社会科学领域中渐次兴起的历史哲学、社会哲学、文化哲学、精神哲学、科学哲学、人类学哲学或哲学人类学等哲学,以及延及的各法学学科的哲学,如刑法哲学、民法哲学、权利哲学等,都反映出哲学作为"万事之王""认知之母"的学科的知识和认知方式,对于认识我们自古至今、生于斯长于斯的自然现象、社会现象,以及作为"万物之灵长"的我们个体或社会中的"人"自身,都是极为必要的和重要的。可以说,哲学是我们人类能够通过我们可以感知的事物和事务的表象,而深入事物(务)本质认识的唯一途径。自古至今的一切人类文明的成果的达成,无论是自然现象还是社会现象,抑或我们作为特殊自然和社会存在的"人"在认识上所积累的一切知性体系,无不是哲学引导和启迪的结果。由此可见,哲学尽管本身就是一个独立的和博大精深的知性体系,但它对于其他事物（务）的研究来说，完全可以作为方法论，而且是作为研究事物（务）本质不可替代的方法论。从这个意义上来说，是否为现今已在学术上定性、定型的其他科学学科专门建构一个专科的哲学体系，似乎并不重要。哲学不像其他学科那样彼此间可能没有甚至根本就不会发生任何关联，唯有哲学是个例外，无论是自然科学还是社会科学，特别是社会科学的所有门类，要取得本质认识上的研究成果，哲学方法论的引进是必不可少的，至于是否为有关一学科建构一套哲学体系，应视情况而定，不是有哪个学科不需要或不可能建构出一套这样的哲学体系，而是要看当时当地的有关学科发展的状况，特别是要看研究者们的整体学术水平，包括哲学素养的培育。胡果曾说过："人们很久以来就注意到，古典法学家有哲学修养。"① 中国的宪法学者当然也不应当例外。甚至可以说，要做一个真正有所作为的宪法学者，就必须下决心在个人的哲学素养的培育方面狠下工夫，否则，就很难超越社会的流俗和政治的语境以及学术上的老生常谈，也无法达到在宪法科学规范意义上获得真知灼见！

　　尽管我们从学科的意义上，能够将哲学与各门类的科学特别是社会科学加以区分，但哲学作为无所不在的和不可或缺的方法论，却将哲学与各门类的学科密切地联系了起来。任何一个有资质的科研人员，在他的科研中，总是有意无意地会将不同层次的哲学方法论运用到他们的研究工作中去。这从当前流行的各学科的成果就可以看出。例如在中国宪法学的研究中，目前通用的许多版本的讲义和大量的学术著述中，其中的"宪法原理""立宪主义""限权宪法""权利与自由的与生俱来""天赋人权""主权神圣""契约论""公意至高无上""正义与公平""平等权""实体理性""程序理性"等，无一不具有哲学的蕴涵。从这个意义上看，人们很难在"宪法科学"与"宪法哲学"之间作出严格的界定和区分。宪法——无论是观念还是体系——从最初发生学的意义上说，本身就是起源于人类从哲学上对控制国家和调节社会关系的思考与设计。最初的宪法思想更是与哲学上的"理性""神圣性"和各种

---

① 转引自［德］黑格尔《法哲学原理》，范扬等译，商务印书馆1961年6月版，第9页。

"假定性"密切相关，或者就是这些哲学观念与体系的外化显现。至今在宪法学术界中，关于宪法的伦理道德基础，关于人的尊严以及人为什么有特别值得用宪法权利与自由的体系，来加以保护的内在价值等问题上，学者们很难超越或摆脱形而上的哲学观念与话语去作出有说服力的阐明。美国宪法学者墨菲曾经说过："……权利的自由主义学说要求有一种关于人的尊严、珍贵和神圣性的学说，它不能完全脱离对上帝的信仰或至少不能脱离在某种形而上学的深远意义上确实要求有的一种世界观。"① 又说："对于那些像我这样觉得信奉宗教是很困难的——或根本不可能——的事情的人来说，恐怕很难欣然接受'基本道德价值要求信仰'的观念。它导致了某些紧张关系，并且好像在强迫我们之中的某些人作出自己本不愿意作出的选择。但这种观念仍然可能是完全正确的。"②

无论墨菲的意见是否正确，她揭示的目前的权利自由主义以及宪法中的其他原理，迄今为止还不能完全摆脱宗教信仰或某种形而上学的世界观的理论现实，却是一种洞见。与之相对应，中国的宪法学术界对宪法的哲学之维的认识上还没有达到这样的深度。然而，令我辈宪法学人欣喜的是，一些有志于开拓和创新的中青年宪法学者，对宪法哲学表现出越来越浓厚的兴趣，一些著述也相继发表。下面就有关的学术著述进行一些粗疏的评价和分析。

在这里，我首先向读者致歉，下面的论述仍打算从笔者的个人体会和经验做起。这样做绝非是为了炫耀个人，如果放在学术总体和学术背景上考量，笔者个人关于这方面的一些创意与经验，也应当看做中国宪法学总体建构的一个组成部分。本人毕竟是中国改革开放 30 多年宪法学复兴和发展历程的见证者和亲历者。

笔者在有限的学识范围常常与不安分的学术之心形成一种张力。为了超越浅薄，长寻探幽钩玄之道。历经磨难和坎坷之后，终于悟出了非

---

① 参见〔美〕杰弗里·墨菲《后记：宪政、道德怀疑论和宗教信仰》，转引自〔美〕罗森鲍姆《宪政的哲学之维》，郑戈等译，生活·读书·新知三联书店 2001 年 12 月版，第 330 页。

② 同上。

假哲学之途，难以修成宪法学高精学术境界之道。于是身体力行，早在1988年出版的拙著《民主宪政新潮——宪法监督的理论与实践》中，就曾经在宪法监督的理论基础部分，尽可能深入地涉猎了西方宪法哲学中一些基本问题，但只能做到浅尝辄止，仅此而已。

在笔者写作《权利相对论——权利和义务价值模式的建构》（1994年出版）时，这种哲学重要性的体会是在逐步提高的。在该著完成时，这种认识已经达到了一个新的高度，并在"自序"中做了总结。现将当时的论述照抄如下，以证当时权利和义务价值模式研究中的哲学思路："……对法律上的权利和义务从哲学的立场上进行研究是作者正在着力进行的大规模的比较法哲学研究的起点和尝试。传统的和现代的西方法理学或法哲学一向在法学理论领域占据主导和支配的地位。中外法理学界或法哲学界所从事教授和研究的旨趣及重点，大体说来，都是这种发端于西方并倡行于西方的法理学或法哲学。而以古代中国为代表的东方法哲学的不可否认的存在、博大精深的理念及其根深蒂固的传统，不是鲜为人知，就是长期受到忽视。笔者正致力于在这个领域进行大规模的探索性和开拓型的研究工作。首先把以古代中国为代表的东方法哲学从传统的大一统的社会思想体系中分离出来；然后与传统的和现代的西方法哲学进行比较研究；最后尝试建构一种两优相兼的新的法价值体系。在本著作中对法律权利和义务所从事的这种性质及类别的研究，就构成了作者上述努力的一部分。"[①]

在后来的《宪法人类学——基于民族、种族、文化集团的理论建构及实证分析》的创作中，对哲学研究方法重要性的体认又有了进一步的提升。可以说，该拙著的最初创意与构想还是从"宪法和宪制的以个人为本的哲学基础的反思"（该书第一章第一节）起步的。笔者在"自序"中已经对这种哲学路径的重视已看成个人"学术风格"，至少是较为明显的"学术倾向"的一部分。

从上述笔者个人的研究历程中，竟以浅薄的哲学素养和有限的哲学知识，躬行哲学的研究进路而不辍，虽不言成功，但矢志不渝，也可称

[①] 参见陈云生《权利相对论——权利和义务价值模式的建构》，人民出版社1994年2月版，"自序"第4—5页。

得上是一以贯之的学术追求。只是本人一向仅以引进哲学作为方法论的学术立场来从事宪法学的研究,没有刻意地追求宪法哲学作为宪法学分支学科的建构。其理由也很简单,犹如对待"比较宪法"一样,认为建构这样一种学科需要满足一个学科所要求的必备的规范条件,而笔者个人一方面认定这种学科地位在历史和目前的学术趋势上尚不明朗;另一方面,觉得个人无论在哲学还是在宪法学上的学养修炼得还不够,或者直白地说,本人目前还没有资力去做这种工程浩大的学科建构性的研究,即使有心,也无力为之。这或许也是笃信"欲为所为,当先知止"的古训而致的结果吧!

然而,令我辈宪法学人感到欣慰的是,中国宪法学专业队伍中正在涌出一批才华出众、学有所长的中青年俊才,他们之中有些已经将自己的治学兴趣转移或放在"宪法哲学"或"宪法哲学的分支学科"的创意、研究乃至实际建构上面,并且结出了一批足以令学界称道的研究成果。[①]下面就对其中的一些有价值的著述予以简略的评介和分析。

在一些宪法哲学的著述中,莫纪宏教授的《现代宪法的逻辑基础》是值得首先予以评介和分析的。莫教授是个高产学者,在见了他众多的学术著作之后,忽见《现代宪法的逻辑基础》的专著出版,笔者视之为其著作中的一匹"黑马",或者确切地说是一本"黑书"。之所以说"黑",依我看来,"黑"就"黑"在他超越了以往基本上都是实证性范式的著述风格,而在此书中真正从很深的学术层面去研究"宪法问题"。书中大量涉及宪法哲学问题,如宪法逻辑学、东方哲学观在宪法研究中的地位、悖论、元理论、正当性、合理性、应然性、主体性、自由、宪法原则、同一性,以及宪法的真、善、美等,所有这些问题当然都应当视为在哲学层面上对宪法问题的探讨。这正是笔者将这部著作视为宪法哲学的原因。其实,莫纪宏本人正是以建构宪法哲学为目的的。他写道:"我国的宪法学研究要真正地走出低谷,宪法实践的推动是一个重要因素,但是缺少正确宪法理论的指导,宪法的实践也不可能得到发展。就20世纪中国的宪政操作过程来看,不合逻辑和不讲逻辑的宪法理论对宪法实践的阻碍作用是非常明显的,道德哲学一直是宪法学的

[①] 有关的研究成果目录见文后附录。——笔者注

基本逻辑依据，宪法学重大理论问题的争议往往最终都表现在不同道德观的取舍上。①宪法学的研究体系封闭性太强，无法面对社会现实的要求，尤其是全球化所带来的人类理性的新革命。②所以，面对21世纪，中国的宪法学要走出困境，必须从最基本的逻辑问题着手，按照道德哲学、文化哲学和逻辑哲学所各自具有的科学特性来建构符合有中国特色的社会主义宪制要求的宪法哲学。"③

曾有一青年学者问笔者，他看不懂书中的内容，怎么办？我回答说，要耐心地读下去。要读懂别人的书也要读书人自身的学识积累。许多宪法类教科书乃至学术著述读起来朗朗上口，毫不费力，这种现象恐怕正是需要反思的。我们需要读一些难以读懂的书，莫纪宏的这部书或许就是需要读懂的。

该著把宪法逻辑学的地位与作用置于很高的境界。他写道："在笔者看来，宪法学是历史学与逻辑学的统一，宪法逻辑学是人类理性的最高体现，因为它的方法论是采用最有效的方法来解决最复杂的社会问题。宪法逻辑学的建立对于推进道义逻辑学的逻辑形式和逻辑规律的发展具有非常重要的意义。"④除此之外，在该著中还多次提到"宪法逻辑学"，并作为研究方法贯穿在整部著作的始终。在笔者看来，莫纪宏在创意一种宪法学分支学科与运用宪法学研究方法方面，作出了创新性尝试，如果进一步恰当地区分作为一个分支学科，应当具有的独立和系统的学理体系与作为方法论的适用性之间的巨大差异，将自己的论述建立在更科学的立场上，就更突出了学术观点的鲜明性和理论说服力了。

此外，著作中还同时强调了"宪法工程学"的重要性和引入宪法研究的必要性。但没有表明"宪法工程学"是宪法中的一个分支学科，

---

① 进入20世纪80年代，法学界一些中青年学者在反思中华人民共和国成立以来我国宪政建设的经验教训时，主张摒弃以维辛斯基为首的苏联法学家提出的阶级斗争学说，代之以人民主权理论。但是这种观点却没有意识到阶级斗争理论在得到哲学层面上所具有的逻辑力量。此注释为原著第87页，注释101。——笔者注

② 中国如果加入WTO组织，将不得不建立一套逻辑上自洽的法律体系来迎击WTO组织下国际仲裁组织的司法仲裁活动，而要做到这一点，不建立解决法律冲突的宪法审判机构，将会处处被动。此注释为原著第87页，注释102。——笔者注

③ 转引自莫纪宏《现代宪法的逻辑基础》，法律出版社2001年12月版，第87页。

④ 参见莫纪宏《现代宪法的逻辑基础》，法律出版社2001年12月版，第1页。

还是宪法学研究中的一种方法论。

在宪法哲学的著述中，还有一部《宪法哲学导论》，值得予以评介和分析。

《宪法哲学导论》是宪法学术界中一位在近些年来才崭露头角的青年学者江国华所著。因为是新锐，所以才勇于领跑宪法哲学的创意与宪法学分支学科的建构。该书同其人一样，扑面而来的是锐气和勇气，同法学术界长期以来形成的陈腐气和暮气形成鲜明的对照，使人感受到一股清新之风。

当宪法学术界还在宪法哲学是一门宪法学分支学科，还是宪法学研究方法论的把握狐疑不定的时候，江国华率先打出了作为宪法学分支学科的"宪法哲学"的旗号，并从宪法发展观的元点、宪法哲学的维度、宪法客观精神三个层次进行宪法哲学的实地建构，其精神可嘉，其义理可辩，实乃难能可贵，不由使我辈年长的宪法学人顿生"长江后浪推前浪，世上新人赶旧人"之感慨。

著者在该著中引人注目地对宪法哲学做了界定。书中写道："所以，宪法哲学是关于宪法之本原问题的追问之学，它的任务是回答宪法是如何产生以及又是如何长成的；是宪法的形而上学，它的任务是回答宪法的本质及其发展规律是什么；是关于宪法终极关怀的求索之学，它的任务是回答凝结在宪法之中的人文关怀即客观精神是什么。"[①] 此段话可以视为宪法哲学整个学科蓝图之总体规范，三大"学问"确也同属哲学范畴。当然，这是一个十分宏大和复杂的理论建构工程，非一人一力足可担当。但作为一个宪法学分支学科的总体规划，大致符合宪法哲学的学科规范要求，是可以接受和认可的。

著者在宪法哲学是哲学、宪法哲学是法哲学、宪法哲学是生活哲学、宪法哲学是未来之学，以及宪法哲学在以上四个方面所要面对和解决的是个"基本问题"的论述，可圈可点之处自有一些。限于本书的主题，这里不再详加评述。

末了，我还想就该著附录的"主要参考文献"中有关笔者著述的引入错误做一更正。第480页倒数第五行的46所列陈云生《成文宪法的

[①] 参见江国华《宪法哲学导论》，商务印书馆2007年版，引言第4—5页。

比较研究——权利和义务价值模式的建构》，人民出版社1990年版，应是笔者一部专著和一部译著"拼合"而成的。笔者的两本拙著分别是：《成文宪法——通过计算机进行的比较研究》，北京大学出版社2007年5月版；《权利相对论——权利和义务价值模式的建构》，人民出版社1994年2月版。而无论在哪家出版社，都没出过1990年版的著作。此类错误实在奇特，令人难以理解，特此更正。

在宪法哲学类的著述中，近些年来还涌现了一批有关的文章和专论[1]，这些文章和专论从各个不同层面对宪法哲学展开了论述。笔者认为最有力度的文章是邓毅的名为《什么是宪法哲学》[2]的文章。该文最引人兴趣之处是将"宪法哲学"定位于同属两类科学的"分支"和"部门"。作者写道："宪法哲学既是宪法学的一个分支，又是哲学的一个部门，是按哲学的方法和要求来研究宪法问题的学问，因此，要给宪法哲学下一个符合其本质特征的清晰定义，我们就必须对哲学本身有一个清楚的认识。"作者还声言："回答什么是宪法哲学，首先要给宪法哲学下一个符合其本质特征的清晰定义。"[3] 他给宪法哲学所下的定义是："……就是从人的本性与本质这一终极起点出发，去揭示宪法的本质与目的，并结合相关的科学知识和已有的政治经验，对现有的宪法制度进行批判与创新，从而达到指导人类宪法实践，促进人类政治文明的根本目的。"[4] 这些观点和意见，对于"宪法哲学"作为宪法学分支学科的创意与建构的学术倾向来说，不仅是一种有力的支持，而且还具有学术上的启迪和开拓的意义。不过，光是就"人的本性与本质"与"宪法的本质与目的"之间的内在关联，非用一个宏大的"工程"是不足以"揭示"的。至于"对现有的宪法制度进行批判与创新"所"结合相关的科学知识和已有的政治经验"，恐怕早已超越"形而上"的哲学意蕴，而成为"形而下"的"器物"意义上的实证科学范畴了。

---

[1] 参见附录的文章目录。——笔者注
[2] 参见邓毅《什么是宪法哲学》，《华东政法学院学报》2006年第4期，第25—33页。
[3] 同上文，第26页。
[4] 同上。

另一篇有力度的文章是张彩凤所写的《对话法哲学：相对宪政的认识论基础》①。该文尽管是对话"法哲学"，而不是"宪法哲学"，但实际上写的是"对英国宪政哲学的一种思考"。在笔者的印象和感觉中，在现有的宪法学术著述中，还没有论者对这方面的论述能够达到该文的深度。作者在文章的结论性段落中写道："有关英国宪政和法治的知识论基础虽说并非确切的知识体系，但却在具体的宪政知识和政治生活中有其适当的位置，是渗透于英国具体宪政现象和宪政知识领域中的最高的最普遍的哲学理念和处世态度。这种规定了英国协商式宪政的哲学理念和处世态度是主体间性的、实践性的、程序性的和社会性的。英国协商式民主宪政的历史演进于构成机制模式体现了其独特的民族生活样式和对话法哲学，这种哲学理念及其生活方式最强的动因就是在民主法治交往行动中求安定、求富足、求和谐、求自由。"② 本人认为，这种从宪政哲学层面对英国宪政的分析，堪称一种洞见，切中肯綮。

其他的有关宪法哲学的文章和专论，各有自己的见解，恕不一一评析。

第三节　"宪法人类学"的创意与建构的作者个人体验

拙著《宪法人类学——基于民族、种族、文化集团的理论建构及实证分析》（北京大学出版社2005年3月出版）出版之后，在学术界引起了一定的反响，而有些学者对此类课题产生了浓厚的兴趣。就本书的主题的范围上来讲，之所以要将其单独提出来进行评析，主要是基于如下三点的考虑：

首先，它从一开始就是作为宪法学的一个分支学科来打造的。笔者在最初设计时，就将其定位在一个独立的学科地位上。指出这一点并非

---

① 参见张彩凤《对话法哲学：现代宪政的认识论基础》，《中国人民公安大学学报》2005年第2期，第30—36页。
② 同上文，第36页。

它无学术意义，因为本人一贯倾向认为，一个学科应当具有独立的符合科学规范的理论体系，它应当显著区别于学科研究中的方法论。只有在这样的学科定位的前提下，才能倾全力去朝着这个方向努力，也才有望达到预期的目标。在前面评介和分析过的宪法学分支学科中，通常都存在着这种学科定位的不确定性和不坚定性，因而表现出在创意和建构宪法学分支学科与作为适用方法论之间的犹豫不决和摇摆不定。笔者认为，《宪法人类学——基于民族、种族、文化集团的理论建构及实证分析》在创意与建构方面表现出来的确定性和坚定性，以及朝着这个方向所做的努力，或许就是区别于其他宪法学分支学科的创意与建构的一个显著之处。这也是我们将其提出来专题加以评介和分析的一个理由。

其次，"宪法人类学"作为宪法学的一个分支学科，是相关的早已发达起来的法学的分支学科作为学科的比对与基础。这个对比与基础也并非无关紧要。在笔者看来，一个科学学科的建立和确定并非全由创意者和建构者个人的主观认定，学术界的普遍承认和已经定型的成例，都应当视为创意与建构某一新的学科的有力支持。这一点恐怕也是与前面评析的宪法学分支学科的最大区别之处。缺乏相应学术界的认同和已经定型的成例，只有创意者和建构者个人的构想与努力，相对于获得成功的目标来说，需要付出更大、更多的努力。

再次，是"宪法人类学"有了个整体学科理论架构的初步构想。注明这一点更是不无学术意义，任何一个学科都需要制备一套自身独立的、完整的理论体系。从这个意义上说，《宪法人类学基于民族、种族、文化集团的理论建构及实证分析》只是一部半成品，作为一个学科来说，它是没有完成之作。尽管如此，因为它做了一个较全面、系统的学科体系的规划，也已经使其具备作为宪法学分支学科的模样，至少指出了学科建构的方向。这一点也与前面评介和分析过的宪法学分支学科不同，在那些创意与建构中，通常都缺乏一种综合性体系的构想。

下面将主要通过《宪法人类学基于民族、种族、文化集团的理论建构及实证分析》部分原文以及发表过的相关文章来对以上三点做具体分析。

一 "宪法人类学"是宪法学中一个独立的分支学科

早在20世纪80年代,特别是在1982年《中华人民共和国宪法》和1984年《中华人民共和国民族区域自治法》颁布以后,笔者对民族区域自治的政策、制度和法律的研究兴趣越颇浓厚,并先后在报纸、杂志上发表了一些文章和论文。1985年,本人与几位年青的学友合著了(由笔者统稿)一本讲解和宣传民族区域自治法的书。[①] 之后,又主编了《民族区域自治法精义》一书。[②] 该书对中国民族区域自治法的阐释,无论在广度上还是在深度上,都较之《民族区域自治法简说》一书有了长足的进步。该书的完成,使笔者对中国的民族区域自治的政策、制度和法律的理解和认识,又上了一个新的台阶,并进一步打下了更为坚实的理论和实践的基础。还应当特别提及的是,我在《民族区域自治法精义》一书中,曾提及加拿大多元文化主义的民族政策,但限于该书的主题,当时并没有在书中对此项民族政策展开论述。老实说,当时笔者本人对这一新型的民族政策和法律所知甚少,根本不可能对其进行深入的讨论。但是,鉴于笔者对民族问题从宪法学和法学上进行了较深入的研究,不仅较为熟悉这个领域的理论与实践的实际状况,而且逐渐培育起来相当程度的学术敏感。众所周知,必要的学术敏感在许多科学研究领域,往往起着至关重要的启示和先导作用。正是这样的启示和先导作用,使我意识到新兴的多元文化主义的巨大的理论与实践价值,才激发对其进行深入研究的强烈欲望。且暗下决心,一旦腾出手来,就立即着手这个课题的研究。

大约在1994年,根据中国社会科学院法学研究所与加拿大有关方面达成的一项协议,拟在北京召开一次有关人权的学术对话会。会议的中方组织者安排笔者撰写一篇有关少数民族人权保护的论文,作为对话的报告稿之一,本人欣然受命。这不仅是因为笔者自信对这个领域的学

[①] 陈云生、于宪、徐秀义、费善诚、公丕祥合著(陈云生统稿)《民族区域自治法简说》,辽宁大学出版社1985年12月版。

[②] 陈云生主编《民族区域自治法精义》,人民出版社1991年5月版。

术研究一直感兴趣,并且较为熟悉;还因为这正好是一个契机,该是将本人对多元文化主义这一新型的民族政策、制度和法律进行深入研究的夙愿付诸实现的时候了。

本来,对于一篇学术对话会的报告稿来说,笔者认为,只就加拿大的多元文化主义和中国的民族区域自治的政策、制度和法律,对少数民族人权的保护予以论述就可以了,如果时间和篇幅允许的话,至多还可以在这两种不同的民族政策、制度和法律之间进行一些横向的比较分析就足够了。但是,正如我在前面刚刚表白的那样,当时并不是仅仅满足于完成一篇符合要求的学术对话稿,而是想以此为契机,欲深入地研究多元文化主义的政策、制度和法律。于是笔者放下手中正在研究的所谓的"权利价值哲学"的课题和其他预期进行的课题,潜下心来,一头沉进多元文化主义的这个鲜为中国法学界所知的,同时又是深不可测的"苦海"中去了。

下个决心并不难,但要真正实行起来却不那么容易了。面对着一个个学术研究上的困难,不仅需要决心,还需要勇气、毅力和耐心。

困难之一是本人没有在加拿大进行进修或专门考察的经历,缺乏眼见身受的实际感受。当笔者读着一篇篇亲自去加拿大专门考察多元文化主义的学者归来后所写的文章、专论或考察报告时,真的很羡慕他们,他们经自己亲身感受和研究后写成的东西,读来令人感到真实和生动。但我又认为,缺乏眼见身受的实际经历,尽管是一个遗憾,但不应成为学术研究上的障碍。且不说在自然科学中的许多领域,是自然科学家根本无法亲身体验或实践的;就是在社会科学中的许多领域,也不是说只有在社会科学工作者亲自考察之后,才有资格或才能够从事有关的研究。一位社会科学工作者相对说来颇为短暂和狭小的学术时空限制,使他不可能对他所研究的所有领域都能够亲身从事考察或实践。人们不能奢求每一位社会科学工作者,只有在亲身考察或实践之后才有资格或才被允许从事有关的研究。更不待说有些社会科学领域如逝去的历史、思辨的哲学或未来学的预测等学科或领域,根本就无法让研究者亲身考察或实践。事实上,除极鲜见的例子外,许多社会科学成果,包括一些具有重大影响的成果,都是在研究者没有亲身体验和实践的情况下取得的。这方面的实例极多,史不绝书。之所以然,是因为研究者利用了先人或同时代的其他人考察或实践所取得的资料和研究成果，尽管这些资料和研究成果对于后来或同时代的其他研究者来说，是第二手的，但在每一位研究者都不可能事事亲自考察或实践的情况下，他人的第二手资料和研究成果，就是研究者可资利用和参考的宝贵信息和知识资源。幸运的是，笔者在研究加拿大多元文化主义的过程中，就广泛地利用和参考了其他学者通过对加拿大多元文化主义的考察获取的第一手资料和研究成果。借国家对外开放之风，中国和加拿大两国的友好关系不断增强，随着两国人民的友好交往日益频繁，学术界对加拿大独具特色的社会的研究兴趣也在不断加大。好几个不同层次的加拿大研究中心相继建立，并开展了大量的研究工作，很多学者也有机会甚至多次亲临加拿大做实地考察；一大批有关加拿大各方面尤其是多元文化主义的文章、专论在国内相继刊出或出版。这些都是被本人广为利用和参考的宝贵资料和研究成果。正如读者将在本书中发现的，大量的实际资料和见解几乎都是出自这些学者的考察报告或专论。这在很大程度上弥补了笔者缺乏实地考察经验的不足。从一定意义上来说，没有他们的辛勤劳作及取得的成果，就不会有这一专题的研究，本人的确是踏着他们铺好的路走过来的。毕竟，有关加拿大多元文化主义的部分是本专题重点研究的内容之一，并且占了差不多1/4的篇幅。笔者想借此机会，向他们表示诚挚的敬意和谢意！

　　进一步深入阐释中国的民族区域自治的政策、制度和法律，是在原来的创作计划中就已经确定了的。原来以为，这部分资料的取得应该比较容易，而且本人毕竟在这方面有着较长时间的研究经历对此较为熟悉，撰写起来应该比多元文化主义部分容易。但当笔者按通常著述这类著作那样，撰写了有关中国民族区域自治的概念、本质、产生和发展、内容和意义、优越性等内容之后，突然意识到，尽管这些内容对于全面阐释中国的民族区域自治的政策、制度和法律是必不可少的，否则这类研究就无从做起，也根本达不到全面阐释民族区域自治的目的；但是，就笔者个人的研究风格来说，是极不情愿在学术研究上"炒冷饭"的，更深恶"吃"别人乃至自己"嚼过的馍"。纵观近二十多年来，全国陆续出版的有关民族区域自治的著作或书籍，在思路上基本趋于一致，在内容上也大同小异。在由笔者统稿的《民族区域自治法简说》中就是这样，在由笔者主编的《民族区域自治法精义》一书中，虽在主观上想要有较大的进步，并在实际上确实增加了一些鲜见于同类著作的内容，但从总体上看来，学术品位并没有明显的提升。现在面对好几章已经完成得并无多少新内容和新意的情况，笔者陷入深深的惆怅之中。我清醒地意识到，民族问题在任何多民族国家和社会都是极为敏感的话题，特别是当民族问题与宗教问题纠缠在一起的时候，就更加剧了其敏感的程度；而中国的民族区域自治的政策、制度和法律，在理论上完全符合民主、科学的精神，在实践上显示出很大的优越性，特别彰显了民族关系的融洽与和谐，因而民族区域自治的政策和制度得到中国各民族人民的赞同和拥护，在国家体制上也早已定型，在经过宪法和法律确认和固定之后，又成为国家宪政体制和法律制度的重要组成部分。在这种情况下，要想在民族区域自治的理论与实践方面提出一些新见解，使其有所发展，确实是很难的；更不待说人们对于这样一个敏感话题，该说什么不该说什么，常常顾虑颇多，以免招致"是非"。正是这种主、客观状况，致使中国的民族区域自治无论在理论上还是在实践上，都没有明显的发展和显著的进步。这无疑应当引起我们深刻的反思，再科学的理论，再有显效的政绩，如果就此故步自封，终将渐失其活力与生机。中国民族区域自治的理论与实践的发展现状就令人担忧。有鉴于此，笔者便把自己的注意力更多地放在民族区域自治理论，特别是实践的发展方面，提出了一些在学术界还没有人提出的新见解、新建议，试图促进民族区域自治理论与实践有所进步，有所发展。不管敬爱的读者们怎么看，本人已将引进文化自治作为民族区域自治制度的补充和完善这类建议，并视为得意之笔。

鉴于多元文化主义和民族区域自治都是有关民族、种族的政策、制度和法律；又鉴于这两项政策、制度和法律又广泛而深入地关联民族文化乃至人类一般文化问题，如果缺乏这方面的背景知识，就不可能求得对多元文化主义和民族区域自治这两项有关民族、种族的政策、制度和法律的深切了解。故此，在原创作设计中，就安排了有关民族、种族和文化的背景知识介绍内容。又考虑到，由于中国较为特殊的社会科学学科的背景，中国学术界不仅没有发展出西方学术界较为张扬和得势的"文化人类学"以及相关的学科如"政治人类学""哲学人类学"等。

而且对这些学科所知不多，除极少数特别专业的人士外，一般公众乃至学术界都很少听说或接触这类学科。而在西方学术界，对民族、种族和文化的研究，一般都是在文化人类学的学科领域内进行的。目前在西方学术界，文化人类学的各种理论或学说正在得势，方兴未艾，假如中国也想在社会科学领域与西方"接轨"的话，我们自然就不应当对西方各种形式的人类学采取隔膜、置之不理甚至拒斥的态度。事实上，中国过去曾长时期拒斥的某些社会科学理论，如代议制民主、法治、人权等，最后都由我们逐步地承认或有条件地接受。毕竟，西方社会科学中的许多理念，也正确地或比较适当地反映了某些一般的社会或国家运转的机制或规律性。说到底，也是人类文明的组成部分，是全人类共同创造和拥有的宝贵知识资源。对其以意识形态或社会制度的不同为由而加以拒斥，显然是一种意识或民族狭隘性的表现。基于以上的认识，在有关民族、种族和文化的背景知识和资料的介绍和分析中，除了不惜笔墨把西方文化人类学中有影响的 15 种理论做了较全面和系统的介绍以外，还特别有意识地从"文化人类学"学科的地位等方面进行介绍和分析。

本来，从最初的创作设计来说，在完成了民族、种族、文化的背景性分析、多元文化主义、民族区域自治三大部分的写作之后，已经基本上实现了预先的设计和创作目的。但是，随着研究的不断深入，笔者渐渐地对从民族政策、制度和法律领域和视角，来扩展和深化文化人类学的研究的学科定位所表现出的不确定性，感到迷惑和不安。在很长的一段时期内，我都在苦苦地思索这个问题，并试图找出解决的办法。本人清醒地认识到，文化人类学在学科总体上尚不被中国学术界所接受或熟悉；尽管文化人类学的学科研究领域具有很大的包容性，本着从民族政策、制度和法律的立场和视角，来研究民族、种族问题，毫无疑问是文化人类学本来就应当包容，但在学术界仍是到目前为止很少涉猎和研究的内容。在中国学术分科目前还颇显"森严壁垒"的情况下，笔者作为宪法学的专业研究人员，贸然闯入还鲜为人知的文化人类学领域，可能被视作"江郎才尽"或"不务正业"的表现。当然，如果我们认定这样做非常有学术价值，则完全可以不计较个人的声誉而勇敢地予以尝试。问题是，在中国饱受多灾多难的宪法和法律、宪法和法治，以及同样遭受磨难而又起步较晚的宪法学和法学，本身也是百废待兴，法律体系乃至新门类的法律学科，在近些年来也受到国家立法机关和法学术界的关注。但是，笔者个人倾向认为，建立健全较为系统而又完备的国家法律体系，固然对实现国家法治十分重要；同样，建立健全较为系统而又完备的法学体系，固然对法学的发展十分重要，然而这毕竟是一项重大而又复杂的系统工程，绝不应把法律体系和法律学科视为扑克牌那样固定和一成不变，而建立完善法律体系和法学学科，就像"玩家"那样，只需把手中的扑克牌重新排列或优化组合就可以了。个人认为，当前法学术界似乎就存在这样的倾向。事实上，在社会急剧变动和法治不断发展的势态下，在科学技术飞速进步迫切需要法律加以规范、调整的情况下，创建一些新的法律体系和法学学科，不仅十分必要，而且完全有可能。在民族、种族的法律调整方面，就存在一个极具学术魅力和广阔学术前景的潜在学科。在文化人类学的各种理论体系以及政治人类学、哲学人类学等有关民族、人类学学科的不断刺激和启迪下，一个笔者称之为"宪法人类学"的新学科便在我的头脑中萌生并逐渐清晰起来。于是便不惮鄙陋，破胆提出创立"宪法人类学"的创意和极粗疏的构想。并以"宪法人类学"作为本书的书名，而在本书中，我们着力和苦心探讨和研究的多元文化主义和民族区域自治，从宪政体制和法律体制上，则构成了"宪法人类学"中最重要的内容之一；而大量收集和整理的有关民族、种族、文化以及透过社会文化背景，进行这方面研究的必要性和重要性的方法论，则又构成了"宪法人类学"最基本的基础性的和背景性的知识。就这样，从书名和书的结构体系再到书的内容，基本上满足了本人深化民族、种族政策、制度和法律的研究和创建这方面的新的学科的学术兴趣、欲望和设想。其结果，至少笔者个人认为，它较之原来的创作意图和构想，在相当的程度上提高了学术品位。

二 从"法律人类学"到"宪法人类学"

对于当今方兴未艾的法律人类学，有人视为法学的"异类"，而另有人视为人类学的拓展和延伸。不管怎样，法律人类学确实是法律学和人类学相结合而形成的新的交叉学科、边缘学科或综合学科。由此推及到宪法学，是否也有必要和可能与人类学相结合而形成一个新的交叉学科、边缘学科或综合学科呢？又是否可能对这个可以视之为宪法学分支学科的"宪法人类学"的基本理论体系或框架有所谋划呢？这正是本书所要探讨的。

（一）法律人类学的产生与发展

如果我们将法律人类学视为法律学与人类学的偶然结合而形成的新学科，就未免过于简单化了。事实上，法律人类学的产生和发展是由各种复杂综合的因素共同促成的，其中既有社会、思想的背景，又有学科自身发展的需要使然。

从社会背景方面看，人类自进入文明阶段之初，就开启了对自身的探索，古希腊哲学家苏格拉底首先提出并雕刻在古希腊神庙上的那句"人啊！认识你自己吧！"的哲学命题，就标志着西方世界开启了探索自身的序幕。中国古代的孔子、老子等大思想家们对自身及其社会的探索，比起同时期的西方思想界来可以说毫不逊色。

然而，自从人类社会进入近代以后，随着西方资本主义列强不断地向海外扩张并占有大量的殖民地、半殖民地，出于通商、武力进犯和统治殖民地的需要，客观上提出了对他们自身完全不同的"野蛮人"及其社会进行了解和认识的需要；与此同时，特别是到了19世纪，随着自然科学的巨大进步，尤其是达尔文的生物进化论提出了对人自身进化的严肃命题之后，又极大地刺激和鼓舞了人类学者对人的"原始种群"和"野蛮社会"的研究，于是人类学得到快速的发展，一批"田野调查"和原始冲突的"案例"相继问世。

从思想背景方面来说，法律人类学至少部分地是对传统西方的法律价值观以及法的概念、内涵、体系、特征、功能等方面的反思和批判的产物。

首先，现有的法律体系和理论都是以西方的法律文化中心主义建构起来的，而西方法律文化主义所揭示的法律本质和体系，充其量也只是西方的法律本质和体系；它不应当被认为，实际上也不是作为全人类各民族、种族和国家所普遍具有的法律本质和体系。不论那些非欧美发达国家和非西方文化被人看来是多么"野蛮"和"落后"，它们的法律文化都是世界法律文化的组成部分。法律的本质和体系只有在"跨民族""跨种族""跨文化"的基础上，进行全方位的综合研究之后才能得出合于真理标准的结论。

其次，西方法律科学对法律科学及其运行的是"超肌体"的研究。在西方的法律文化中，在学术上存在着一个经久不变的情结，那就是为了认识法律现象和揭示法律的本质，总是致力于将法律从其深深扎根于特定民族社会和国家的土壤中拔出来，然后集中全部的法律知识、智慧，对其进行综合、分析，并最终对其本质、特征进行一般性的描述。这就是为什么在西方法律界对"什么是法律"这样绝对属于"入门"的话题长久进行激烈的争论，至今也没有取得令法学术界普遍接受或认可的结果的重要原因。

这种法学研究的状况不禁让人们提出这样的疑问，即用这种超民族、超种族、超国家的立场和方式，来认识法律现象和揭示法律本质，是否从一开始就迷失了方向，走错了路？毕竟，法律是在民族社会与国家的土壤中生成的，而从人类历史的进程和全世界的范围上看，人类民族及其社会和国家绝不仅仅限于近现代的西方世界才有的现象。至今除了简单的排除法之外，还没有任何令人信服的理由，将历史上或现实中所谓"原始的""野蛮的"民族及其社会和国家与法律现象隔离开来。换句话说，从一般性的意义上来说，对法律现象的认识和对法律本质的揭示，或许应当从更深、更广的基点上开始并进行全新的诠释。

再次，西方的法学基本上是将法律现象从与其密切相关的其他社会、道德、政治、经济等社会因素中孤立出来进行研究，在这一过程中，与法律现象密切相关的其他社会因素——有形的或无形的——被不同程度地忽略了；而在强化了的法律现象及其本质的研究中，又势必创造和发展了一系列有关法的一般概念、观念、体系、制度，如法律规则、法律规范、法律权利和义务、法律责任、法律制裁、立法权和立法机关、行政权和行政机关、司法权和司法机关等，并依据这些为法律所专有和专用的概念、观念、体系和制度等建构各自的理论体系，再以各种理论体系建构各自理想主义的法律制度，进而依托各自的法律制度实现其社会理想。这就是将法律现象从其他社会因素中孤立出来进行专门研究所必然带来的结果。

从最一般的科学发展历程上看,每一项科学——无论是自然科学还是社会科学——都必须创建一般概念、演绎理念,才能建构各自的科学体系。法律科学自不能例外。从这个意义上看,上述的法学研究立场和态度,不仅从根本上算不得是什么缺点,而且是必要的,不能回避的。然而,从另外的意义上来说,这种科学研究的立场和态度确也造成了一定的负面影响,在整体科学体系方面,它造成了各学科分工越来越细,割裂了各学科之间,特别是相近学科之间的内在联系。近几十年来,大量的"边缘学科""综合学科"的相继涌现,就是对以往画地为牢的学科分类的一种补救。"法律人类学"的出现,就是对以往法学研究中孤立主义立场和态度的一种匡正。

再次,西方的法学研究是在"形而上"和"形而下"的两大板块中同时进行的,这就必然形成法学领域的"二元论"体系。在"形而上"研究方面,西方法学除各别流派如法律实证主义学派以外,在总体上,法学家们倾向认为,法律的表面现象的内部或背后潜藏着某种法律的本源、本质或本性。法学研究的目的和意义就在于找出这种本源、本质或本性。于是,一系列的新的法律概念、理念及学术性工具等被创造出来,并被演绎、建构出来形成形形色色的法学理论及流派。这种法学研究的出发点和立场尽管取得不小的成就,但从总体上看,也同时造成了重大的负性结果,那就是使人们对法律现象及其本质的认识变得更加困难;又由于彼此歧义互见,反而增加了法学理论的混乱,到头来,正像英国法学家哈特所指出的,时至今日,人们仍然在对"什么是法律"这样的入门问题争论不休。法的现象及其本质问题在经过一代又一代的法学大师,一个又一个法学流派论理、演绎之后,又回到了它最初的起点上。从法律现象的背后探求法的真义和本源,这一法学态度和方法所提出的新问题,似乎比它能够或已经解决的问题还要多。

上述的法学理论研究历程和结果,在学术上被称之为法律学的"二元论"。在所有的自然科学和人文科学的门类中,极少有学科发展出了"二元论"的理论体系,如生物学、医学等在现今的科学学科就不需要再去探讨,是否存在支配生物行为行和人的医疗行为的,所谓冥冥之中的神秘莫测的力量了。而法学则是显著例外,法学家们不仅在历史上,就是在当代仍然孜孜不倦的同时,对法律外在的实体现象和潜隐在其内或其后的神秘莫测的本源、本性进行研究。法学"二元论"理论体系的形成,一方面昭示了法律现象的复杂性;另一方面则显现了法学研究方法的匮乏性。人们有意无意地创造了法律,并娴熟地使它作为有效的社会控制的重要工具,以实现人类的社会理想。然而,不幸的是,人们至今还没有真正地了解它,还不能真正从科学上去描述它、认识它。

最后,西方的法学可以说在基本上是对法律现象进行的"静态"研究,即学者们将法律这一社会现象,像某些画家那样先将素描画在画布或画板上,然后再以各种不同的画法描绘成画一样进行理论性描述。对法律现象的这种"静态"研究效果,肯定地说,是以"动态"的立场和方法,研究法律现象及其本质所取得的效果不同的。因为人们对法律现象的直观感觉和内心体察,主要是从法律运作过程中,即在"动态"中获得的。而人们的这种感觉和体察,对于正确地、深刻地理解法律现象及其本质是个重要的因素。

从以上对西方传统法学的反思可以使我们得出如下的印象,即西方的这种法学立场和方法,在真正科学地认识人类社会的法律现象及其本质方面,或许从绝对的意义上就得不到满足,不论法学家们多么用心良苦和勤勉努力,也不论为此生成和演化出多少法学流派,都是如此。

再从学科自身发展的需要方面看。上述西方法学研究立场和方法等方面的先天不足,在人类学家看来,不仅是一个需要补正,而且还是能够补正的问题。于是由法律学和人类学的结合而优化生成一个全新的交叉学科——"法律人类学",便是势所使然,理所当然。

在人类学家看来,人类的法律文化和法律体系具有如下几个特点:

其一,法律是人类社会中贯穿全部历史和各个民族共有的现象,它不受地缘和"板块"文化的限制,这就意味着它不是传统上西方法律文化和法律体系所专有的。人类学率先打破西方(主要是欧美发达国家)在历史上形成的对法学理论研究的垄断,可以说这是使全人类共有的法律现象——包括那些高度发达的法律文明,极端低级的原始法律性的习惯、风俗以及大量的处于这两个极端之间的各类、各民族的法律文明——作为整体成为法学研究的对象成为可能,也使法学在现有的包括西方法学已经取得的成果的基础上,有可能成为真正的科学体系。

其二，人类学不像某些传统的人文学科，将社会从一个有机的整体分割成为诸如经济、政治、法律、社会等各种结构并分别加以研究，而是将社会作为相互联系的整体进行研究。基于同样的理由，人类学也不将诸如社会因素的运行机制分别开来进行考察，而是将其作为社会控制的统一机制进行研究。

其三，人类学从来不将社会成员个体与社会成员各种形式和类别的集体，放在相互对立和排斥的地位，去考察它们之间的相互关系和相互作用，也从不对各种人文现象进行"超肌体"的研究。

其四，人类学不对人类现象，即使是最原始的人文现象进行"静态"的研究，而是在动态的、流变的过程中去认识各种人文现象及其实质，始终关注人类的各种社会行为和各种人文现象之间的变化过程。

其五，作为第一个特点的副产品，人类学的研究视野既然打破了地缘和文化"板块"的局限，这就为人文科学的跨地域、跨文化、跨历史的比较研究，开辟了广阔的领域和前景。西方的法学也进行比较研究，但那种比较通常是局限在欧美地区和西方法律文化之内的，如普通法与成文法的比较、大陆法与英美法的比较等，但这些比较研究，无论在范围上还是在深度上，都是不能与人类学的比较研究相比拟的。

其六，最后，或许也是最重要的，是人类学打破了法学研究中长期存在着的"形而上"和"形而下"的研究模式，以及法学理论的"二元论"体系。对于人类学家来说，他们宁愿将法律，连同宗教信仰和仪式、政治、经济、社会包括婚姻等社会现象，视为人们根据他们内心的信仰和习惯而自发地从事的社会行为。即使是对于法律现象，他们也是致力于发掘"刻在人们心目中的法律"，而不是像法学家那样过重地关注法律的制定、修改和运行程序上的问题。如果我们将上述五个特点与前述法理学—法哲学的局限性相比较，恰到好处地可以视后者为前者的补充。当然，我们这样说，绝不意味着这只是单方面的补正。事实上，就人类学研究法律现象的立场和方法来说，也远不是全面的，更不是尽善尽美的。这不难理解，因为人类学作为一个有关全部人文现象的综合学科，不太可能发展出针对法律现象所需要的专门立场和精微的方法，如果只适用研究所有人文现象所共用的立场和方法，对法律现象的研究来说，可能是过于一般化了。结果可能同样达不到真正认识法律现象和揭示法律本质的科学目的。从这个意义上来说，西方的法律科学的立场和方法，实际上也构成了对人类学的立场和方法的补正。这就是这两大学科的"互补性"关系。

不仅如此，从一定的意义上来说，人类学和法律学这两大学科还具有"亲缘性"。这种"亲缘性"关系显然较之"互补性"关系更进了一步。这种"亲缘性"关系是两大学科在发展历程中逐步建立和发展起来的。

从人类学来说，这里当然主要是指传统的"人类学"，即以研究"原始种群"或"野蛮社会"为主要对象的人类学，当它面对原始社会的酋长、长老议事会、族长或者父亲所自然形成的权威和人们根据内心的信仰、习惯而形成的自觉服从的社会行为；以及面对纷繁复杂的习惯或习俗的实体及其发挥效力的内在机理，还有与制裁和责任有关的类法律现象与其他社会因素之间的相互关系，如果不借用或引进西方法律学早已发展出来的一般概念、观念和理论演绎方法，就不能对法律现象及其本质作出科学的说明，甚至连什么是原始社会习惯的"类法律"的头绪都理不出来，更不待说给予深入的研究了。因此，人类学需要借用或引进法律学的现有经验和成果，使自己关于法的内涵的理解变成为人们所接受的科学信息或理论体系。这就是人类学需要向法律学亲近和靠拢的根本原因。

从法律学来说，这里当然是指西方的法律学，除了前面所提到的其研究立场和方法，需要借用人类学的立场和方法加以改善和补正以外；更重要的，是法律学——当然不是全部流派——在研究法律的制定、修改、实施程序及法律运行机理时，常常需要到现实的社会生活中去寻找其渊源或内在根据；而人类学家所从事的大量有关原始社会法律性习俗和习惯的"田野调查"，以及相关冲突如何得到解决的"案例"，正好为法律学在这方面的研究提供了鲜活的素材和理论素养。此外，如前所述，人类学研究的开阔视野和历史深度，对于冲破西方法律学的地缘界限和历史局限，也是难得的借力，使得法律学拓宽自己的学术视野和掘进历史深度，并在全人类历史和社会的不同背景下，从事法律文化和法律体系进行大规模的、直接针对各种形态的比较研究成为可能。

基于上述的互补性和亲缘性，使人类学与法律学由相互需要到相互吸引再到相互结合，终于诞生了一个全新的边缘学科或综合学科——"法律人类学"。如果我们用拟人化的浪漫情调来描述它，那真是"天作之合"，成全了一对美满的"姻缘"。

（二）法律人类学的学科优势与成就

法律人类学作为人类学和法律学的亲善结合，不仅相互吸引了对方的知识素养，而且兼收并蓄了各自的学术研究方法的特长，从而表现出很强的学科优势，并已取得了不凡的学术成就。主要体现在如下几个方面：

首先，对法律现象的理解和法律本质的揭示提高到一个新的理论高度。通过法律人类学家研究大量的非西方社会的固有法，特别是所谓"野蛮社会"的原始法，使法律的内涵得到了很大的提升。法律人类学家现在普遍认为，法律并不是西方传统法学家所认为和描述的那个样子，而是应当从一个全新的、普遍适用于古今世界上一切社会的法律的基础，重新加以界定。作为人类社会普遍存在的法律体系，它应是民族性的和地方性的。不论人们的文化背景有多么不同，也不管人们的观念中或信仰中有多少玄而又玄、神秘莫测的东西，法律就应当被注意到它是一切人类社会的控制工具。因此，法律具有明显的地方性和民族性的特征。不仅如此，法律还具有共同的属性。法律人类学家波斯皮士尔曾经将这种法的共同属性概括为四点：即权威性、普遍适用的意图、当事人双方之间的权利与义务关系、制裁。并认为只有这四种属性同时在一定时间和一定社会范围内存在，才能构成特定的法律体系或模式。任何单一的特征存在都不可以认为是完整的法的体系或模式。这一点显然区别于不少西方法理学家或法哲学家对法律的界定。在这些界定中，大量的都是以法律某一个或两个特点为界定的标准的。此外，在每一个法律属性的界定上也与西方的法理学—法哲学有些不同甚至极不相同的方面。例如，关于法的权威的界定，法律人类学家就不像西方法学家通常认为的那样，即认为只有主权者或国家立法机关通过正式法定程序制定出来的文件才能称为"法律"。在法律人类学家看来，法律权威不仅包括主权者或立法机关，还包括法官、法院，甚至头人、长者议事会、父亲等，这是与人类学结合的必然反映。在这样全新的认识基础上，法律人类学认为，法是从法律权威作出的决定中抽象出来的制度化的社会控制工具。这样对法律作出的界定，虽然不无争议或改进之处，但较之西方法理学—法哲学家那些总有些偏执或极端的界定，显然有了很大的改进与提高。

其次，为法律多元主义提供了有力的理论支持。在传统的以西方法律中心主义和实体的框架下，在以历史的全景和世界图景为基础和背景，而承认多种形式、多重层次同时并存的法律多元主义，自然没有存在的余地。然而，法律多元主义毕竟是客观的存在，对于这样一个基本的事实本无争议的必要，但是，在西方单元主义对法律思想的长期垄断下，这一事实被人为地抹杀了、忽略了。而到如今，既然法律人类学已经从根本上打破了这种垄断，就必然使法律多元主义摆脱束缚而得到解放。法律人类学通过广泛地考察和研究各种社会的法，在法律制度与运行机制上，与各种不同的文化背景、信仰和风俗、习惯密切联系起来，发现每一种社会形态，不管它是原始的、发展中的，还是发达的，都会存在与自己的文化背景和社会情态相适应的固有法律形态。这些法律是如此的独具个性、彼此殊异，以致在它们之间具有不可比性、不可交换性和不可移植性。然而，法律人类学的研究成果表明，各种法律形态之间，一如前面所指出的，还同时存在可辨识的共同属性。这就使对法律进行大规模的比较研究成为可能。通过比较研究，使人类各种不同的民族、社会形态，可以广泛地吸取、借鉴、移植其他民族、社会形态优秀的法律文化和法律制度，以期完善和改进自己的法律文化和法律制度。在此基础上，又使全人类大规模地提升法律文明成为可能。

再次，丰富了法学的研究立场和方法。如前所述，西方传统的法理学—法哲学在研究立场和方法上存在着诸多的局限和弊端。这些局限和弊端在西方法理学—法哲学的体系内是难以甚至无法克服的。而法律人类学的兴起，在法律研究立场和方法论上，对传统法律学研究是一个很大的补正和丰富。在研究立场上，它有力地克服了西方传统法学那种唯理论性，形而上、唯规则论等偏颇，从而对法律的研究站在真正科学的基点上；在研究方法上，通过田野调查、个案分析、阐释学等方法的运用，在很大程度上克服了西方传统法学中一些学派，例如自然法学派、先验唯心主义法学等缺乏技术性分析的缺陷。科学的、综合的科学研究方法的运用，对正确认识法律现象和揭示法律本质是十分必要的。①

从以上的简要总结可以看出，法律人类学是法律学中一个新兴的边缘学科或综合学科。它已经取得了显著的学术优势和成就，昭示了极有潜力的学术前景。

（三）倡议创立全新的"宪法人类学"学科

我们之所以倡议创立"宪法人类学"这一新学科，主要是由以下三个因素促成的。

1. 受法律人类学的启发性影响

在我们受到局限的学术视野内，迄今尚未在宪法学学术界有普遍承认的"宪法人类学"的学科存在，尽管有为数不少的著述或多或少地从事过这方面的科学研究。至少在中国宪法学术界，是我们首先提出建立"宪法人类学"的学科倡议的。然则，我们为什么要斗胆提出创立这样一个全新的宪法学学科呢？除了其他一些原因之外，很重要的一点是受"法律人类学"的启示。尽管我们在宪法学的研究中极不情愿沿用习以为常的"宪法也是法"之类的类推式表述，认为这样的表述过于直白和简单，它对于说明宪法现象和宪法本质起不了什么作用。然而，在提议创立宪法人类学学科的过程中，我们终于又落入了这个老套的、引不起人们学术好奇心的学术思维的定式之中。我们应当坦然承认，是法律人类学给予我们的启发性影响。是法律人类学的产生与发展、学科优势与成就，很自然地使我们产生了学术联想。既然法律人类学对现有的法理学或法哲学，在研究立场和方法上做了卓有成效的补正，并且已经取得相当的学科优长与成就；那么，当现有的宪法学在面

---

① 关于法律人类学的介绍和分析，主要参考了张冠梓《法学的"另类"与法学的未来——法人类学学科发展概况》，《中国社会科学院院报》2002年12月12日第2版。

对人类诸多的宪政难题，特别是对如何调整现今世界范围内纷繁复杂的民族、种族和文化关系方面的问题，以及面对如何协调和解决全人类共同事务时，所表现出来的软弱、无奈和无能为力的状况，为什么不能像法律人类学那样，通过扩展学术视野，改善研究立场和方法，通过创立一个全新宪法学学科，将困扰人们的上述宪制难题纳入新学科的研究范围？并进而通过理论化的原则指导，使人类化解有关的宪制难题，从而促进人类美好的宪法理想得到更好地实现呢？

2."宪法人类学"学科创立的必要性

可以从几方面来分析"宪法人类学"学科创立的必要性：

从人类学、民族学、民族法学的学科自身的建设方面看，基于研究领域的拓展和学理深入的需要，有必要创立使这几个学科优势互补的新型交叉或本源学科——宪法人类学。

首先，从人类的民族共同体和种族共同体的历史久远性和结构的复杂性来看，我们对民族和种族现象的认识还远远谈不上深刻，许多没有被解析和识破之谜尚需我们去破解；由于历史和观念等方面的原因，形成于人们头脑中的虚幻、谬误、偏执、狭隘之见需待我们正本清源或纠正；更不待说，人类对民族历史命运的把握还远远没有实现由非理性向理性的转变，即使是那些傲视他国的超级大国中的政治家们，从他们的所作所为也不难看出，他们对民族问题的认识，还远远谈不上理性认识的层次。人类在这方面进步速度之慢，实在令人惊异，诚可谓，"路漫漫其修远兮"！可见，从总体上看，无论是西方的文化人类学，还是中国的民族学对人类民族和种族的研究，不仅没有结束，而且还有广阔的发展前景。其次，再从中国最近十几年发展出来的"民族法学"来看，尽管这一学科是从法律的立场来研究人类的民族问题和现象的，但总体说来，是在中国处于社会转型的特殊时期，由传统的民族学术界一部分学者，为了适应民族法制化发展的变化和贯彻执行民族区域自治法的现实需要，才倡议创立和发展起来的新学科，它在本质上是对民族法律的诠释和释义，尽管部分学者已经作出一些努力，试图使其理论化、系统化，但至少在目前，仍表现出缺乏浓厚的理论色彩和严密的体系。是否可以这么说，"先天的不足"，导致目前民族法学"发育不良"的现状。而我们所倡议创立的"宪法人类学"则无论在研究的领域还是在广度上将更广阔一些,更不只限于中国的民族法律体系。它将着重探讨法律与民族、种族、文化集团现象的内在联系,诸如民族、种族、文化集团怎样创建和适用适合自己的法律,而法律又是怎样影响民族、种族、文化集团,以及社会、国家的发展;民族法律制度的个性与普遍性的关系;法律的一体化、趋同化与民族的融合、同化的关系;法律文化、心理、观念与民族文化、心理、观念之间的互动关系等。很显然,这些都是法律与民族、种族、文化集团内在相关的深层次问题,与目前中国的民族法学在研究的领域和层次上是不尽相同的。或曰:宪法人类学也不能排除研究制度层面上的问题,而"民族法学"也可以引申到价值层面上的问题。这当然无可非议,但至少到目前,民族法学尚没有向这方面发展的明显迹象。我们在直观上,仍觉得"民族法学"较明显地滞留在制度层面上,而我们寄希望于"宪法人类学"的,不仅要既广且深地拓展其研究领域,而且要在价值层面上有更大的作为。理由很简单,我们认为只有价值层面上的研究,才能引导我们正确地认识民族和种族、文化集团的现象和本质。

由此可见,单从以上学科自身的建设上看,创立使这几个学科相互交叉和融合、各优相兼和互补的新的综合学科——"宪法人类学",是完全必要的。

再从当代更广阔的时代和世界背景上看,无人能否认或视而不见,当代区域集团化和全球一体化的大潮发展之迅猛,知识、信息、科技的爆炸式发展,传播媒介的日益广泛和快捷,该是怎样以令人难以预料的力量和速度改变着这个世界、人类社会,甚至改变人类自身的体制。

在当今全球令人眼花缭乱的迅速变革中,民族、种族、文化集团的世界当不会被置之度外而成为一个风雨不能飘零到的"孤岛"。事实上,民族与种族间或文化集团间宽容和和解的世界性思潮的发展,以及民族间与种族间或不同的文化集团间通婚的现象越来越普遍,都已表明这飞速变化着的世界,已经正在和深刻地影响着人类的民族共同体、种族共同体和文化集团共同体。学术界长期以来认为,民族现象和民族问题以及文化集团问题是长期存在的,以至要延至遥不可测的未来。现在看来,倒是我们应当重新反思这样的固有之见了。因为先前的认定是建立在以往的世界变化节律相对缓慢的基础上的，而以现在的世界变化节律之快的立场看来，这种有关民族、种族以及文化集团现象和问题的长期性观点正在受到挑战。人们不无理由地预测，以现在的世界一体化的迅速进展，正在更广泛、更深刻的范围和程度上消弭着民族间、种族间、文化集团间历史上形成的差距与个性，在日益频繁的交往中受普遍价值的导向和共同标准及规则的约束，而加速它们之间的接近、趋同、融汇和同化。这样看来，从民族、种族、文化集团现象和问题的长期性的绝对意义上来说，可能在时间的延续性方面，较之以往的评估和认定会大大加以缩短。换句话说，民族、种族、文化集团现象与问题或许不会延至人类社会遥不可及的未来。倘使这种情况果真会出现的话，一个合于逻辑的发展结果是：人类关于民族学的理论肯定不如关于人类学、文化学的理论发展的前景广阔和长远。因为民族差距缩短了、消弭了，随之有关解决民族问题和调节民族关系的理论与学说就渐渐失去作用，以至成为不必要的了；而与此同时，人类最终要以某种共同体形式或文化载体的形式继续存在和发展，新的有关调整人类共同体形式或文化载体的形式的理论与学说，仍然成为必要和需要。正是基于这种认识，我们有理由相信，各种形式的人类学或文化学理论与学说，将会不断地被创立和发展起来。我们所创意的"宪法人类学"，就是适应这种发展趋势和需要才提出来的。

最后从法律、法治的立场来研究和探讨人类各种共同体的影响，也使"宪法人类学"以及相关新交叉学科的创立成为必要。关于法律、法治作为社会调整器的特点，法律、法治对当代及后来的人类社会，以及国际社会和各国国内社会的重要性，包括学术界在内的方方面面的有识之士，已经做过长期的、难以计数的论证和阐释。这里只想突出地强调一下，在当代及今后的人类社会，法律和法制对人类的国际社会、国内社会、各种形式的人类共同体、人类共同事务，所作出的越来越重要的定向、规范、调整等作用，无论怎样强调都不过分，把法律学与人类学结合起来，从法律、法治的立场，来探讨、解析和调整人类社会、人类共同体、人类共同事务，不仅具有重大的理论与实践意义，而且具有广阔的学术前景和学术魅力，值得现在及今后有志于此的学人终生为之奋斗。

3. "宪法人类学"学科创立的可能性

可以从两个方面来分析"宪法人类学"学科创立的可能性。从相关学科群的发展历程和现状来看，现在提议创立"宪法人类学"的条件基本上已经成熟。包括宪法学、人类学，特别是文化学、民族法学等相关学科在内的诸学科群的发展与成就，可以为这些学科的交叉和综合学科的"宪法人类学"学科打下相对坚实的学科基础。

首先，从宪法学的发展历程来看，自古希腊、古罗马时起，特别是经过西欧中世纪后期的人文运动，以及接着发起的资产阶级启蒙运动，历代思想家们所阐发和弘扬的民主思想、个性解放、人权观念以及对政府监控等思想和观念，都为近代以后新兴资本主义国家制定宪法和实施宪制打下了深厚的社会——政治以及人权、法治的基础。及至近代宪法先是17、18世纪在少数先进的欧美国家制定，接着在欧洲，19世纪掀起立宪高潮，再到20世纪以后宪法和宪制在世界范围内的普及，出于立宪和实施宪制的需要，宪法学不仅应运而生，而且还得到了极大的发展。现在，不仅在全世界各个民族国家内，设立了成千上万的与宪法学教学与科研有相关的或专门的机构或组织，以及有成千上万的专门人员或相关人员，从事与宪法学教学与科研直接或有相关的工作；而且还在宪法和宪制研究的各个领域都开展了大规模的、深入的研究工作。到现在，凡是与宪法、宪制相关的基本问题，特别是国家政体、公民基本权利、权力结构、宪法监督、有限政府、国家机构、国家象征等重大的问题，差不多都得到了广泛而又深刻的研究。所有这些宪法和宪制基本知识和原理的积淀、开拓，都为倡议创立中的"宪法人类学"打下了必要的学科知识和原理的基础。

其次，从人类学的发展历程来看，在西方学术界，最初的人类学是专门研究人类体制和体型发展规律的科学，称为"体质人类学"。由于体质、体型属于生物学的范畴，所以最初将人类学归属自然科学。但人类终究不是一般性的动物，体质、体型对人类固然重要，但人类作为在本质上属于"社会动物""文化动物"或"政治动物"，研究有关人类的社会、文化和政治的结构、行为及其发展规律，会来得更加重要和紧迫。因此，西方的人类学家不可能或实际上，根本不想把人类学的研究范围固守在人类的体质和体型方面。人类自身社会、文化和政治方面的日渐显现的重要性，促使越来越多的人类学家把自己的研究旨趣转向人类社会、文化和政治等方面，于是人类学已不再单纯属于自然科学，而是跨越到社会或人文科学领域了。现在，人类学可以视为兼容自然与社会（人文）的综合学科，也可以视为自然科学或社会（人文）科学的边缘学科。

在当代的欧洲大陆，如德国、法国、原苏联和现在的俄罗斯，仍然把人类学专指为体质人类学。可能是为了避免混乱或学科区分上的便利，最近二三十年来，西方学者在研究人类的社会、政治、法律、哲学等方面的问题时，更愿意把这门学科称之为"社会人类学""文化人类学""政治人类学""法律人类学""哲学人类学"等。除了后三者专门研究人类的政治现象、法律现象和哲学问题以外，前两者则不仅仅研究人类的社会或文化现象，研究的领域出现泛化或扩大化的倾向，以至包容了除人类体质、体型以外的所有的人文领域，包括"政治人类学""法律人类学"和"哲学人类学"。从这种宽泛的学科意义上来说，我们称之为"民族学"的学科也包括其内。不过，在一些场合，"文化人类学"或"社会人类学"如果是针对民族问题为研究对象，就等同于"民族学"。在西方迄今为止，还没有明确地认定"民族学"这一学科。最后，还有一点需要指出，西方的"社会人类学"与"文化人类学"从来没有明显的区分，或实际上根本就没有差别。在当代，"文化人类学"的学科冠名更为经常和普遍。

同宪法学一样，所有人类学包括"民族学"，特别是"文化人类学"或"社会人类学"的基本知识或原理的积淀、开拓，都为倡议创立中的"宪法人类学"打下了必要的学科知识和原理的基础。

再次，从中国的"民族学"的发展历程上看，至少在中国学术界，已经使传统上较为单纯的民族学科初步渗透到法律学科中了。民族法学基本上可以视为民族学和法律学的交叉学科。由于中国特殊的国情、族情，特别是由制定、修改和贯彻"民族区域自治法"所催生，民族法学自20世纪80年代中期至20世纪90年代末，有关的专著就已经出版了40多部，另外还有其他著作中散见的一些专篇和专章，民族法学方面的论文和文章也多达万余篇。① 尽管从该学科的总体上看还是比较薄弱的，无论在理论体系的系统性方面，还是在学术界特别是宪法学界参与的程度上与力度方面，都亟待加强。但也应当承认，有关的研究资料及成果，毕竟可以成为倡议中的"宪法人类学"部分的学科知识和理论的基础。

还应当看到，以上各学科群除了能为倡议创立的"宪法人类学"打下必要的学科知识和理论的基础之外，还可在研究方法、研究进程、研究经验与教训等方面，提供借鉴与启迪。

再从对民族、种族、文化集团已实行过的和现有的宪法手段与宪制安排来看，已经经历了长久的实践，并取得了正、反两方面的经验教训。

从宪法手段来说，由于世界各国的历史、国情、族情、种情、文化集团情的种种差异与不同，在利用宪法调整和规范民族、种族、文化集团事项方面也必然存在着种种差异与不同，绝没有一个标准的和一成不变的模式，也很难说有某种可辨识的规律可循。但通过综合分析、比较，大体上可以概括为以下三种手段：

一是温和的同化手段。其中又可分为几种同化形式，主要是在宪法上规定公民，不分民族、种族、文化集团等出身和身份，在法律面前，人人平等；在宪法中设立反对歧视的特别条款；对针对少数民族、种族、文化集团相关的宪法条文的修改、一般性立法和法律修改规定特别的宪法保护等。

二是强制的手段。其中包括政治上的强制、经济领域的强制、文化领域的强制、司法领域的强制等。

三是多元手段。其中包括联邦制、自治制、多元文化主义、下放行政权、重组地方政府、设立民族开发机构等。

从宪制安排来说，主要包括以下几个方面：

一是在国家主权范围内自主选择和确认对民族、种族、文化集团的政策。例如在加拿大联邦实行多元文化主义的政策，在中国实行多元文

---

① 资料来源：吴宗金《民族法制的理论与实践》，中国民主法制出版社1998年版，第9页——笔者注。

化主义的政策，等等。

二是针对民族、种族、文化集团问题进行立法。其中包括专门性立法、边缘性立法等。

三是在国家体制内设立对民族、种族、文化集团专门的机构。这其中又包括权力型的管理机构、协调机构、咨询机构、研究机构等。

四是在国家财政体制中设立针对民族、种族、文化集团的专项资金，用以对相关的民族、种族、文化集团的历史性补偿，或现时的赞助性开发、建设项目。

五是在社会和国家范围内进行民族、种族、文化集团的平等、反歧视教育。

以上的宪法手段和宪制安排既行之已久，又取得了较丰富的经验和教训。它对我们倡议创立的"宪法人类学"的学科的重要意义就在于，利用宪法手段和宪制安排来调整和规范民族、种族和文化集团的事项，已经不是凭空想象或主观臆想，而是有了一定的、在某些程度上可以说是较为坚实的基础。归根到底，倡议创立中的"宪法人类学"只不过是将现有的宪法手段和宪制安排去除其中的非理性的因素，并加以条理化和系统化，进而在此基础上使之上升到更科学的、有自身独立特性的学科层次罢了。

4. "宪法人类学"的体系框架构想

历史经验表明，一门新兴人文学科的创立，一般都是由社会发展或变迁而提出理论上的需要，由学术界乃至全社会共同努力促成的。社会需要是人文科学发展的根本动力，而每一个新的人文学科的创立又都是时代的产儿。我们现在提出创立"宪法人类学"的倡议，即适应时代和社会发展的需要而提出的。如果这一倡议可以被接受的话，也应该被视为时代和社会发展催生的逻辑结果。然而，行文至此，犹如箭在弦上，不得不发耳！老实说来，笔者并没有对此花大力气去思考和论证，这里只能提出一些极其粗疏的设想。当然，这里的设想只是基于民族、种族、文化集团的建构而作出的。

首先，"宪法人类学"尽管不能像"哲学人类学"那样，对包括人类民族、种族、文化集团在内的各种形式的共同体施以"终极的关怀"，但也绝不应当只是停留在有关的政策、制度和法律的有形层面上，或甘愿充当现实的"奴仆"。"宪法人类学"应当从形而上或者说哲学的层面上深刻揭示宪法与包括民族、种族、文化集团在内的人类共同体之间内在相关的联系,找出它们之间在相互影响和互动之下发展变化的规律。"宪法人类学"的浓重的理论色彩当以此为切入点并由之作为主要的体现。

其次,包括民族、种族、文化集团在内的人类共同体既是人类历史的产物,又是人类赖以生存和发展的最主要的社会结构形式。人类在这种社会结构形式中逐步创造和发展了包括语言、文字、思想、观念、价值等在内的文化形态,其中也包括源远流长的法律体系及其文化。这是包括民族、种族、文化集团在内的人类共同体赖以生存和发展的沃土。正是这些沃土,养育和支持了人类共同体的庞大根系和繁茂枝干。离开了社会、文化这片沃土和源泉,包括民族、种族、文化集团在内的人类共同体就变成了无本之木,无源之水。因此,人们要想真正地认识自己,要想真正地认识与自身息息相关的民族、种族、文化集团等现象,就必须深刻地挖掘和认识自身赖以生存与发展的社会及文化背景,包括法律文化背景。从社会及文化背景来探讨和研究"宪法人类学",应当成为一条值得重视的途径和不可或缺的方面。

再次,"宪法人类学"应当尽量拓展研究领域。对于任何一个真正的社会科学学科来说,其研究对象基本上都是一个复杂的事务,其所涉及的事项以及所包容的信息量、知识量也必然是庞大的。"宪法人类学"自然也不例外。

一从研究的范围上看,应当包括民族、种族、文化集团以及已经或即将出现的其他的较为稳固的人类共同体,如氏族、部族、国族以及其他相关的族类、种类共同体等,都应当作为"宪法人类学"的研究对象和范围。

二是应当兼顾历史和现实两方面。从历史上来说,既然我们已经承认民族、法律都是极其古老的历史现象,这本身已经构成了一个重要的研究现象。某些古老的民族,一般都经历过兴衰的过程,有的曾经十分强大过,但如天上的流星一般,很快在历史中消亡了;而有的历经几千年的风雨而不倒,延续至今。这其中除了其他种种原因之外,是否与这些民族的法律观念和法律制度有关?如果有,其内在的联系和影响的机制又是什么？直到目前，这在中国学术界仍然是一个空白，值得认真地加以研究。

三是各民族一般都在历史上创建了具有本民族特色的法律观念和制度，从古老的民族习惯法到现代的国家法制，不一而足。除了应当研究一个民族与自己的法律观念和法律制度，是怎样的内在相关和内在相连之外，还应当探讨这样一个具有哲学意义的问题，即迄今为止世界上的每一个民族，从古老的民族到现代的民族，从无从立国的民族到建立自己民族国家的民族，民族与法律是否在绝对的意义上存在必然的联系。当我们不再满足于法学理论关于法律产生和发展的某些教条主义的说法以后，这方面的研究不仅能揭开法律与民族内在相关的联系之谜，而且还会为法学理论注入新的内容和活力。

四是"宪法人类学"也应当关注和研究当代及今后的国际社会。我们在前面的研究中早已表明，全球一体化的发展潮流使我们这个世界越来越接近了，包括世界上各民族的联系和交往也越来越密切了。在这个过程中，原有的和新生的各种错综复杂的民族关系和民族问题，需要人们以科学的态度重新审视、调节和解决。自从第二次世界大战以来，特别是最近二三十年来，以联合国为首的国际社会、许多国家的政府，各种民主、进步势力以及各方面的有识之士，为解决世界上的一些热点、难点问题，为解决国际特别是民族间的矛盾、冲突和战争问题，作出了巨大的努力。特别值得提出的是，以联合国为首的各种国际组织，为解决各种世界性的问题，包括为调整民族、种族、文化集团之间的关系，制定了大量的国际公约、协定和各种守则，就使国际法与民族、种族、文化集团问题紧密地结合起来了。毫无疑问，"宪法人类学"应当对此种新情况和新变化予以关注和研究。如果说，我们所倡导的"宪法人类学"与"法律人类学"有什么区别的话，这当是其中显著的一点。在我们看来，就"法律人类学"原初构想和现已形成的框架，是无论如何没有包容也很难包容这方面的研究内容的。

五是"宪法人类学"应当探讨和实践把宪法学研究与民族学研究、文化人类学研究和法人类学研究等学科有机地结合起来的有效形式。"宪法人类学"，顾名思义，名称的本身就体现了把宪法学和人类学结合起来的特点。在中国以往的学术界主流中，宪法学和民族学是相互独立的两大学科，除非研究内容需要互相涉及，一般都是各自独立进行研究，很少被有意识地相互渗透。近十几年来"民族法学"的创立和发展，为这两大学科的相互结合和渗透进行有益的探索，开辟出了一条新路。但是，正如我们曾经表明过的，"民族法学"似乎偏显了实用主义的色彩，在理论根基上先天的薄弱，似乎很难促成使宪法学和民族学在深层次的理论基础上有机地结合起来。而"宪法人类学"，至少在我们最初的设计上，就有意识地要建构具有突出理论色彩的、使两大学科有机地结合起来的新学科。倘能实现，不仅能把宪法学和民族学在新的理论层次上向前推进一大步，而且还能为创立和发展综合学科、交叉学科和边缘学科积累经验，闯出新路子。须知，在当代，随着知识爆炸性的发展，已经不断地增长着向新的学术领域探索和发展的需要，交叉学科、边缘学科和综合学科因而也如雨后春笋般地大量涌现，这已经成为当代世界范围内学术领域发展和进步的一大特点和势不可挡的潮流。从这个意义上说，刻意地将宪法学和人类学包括民族学等有机地结合起来的"宪法人类学"，就属于一种综合学科、交叉学科和边缘学科。

六是"宪法人类学"应当重点关注和研究当代的民族、种族、文化集团问题和关系的政策、法律调整。当代世界上的许多民族还没有走出对自己民族的历史命运、对与其他民族关系的非理性把握的误区，特别是对待民族关系的认识和把握上，更是时常发生谬误与偏差，损人利己甚至损人不利己、损人又害己的愚蠢之举，以及蛮横霸道的行为也是频频发生。这已经在相当程度上，甚至可以说在很大程度上构成了当代世界及一些多民族、多种族国家的不安定因素，成为世界和有关国家的热点、难点问题。为解决这种世界性问题和现象而倡议创立的新学科——"宪法人类学"，毫无疑问应当为此作出应有的和突出的理论贡献。倘使"宪法人类学"能够为解决当代令一切有人类良知的人士长期困扰的有关民族、种族、文化集团的热点和难点问题，找到一条可行的、有效的宪法和宪治途径，就可以说真正体现和实现了这一新学科、综合学科的科学价值。当然，这也是对我们苦心创意和长期探索给予的最好的回报和最高的奖赏。

七是"宪法人类学"应以更开放的姿态鼓励学术创新和包容各种学

术思想、流派。科学研究的全部历史一再证明，任何一项人文科学的研究都是一个漫长的历史过程，是一代又一代的学者共同劳作的过程和结果，有些人文科学研究对象虽经历千年、几千年的沧桑，但至今仍未在学术上取得共识，本书研究中的主题，即宪法、法律与民族、种族、文化集团等人类共同体之间的关联就属于这类的研究对象。经验表明，任何一种人文科学的真理都是一点点地接近而最终取得的。正如著名启蒙学者马基雅维利所指出的："一个人永远不会发现任何问题已经彻底了结，再无争论的余地了。"① 从这个意义上来说，"宪法人类学"更应当鼓励学人大胆解放思想，勇于学术创新；同时以更宽广的心胸包容各种学术见解和流派。只有这样，我们才能指望这一新的学科取得令人满意的进展。现实中有意无意地形成的种种学术研究"禁忌"或某些不可更易的一定之见，都会阻碍这一新学科的进步和发展；某些教条主义的束缚更是应当尽早解除。

八是"宪法人类学"应当鼓励研究者运用各种方法论进行深入的研究。正如著名天体物理学家伽利略曾经指出的，科学是在不断改变思维角度的探索中前进的。对于兼跨两大学科，涉及社会、文化、政治、法律、经济、思想、哲学等诸多领域的"宪法人类学"来说，更是需要广泛运用各种方法论，从多层面、多角度加以探索西方的"文化人类学""法律人类学"等人类学学科之所以能够取得较大的成就，部分原因就是广泛运用多种方法论，从各个角度和立场进行探索的结果。而对于我们所倡导创立的"宪法人类学"，同样需要运用多种方法论进行广泛而深入的研究。舍此，便难以指望取得引人注目的成就。

九是不必急于建构完整、系统的理论体系，研究者可就自己感兴趣的问题先行进行研究。科学史的经验表明，许多科学理论或学说都不是先行建构完整系统的理论框架，然后再以填补内容这种方式完成的。科学研究确实不像搞建筑，建房屋或桥梁总要先立起框架。我们前面所介绍的"文化人类学"的好几种理论就存在这种情况，至今还

---

① 参见［英］昆廷·斯金钠《现代政治思想基础》，求实出版社1989年5月版，第177页。

没有形成完整的、系统的理论体系。"宪法人类学"也应当走这样的创立和发展之路。更何况，由一个人或一些人先闭门造车，这种研究方法其实本身就不科学。正是基于这种考察，我们作为"宪法人类学"的首倡者，就没有刻意地去建筑某种完整的、系统的理论体系，而是就当代最有影响力的重大民族、种族政策、制度和法律，从宪制的立场上进行深入的研究。至于对"宪法人类学"的理论构想，这里只是进行了粗疏的整理，提出了一些可引起联想的意见和建议，仅此而已。我们这样做，也可以说是对上述主张的一种身体力行吧！

顺便提及，前述的各项有关设想其实并非灵感所至，凭空杜撰，说是我有感而发倒更为贴切。事实上，我们在本书中的初步探索，正是把上述各项主张作为指导思想，贯穿着这些思路而进行的。

最后，笔者言犹未尽，还想就中国宪法学分支学科做个人的创意与建构的设想，以就教于中国宪法学术界的同人。

以个人之才学，但凡写到这类话题时总是有些踌躇不决。由于笔者作出这样一个本应由本专业的权威学者做的规划，这事一想就显得底气不足。然而行文至此，已在本主题范围内向四处放了一通乱箭，到末了还想回避此类问题，不仅没有什么意义，而是还有虚伪之嫌了。下面就根据宪法学术界的一些创意与建构，加上自己的一些个人体验和想法，斗胆做如下的提议。

适合作为宪法学分支学科的门类有如下一些：

（1）宪法人类学

已有初步成果，尚待拓展与深化。

（2）宪法社会学

国外已有成果，中国本土有学者提出了相关的创意与初步规划。

（3）宪法文化学

国内学术界目前尚未发现有此明确的创意。

（4）宪法政治和政策学

国外已有相应的学科的创意与建构，中国宪法学术界在这方面尚属空白。

（5）宪法科技学

国外已有相应的学术研究，但作为学科的创意与建构尚属空白。

（6）宪法生态学

国外已有大量相关研究，国内学术界也有学者关注这方面的研究，但尚未发现有作为宪法学一个分支学科的创意与建构。

以上都是很可欲或比较可欲的作为宪法学分支学科创意与建构的门类。每一门类都有可以期待的光明而又远大的学术前景。有志者在选择时可以作为参考。

第 六 章

改革开放三十多年中国宪法的历史性进步

改革开放三十多年间，中国宪法取得了各方面的进步，其中最具有历史意义的进步之一，就是其价值目标经过多阶段历史性的调整与转变之后，最终确定了"社会和谐"的终极价值目标。如何实现这个终极的价值目标，就成为现在及今后宪法实施和宪制建设、改革亟待关注和实践的重大社会发展与国家建设课题。

在百年的中国宪法史上，在最近实行改革开放的三十多年间，中国宪法特别是现行宪法取得了长足的历史进步，这在宪法的价值目标的阶段性调整与转变、终极价值目标的确定方面，尤显突出。本书尝试就此进行分析。

第一节 宪法作为多价值的文件载体的超越

人们常常将宪法视为一纸文件，或进而视之为一个政治法律性的文件。这当然没有错。不过，这种认识通常只是从具有规范性的意义上来说的。宪法的规范性固然重要，是宪法实施和宪制建设不可或缺的行为规制。这就是说，宪法主要以强制性的规则体系要求人们从事某种行为，或者限制人们不能从事某种行为。在这个意义上，无论人们是否尊重宪法，也不论人们是否理解宪法，都必须依宪法设定的规则和规制的方式遵守和实施宪法，全社会和举国上下概莫能外，即使是国家公权力机关和各级公职人员，都没有宪法规则之外的特权。任何组织和个人如违反了宪法，都要受到查究，依照宪法和法律的规定承担相应的责任；即使是国家的法律、行政法规和行政决定、命令等也不允许违反宪法，违反了宪法，通常都要启动"违宪"机制予以废止或纠正。

宪法规范之所以重要，就在于它为人们和国家公共权力机关和公职人员的行为，设立了一个在总体上可见的、界限分明的和可具体遵行的行为准则（不排除而且需要用法律、规章及制度性细规则加以补充），把人们及国家公共权力机关和公职人员的政治行为和社会行为，约束在一个标准的行为模式或框架之下，从而使全社会和举国上下行不失矩，为不失范。人们遵守和实施宪法的行为即使很难达到"严格"的规范要求，也绝不能在这个层面上降低标准或放松要求。不过，还应当指出，即使我们在这个层面上达到了较高的标准或较理想的状态，从宪法实施的更高标准和更理想状态来说，也还是不够的。因为宪法的实施还关系到另一种体系，即价值体系。不论学者们关于一般的包括宪法、法律规范和价值在内的观念与学说，存在多么大的分歧和争议，就一般的价值论和价值方法来说，在当代的学术界已经越来越重视和强调价值，在人们认知和指导人们行为的哲学层面的地位与作用。在我们看来，就宪法的实施的总品质上来说，规范体系的重要性只能满足"行为"方面的合宪要求，而拥护、喜欢、信仰、献身这些"情感"方面的要求，对于宪法的遵守和实施是一个重要的内在驱动力。此外，作为有形的和无形的宪法价值目标，也有着极其重要的固定、导引和定向的作用，这些同样是宪法遵守和实施的重要因素。中国宪法在改革开放三十年期间所发挥的固定和定向作用，以及所产生的价值影响是显著的。只是这方面的社会体验还不深刻，宪法学术界也几乎没有给予必要的理论关注。

宪法除了作为国家的根本大法的规范载体之外，还是一个价值的文件载体。作为价值载体，其重要的和基本的特点，就是"多价值"。"多价值"体现在不同的层面上，有的体现在具体的政治、法律和社会等具体事务方面，有的体现在超然的一般价值上；有些是由宪法文字明确规定下来的，而另一些是暗含在宪法的精神和原则中的；有些价值是现实的，而另一些价值则是要实现的"目标"。强化对宪法多价值的体认，不仅关系到人们对宪法的规范、原则的认识和理解的深度，而且更重要的，是关系到宪法实施和宪制建设的品质和方向。

从最一般的意义上来说，世界上各国的宪法以及世界性宪法发展的总态势，都曾发挥一定的和重要的各国社会与国家以及国际社会的价值目标的固化和定向作用，而且由于历史阶段性的发展情境所决定，这种价值固化和定向作用，通常也具有阶段性，即在不同的历史时期发挥不同的阶段性的价值定向作用。其间阶段性的适当和及时地转变，是对一个民族及其国家的政治智慧的考验，也是检验一个民族及其国家宪法和宪制是否成熟的一个重要指标，从世界性的宪法价值目标上看，可以大致地分为以下几个阶段。在 17、18 世纪至 19 世纪上半期，是立宪和宪政在英、美、法等少数西方国家的成功初建时期，其间的主要价值目标是废除封建特权、实行民主、实现自由以及完成由封建社会向资本主义社会的转型。现代作为普遍的民主、自由的价值观，就是由那个时期的价值目标的导引而确认下来的。19 世纪中叶起至 20 世纪初，主要在欧洲和中南美洲兴起的世界性立宪高潮中，其间的宪法价值目标，在欧洲就是实现由封建专制国家向民主宪政国家的转型。那个时期宪法的最大历史功绩，就是由英、美、法三国开创的暴力革命性社会的历史转型方式，改变为非暴力的和平转型方式，现时在欧洲一些国家仍然实行的君主立宪制，就是这种由宪法实现的社会转型的结果。在中南美洲，其宪法价值目标就是由殖民地转为各自独立的民族国家。世界历史进入 20 世纪以后，由工业革命引发的社会和政治结构的巨大而深刻的变化所决定，那个时期的宪法价值目标：在经济领域中，主要集中在对资本主义生产关系和社会关系的调整，确定了资本主义的发展，必须服务公共利益的价值方向，其中特别确定了对影响国计民生的大企业和垄断集团的节制和约束；在政治领域，社会平等的价值观得到伸张，其标志性成果，就是奴隶制的废除和妇女选举权的获得。第二次世界大战之后，作为世界性宪法价值目标主要集中在人权理念的张扬和人权保护机制的建立，以及社会福利制度的建立和完善方面。这样的宪法价值方向至今还在导引着世界性特别是西方国家的社会进程。

第二节　改革开放三十多年中国宪法的阶段性价值目标和终极价值目标的确定

　　改革开放三十多年，既是中国在意识形态领域中除旧立新的一场思想大解放运动，也是一次具有深刻社会变革、转型的社会运动，以及在深层次政治结构上的一场政治革命。同中国在历史上发生的重大变革和革命不同的是，这些都是围绕在宪法的制定、修改，以及建立和完善宪制的层面上展开的，具有一部规定民主、法治、人权、正义、平等、自由、安全等价值的成文宪法和为实施宪法而建立起来的民主宪政，是一个社会和民族国家具有当代现代性的、最鲜明的和突出的特征。如果说，中国人民自19世纪中叶起掀起的争取民族解放和国家独立的波澜壮阔的伟大斗争，就是吹响了向民族和国家进军现代性征程的号角的话，那么，自20世纪初开始并持续至今的立宪和宪制运动，则标志着中华民族和作为独立的国家已经走上了现代化的不归路。一百多年来，不论经历多少坎坷和挫折，也不论遭遇了多少失败和失误，中华民族和国家的现代化征程始终都是由宪法和宪制相伴，这种相伴既有对现代性成果的记录和固定，也有对现代化方向的定向和导引。离开了宪法和宪制，我们就无法全面而深刻地认识中国一百多年来的现代历史。中国宪法特别是现行宪法的现代性，集中体现在它融汇了近代世界上的一般价值观念及其价值体系。这就是正义、自由、安全、共同福利。

　　正义，即通常所说的公正，是一个既古老又新鲜的话题，尽管各个不同的历史时期，持各种不同立场和主张的人对正义有不同的解读，但人类对正义的追求自古至今从未中断。人类之所以如此持续不断地探讨正义的理念及其社会实现的机制，是因为人类早已认识到，单纯地发挥法律和其他社会规范结构上的功能，即使采纳那些为人们的预期提供一定程度之安全保障的、详尽无遗且精确到家的规则，并不足以创造出一个令人满意的社会生活方式。在人们的相互关系中消除随机性固然能够保障人际的和睦相处，但在社会生活大规模组织的管理方面，特别是公共权力的行使方面，单纯依靠规则、制度包括法律制度并不能预防上述的组织者和管理者，运用不合理的、不可行的或压制性的规则、制度包括法律制度以达到不合乎理性的目的。正是基于此种体认，人类早已意识到在人类社会生活的组织过程中，还必须确认和实施某种合乎"正义"或"公正"的观念。这就是说，当人类住进有秩序的社会生活所建构的由各种规范组成的大厦，必须只能建立在公正性和合理性之上。由各种原则、精神、义理所组成的正义理念所关注的是，人类社会生活能否达到预期的文明、幸福、和睦等方面价值。

自由，有时也用权利的概念来表达，它是比权利更广泛的概念。自由在当代的法律制度中，是被分解成各种法定的权利来表述和保障的。但这并不意味着自由完全是人在社会生活中人为地创造出来的。在西方一些法哲学流派中，特别是自然法学派认为，自由是一种与生俱来的自然权利，要求自由的欲望是人类所具有的一种普遍特性，它根植于人的自然倾向之中。人性中似乎就存在着不以人们的意志为转移的要求，而获得尽可能多的自由的意向，人人都具有实现其人格力的强烈欲望，也都具有利用自己的聪明才智，尽量展现他们运用大自然赋予他们能力的强烈意愿。当人类的这种欲望和意愿受到压制性的桎梏时，作为个人被认为是受到了歧视、压迫、虐待等极不公正的待遇，因而常常表现出强烈的不满、逆反甚至是愤怒的反抗情绪，而对于社会和国家来说，如得不到及时的调整和疏导，往往会酿成群体性事件，甚至会产生社会危机。与此相反，如能解除对人的各方面自由的束缚，就能极大地激发人的各种潜能，使其主动能力、思想资源以及创造性得以充分发挥。正是基于此种对人性强烈要求自由的体认，才构成了近、现代法律制度乃至整个社会制度和国家政权，对自由这个价值蕴涵的不懈追求和保障的愿望。

平等，也是宪法和法律另一个重要的价值追求，通过对宪法和法律平等理想的追求和平等在实际社会生活中的实现，对人类的社会生活起着极其重要的调控作用。

平等，是一个具有多种含义的多形概念，它可以指政治参与的权利、收入分配的制度上的平等，也可以是指弱势群体在社会地位和法律地位上的不平等对待。它的范围还涉及法律待遇的平等、机会的平等和人类基本需要的平等。它也关注诺成合同的义务与对应义务间的平等保护问题。关注因损害行为进行赔偿时所作出的恰当补偿或恢复原状的问题。并关注在适用刑法时罪与罪是否相当的均衡问题。① 宪法和法律上平等的基本要求是：相同的人和相同的情形必须得到相同的或至少是相似的待遇，并在宪法和法律的平等立法和保护中，排除种族、性别、宗教、民族背景和意识形态等带有歧视性的因素，使生命权、自由权、财产权、受教育权和政治参与权等基本权利，在社会所有成员中得到大致相同的分配，并在法律实施与执行法律职能的机关，对这些基本权利予以同等的尊重和保障。与此同时，也必须对那些不能充分享受平等权利的弱势群体及个人，予以某些方面的照顾或特殊保护。

平等对待与平等的保护，构成了当代人类社会的一个重要的基本价值，因而，也就成为宪法和法律所追求的一个基本的价值目标。

安全，是当代社会的一个价值目标。霍布斯有一句格言："人民的安全乃是至高无上的法律。"② 足见安全对于人类个体乃至整个社会是多么重要。人们不遗余力地追求的生命、财产、自由、和平等价值，只有在社会稳定的环境中才能实现。

除了来自生活经验方面的体察外，安全实际上也构成了一个心理现象和精神感受。人们在心理和精神上都有一个归属的需要，大到国家、民族，小到乡里、家庭，人们只有置身于这些情境中才感到有所归依，这实质上也是基于安全感的一个方面。一个宪法和法律制度尽管不可能完全满足人们的安全感，但至少有助于建构一个文化框架。在这个文化框架中，个人能发现有益于其精神健康所必需的那种程度的内在稳定性。

此外，在当代的文明社会中，安全感又扩大到某些公害、风险、灾难，以及老龄、疾病、事故、失业，甚至衣食住行等社会性方面。为了求得人们对这些安全的需要，要求在紧急状态法、灾害防止法、食品安全法、社会保障制度等方面的法律也相应地建立和完善起来。③

---

① 转引自［美］埃德加·博登海默《法理学：法律哲学与法律方法》，邓正来译，中国政法大学出版社2004年1月修订版，第307页。
② 同上书，第317页。
③ 同上书，第318—320页。

共同福利也称共同利益，是通过宪法和法律调控所要实现的另一个价值。在一个文明社会的建构过程中，应当使个人努力和社会努力之间必须有一种积极的互动关系。如果没有一个社会制度框架给人们提供生产、工作的机会，那么人们就不能最充分地发挥其能力；相反，一个社会如果只靠群体的努力，也就无法完成那些可以称之为"文明"的任务。

一 中国宪法的阶段性价值目标的确定

人们公认，中国现代的改革开放是从 1978 年开始的。是年，对于中国人民和国家来说，极具里程碑式的意义。对于已经结束的"文化大革命"以及中国此后的发展方向问题，执政党在具有重要历史意义的中共十一届三中全会上进行了总结和调整；与此同时，在国家体制内，也启动了宪法修改的程序，以一部一九七八年宪法取代了一九七五年宪法。一九七八年宪法的价值目标就是确立了"进入了新的发展时期"[①]。全国人民在新时期的总任务是："……在本世纪内把我国建设成为农业、工业、国防和科学技术现代化的伟大的社会主义强国。"[②] 历史地看，尽管一九七八年宪法还带有"左"倾思想的深重痕迹，其所确定的新时期全国人民的总任务也与现在的认识有一定的差距。但对那个急需结束社会动乱和实现社会转型的中国来说，用"新时期"切割与"旧时期"的联系，把国家的总任务转移到社会主义现代化建设方面来，作为当时尚未对"文化大革命"进行深入反思的中国人民来说，这样的宪法价值目标的确定是正确的和及时的。它为后来的宪法价值目标的不断调整和逐步明确，打下了必要的基础，确定了正确的方向。

1978 年是当代中国极不平凡的一年，除了全国人民代表大会通过制定一九七八年宪法以政治法律的形式结束了"文化大革命"之外，执政党还在同年 12 月召开了具有重要历史意义的中共十一届三中全会，会议全面清理了"文化大革命"的错误，深入总结中华人民共和国成

[①] 中华人民共和国一九七八年宪法序言。
[②] 同上。

立以来的历史经验，恢复并根据新情况制定了一系列正确的方针和政策，使国家的政治生活、经济生活和文化生活发生了巨大的变化。1981年执政党召开的中共十一届六中全会又通过了同样具有重大历史意义的《关于建国以来党的若干历史问题的决议》，把执政党关于历史的反思用文件的形式确认下来。这种情势表明，当时的中国共产党和全国人民已经为国家在实现新的历史性转变，作出了思想上、政治方略和国家政策的必要准备。当时的中国迫切需要制定一部新的，或者说需要对一九七八年宪法作出重大修改的宪法，用国家根本大法的形式，将通过拨乱反正而确立下来的新的建设任务、方略和指导思想等固定下来。

一九八二年宪法所确立的价值目标较之一九七八年宪法更加明确和坚定。

首先，作为拨乱反正的一项重大战略方针，就是把国家的工作重点坚决转移到社会主义现代化经济建设上来。一切工作都要围绕这个重点，为这种重点服务。为此，一九八二年宪法把有关国家的任务由一九七八年宪法的"总任务"的提法改为"根本任务"的表达。这种文字上的改变，蕴涵着执政党和全国对国家任务的体量上的提升。序言明确表述这个根本任务如下："今后国家的根本任务是集中力量进行社会主义现代化建设"，"逐步实现工业、农业、国防和科学技术的现代化，把我国建设成为有高度文明、高度民主的社会主义国家。"[①]

一九八二年宪法所确立的国家发展的战略方针，即总体的宪法价值目标，为此后中国实行改革开放的政策和国策确定了正确的方向，宪法的贯彻实施就是沿着这个价值目标进行的，并取得了一系列改革开放的重要成果。然而，随着改革开放的深入进行，原来确认的这个根本价值目标尽管在总体上是正确的，但它本身也有需要微调之处。此外，作为实现宪法总体价值目标的一系列子体价值目标，有的需要调整，而有些则需要补充。有关的微调、调整和补充，是通过三次对宪法进行局部修改而完成的。在一九九三年的宪法修改案中，基于对社会主义初级阶段的新认识，在序言中增加了"我国正处于社会主义初级阶段"的表述，并为此把国家实现的长远目标，由原来的"把我国建设成为高度文明、

[①] 一九八二年宪法序言。

高度民主的社会主义国家",调整为"把我国建设成为富强、民主、文明的社会主义国家"①。此外,此次所做的另一个重要修改,就是把原来"实行计划经济"修改为"国家实行社会主义市场经济"②。

在一九八二年宪法中,尽管在序言中确立了"健全社会主义法制"的战略方针,但在与经济建设相比,其重要性并没有得到特别的重视。但现代化的国家的根本特征之一就是法治化,经济建设也离不开法制的规范和保障。随着对法治认识的提高和法治的深入开展,需要在宪法上对作为国家根本战略方针的法治作出明确的规定,并且确定为宪法的一个价值目标,以保障实现依法治国和建设社会主义法治国家的战略目标的实现。一九九九年的宪法修正案,最重要的修改之一就是在宪法第五条增加一款,作为第一款,规定:"中华人民共和国实行依法治国,建设社会主义法治国家。"③

国家实行改革开放政策以来,在政治法律领域中取得的另一项重大成果,就是人权观念从承认到受到重视。当代现代化标示性话语和显著特征之一,就是人权观念的高扬和人权保障制度的昌明。中国的现代化进程是与世界性的现代化进程同步进行的,要融入世界现代化和全球一体化的进程之中,就必须提高对人权保护重要性的认识,重视人权的保护事业。为此,对于一九八二年宪法缺失的一般人权保护的规定,也需要作为宪法规范和价值目标予以规定和确认下来。这个任务是由二〇〇四年的宪法修正案完成的。该修正案把宪法第三十三条增加一款,作为第三款,规定:"国家尊重和保障人权。"④

至此,我们已将一九七八年宪法和一九八二年宪法及其后来的修正案关于宪法价值目标做了系统的梳理。从中可以看出两个重要特点,一是阶段性的调整,随着改革开放的不断深入,执政党和全国人民对国家发展的根本任务和各项战略方针的认识也在不断提高,通过宪法作为价值目标的阶段性调整,使这些认识上的逐步进步,用国家根本大法的形

---

① 1993 年的《中华人民共和国宪法修正案》。
② 同上。
③ 1999 年的《中华人民共和国宪法修正案》。
④ 2004 年的《中华人民共和国宪法修正案》。

式确定和固定下来，发挥了根本性的定向功能与作用。二是作为宪法的价值目标也是分为两个层次的：一是总体的价值目标，即国家的总任务或根本任务；二是分体价值目标，主要由一些治国的方略，包括实行市场经济，依法治国，尊重和保障人权所构成。通过把这些治国的方针转化为宪法的分体价值目标，从而使其得到国家根本法的固定和确认。宪法的总体价值目标和分体价值目标构成了一套完整的价值目标体系，从而为国家建设和社会发展建构了坚实而深厚的价值基础和价值取向。

二　中国宪法的终极价值目标的确定

然而，应当也必须指出，上述的各个时期和各个层面上的价值目标，本质上是属于"现实"或"实际"范畴的，也可以套用现代政治分析的话语，就是所谓的综合国力中的"硬实力"，综合国力中还有另一个重要的方面，就是"软实力"。现代化的进程发展到当代，"软实力"越来越受到各国和国际社会的重视和强调。人们逐渐认识到，"硬实力"再强大，也不能代替更不会自动就产生强大的"软实力"。"软实力"也是需要培育和建构的，而且需要更用心、用更大的气力去培育和建构。当然，"软实力"同"硬实力"一样，本身都是一个复杂的结构体系，需要综合把握，全面认识。但有一点是明确的，对于一个社会和国家来说，最大的"软实力"就是社会和国家的协调发展。这可以简单地表述为"和谐社会"或"社会和谐"。执政党在当前提出建设"和谐社会"的战略目标，是思想史上最新的重要思想成果，彰显了执政党对社会和国家发展理念深层次的体认与提高。我们必须认识到，社会的经济繁荣、国家的实力富强，都不必然会造成社会和谐的结果。国内外许多事例表明，往往是在一些经济发达、实力富强的国家和地区，社会矛盾尖锐、冲突不断，乃至战乱频仍，人民饱受摧残，苦不堪言。如同金钱并不必然使人幸福一样，富强并不必然导致社会和谐。当今的社会和国家，无论将"和谐社会"理解为一个公平正义、体制健全、充满活力、安定有序、诚信友爱，人与自然顺应的社会，还是理解为是一个多元互动、合作友爱、理性睿智的社会，无疑都是一个超越经济发达、繁荣的美好的社会理想和良善的社会结构，是人类永恒梦想和追求的社会价值目标。这种价值目标，既与社会的经济发展、极大的物质财富涌流密切相关，甚至作为必要的经济基础，又是超越其上的另一种价值体系。相对于追求经济发达、繁荣的价值体系而言，"和谐社会"的价值体系的实现难度还要更大，因而更需要现代社会的精心组织、建构以及需要人们为之付出更大的心思和劳力。

"和谐社会"的价值目标既然如此关切国家的发展方向和社会进步的深层次结构，那么，在国家的根本大法上固定和确认下来，在政治法律逻辑上应当是顺理成章的事。但由于传统的立宪观念及宪法体制，以及对和谐社会理念及建构的重要性缺乏相应的洞见，从世界性的宪法体例上来说，还罕见有这方面的规定或价值认定。中国现行宪法通过2004年的修改，较为明确地将"和谐社会"的价值目标确认下来。2004年3月14日第十届全国人民代表大会第二次会议通过的《中华人民共和国宪法修正案》第十八条对宪法序言的修改中，明确申明："……逐步实现工业、农业、国防和科学技术的现代化，推动物质文明、政治文明和精神文明协调发展，把我国建设成为富强、民主、文明的社会主义国家。"[①] 其中的"协调发展"的表述，就应当解读为建构"和谐社会"的另一种表述。在现行宪法中，作出有关社会进步和国家发展具有终极价值意义的战略方向性的指陈，即使不能说在世界宪法史上绝无仅有，至少应当说是一个创举，彰显了中国宪法观点和体制在深度上的进步。

第三节　实现和谐社会的终极价值目标必须重视利用宪法手段和宪制安排

建构和谐社会是一项极其复杂的社会工程，需要集中社会中各个方面的资源和力量才能达到预期的目的。在当前，各方面的有识之士已经从政治、经济、法律、社会、道德、文化、教育等各个领域，从高端的政治，到社区中的邻里关系，再到个人的礼仪规范等方面提出了各种各

[①] 2004年的《中华人民共和国宪法修正案》。

样的设想、对策和建议。这些无疑都是建构和谐社会所必需的，值得认真地进行研究，择其善者而组织实施。

与此同时，我们也必须指出，建构和谐社会，本质上只能在社会上绝大多数的成员可以理解和接受，并通过审慎的选择而确定下来的深层次的社会结构的基础上才能实现，而这种深层次的社会结构在当代就体现或蕴涵在宪法和宪制之中。这是建构和谐社会的根本，建构和谐社会就必须抓住这个根本。这个根本是其他任何社会和国家因素都不能取代的；脱离了这个根本，即使其他对策和措施组织得再好、再有成效，也不具有影响社会和国家全局的组织力和协调力。在当前中国关于建构和谐社会的热烈讨论和大力实施中，我们认为，恰恰是还没有意识到抓住宪法实施和宪制建设这个根本的极端重要性，也就是说，还都没有真正把关注点转移到宪法实施和宪制建设上来。这种状况应当引起高度的重视，并应切实加以调整和纠正。

在中国三十多年的改革开放不断深入发展的过程中，一方面取得了举世瞩目的各方面的巨大成就，特别是经济长期在高位增长率上发展，被视为当代经济的奇迹。与此同时，我们也不得不面对经济高速增长所带来的各种负面效应，其中最重要的负面效应，就是社会长期存在也没有得到很好解决的不和谐现象。最突出的影响社会和谐的一些因素，如城乡发展程度的差距、东西部发展水平的扩大、贫富差别的悬殊、官场腐败等。这些现象长期以来不仅没有得到很好的控制和调整，而且还有愈演愈烈之势。至于矿难、生产安全事故、娱乐场所的人为灾难事故等，更是连绵不断，噩耗频传。2008年8月相继爆出毒奶制品事件，又再次延续了有关食品安全的话题。面对这些大大小小影响社会和谐的各种因素和窘迫的社会问题，人们往往把解决之道，寄托于多少有些超然于宪法和宪制之外的替代途径和方法上，诸如政策、政治感召力、道德规范、良心谴责、责任誓约等。这些途径和方法尽管必不可少，且极其重要，但无论如何都不能替代宪法和宪制在国家政治生活和社会生活中的地位和作用。因此，对于中国目前正在大力倡导和实行的建构和谐社会来说，我们应当将宪法和宪制作为实现这一宏伟目标和理想的主要途径和方略。只有大力、切实地贯彻执行宪法，逐步稳固地建立起健全、完备的宪制，我们才能真正在中国建设一个我们为之热切追求的和谐社会。从这个意义上来说，我们在当前应利用一切可能的途径和手段，一方面大力宣传普及宪法精神、价值观和知识；另一方面要切实把治国的方略主要集中在宪法的实施和宪制的建设中来。

总而言之，当务之急是要大力提高全民族的宪法和宪制观念，把我们建构和谐社会的注意力真正转变到宪法的实施和宪制的建设中来。只有高度重视利用宪法手段和宪制安排来建构和谐社会，才能尽早实现宪法所确定的终极价值目标——和谐社会。

第七章

感受性分析

第一节 应当而且必须重视宪法的科学规范要求

一 关于宪法学科本身的建设

要深入地进行宪法学的研究和教学，首要的前提条件就是要在科学规范的基础上打造宪法学的学科体系。从前面的综述和分析中可以看出，中国宪法学术界迄今为止还没有形成对宪法学科学规范体系的共识，在这方面还要下工夫去做，真可谓任重而道远。

宪法学是社会科学中的一个门类，宪法学也是法学总体系中的重要一支。毋庸置疑，所有真正意义上的学科都应当满足科学规范上的要求，宪法学当然不能例外。为维护中国宪法学的科学性，使中国宪法学从沉疴和落寞中走出来并在科学品质上得到提升，当代的中国宪法学人应当进行认真的反思并着手在其中切实做点什么。我们当然应当鼓励中国宪法学者们在学术上努力开拓和创新，但学术上的开拓和创新应当遵循科学规范的指导。在当代中国宪法学的研究中，宪法科学的规范性似乎还没有引起我们学界人士的普遍重视。中国宪法学术界在宪法学的总体研究特别是在分支学科的创意与建构上的研究，还存在程度不同的迷惑性甚至盲目性，这些事实上已经造成了中国宪法学智识资源上的一定程度的浪费。有些中国宪法学者已经或正在走着治学上的一条弯曲之路。本书洋洋洒洒数十万言，尽可能详尽地回顾历史经验和畅谈笔者个人的治学体验，目的就在于与中国宪法学术界同人共同以史为鉴，尽快扭转当前在中国宪法学中，特别是在宪法学分支学科的创意与建构研究中的迷惑和盲目的状况，力求从科学的规范把握好前进的方向。如果要笔者给出著此长书的一个最终的理由，那就是本人愿与宪法学界同人在中国宪法学的科学规范性的认识的重要性和在科学规范的把握上，形成共识与共勉。

在建构中国宪法学的学科规范体系方面，当务之急是如何使宪法学的研究与教学，适当地从当下流行的社会和政治语境下解放出来。这实质上是一个理论联系实际的问题。笔者在前引拙著《宪法人类学——基于民族、种族、文化集团的理论建构及实证分析》的自序中，已经表明了本人在这个问题上的基本态度。这里还想强调指出，每个时代都有其特定的思想范畴和社会、政治语境，生于斯长于斯的学术界人士不可能超越时代的思想范畴和政治语境，而从事所谓超凡脱俗的研究和创作，特别是在学术界人士still依仗他所生活的社会和国家作为衣食父母的学术体制下，更是如此。本质说来，任何学术特别是社会科学中的法律科学尤其是宪法科学，总是直接或间接地为当下的社会和国家的政治服务，这是毋庸置疑的。然而，正如前面所表明的，学术与社会、政治毕竟不是一回事。学术与社会、政治总有各自的关切点和视域，学术本质上是一个科学的规范体系，是用学术语言和规范体系表达的一种学说或理论，它不可避免地要借用政治语境甚至需要借助政治力量，去保障和推动学术事业的发展，但绝不应当就势委身于社会和政治实体，而不再在自己的观点、语境、视域等方面去发展。中国宪法学术界尽管在目前的学术自觉性方面得到极大的提高，但在这方面的觉醒尚不够充分。这是中国宪法学术界目前亟待重视和调整的一个严肃的问题。

二 应当重视调整中国宪法学的"继往"与"开来"的关系。

中国宪法学目前亟待校正自己在国际化、现代化大潮中的地位问题，关键是要处理好"继往"与"开来"的关系

可以说，中国宪法学正处在继往开来的历史定位点上。

"继往"对中国宪法学来说是一个需要认真对待和反思的问题。广

义上的宪法学是中外历代思想家、哲学家、法学家和宪法学家，以及政治、司法实务界一代又一代的大师和权威人士，在两千多年的漫长的历史时期内共同创造和积淀起来的，是人类文明特别是法律文明的最高成果之一，是关于人类最伟大的社会发明——宪法的学识总体。我们不应否认这主要起源于西方人的智慧，但也部分地包含了中国人的智慧。无论如何，在改革开放三十多年后的今天，是我们应当走出狭隘的民族主义和意识形态的封闭圈的时候。我们中国宪法学人应当深切而又真诚地体察和领悟到：宪法和宪制是当代全人类共同的文化和法律遗产，继承并发扬这份遗产，对于已经走上现代化、全球化不归路，并立志实行宪治和宪制的中国宪法学术界来说，是一份责任，也是一种胸怀。中国宪法学术界应当以宽广的学术胸怀和无狭隘民族主义之私的宽容精神，重新审视和接受这份早就应当正视与接受的遗产。传统的立宪主义和诸多的宪法原理与内容博大精深，花费我们宪法学人一生的精力和时间，恐怕都难以登堂入室，而现今的情况是，处在特定的思维定式中的中国宪法学学术研究范式，令我们不假思索地将传统的立宪主义和宪法原理拒之大半。而尽管有些志高气盛的宪法学者，一再声称要建构中国本土自成体系的宪法学理论与实践模式，而到头来，摆在我们面前的不过是一个充满时代话语的泛泛空谈之作。我们许多宪法学者一方面深恶中国宪法学的"浅薄"与"幼稚"，而有些宪法学者又在不经意间甚至刻意地去制造更多的"浅薄"与"幼稚"，这真是一个颇令人匪夷所思和令宪法学术人尴尬的现象。其实，宪法学同其他许多学科一样，是历史上积累而逐渐成长起来的产物，是中外历代学人包括宪法学人集体创造出来的。我们所有的宪法学人不论是过往的、现在的以至将来的，都不过是站在前人和当代人的学术肩膀上来研习宪法学的。欲有学术上的出息，欲在中国宪法学的研究中有所作为，就必须首先虚下心来，认真向前辈和同代的同人学习，努力做好"继往"的文章。否则，即使再"志大"，终究难脱"才疏"的陷阱。笔者以为这就是"继往"的真谛。

对于"开来"，本人也有自己的理解。也许是个人的才疏学浅，也许个人缺乏豪情壮志，对于动辄就要建构中国宪法学自己的学术理论与体系之事，向来持怀疑和保留的态度，认为这是根本不可能做到的事；甚至极端地认为，除非让刚刚呱呱落地的婴儿移民到没有地球文明的外太空中，让他们长大后在完全没有地球人类文明的环境中去创造。话说回来，如果说宪法学真的有所谓的"宿命"的话，那就是人们不得不面对和接受全人类共同创造的文明成果，包括宪法学的理论与体系。拒绝和抛弃这个理论与体系，希图自创一个全新的、独立的宪法学理论与体系，理论上不是没有这个可能，但实际上做不到，除非你是自说自话而不管学术界是否承认。即使对于早已成型的宪法学理论与体系，我们也必须予以理性的审视和对待。我们必须承认迄今为止的宪法学已经成长为一个博大精深的体系，从立宪主义到具体的宪政实践差不多都得到了彻底的或广泛的、深入的研究，留给我辈宪法学人的学术空间早已所剩不多。我们经常要求莘莘学子的学术论文要有"创新"，也总是用挑剔的眼光去寻求宪法学同人们著述中的"独立见解"，但要做到真正意义上的"创新"和"独立见解"，又谈何容易？不坠入陈腐的流俗，甚至不去抄袭他人之作，在当今的学术氛围中，就算是蛮不错的了。话虽说得有些偏激，难以做到真正学术意义上的"创新"和"独立见解"，却是实在之言。我们前人和同代人留下与奉献给我们的宪法学理论和体系，竟如此博大精深甚至几近完美的状况，让我们宪法学人每见每思，都顿生敬畏之心和崇拜之情。尽管宪法学同其他任何科学门类一样，在科学规范的意义上留有无限广阔的开放空间，也尽管不必像美国资深撰稿人约翰·霍根那样断言：自然科学中的激动人心的发现与发明在现今不会再现，自然科学事实上已经"终结"①。但我们不得不面对当今的宪法学，无论从理论上还是从体系上早已形成稳定和定型化的智识总体。对于这个总体，我们宪法学人中有"高人"为其增砖加瓦，就难能可贵了，请不要侈谈对它有所突破或抛弃一旁去自创全新的宪法学理论与体系了。这是笔者对"开来"的第一层理解。

然而，本人并不认为，自己是宪法学术研究中的故步自封者或以消极的态度无所作为者。我所理解的"开来"的第二层意思，却是真正学术意义上的"开拓"与"创新"，具体来说，是要在一般宪法学特别是在宪法学分支学科的创意与建构上的"开拓"与"创新"。由于时代

---

① 参见［美］约翰·霍根《科学的终结》，孙雍君等译，远方出版社1997年10月版。——笔者注

的局限性和社会发展程度的限制，我们的宪法学术界的先辈们尽管在宪法学的一般理论、比较理论和国家理论上作出了巨大的贡献，给我们后辈的宪法学人留下了丰厚的宪法学遗产，但他们并没有刻意在一般宪法学特别是在宪法学分支学科方面取得引人注目的成就。而社会和国家发展到今天，社会层面上的重组和转型、多元化发展的样态，政治层面上的结构、组织和活动等方面的巨大变化，民主程度的深化和形式的拓展；法治特别是宪治的普遍化和常态化，特别是宪治成为当今世界各国走向现代化的共同治国之道；科学技术的日新月异以及由科技进步给人类的社会生活造成的积极性的或消极性的影响，全球化的发展大潮的势头锐不可当等。不论是人们赞成还是反对，势必都要被卷入其中，这些是让我们当今的全人类，无论什么样的社会和国家的人民都必须面对和解决的问题。正是这些深刻的各方面的变化，才构成了当今自然科学和社会科学飞速进步的社会动因。

在这种总的科学技术发展和飞速进步的大背景下，传统科学上形成的门类林立、界域森严的学科各立局面受到了巨大的冲击，特别是像计算机科学、信息科学、环境科学、生命科学这些门类，已经不是哪一个学科可以独立承载得了的，它们需要跨学科的综合性研究，甚至是需要自然科学和社会科学结成联合的研究阵线。这就是当代的科学发展中，交叉学科、边缘学科、前沿学科、综合学科如雨后春笋般建立和发展的根本原因。

法学也在建立交叉学科、边缘学科、综合学科，亦即本书中所谓的分支学科，在上述学科发展的大军中，早已成为激进的一翼。法律经济学、法律社会学、法律人类学早已成为重要的法学分支门类。

然而，回头看一看宪法学分支学科的发展，从总体上看，即使在西方国家的宪法学术界，也都没有形成学术发展的强势。一系列的重大现实问题，都迫切需要宪法学理论特别是以分支学科的专门理论去回答。在这方面，宪法学并没有像学术界所期望的那样有所精进。正是这一宪法学科建设中留下的欠缺，给我辈宪法学人留下了进取的机会。愚以为，如果说，就我们大多数当代的宪法学人来说，还不足承担创建新的一般宪法学总体的理论和体系的历史重任的话，那么在创意和建构宪法学分支学科方面，反倒是留给了我们广大的可以施展才学的学术空间。

如能刻意进取，在这方面有些作为当是可以期待的，即使要有所成就，也完全不是一个奢望了。历史的机遇可以也应当把握，前辈学术巨人的肩膀我们可以攀扶、相对自由的学术空间可以谨慎地驰骋，一定的学术市场可资成果的营销，真可谓是万事俱备，就看你的了（时下广告语）！

三 超越盲目与迷狂

当前中国宪法学分支学科的创意和建构，呈现出来的一些影响健康发展的盲目与迷狂的动向，值得我们宪法学术界的关切和警惕。

当前中国宪法学术界许多学者正在致力于宪法学分支学科的创意与建构，并取得了引人注目和引起反响的学术成果。这是一种宝贵的学术自觉，值得我们宪法学术界全体同人为之骄傲与珍惜。但我们不能仅仅满足或陶醉于现有的良好势头和成就，像前面所分析的一些发展动向，更需要我辈宪法学人认真地反思并予以正确的对待。这里还想重申和强调一下，共同的倾向大致有以下一些。

首先，在宪法学分支学科的选择上表现出很大的盲目性。近些年在研究生学位论文中，经常发现一些类似宪法学分支学科的名称，除了熟悉的宪法社会学、宪法经济学、宪制经济学之外，还可以见到"宪法财政学""宪法审计学"之类的称谓，问其缘由，往往回答不知所从，看来大都是没有经过深思熟虑，也没有严谨的来源考证，不过是率性而为，想到就说、想写就写罢了；即使是在资深的宪法学者的学术著述中，同时出现一个、几个这类的分支学科的表述的现象也绝不是鲜见的。这是宪法学术界普遍表现出来的学术倾向，表明中国宪法学术界在这方面还处于一种集体无意识的状态。

其次，在宪法学分支学科的创意和建构上缺乏严谨的科学规范上的考量和把握，表现出一定程度的轻率。我们一些学术同人还没有学会甄别哪些门类适合创意和建构宪法学分支学科（如前所列举），而哪些问题只适合做专题研究，而目前尚不适合创意和建构宪法学分支学科，如宪法哲学和比较宪法之类。宪法学术界对此类问题一直存在争议，在这些门类究竟是一个独立的学科，还只是研究方法，抑或两性兼而有之的问题上还没有取得学术共识的情况下，就贸然提出创意和建构有关的宪法学分支学科，恐怕是一种轻率之举，因为目前大概还没有哪位宪法学者，有足够的信心说服宪法学术界承认和接受有关的主张。在有争议的情况下就贸然地进入这个领域，很难取得预期的成果。

再次，在宪法学分支学科的创意和建构中，还表现出在学术规范上的一个通病，就是缺乏明确性和坚定性，有相当多的著述分不清作为一个独立学科的学术品格与作为方法论之间的差别。如前所述，在创意和建构宪法学分支学科的现有成果中，有一部分著述中先是信誓旦旦地提出创意和建构某一宪法学分支学科，后又来个急转弯，声称某某学只是宪法学研究的一种方法论；或说既是一门专门的学科，又是一种方法论，如此等等。在笔者看来，这是对创意和建构宪法学分支学科缺乏应有的自信，没有把握对这种安排是否能得到宪法学术界的认可和承认，在学术上的表现。从科学规范的意义上来说，宪法学恐怕不像世俗中的有些人那样，圆滑、通融、四方逢源、八面玲珑，通常总是受到欢迎。科学规范性告诉我们，在宪法学分支学科和宪法研究方法论之间狐疑不定、左右逢源，可能同创意与建构者所期望的相反，反倒会降低有关宪法学分支学科的学术品质，克减学术魅力。

最后，但绝不是最不重要的，就是在有些宪法学分支学科的创意与建构中，常常表现出某种无意识的迷狂与不适当张扬情节。声言只要遵循某某之"学"便可取得宪法学研究上的突破，或者声言只有某某之"学"才是宪法学研究的根本之道，诸如此类。依笔者看来，这些都有言过其实之嫌。如果我们承认宪法学是一个博大精深的体系这样的学术价值判断的话，那么我们就应当虚下心来，承认在宪法学乃至一切科学体系中，都不存在任何一种彻底破题的万能钥匙。诚如马基雅维利所说，一个人永远不会发现任何问题已经彻底了结，再无争论的余地了。在法哲学和法理学的研究中，历史上曾有多个学派将以往的学派的理论斥为"胡说"，一概予以否定，而声称只有自己的学派才能洞见有关法律的真谛。功利法学派、实证主义法学派都曾干过这样只张扬自己而排斥其他的不明智之事，结果并没有如它们所愿，从长期的历史趋势上看，各种学派的理论与体系对法律科学学术上的贡献，都平等地得到承认和尊重。西谚有云："房有多屋，才能稳固。"任何一种学术理论，如果它是科学的话,也只能从某个角度或侧面解决科学中的一个或有限的问题。在科学上,并不存在"不二法门"的学理与方法。宪法学当然也不能例外。克服当前中国宪法学分支学科创意与建构中,表现出来的某种无意识的迷狂和不适当的张扬状态,也许是中国宪法学术界同人应认真思考和对待之事。

四 维护宪法的最高法律地位和最大法律权威

正当宪法学学者克服各种困难奋力向前,艰难进取的时候,不期然遭遇了友邻学科中的一些学者,对作为国家根本大法的宪法地位的挑战。这些学者为了高扬本学科所秉持的基本法律,就一方面将自己的学科抬升至"小宪法"的地位,而另一方面对将拥有国家最高法律地位的宪法降格为与普通法律同等位阶的法律。其所依据的理由在前面已经做过介绍和分析,这里不必赘述。这不应当只看做学术之争,而是对宪法的最高法律地位和最大法律权威的挑战,有见识和胆识的宪法学者已经纷纷采取各种方式和策略应对。在较高的规格和范围上,举行过由各门学科学者和宪法学者共同参加的"对话会",双方各陈己见,予以平等讨论,而有些学者,如著名宪法学教授童之伟、青年俊杰刘连泰等则撰文,通过精心论证为宪法"正名";另有著名宪法学者林来梵教授则通过综合评价有关学科学者的言论和观点,在坚定地捍卫宪法的最高地位的同时,也彰显了宪法学者的大家风范和包容、宽仁之心。

正如前面所表明的,笔者对这场不期而至的争论也抱持自己的看法,认为这不仅是一个法律地位之争,实质是一场关于近、现代几百年间形成的法律地位和效力的普遍性共识和法学知识系统是否应当或者实际能够被颠覆的问题。不过,本人同时又认为,在这场争论的背后也折射出宪法学基础理论研究的薄弱和不成熟的这个久已存在的问题。我们宪法学术界搞了几十年的宪法研究,连篇累牍地出版和发行了难以计数的著述,竟然连我们的一些法学同行,至今都不能接受宪法是国家最高法律这个甚至连"入门"都算不上的宪法观念。这种尴尬的状况才是我们宪法学人真正需要反省的学术窘境。我们自诩对中国宪法学进行了广泛而深入的研究,而恰恰在一些"入门"的问题上疏忽了。基于这种体认,笔者自 2007 年开始,在"宪法为什么是重要的"这个总题目下,每年写一篇以特定视角切入论述主题的论文。第一篇名为《宪法为什么是重要的——基于二元政治的立宪主义原理的解读》的论文已由《中国社科院研究生院学报》2008 年第 2 期予以发表。第二篇名为《再论宪法为什么是重要的——基于从高级法到宪法至上的智识背景和历史经验的解读》,也由上述刊物次年发表。然而,世事难料,这一写作计划未能如愿地实施下去,主要是连续发表的困难难以克服。

当然,笔者深知个人的学术力量有限,希望有更多的宪法同人参与进来,多在"什么是宪法""什么是司法机关""什么是违宪""宪法为什么是重要的"这类入门的问题上做研究,并多写有说服力的文章和著作。

关于笔者个人这种研究进路和问题切入方式,近来随着学术的积累的增厚,又有了一些新的感受。本章以下几节将对此展开分析。

第二节 "比较分析主义"范式对当代人权理论研究的意义
——对自己两部著作实例的分析

引言:

诺贝尔经济学奖得主印度的阿马蒂亚·森(Amartya Sen)在其《正义的理念》一书中,以其独特的洞察力和分析的视角,试图超越启蒙运动以来在政治哲学中占主导地位的"先验制度主义"的核心理念,并在对此进行批判性审思的基础上,又致力于延续并深化启蒙运动中出现的后经短暂中断,又于 20 世纪中叶复兴了的另一传统流派,即"现实比较分析主义"的政治哲学。尽管启蒙运动的上述两派或两个传统都在致力于建构、推进公正理念与公正制度的实现,但由于其基本的政治哲学的差异及其关于公正问题的推理截然不同,导致了对当代的公正、法律、社会、全球化等一系列重大的现实问题的不同的分析范式与解决途径。后者更受到"社会选择理论"思想家的青睐与重视。

早在古希腊时期,亚里士多德就曾以"自然正义"和"分配正义"为核心理念,建立了对后世具有深远影响的正义观,此后两千多年来,伴随着人类及其社会对正义的追求、向往,形形色色的正义观念和理论不断涌现。但对正义进行系统的、大规模的研究直到18—19世纪欧洲启蒙运动时期,才真正得到蓬勃的发展。这主要是因为欧美政治局势的变化以及社会、经济转型对其起了推动作用。在当时这股激进思潮中涌现出一大批杰出的哲学家,开展了具有真正科学意义上的正义理论的研究。但是,他们在正义问题的研究中却导向了不同的路径,基本上可以分为两派。①

一 "先验制度主义"与"现实比较分析主义"政治哲学及其进一步建树

(一)"先验制度主义"政治哲学

一派发轫于17世纪的托马斯·霍布斯,后继者有约翰·洛克、让—雅克·卢梭和伊曼努尔·康德等杰出的思想家。这一派主要关注建立公正的社会制度,可称为"先验制度主义"(transcendental institutionalism)。它具有两大特点:

首先,它致力于探寻完美的正义,而不是相对而言的正义与非正义,即仅仅探寻终极的社会正义的特征及其本质,而不是对现实并非完美的社会进行比较研究,也不是寻找用以评判哪种社会相对而言"更为公正"(Less unjust)的标准。

其次,为了适应上述关于正义的政治哲学研究的需要,这一派的哲学家不约而同地建构了"契约论"的理念作为思维模式,并致力于建立现实的社会或国家的结构。作为理念思维的"契约论"是一种先验性的假设,这种假设只确定一种理想的、完美的社会条件,只有在满足这种理想的、完美的社会条件下,这一派思想家的正义理念才能实现,

---

① 详见〔印〕阿马蒂亚·森《正义的理念》,王磊、李航译,刘民权校,中国人民大学出版社2012年6月版,序中第3—4页,引言中第4—8页。——笔者注

他们并不关心社会的实际究竟是什么样的，只要按照他们的理想建立起一套现实的社会正义的制度，那么，所有的现实中的非正义就会被消解得无影无形，于是一个完美的社会形态就会展现在人类的面前。"先验制度主义"的正义论以及作为其分析平台的"契约论"，在政治哲学、法哲学乃至宪哲学史上影响至深且远，直到当代，这种源自启蒙时代的政治哲学传统依然是政治哲学中的主流、法哲学和宪法学的核心观念，并在当代为一批杰出的思想家所继承和发扬。其中最著名的代表人物有约翰·罗尔斯、罗纳德·德沃金、戴维·高蒂尔、罗伯特·诺齐克等政治哲学家。他们都针对"公正社会"问题（just society）进行了大规模的研究。尽管他们的学说之间在政治层面和对社会的具体安排上有不同的看法和意见，但都致力于寻找公正的社会规则和制度。其结果，描绘绝对公正的社会制度俨然已成为当代正义理论的核心内容。

（二）"现实比较分析主义"政治哲学

另一派则被称为"现实比较分析主义"，简称"比较主义"（the comparative），是由启蒙思想家包括18世纪的亚当·斯密、孔多塞（Conceorcet）、玛丽·沃斯通克拉夫特（Mary Wollston ecratt）、边沁（Jeremy Bentham）和19世纪约翰·斯图尔特·穆勒（John Stuart Mill）所创立和发扬，在20世纪则由肯尼斯·阿罗予以复兴，并进而进行了开创性的研究。这一派的公正理论与当代道德和政治思想中主流公正理论有显著区别。主要体现在：第一，其公正理论的核心和着眼点包括对如何减少不公正和促进公正进行评价的方法，而并非仅仅致力于刻画一个绝对公正的社会制度，即判断某一社会变革是否有利于促进公正，这被这一派认为是作出关于制度、行为和影响公正的其他因素决策的关键。第二，这一派认为，先验制度主义理论不仅是不可行（teasibility）的，还存在冗余性（redundancy）问题，即存在多个不同的公正的缘由，尽管这些理由都能经得起批判性审思，但结论可能大相径庭。因此，寻找绝对公正的社会制度既非解决公正问题的必要条件，又非唯一的途径。第三，这一派认为，可纠正的不公正的存在很可能是与行为上的僭越，而非制度上的缺陷相关。现实比较分析主义学派关注现实中人们实际过的生活,认为关注实际的生活对理解公正理念的本质和影响范围具有深远的意义。为此,这两种政治哲学进路可以用一种一般性的表达加以区分,即现实先验制度主义可以概括为"着眼于安排",而现实比较分析主义则可以概括为"着眼于现实"。既然,现实比较分析主义并不认为,寻找绝对公正的社会制度是可行的和必要的,那么自然无须借助"契约主义",来建构绝对公正的社会以实现其公正的理想。在"现实比较分析主义"的理论视觉下,只需要借助"协商式民主"进行的"社会选择",就可以推进和实现相对公正的现实世界。这其中,致力于消除各种不公正的政策、安排是至关重要的,而不是不切实际地确立绝对公正理念的本质,然后忙于建构一个根本不可行的绝对公正的社会制度,再之后,就把实现绝对公正的理想托付给绝对公正的社会制度就万事大吉了。[1]

(三)"现实比较分析主义"政治哲学的进一步建树

除了上述基于"现实比较分析主义"的社会选择理论的政治哲学进路,在当代受到强调并正获得长足的进步之外,在政治哲学中,回到"政治事物"本身的思潮也正在被政治哲学家和思想家所关注和发扬。这一思潮的产生和发展有其深厚的现代政治背景。在现代的"政治事物"中,无论是国际政治还是国家政治,都发生了重大的社会变迁,传统的政治格局受到了挑战,而新的政治现象中又出现了令今人感到忧虑的元素,这些都需要当代政治哲学家们去回应。然而,以往的政治哲学如古希腊柏拉图创立的政治与哲学紧密结合,国家的最高统治者同时也应当是"哲学王"的政治哲学传统,对当代仍有强大的影响。这种影响最大的一个方面就是将政治哲学化,又由于政治本身的诡谲,相应地也使政治哲学失去了信誉。在各种学科的背景下,出现了对柏拉图式传统哲学的审思与批判思潮,先有列奥·施特劳斯发表的《柏拉图式的政治哲学》一书,作者在论及政治哲学史时指出:"政治哲学向来是普遍

---

[1] 以上资料与观念综合于诺贝尔经济学奖得主阿马蒂亚·森的分析,详见[印]阿马蒂亚·森《正义的理念》,王磊、李航译,刘民权校,中国人民大学出版社2012年6月版,序中第3—4页,引言中第4—8页。——笔者注

的而政治向来是特殊的,这种情况几乎贯穿了政治哲学的整个历史。"这种政治与政治哲学相疏离的本来样态,被政治哲学家不适当地"化"为一体,既无助于政治哲学作为学科的深入发展,又不利于政治哲学家回应真正的现实中的政治问题。

另一位法国人类思想家米格勒·阿本苏(Miguel Abensour)也力倡一种批判的政治哲学,依循从古希腊到20世纪自由与解放的思想传统,对政治哲学与乌托邦做了重新反思,同样担心政治哲学的研究会回到"老路子"上去。他《走向批判的政治哲学》一书中,阿本苏区分了两种政治哲学理路后指出:"一种是回归到政治哲学,另一种是回归到种种政治事物。"他认为,今天的政治哲学讨论最多的公正、民主、自由等话题,背负着沉重的文本压力,在这种压力下,学者们往往喜欢学院化地讨论着某某思想家的论述,而缺乏能够将政治哲学最为关注的——推进政治现实——作为理论沉思的对象。他主张回归政治哲学并不是恢复旧的政治哲学传统,即不要回归柏拉图式的政治哲学传统的"老路子"上去,而是要直面现在政治哲学的最大困境,即"政治事物"既然以一种新的面貌出现,就亟待政治哲学予以回应。他说:"这是另一种问题、另一种计划、另一种关键得失、另一种思索的形态、另一种考量。"阿本苏正是以这种研究态度告诫我们,政治哲学绝不能将其理论研究视角降格为对概念本身的关切或阐释,而应当关注现实中政治的各种面相,尤其应当关注政治共同体生活现实的全部领域,特别不能忽视其中的异质性问题。[1]

以上两股最新的政治哲学新潮,尽管其分析的切入点不尽相同,但核心理论指向是一致的,即我们看待现实中早已变化了的政治现象,必须在对以往政治哲学理论范式审思、批判的基础上,引入新的分析视角和被以往政治哲学传统长期忽视的政治现实本身。当然,在我们介绍和分析这两股新的政治哲学思潮的时候,我们清醒地意识到,我们不是在单纯地介绍和分析政治哲学本身。但作为我们分析个人的宪法权利和人权研究的进路,需要尽可能地扩大我们的分析视角,拓展我们研究的进

---

[1] 此处的资料、引文、分析均综合于孙亮文《回到"政治事物"本身》,《中国社会科学报》2013年4月22日第A05版。

路，是政治哲学作为与宪法哲学、宪法学科亲缘最密切的学科，自然应当成为我们首选的"他山之石"用以"攻玉"。但这还不是问题的全部，更重要的关切还在于上述的虽非全新但确是最近才被关注和高扬的政治哲学，对于我个人谈及自己在宪法权利和人权保障的亲身体验与感受时，具有重新提升自己在这方面的理论素养和理论自觉的启发式影响。

二 更理性提升对《权利相对论》和《反酷刑》的体验与感受

现在我可以更理性地看待自己早在 20 年前所写的《权利相对论——权利和义务的价值模式的建构》和 14 年前写的《反酷刑——当代中国的法治和人权保护》两部著作的体验与感受了。

就研究的范式或路径的选择来看，前述的阿马蒂亚·森对启蒙运动以来两大和政治哲学的范式或路径被笔者在不经意间所采用。不幸的是，作为一位后学者从不敢奢望自己也能创立独具个性的"门派"，做到在学术研究中跟随主流，能够力求做到博采众长、海纳百川就心满意足了。为自己的学术能力所限，我本人采取了一个极稳妥因而永远立于不败之地的学术策略，即在学术观点殊异、学术门派林立乃至对立的学术天地中，从不刻意"选边站"，相反，更乐意"脚踏两只船"，左右逢源，前述个人的两本早期专著可以视为这种治学态度的例证。

（一）关于《权利相对论——权利和义务的价值模式的建构》

《权利相对论——权利和义务的价值模式的建构》当属"先验制度主义"或"契约主义"的广义政治哲学范畴。在这种广义的视角下，宪法哲学和法律哲学似乎也能包含其中。如果这种不算严谨的分析系统能够成立，那么，可以确切地说，在《权利相对论——权利和义务的价值模式的建构》中所采用的宪法哲学或法哲学范式或路径，非"先验制度主义"的范式或路径莫属。在我看来，这种范式或路径自改革开放以来就一直是宪法学和法学的主流。在人权观念冲破狭隘的中国语境的局限性之后，逐渐地、坚定地融入了世界性的人权语境中。在高扬人权观念，致力于在行动上推进中国自身乃至世界性的人权事业的大环境中，一些自启蒙运动以来由一代又一代的启蒙学者，特别是如前述的持"先验制度主义"立场和观点的启蒙学者，坚持不懈地致力于创立、弘扬和高唱一系列的有关权利、自由的核心观点。其中最重要的有"权利本位主义"观念。这种"本位"相对于人的丰富多彩的人性需要，特别是相对人的责任或义务而言，具有"本"的重要性，而其他的包括责任或义务之类，则处于"末"的地位。尽管在学术上并没有发现有学者，直接将责任或义务之类归于人类法律生活中的"末"端，但在高扬权利之"本"的绝对优先价值的框架下，责任或义务之类就必然处于"末"的位置，这是不言而喻的。此外，也有极少数学者认为，宪法本是权利之文件，不应在宪法上规定公民义务，主张在宪法中取消义务条款。这是一个更为极端的认识。在这种认识下，责任与义务之类连"末"端的地位都留不住了。但这种预先设立一个"先验"的"权利本位"的价值模式的法哲学范式。且不说它能否被准确地描绘出来以使其在"本位"上牢固地确立下来，就以其实际的效果而言，固然对于中国当时的法律环境的初始改革开放而言，具有重大的唤醒全体国民的人权意识、纠正在人权保护方面的偏差和推动人权事业等方面的社会价值，但是由法学界主流致力于在中国建构一个全新的"权利人"的社会而言，未免有操之过急之嫌。

中国法学术界不仅在当时，就是在今天也未必深察中国古老的传统与现实的国情。在我看来，中国古老的人伦关系、社会结构以及持续几千年的农耕文明，只能在有差序的等级社会结构中建构与人的身份、地位相当的责任主体的价值体系，如果非要以现代的宪法和法律义务概念来概括和表述，就是"个人义务本位主义"。更直白点说，中国传统社会生来就不具有人人平等的自由、权利这样的现代社会的理念与素质，我们学术界许多大家如著名的社会哲学家和法史学家瞿同祖等，都对中国传统社会进行过精细、严谨的描述。不必非要以现代的自由观念和权利价值体系，牵强附会去解读中国的传统社会和国家，包括其中古老的法制文明。当然，在国家实行改革开放之后，不容否认的是，中国如何面对新的社会转型问题，具体说来，是如何对待中国古老传统包括法制文明在内的继承、发扬、改造以及吸纳新的外来现代法律文明的问题。包括法学界在内的学术界在这方面进行过大量的研究，并取得了令人鼓舞的学术成果。其中就包括适当地民情，吸纳西方现代法治和宪制文明中的积极元素。无论如何我们不应当对西方的法治和宪制文明不加分析地拿来为我所用。在我看来，在中国法学界的学术主流群体，大张旗鼓地宣扬在中国实行西方的"个人权利本位主义"，就属于不够审慎的学术主张。且不说西方是否真的做到了并真实地实现了"个人权利本位主义"的价值体系，特别是实体的价值体系，单就其刻意建构的"权利人"社会的各种弊端[①]而言，学术界主流群体就没有给予应有的关注和警惕。在20多年后的今天来看，伴随着中国人权事业的极大进步，不容否认的事实是，西方片面地宣扬和建构的"权利人"社会而产生的种种弊端，已在中国这块古老的文明载体上烙上了种种现代文明弊病的印迹，中国人在个人权利不断得到保障的同时，也深受这些不良印迹之害。回过头再来看笔者当时在此著作中发出的隐忧和焦虑（正是基于此种学术直觉才促成这部书的写作的），当不该被认为是杞人忧天了。

然而，从我现在的学术积淀和经验上看，审思之下，笔者仍然没有超越在法学术界一直占主导地位的"先验制度主义"的窠臼和范式。笔者在与"权利本位主义"的价值模式的倡导和建构"权利人"社会主流法学术界意见划清界限并分道扬镳之后，又身不由己地踏上"先验制度主义"的哲学道路，义无反顾地倡导在中国"建构理想的权利和义务价值体系模式和价值意识模式"。在今天的学术审思之下，这种价值模式不论是多么有价值的和可欲的，但本质上还是一种理想式的"先验制度主义"范畴。即使是得到包括学术界在内的全社会的认同与支持，也很难设想（当时笔者自己就有这种隐忧）包括权利和义务价值模式在内的法价值模式，会在本人描绘的笔直的康庄大道上顺利推进，直至最终得到完全的实现。由此可见，长期以来形成的治学哲学范式和路径具有多么深远和强大的影响，它在不知不觉中引领过去几代以至当

---

① 详见陈云生《权利相对论——权利和义务价值模式的建构》第五章第三节，人民出版社1994年2月版，第127—135页。

代众多的学术大家的学术前行。对于学术上远不成熟和学术极具浅薄的笔者来说,更是难以跳出其早已预设的"法网"。这是个人学识的视野局限所致,势所使然,势所必然。只要想一想,在当今的法学术界特别是宪法学术界,一些杰出的学术精英正在奋力创建自己的"门派"的同时,对自己所遵循的传统的哲学范式或路径,是否真的能够引领自己达到预期的学术理想,似无审慎的考量甚至全无此种意识、这种现状,就足以表明传统的学术范式或路径,对包括宪法学术界在内的学术界影响是如何至深且远了。这不免令旁观者如我辈过来人会产生某些忧虑之情,在感佩这些学术才俊的学术勇气的同时,也为他们涉嫌不切实际的学术目标,以及多少有些急于造出学术流派成果的治学态度,而感到些许的遗憾和惋惜。

(二) 关于《反酷刑》

在另一部著作《反酷刑——当代中国的法治和人权保护》中,笔者的研究哲学范式或路径却发生了重大的转向,即从"先验制度主义"转向了"现实比较分析主义"。不期然间实现的这种转变,或许与自己一向采取的兼收并蓄的治学态度有关。如上所述,"脚踏两只船"或许真的练就了熟练地掌握学术"平衡"的本领。但是,坦率地说,这种学术体认及见识在十四年前写《反酷刑——当代中国的法治和人权保护》时是没有的,当时只是出于学术直觉。当时认为,作为人权观念来说,事理本身就应当包括两个方面:一方面从积极的方面,即从正面对人权概念和保护理念应当予以高度重视和强调,用现代话语来说,就是要大力发扬人权概念和保护理念的"正能量"。另一方面,作为人权概念和保护理念也还有一个不可或缺的方面,那就是人权不受侵犯!正如一枚硬币的正反面一样,两面都不可缺,否则就不是一枚完整的硬币,人权概念和保护理念也是这样,正、反两方面缺一不可,这才是人权概念和保护理念作为一个完整观念形态应当具有的品质。

再从实践的层面上看,作为人权的保障及人权事业的推进,同样包含着正、反两个方面,缺一不可。从正的方面来说,当然是动员和组织一切社会与国家的资源和积极力量,采取各种适当的措施,特别是动员和组织法制的力量去积极地实施人权的保护。而从反的方面,则是通过上述资源和积极力量特别是法制的力量避免人权受到侵犯,并对已经发生了的人权侵犯事件,则使用各种必要资源的特别是法制资源的力量予以救济。这个人权保护事理既简单又明白,任何有正常思维的人都不难明白其中的道理。然而,在学术界特别是法学术界,主流学术研究上,却对上述人权保护和人权事业推进的反面,或消极力量的破坏力和影响表现相当的忽视,甚至对一些严重侵犯人权的现象,以及一些严重的酷刑事件视而不见,或表现出相当的麻木或漠视。笔者这种印象是基于当时学术界特别是法学术界,对人权研究总体状况的审思之后作出的判断。当时对人权的研究主要集中在人权概念与保护理念的积极的方面,如前所述,对于刚刚承认人权观念的普适性的中国来说,这方面知识和理念的宣传、普及和深入学理阐释是时代的呼唤,也是学理研究上的需要,完全应当而且必要。学术界主流群体在这方面发表了成千上万的文章、论文以及一批批的专著,可以说作出了巨大的贡献,书写了中国现代人权史上宝贵的一页。对于包括法学术界在内的整体学术界来说,对当时主流学术群体在这方面作出的突出贡献,无论作出怎样积极的评价,都不过分。

然而,从另一方面的,即从消极的消损人权保护和妨碍人权事业推进的方面来看,直接进行针对性研究的著述,几乎为零,更无一本以《反酷刑》为名目的专著出版。这一事态或可印证了我们上述关于当时中国人权研究总体状态的评估是正确的。

在人权的研究特别是人权保护方面的研究中,总体状态上的正与反或积极与消极的两极的失衡,其原因是非常复杂的,这里自不必深察。但作为正在致力于实施依法治国、建设社会主义的法治国家的总的战略目标的过程中,存在这种极不利于这个总的战略目标实现的消极现象,完全是一个对已经确立的正确目标的实现的一种干扰、妨碍的重大因素。当然,就是单纯地就人权保护和推进人权事业而言,也是一个严重的破坏因素。在这种体认下,即使再多的正面人权理论阐释和弘扬,充其量也只能对此种消极和破坏行为和现象,起到一些间接的理论引导作用;而对于实际社会和法律生活中,各种轻重程度不同的酷刑现象和行为,起不到直接的、实质性的扼制作用。应当将酷刑行为和现象作为一个现实存在的真实问题来单独加以研究，找出其存在和蔓延的根源，分析其产生、延续不绝的生成和发展规律，进而再找出相应的对策，以达到尽可能减少以至禁绝这类消融良好法律秩序的行为和现象。正是处于这样的学术考量，本人才在中国的改革开放20多年后，写出了第一本有关的专著。尽管当时笔者个人受到一些外界的压力，甚至都不被有关部门所认可和接受。但令本人感到欣慰的是，书中提出的一些建言建议，例如在审问犯罪嫌疑人或被告中，实行全程录音录像；受聘律师提前介入对有关案件的审理等，都在十几年间先后被国家立法规定下来成为正式的法律制度。当然，笔者不敢擅自揽功于自身，学术界和实务界还有很多人提出过此等立法建议，自己也许还不是最早提出这类建言建议的。但毕竟在《反酷刑——当代中国的法治和人权保护》专著中提出过，因而自认为自己当时作出的考量是正确的，对于国家法治的改进是出过力、作出过贡献的。

《中共中央关于全面推进依法治国若干重大问题的决定》明确指出："完善对限制人身自由司法措施和侦查手段的司法监督加强对刑讯逼供和非法取证的源头预防，健全冤假错案有效防范、及时纠正机制。"[①] 每次读到此处，我总是心生感慨。感慨之一：执政党中央领导集体法治观念进步是如此之速，以致十几年前尚不被接受的一些法治观念，如今已然得以充分的体认；感慨之二：就笔者个人而言，十几年前以个人绵薄的学术之力，勇闯"反酷刑"禁区，为此受到严厉审查而产生的委屈和压力，在今日朗朗的法治晴空下，已然如冰化水，得以释然；感慨之三：做人实难，为学也不易。无论做人，还是为学，都要努力做到坦荡、正直和诚实。通过对反酷刑的研究，笔者自信已经向这个目标又前进了一步。

回到我们讨论的主题上，该专著可以认为是基于"比较分析主义"的哲学范式和进路写作的。它没有追求建立一个宏大的、系统的人权理论，也没有设计一个"全能的"人权保护制度，而是针对当时较为严重蔓延的酷刑行为和现象进行实例的分析，在国际上和中国自己的历史

---

① 《中共中央关于全面推进依法治国若干重大问题的决定》，人民出版社2014年10月版，第24页。

上进行比较分析，既指出酷刑行为和现象的严重性及其恶劣的社会效果，又以一个平等的对话者的姿态进行劝慰，向有关国家权力层面，特别是向国家的立法层面建言建策，提出可行的改进意见。所有这一切，虽谈不上是严谨的"比较分析主义"，但在基本层面完全可以归属于这种人权研究的哲学范式或进路。当然，这是笔者现在才体认和总结出来的，这在当时是没有这种学术自觉的。

三 结论

综合以上分析，可以得出的结论是：（1）包括人权理论在内的法学研究应当关注和重视基于两派哲学范式或进路的适用，这方面的关注和重视之所以重要，是因为它直接关系到研究成果的品质和科学性。（2）于我个人而言，越早形成这方面的学术自觉，越能引导科研的顺利进行。（3）中国法学术界目前对于"比较分析主义"的哲学范式或进路还远没有引起重视，应当尽早地体认这种研究范式或进路优势以及与"先验制度主义"或"契约主义"互补的、相得益彰的学术效果，对以往及现实中的"先验制度主义"范式或进路进行适当的调整，并加大"现实比较分析主义"范式或进路的应用，肯定是必要的、适时的。

第三节 对新兴宪法学派的检视与省思

中国宪法学在最近几年内，由于圈内和圈外的一批青年才俊或以个人或以"学派"的身份，纷纷"闯入"传统宪法学固守几十年的学术领地，横扫了长期以来笼罩在宪法学研究上的沉闷的气氛，从而呈现了一派百家争鸣大好时代。我辈宪法学人在欣喜之余，对如此剧烈的学术动态的变化还有些不适应、不理解甚至感到困惑乃至忧虑。借此机会，想就个中的原委予以检视、省思，以就教于宪法学术界。

一 作为学术研究常态的"闯入"现象

我们是谁？我们从哪里来？我们又将到哪里去？这一古老而又长久的有关人类自身的哲学追问至今仍在困扰着我们，并引发哲学界孜孜不倦的探索。所有的社会科学或人文科学从本质上来说，都是关于人的学问，是要回答有关人的前世今生、生存和发展的各种形而上及形而下的一切的上述哲学式追问的问题。这一逻辑基础决定了在面对人的人性和社会性等极其复杂的问题时，往往需要综合运用各种社会科学或人文科学的专科知识或综合各学科的知识加以研究，此其一。其二是社会科学或人文科学的各学科知识，都是人类既往和现时的对有关人的认识上的知识积累，不可避免地带有学科和时代的局限性，用有局限的甚至并非科学性的知识，去认知具有无限广度和深度的人的本性和社会性，自然得不到完美的答案。为此，各学科联合起来进行研究，在一般情况下都能取得集各学科专长而导致认知或分析上的优势效果。由于以上两方面的事理逻辑决定，就造就了自有社会科学史或人文科学史以来，在有关人的本性或社会性的探讨和研究中，就出现了各学科的综合或交叉研究的现象。这是一种学术上的常态，古往今来莫不如此，故不足为奇。

然而，学理上的事理还不止于此，除人类的专科知识有限之外，还存在个人的专科知识上的局限性问题。由于人的学术生命及认知能力与精力上的自然限制，世上不大可能出现全知全觉之人，即使极少数的天才、大家也绝不会获得对某一人文或社会现象的穷尽真理的认识，因而人的知识总是有局限性或者是片面性。但事实上，各方面的专家往往都缺乏这种自知之明，诚所谓"当事者迷，旁观者清"之谓也。作为旁观者的专家基于各种原因而介入并非他本人专业领域去从事研究，这种现象在学术上往往用不太确切的"闯入"概念来表述。不待说，学术上的"闯入"并不带有或好或坏的价值预设，既不像第二次世界大战时期的德、日军国主义的对外国发动的侵略战争，也不像当今美国对阿富汗、伊拉克、利比亚（非传统方式）的军事进攻和占领行为，这些都是邪恶的、非正义的"入侵"行为。学术上的"闯入"不能用单一的好或坏的价值标准来判断，或者说这种"闯入"本质上是中性的，应以对其他学科的利弊的具体情势和效果来判断。

改革开放以来，中国的法学术界各学科之间就经常出现相互"闯入"现象。不无惭愧地说，笔者本人或许就是一个"作恶多端"的"闯入者"。试自己曝光如下：

早在20世纪80、90年代，当法学界主流力倡"个人权利本位"的鼎盛时期，我只身一人"杀"入人权研究领域，在一系列相关论文的基础上，于1994年出版了《权利相对论——权利和义务价值模式的建构》的专著。这是一本学术上反潮流的作品，其中力主破除"个人权利本位"的价值模式，改建权利和义务并重的价值模式。①

在20世纪90年代后期至20世纪头五年的十余年间，针对学术界和包括政治层面在内的实务界，对宪制和对宪法监督完全排斥司法化的手段的学术思潮，相继出版了《宪法监督司法化》和《和谐宪政——美好社会的宪法理念与制度》两本专著和大量的学术论文，力主在中国建构和完善社会主义的宪制，以及力倡在中国建立专门的司法机关实现对宪法实施的有力监督。②

自2005年以后，笔者在检察理论与实践主流研究的评价上，由于总感到长期在特定学科特别是刑诉学科的研究平台上难有突破性的创新研究展开，检察理论界自说自话的研究状况也难以破局。我认为，这种状况的形成至少有一个原因是必须承认的，即在检察理论的研究中，长期以来存在着宪法理论和宪制学说的缺位现象。由于缺乏这一重要学理的支撑，无论在检察理论上还是在检察制度的改革与完善上，都难以有突破性的进展。为了改变这个状况，也为了深入专业的宪法理论和宪制学说的研究，笔者一再深深地"闯入"检察理论与实务的研究，以宪法和宪制为平台对检察理论与制度进行了"创新性"研究，先后发表了一系列论文，完成了多项检察理论的重点和重大项目③，相关的专

---

① 详见陈云生《权利相对论——权利和义务价值模式的建构》，人民出版社1994年2月版。——笔者注

② 详见陈云生《宪法监督司法化》，北京大学出版社2004年4月版；陈云生《和谐宪政——美好社会的宪法理念与制度》，中国法制出版社2006年11月版。

③ 2007年最高人民检察院重点课题"法律监督的价值与功能"；2009年最高人民检察院重大课题"中国特色社会主义检察制度的完善"。

著《论检察》已于 2013 年 9 月由检察出版社出版,这是由最高人民检察院副检察长孙谦教授倡导和主持的《法学家论检察》系列丛书中,由笔者承担的一部上述的重大项目的结项报告,已经以专著的形式安排出版。

推己及人,由此及彼,可见笔者对当前的宪法学各流派不仅没有成见,反而热烈欢迎,恨之来迟。中国改革开放以来的正统宪法学研究从总体上看,卓有辉煌的成就。但也毋庸讳言,现时的宪法学研究从总体上看仍然欠缺活力和进取精神,大量低层次的宏大叙事式的研究仍在延续,观点陈旧,体系僵化,方法单一等,都是长久挥之不去的通病。一些号称"面对二十一世纪"和各种"新论",其实并没有摆脱传统宪法学或教义宪法学给定的窠臼,读来令人失望。如果我们主流宪法学术界在集体无意识的情境中,缺乏学术责任感和创新精神,没有用具有很强说服力的研究成果,彰显宪法理论和宪政学说的重要性,怎么能指望别人对宪法学科的重视和敬重呢?连自己都不能甚至不愿精心地种下宪法和宪政的理论种子,又怎么能指望法学术界、法实务界乃至政治主导层面,对宪法实施的重视和对宪制建构的强化呢?正是在当代宪法学研究停滞不前、缺乏活力的学术背景下,各路"诸侯"纷纷杀入宪法学和宪政的传统领地,驰骋疆场,逐鹿中原,可谓来得正当其时,即使稍嫌突兀,也道是得"偏师借重"之力了。

还须声明,笔者视各家"宪法学学派"为黑马,并对其在传统宪法理论和宪政学说的领地上"攻城略地"的行为视为"闯入",其实只是一个隐喻的修辞方法而已,绝非一个严谨的学术概念界定。此外,这一称谓其实也不严谨。就当前新兴的宪法研究学派而言,也是呈现你中有我、我中有你的胶着状态,就宪法的文义解释学派、规范宪法学派而言,其基本的学术力量大体上都长期是宪法学术界圈内之人,其中不乏受到宪法学术界同行敬重的资深学者或备受称道的青年才俊。对这些宪法学科基本队伍的人,无论是以个人的身份出现,还是以"学派"名目出现,我们理应"一视同仁",绝没有另眼相看的意思。如果有谁那样做,不仅不厚道,情理亦难容。不过,话说回来,如果那些宪法学术圈内的学者,无论是个人还是群体,他们提出的理论观点、体系,以及研究概念、方法等,偏离了早已得到公认的传统宪法学或宪法教义学的基本平台和学术规范,或者与"外来者"结盟,其理论和主张也应当被视为对传统宪法学或宪法教义学的"离经叛道"了,即使是以"创新"的名义出现,也不能改变他们学术身份和理论体系的"异化"事实。

还有些纯粹意义上的"外来户",他们是原本不为宪法学术圈内所熟知的学者。这在情理上,通常不被宪法学术圈内的学者视为"同行"。这种现象在所有学术圈内都是普遍存在的。当突然见有那么多的"外来户"自称或被声称是宪法学者或宪政学家,并自立学派或冠以"某某宪法学"或"某某宪政主义"等与宪法或宪政相关的名称,其观点或主张也都关涉宪法和宪政,俨然就像长期在宪法和宪政学术界"打拼"的学者或学派。更有些不为宪法学圈内的学者所知的学者站在意识形态或理论的高位上,对与宪法有关的概念任意诠释、划界、定性。对这些像"天上掉下的一个个林妹妹"似的"宪法大观园"内的老少"贾宝玉"们来说,一下子涌现这许多的宪法"同行",还真有些始料不及乃至突如其来感觉,看得目瞪口呆竟致手足无措,颇有些"宪法同行"身份认同上的"心理障碍"。我们这样说,绝没有拒斥他人参与宪法学的研究的意思。学术本身是开放的,从来都不是一个"从一而终"的学术现象。只是觉得在传统和现实学科,被承认并划分得越来越严谨和越来越精细的学术现象,被认为是一个合理的甚至是科学的学术界域以及相互分割林立的学术大环境下,难免会有再次陷入"你是谁?你从哪里来?你又到哪里去?你又去做什么?"的哲学式的追问了。

然而,上述学科分类、研究队伍排队、研究专业分割的内外有别,以及对研究人员"脸生面熟"等直观的看法,并不表明我们不能或不愿意,对现实新兴的宪法研究学派所从事的实际作为及相应成果,进行理性的审视、判断和把握。在我们看来,各家新兴的宪法研究学派的实际作为或观念,好比在传统宪法或教义宪法学这片平静的"池水"中投下了一颗"石子",诚所谓"一石激起千层浪",更何况投下的还不止是一颗"石子"。这对于打破以往传统宪法学或宪法教义学长期以来的"死水一潭"的局面功不可没。这种积极的学术作为,无疑向宪法学术界传达了一个明确的信息,即宪法理论和宪制学说的研究再也不能抱残守缺,消极地静观、等待而无所作为下去了。

现实的中国宪法理论和宪制学说亟须注入新的宪法和宪制理念，重塑理论体系，改进和增强对现实特别是政治现实、政党现实的研究，扩展新的研究视角，增加新的研究方法，以及吸纳和补充新的研究力量，壮大研究队伍等。就目前的总体情况看，上述信息是明确的，很多宪法学术界的专家、学者已经收到并加以消化和吸收，初步的增益宪法理论和宪制学说的效果已经显现。

不过，由于新兴的宪法研究学派的涌现毕竟来得有些突然，其研究作为及观念还需要进一步展现，其对宪法学及现实的政治体制改革的效果还有待进一步观察，当然宪法学术界对这一意料之外的学术景观，也需要有一个观察、体会的过程。有关这些综合因素的考量，我们不拟在本书中作为主题加以总结。但这并不影响我本人目前对此所持的积极评价态度，待条件成熟时，笔者愿意另拟专题论文加以总结和发扬。不过，既然当下对新兴的宪法研究学派的作为或观念，尚存一些不解或疑惑的方面，那么，在学术上先行予以检视则显得尤为重要，这样做，一是为了便于自己加强对这一学术景观的赏识；二是为了求教于新兴的宪法研究学派以及宪法学术界的诸位先进和同人。

二　对现实新兴的宪法研究学派学术作为的检视

"宪法教义学"与其他的"教义学"如"神学教义学"等，之所以值得我们接受并持续坚持的基本理由是，既充足又正当。因为诸如此类的"教义学"包括"宪法教义学"，是在漫长的历史和人类文明特别是法律文明的长河中，集纳百川而逐渐成形的，也是经过一代又一代的学术大师和思想家们，总结人类的政治和法律智慧而逐渐积淀、集结而成的。作为人类立宪主义的结晶的宪法观念和体系，它从远古走来，在前近代和近代扎根于人类政治和法律文明的沃土中，在现代则结出了一个硕大无朋的政治和法律之果。作为宪法学基本的教义，伴随和引领着人类宪法文明或宪法文化的发展，它以自己独特的一套概念、思想、体系、结构、认知进路、推理方式诠释和演绎着宪法的现象和本质。这套宪法学的基本教义一个最大的特征便是其理论的丰厚和博大精深，我辈的宪法学人即使穷其毕生精力，恐怕也只能做到粗通一点，绝不敢妄称已经融会贯通。它的另一个特点就是其规范性、普遍性和开放性。这是全世界的宪法学人可以进行学术对话和交流的知识和学术平台。从长期的学术背景上看，我们当代中国的宪法学人，不仅应当是这套宪法学术教义的承上启下的传承人，而且还应当坚信利用这套教义的宪法概念、体系和认知进路，完全有可能诠释中国百年来的宪法和宪制的现象和本质，包括中华人民共和国历次宪法的修订和宪制，特别是现行宪法和宪制。

当然，笔者主张坚持传统的宪法教义学，绝不意味着只应当墨守成规，教条式地或低层次地甚或严重脱离实际地诠释当代的宪法现象和本质。宪法教义学也需要发展，也要求不断进步和与时俱进。特别是在诠释当代中国宪法现象和本质包括现行宪法现象和本质方面，更需要有创新思想和更广阔的研究视觉进路。

在我看来，笔者以前分析过的中国宪法学术界关于"宪法学分支学科"的创建活动[①]，由于种种原因，或许最有可能是由于友邻学科的学者的广泛地、深入地"介入"而走向式微，转而向着创建各种宪法学研究的"学派"方向发展，并渐渐形成一定的"气候"和规模。它实而论，这些自称和被称为"学派"的宪法学或宪制学，特别是其中的政治宪法（宪政）学、规范宪法学、历史宪法（宪政）学、宪法解释学、社会宪法（宪政）学等的傲然而立以及以高昂的姿态闪亮"登场"，确实打破了传统宪法教义学长期以来"一统天下"的局面，也一扫宪法和宪制长期以来笼罩在宪法学上存在的低层次上的重复、僵化、脱离实际的沉闷气氛，大大地激活了宪法和宪制研究的活力，更为我辈专业人士打开了全新的、多角度的学术视野。嘉许、欣慰和感激之情溢于言表。限于篇幅，我们在此不能一一历数其利。

然而，从传统宪法教义学的立场上看，我辈宪法学人对这些新的宪法和宪政研究"学派"或研究进路，也有些不适应乃至疑惑之情。主要集中在以下几个方面：

第一，一批原来宪法学术界并不熟悉的其他友邻专业的学者，突然

[①] 参见莫纪宏、陈云生等《宪法的新发展》，中国社会科学出版社 2008 年 10 月版，第四章第三节。——笔者注

自称或他称为宪法和宪政学者，平地起高楼，在原本"白茫茫一片大地真干净"的宪法学术界，突兀地拔地建起群峰林立的宪法或宪政"学派"，令我辈宪法学人惊喜之余，也多少有些疑惑，他们是否储备了足以创立"学派"或自立观念的宪法知识素养，抑或他们早已完成了这个储备，竟能长期坚忍以至可以做到隐而不发？倘真如此，竟何以现实突然间爆发出来？当然，这样的设问只有在承认学术本身是一个要经过几年、十几年，乃至终生地坚守、执著追求和不懈努力的知识积累活动，才可能有所成就这个预设前提才是成立的。

第二，现实新兴的宪法和宪政的各种研究"学派"或观点，如雨后春笋般地创立，这种宪法学上的"奇观"，同许多原先形成的传统宪法学主流的许多学者一样，新兴的宪法和宪政研究"学派"的领军学者表现出来的对宪制、宪法乃至对中国宪政前景的不确定性的深深关切，是极其值得肯定的，表现了当代法学界精英阶层和有识之士的时代使命感和学术责任心。但在其披荆斩棘、另辟蹊径、奋勇向前的进取或退后姿态的背后，也似乎隐隐表现出对现行宪法实施和宪制建设现状，基于种种忧虑之思而呈现的焦虑状态，在一定意义上甚至也可以说表现出来的是某种"宪法和宪制焦虑综合征"。此类"焦虑综合征"如果发生在个体心理上，在现代医学是认定需要通过心理和药物治疗的一种疾病，否则就会损害身心健康甚至引发不良后果。那么，发生在宪法和宪制学术界是否需要调适甚至矫正呢？至少值得考虑。如果我们体认宪法和宪制的哪怕是些许的进步，就像任何政治、社会事务一样，都需要付出艰苦的努力，还需要一个复杂和漫长的协作、交流、互动过程的话，那么，现时表现在宪法和宪制研究中或隐或现的"焦虑综合症"或许首先需要调适、矫正一下了。假如人们以平和的心态审视和对待宪法本身存在的和宪法实施中存在的问题，才可能更有利于诸多宪法和宪制现实困境问题的解决。

第三，现实各种新兴的宪法和宪制研究中，涌现出来的各种"学派"或研究进路及观念，本质说来，应当是对传统宪法教义学的总体超越，其提出和倡导的是基于传统宪法教义学，既不能在理论上深入诠释中国的历次宪法文本特别是现行宪法文本，又不能引导宪制朝着正确的方向前进的前提预设下，希望通过自己的努力改变这种宪法学研究中的不给力的状态。正如前面所指出的，这种学术进取和创新精神是极可嘉许的。但如果仔细审视一下，现时各种新兴的宪法和宪制研究中，涌现的各种"学派"或研究进路或观念，所直面和欲解决的主要宪法和宪制问题，其实在传统宪法学或宪法教义学的研究中，早已直面并致力于解决过了，两者并无显著的差别。如欲不信，我们不妨将两者做个比较，一看便知。

传统宪法学或宪法教义学自 20 世纪 80 年代以来主要关注和重点研究的主题，大致可以极简约地梳理如下：20 世纪 80 年代至 90 年代初期，主要关注和研究宪法实施的保障及宪法监督问题，在长达十余年的宪法学年会上都以此作为会议的主题。这在本书的第四章第六节已经做过总结并分析过了。其中研讨的重点问题主要有三个：一是如何和怎样建制中国保障宪法实施的监督机构问题；二是可以简单地称之为"党政关系"或改变"以党代政"的问题，即如何在宪法理论和宪法实施机制上，协调和处理执政党的领导与人民当家做主的关系问题；第三个问题是是否有必要以及如何实现，宪法上规定的检察权独立行使和审判权独立行使的问题。

我们认为，这种研究主题的形成以及无果而终的结局，可能是由于以下一些原因造成的：一是宪法学术界在现行宪法颁布之前（当时曾公布宪法草案全文，发动全民讨论）以及颁布之后，在宪法注释学的意义上对宪法条文的释义，以及对宪法体现的原则和精神的阐释方面，占用了宪法学术界主流大部分的时间和精力；二是当时学界初开，又面临从苏联宪法理论向新型宪法理论的转型，宪法学术界在总体的知识储备上还很欠缺，理论上的薄弱尚不足以支撑这类带根本性主题的研究；三是宪法甫定，国家的政治、法律、社会等基本架构已在宪法上明定，"底盘"所限，难以在实践和理论上有所突破；四是 20 世纪 80 年代末那场突如其来的政治风波，客观上中断了宪法理论上那一主题研究的进路。

反观现实的宪法学各种"学派"或研究进路或观念，在宪法学研究的主题上，大体说来与 20 世纪 80 年代至 90 年代初传统宪法学或宪法教义学研究的主题，基本上保持了一致，也可以说是那个时代的宪法学主题在二三十年后的当代的赓续与再展开。从现实宪法学各种新兴"学派"或观念的领军学者的自己言说，以及"圈外"学者的评说上看，

"宪法解释学"和"规范宪法学"研究宪法的主要任务，是围绕宪法文本或（实证）规范，探究如何对其加以解释与适用的问题；而"政治宪法学"则强调与政治相关学科对宪法研究的意义，其中一派强调要融合政治哲学与法学，另一派则强调要结合政治哲学、政治思想史和政治经济学进行研究。前一派将宪法学的主要任务确定为用法律的语言来言说国家的政治问题，认为既然宪法的背后是政治，在言说时当然离不开政治哲学；后一派则适应中国宪法或立宪政治的要求，将宪法视为政治法，并进而强调其政治性，而将宪法学中的法律知识最多看作阐释立宪问题的一个辅助手段。

再从现实各种宪法学研究"学派"或观念，如何破解中国目前宪制面临的主要问题上看。"宪法解释学"认为，中国宪制最主要的问题不是宪法规定本身有什么问题，而是宪法现有规定没有得到很好的实施，从而应当主要通过宪法解释的方法来解决上述困境；规范宪法学基于对中国是"文义宪法"的体认，认为要实现以分权制衡和保障人权为目的的立宪主义，就首先要清除现行宪法有关集权甚至极权那种类似于城市与乡村中的"违章建筑"的东西，让中国宪法真正成为一部"规范宪法"。政治宪法学中，一派认为，应当重视宪法的实施，其中特别应当创设出政治的或法律的机制，让公民公开地挑战公共权力机关行为的合宪性，由权威机构作出裁决；另一派则主张，要以回归百年宪制中最早出现的共和政体为目标，为此应当切实着手制度改革，除此而外还要尊重法律的权威，厉行法治。

从以上的对照不难看出，现实新兴的宪法研究的各种"学派"或观念对宪法研究的主题选择的布局，从总体上看，并没有超出传统的宪法学或宪法教义学在二三十年前所圈定的主体范围。这使我们不得不认真地审视下述的问题，即相隔二三十年的两代宪法学者在不同的历史情境，都敏锐地抓住了中国宪法和宪制同一主题进行研讨，这种现象：一方面说明宪法现象之复杂难解以及行宪的艰难；另一方面或许说明了现实新兴的各种中国宪法学"学派"或研究进路或观念，在热情地创造的表象之下，并没有在宪法和宪制的实质问题上取得令人耳目一新的进展，至少在主题的选定及所要实现的研究任务和目标上是如此。除以上两者之外，或许我们还应当深刻地体认，宪法作为一种特殊的法律现象，其基本的"底盘"已由近、现代人类社会所给定，并逐渐在历史的进程中定型，我们当代人或许还有后代人只能在这个给定的"底盘"上操作或者做文章。不论声称是什么新奇的理论、学说或研究进路，最终都要被置放在这个知识的"底盘"上接受检验，以决定是否能够被接纳或被安顿。

　　第四，与上述分析可以链接的另一个值得审思的问题，是传统宪法学长期以来形成的价值共识应当值得尊重。即使在宪法科学进步的正当理由指引下，欲有所创新，也应当接受这个价值共识的检验。宪法学作为一个科学的体系，早已形成了较为固定的价值倾向、偏好和目标，只有在围绕着这个价值体系开展的研究才是有价值的，也才能得到宪法学术界的承认和接纳。在我们看来，现实的新兴宪法研究"学派"或研究进路或观念，恰恰在这个问题的把握上与传统宪法学的价值体系和目标不甚切合。诸如"整个中国的现代立宪过程尚未完成"；"……在政治民主基础上真正建立一个现代国家"；"面向道统，归宗道统"；"宪政先于民主"；"从'革命宪法'到'改革宪法'再到'宪政宪法'"等。这些提法尽管都是近、现代中国宪法认知方面或可视为有进取意义的角度，但实质上都是对近、现代中国在历史进程的地位、国情的特殊性方面的判断，并不关涉宪法的作为综合性价值与功能体系的实质问题。

　　第五，现时的新兴宪法研究"学派"或研究进路或观念理论，或隐或现地是以西方的宪法教义学的基本理论为基础，并以西方的宪法教义理论言说中国的宪法和宪制，这在理论联系实际的认知的意义上来说，无可厚非，事实上，如果把握得好，还可以充分展现其理论运用于实际的强大能力。然而，纵观各种新兴的宪法研究"学派"或研究进路或观念的各种分析和主张，其主要运用的理论范式基本上都是来自西方的传统教义学，诸如：借用西方的国家理论和政党理论，过分强调"民主国家"与"政党国家"在国家形态上的差异；借用西方的"高级法"理论认定中国执政党的党章就是中国宪法的"高级法"；借用西方的国家形态和宪政理论，认为，中国的现行宪法只可以说是"过渡政体下的临时宪法"；借用西方的宪政和民主理论，认为，西方是宪政先于民主，而现代中国应当像接受市场经济一样接受法治、人权、司法独立、分权制衡的观念,并以此先建成一个同质化的民主社会,然后期待中国宪政时代的到来,从西方的宪法模式推论出中国是从"生存宪法"到"自由宪法"的演变进程,或者借此寻找从"革命宪法"到"改革宪法"再到"宪政宪法"的逻辑演变机理,启发于西方的司法审查模式而主张通过政治宪政主义的理性建构,而最终走向中国的司法宪政主义等。

长期以来,西方包括宪法学者在内的学者一直都是以西方的宪法、宪制等观念为参照系,来分析、评价中国的宪法、宪制,其结果自然是由于与中国的宪理、宪制格格不入而形不成客观的科学认知。不过,这种状况在最近几十年有了很大的改观,由于相对主义的哲学的盛行及其引领,许多西方学者改变了原来的认知模式,从中国宪法和宪制特殊的生成条件、价值立场、功能及其作用创新,审视中国的宪法和宪制,结果反而收到了良好的认知效果。如果中国的现行新兴的宪法研究"学派"或研究进路或观念也能从中得到启发,用中国宪法和宪制的理论和价值搭起理论分析平台,可能获得一个新的视角和结果。然而,令我辈宪法学人感到遗憾的是,在各"学派"或研究进路或观念诸多的分析、评论中,找不到深刻的中国立宪、宪制建构的原理分析,给人以只知其然,不知其所以然的印象。

第六,是对现时新兴的宪法研究"学派"或研究进路或观念使用的诸多概念不适应,看不出其对宪法学的精深研究有何助益。特别是"政治宪法学派"或"政治宪政主义学派"一再强调:使用"革命之反革命"概念;用于宪政制度层面建立的理性化的"宪政结构"的概念,诸如用于实现法治化转变目标的"司法宪政主义";用于分析"宪政演化""逻辑演变机理"的从"革命宪法"到"改革宪法",再到"宪制宪法"的三个密切相关的概念;用于分析中国"根本性的中国宪法之法权关系"的"党国"概念;用于划分宪法和宪政主张派别的"保守派""歌德派""自由宪政派""左派""右派";用于鉴别国家形态的"民族国家"和"政党国家"或"党制国家";用于划分宪政时期的"过渡时期""非常时期""平常时期";以及"生存宪法""自由宪法"等。

宪法理论和宪政学说在长期的积淀、发展过程中,早已形成了自己独特的一套概念体系,这一套概念体系不仅在宪法学术界代代相传,而且也被友邻的法律学科的学者所承认和沿用。传至当代，我辈凡是受过良好、系统专业教育的宪法学人更是耳熟能详。"闯入者"为了给自己的学理分析找到必要的、足够的学理支持，就引入其他学科的一些概念甚至自己创造一些需要费时费力地说服别人以及让人理解的概念，这不仅使宪法学术界中的许多学人很难适用和理解，也给"闯入者"与宪法学术界的交流造成了一定的障碍。我们猜想，"闯入者"们之所以以如此高昂的姿态，大刀阔斧地"杀进"宪法学术界的传统阵地之中，应该绝不是为了展现自己"勇闯天涯"的志气，或者为了自己能在学术上通过"躲进小楼成一统"，而彰显某一"学派"的研究进路或观念的独立地位与影响之类。

三 对新兴的宪法研究学派鹊起的省思

作为宪法学人的笔者，从"闯入者"及其所创立的"学派"或研究进路或观念那里增长了学识的同时，也产生了一些困惑，两者合力致之，遂导致个人有所省思。

省思之一，是针对宪法学或者分开说宪法理论和宪政学说作为博大精深之学问而言，一个人在这个领域穷尽其毕生的精力和时间进行研习，都不敢说能够通透达理，充其量能够算得上已经"入门"就不错了。但无论是对作为国家根本大法的宪法和作为政治、法律、社会等方面深层次结构的宪政来说，它不仅体现多价值、多功能的工具理性，更浸润了对自身及其生存和发展的社会及国家最高的政治和法律关怀。作为人类的政治、法律方面的文明创造物，以及为实现定国家、安天下，保护国民的最高价值目标，宪法和宪制从历史深处发端，伴随人类社会和国家走过近代又来到现代，甚至在不可预期的未来都将与人类的后世子孙长相共存、交互护佑。为此，从长期的历史趋势上看，宪法和宪制都值得我们予以持久的高度关注，从而使立宪、行宪、宪制建设都朝着长久和稳定的良好方向发展。从这个意义上来说，宪法和宪制都应当得到我们当代人及后代人的珍惜、尊重乃至敬畏。现在宪法学术界常常被人提起的所谓"宪法信仰"，就是对此有了深刻的体认和高度的自觉之后而形成的崇高精神境界。

省思之二，从学术专业的立场上看，宪法学也是值得本学科业内有志之士的学人穷其一生而投入其中的崇高事业。这不仅仅是因为宪法和宪制特殊性质及其重要地位与作用所使然，也为其本身所具有的学科魅力所吸引。宪法和宪制所面对和需要解决的是人性中腹背受敌的两难问题，人性本身就是一个奥妙无穷的课题，在几千年的人类文明史上一直处于剪不断、理还乱的状态，再加上使其腹背受敌的宪法和法律工具理性的冲击，更使其玄妙难识、破解殊难。由此而致宪法和宪制本身成为一个取之不尽、用之不竭的"故事"和义理的宝库。一个宪法学人假如不想成为容易为世俗情欲和物欲所俘获的人，只有励志和全身心地投入，就会逐渐发现其中的学术兴趣，并被其中奥妙精远的学术场域所深深地吸引。

省思之三，如果有了上述的省察和体认，在情理之中人们会对那些经过深思熟虑又有备而来的"闯入者"，或者一时性起贸然而来的"闯入者"们的理论、观点和主张，持一种审慎的立场和态度，择其利者以丰传统宪法学或宪法教义学的义理与体量，而拒绝那些率性提出的不太靠谱或很离谱的言说和话语，有出息的宪法学人，应当用自己的实际行动向自己、向同行、向他人证明宪法学博大精深，一个人只有穷其一生的时间和精力，才能有所领悟和取得或大或小的学业成就。

省思之四，宪法学其实都是有关现代性的学问。时不我待，机不可失，面对繁杂多变的时代课题，如果丧失了学科的主体性和紧迫的使命感，自我洒脱于时代之外，被时局牵制以至自我麻痹不去关注严肃、紧迫的现实公共问题，遇到"雷区"绕着走，甚至总是对现实保持一定的距离，那你就应当深刻准备着接受他人的"闯入"。现实新兴的宪法研究"学派"或研究进路或观念景象的出现，已经不是第一次，也不太可能是最后一次，还会有其他的"学者"或以个人身份，或以"学派"或研究进路或观念的名义"闯入"，宪法学人自己的立场、态度本身，就是一个能对"闯入"的学科现象的发生起决定性作用的因素或缘由。

他人卧榻之侧，岂容自己安睡！其中的良苦用心还望体察！

第四节　宪法文化的"启蒙"

　　启蒙之语义，其中之一是指就社会群体而言，通过普及新知识、新思想、新观念，使那个特定时代的社会群体的人们，摆脱先前的愚昧和迷信状态，此为启蒙。如果这一过程要经过较长甚至几个世纪的时时，学术上和史家通称为"启蒙运动"。中国时下的宪法贯彻实施和宪制建设，尚有种种不尽人意的方面存在，究其深层次的原因是，因为中国的宪法和宪制是"西学东渐"和"中体西用"的产物，缺乏如西方立宪和宪制那种经历长达几个世纪的"启蒙运动"的教育和熏陶。就立宪和宪制规律以及事理逻辑而言，中国或许真的需要从立宪和宪制最基础的底面做起，补上"宪法文化启蒙"这一历史必修之课。

　　中国现行宪法颁行已然三十周年。30年间，中国的行宪和宪制建设成绩斐然，对于推行和深化国家的改革开放，促进各项社会主义现代化建设的蓬勃发展功绩卓著，确实是一个值得庆祝和纪念的大事。然而，从行宪和宪制建设的高标准上考量，中国的宪法实施和宪制建设仍有一些不尽人意的方面，须待改进和完善。为此，推进宪法文化的启蒙，从宪法文化的内在品质上强化社会各方面的宪法观念和贯彻实施宪法的自觉性，应当是一个亟待倡行和推进的重要方面。

一　"启蒙"的一般意义

　　何为启蒙？从最一般的语义上来说，它涵盖两层意义：一是指个体而言，使初学的人得到基本的、入门的知识，此即启其才智而摆脱蒙昧、无知状态，人们常把过去的私塾和现代的小学教育称为"启蒙教育"，此即是也。二是指就社会群体而言，通过普及新知识、新思想、新观念，使那个特定时代社会群体的人们，摆脱先前的愚昧和迷信状态，此为"启蒙"。如果这一过程要经历较长甚至几个世纪的时间，要对几代人进行这种开启民智的教育，学术上和史家通称为"启蒙运动"。作为"启蒙运动"又有两层意思所指：一是泛指通过宣传教育使社会接受新思想、新事物从而使社会在整体上得到显著的阶段性进步。在中国的学术思想界，有许多主流学者曾将在1919年前后发生的，以倡导西方科学和民主为宗旨的、大规模的、教育和思想解放运动称为中国近、现代的"启蒙运动"。另一是专指西方思想史上一个在特殊时期，具有特定思想内容的思想解放运动，这就是西方思想史上发生在17、18世纪的"启蒙运动"。那场特定意义上的思想解放运动之所以称为"启蒙运动"，是因为它前承"人文运动"特别是其中的"文艺复兴运动"的宗旨和思想成果，又致力于开启一个全新的思想体系的建构运动。在西方特别是西欧的中世纪晚期，在基督教神学思想和经院哲学的禁锢下，再加上政教合一的政治统治权力的强力控制，完全泯灭了人的自然本性特别是社会本性，扼杀了作为社会主体的自主性和个人生活的自主选择性，使人沦为被称为"上帝"的神主宰下的"奴婢"，在思想上只能以神意为依归，在行为上则完全听命于神意的安排。这就是说，在那个中世纪时代人已不再能称其为"人"了，作为神学"奴婢"，他们一切听命于神。其无知无欲，较之民智开启之前的蒙昧和野蛮时期人的愚昧程度来说，有过之而无不及，故学术界称那个时期为"黑暗"时期，意即当时人们生活在黑暗之中，不知所为，不明所向，浑浑噩噩地度其一生。但是，社会总要发展，人也在不断进步，再僵化的思想体系都不可能永远地将人的思想、观念禁锢起来，一场新的大规模的思想解放运动呼之欲出，势不可当。从12世纪直至16世纪，主要在西欧兴起的那场声势浩大的"人文运动"特别是"文艺复兴运动"就是在这种时代要求下应运而生了。那场运动以倡导人的自然和社会本性的重新发现和回归人的社会主体性为主要内容和宗旨，希望将人们的思想从基督教神学和经院哲学的禁锢下解放出来。但那时的人文学者究竟通过什么途径和以什么方式，达到人的思想解放的目的仍然很迷茫，鉴于那时的人文学者主流一致认为，古希腊时期的文明发展无论是在思想观念领域特别是在哲学领域，还是在文学、艺术领域都达到了很高的程度，人文主义学者当时认为，只有回到历史深处即古希腊时代去"复兴"其文明，才是摆脱人类自然本性被泯灭、思想被禁锢的路径选择和实现方式。但历史是不会完全回复到古代的深处的，当时人文学者尽管在致力于从古希腊文明特别是从古希腊艺术的"复兴"中，取得了思想解放的巨大成果,但最终没有找到能够引领社会向前发展的正确路径。这个历史性使命最终由"启蒙运动"来完成。启蒙学者在人文学者积淀的思想成果的基础上,致力于发现人类自身的理性和自然法为主要观念体系的,以此达到人类思想解放的目的。这是一套系统的全新的思想体系,是人类认识自身及其社会的真正新的出发点,也就是在这个意义上被后人称为"启蒙运动",而其中一批卓有建树的学者被后人称为"启蒙学者"。

在中国的近代史上被通称为"五四运动"的那场具有重大历史和思想意义的运动,也被一些学者称为中国的"启蒙运动"。"五四运动"中的领军式学者如陈独秀、李大钊等则被称为"启蒙学者"。"五四运动"虽然也被称为"启蒙运动",但与西方的"人文运动"特别是其中的"文艺复兴运动"以及承接的"启蒙运动"不同,中国的"启蒙学者"并不主张回到中国历史深处中去,相反却认为,中国之所以在近代积弱成为一穷二白的国度,完全是中国古代自身以儒学为核心内容的古代文化,特别是儒教中被简约称为"三纲五常"的伦理体系是"吃人的礼教",也是扼杀中国社会的进步的"元凶",因而提出"打倒孔家店"的反传统的口号,致力于倡导主要源于西方近代的先进的"科学"和"民主"的全新观念,以及建构全新的自然和社会结构体系。这在当时的中国来说,无论是在人们的思想解放上还是在社会结构的建构设想上,确实可以称为一种"启蒙"。因此,如果将中国的"五四运动"称为中国的"启蒙运动"确也名副其实,只是在中国包括史家在内的学术界,约定俗成地习惯将那场启蒙运动称为"五四运动"罢了。

本题意义上的"启蒙"同一般开启民智意义上的"启蒙"有相通之处,但同欧洲和中国的那种成规模、长时期的"启蒙运动"又有所区别。区别之一是我们并非刻意地去发动一场规模浩大的"启蒙运动"。这首先是我们尚有自知之明,且不说笔者既无资格又无能力去做任何一件惊天动地的"伟业",发动一场宪法文化上的"启蒙运动"无疑就是一个"伟业",单就个人做人的低调品性,特别是淡泊明志、乐于守成和安贫乐道的个人内在的价值追求,连想都不去想去做建功立业的"壮举"。区别之二是我们并不倡导去发动大规模、长时期的"宪法文化启蒙运动"。我们清醒地认识到,发生在西欧前近代时期的"启蒙运动"和中国1919年称为"五四运动"的"启蒙运动",只能是在历史上给定的特定社会情境下的产物,虽说现实中发生的事有时同历史上发生的事有着惊人的相似,但像前述历史上的那两场"启蒙运动"恐怕不会在今天和未来再次出现,因为失去了发生像那两场"启蒙运动"的社会条件。区别之三是现今社会的民智基础较之几十年、几百年前的民智基础大不相同,先前的民智是一个在基督教神学和经院哲学禁锢下的蒙昧状态,在宗教强大的、渗透到个人社会生活各个方面的影响下,人们甚至意识不到个人是作为独立的人格个体的存在,因而完全泯灭了人自身的本性;而在当代,社会的文明程度和人类的开化程度,早已同先前的社会和人类不可同日而语了。单就宪法文化来说,经过几百年的立宪活动和宪制建制历程,宪法和宪制的基本理念早已深入人心,即使在中国这样后发立宪和建构宪制的国家,经过百年的立宪和建构宪制的历练与熏陶,"宪法是国家的根本大法""宪法是国家的总章程"这样的基本理念早已为人所耳熟能详。如此说来,现在再来倡导"宪法文化启蒙"似乎并无缘由。然而我们并不完全这样认为,之所以现在还提出和倡导"宪法文化启蒙",是基于如下的对现行行宪的深沉忧虑和对改善宪制建构的期盼。

二 在中国倡导实行"宪法文化启蒙"的历史和现实理由与根据

我们现在提出和倡导在认真与贯彻执行宪法的同时,也要切实关注和重视"宪法文化的启蒙",正如前面所表明的,确实有我们的理由和根据。大致说来,这种理由和根据既有历史的,也有现实的。

(一)历史的理由和根据

前已指出,中国的立宪和宪制是近代一百多年间"西学东渐"和"中体西用"的产物,不是在中国本土自己的文化和法律元素"自发"生成的。因此,中国近代以来的立宪和宪制缺乏深厚的社会历史的根基,这是中国立宪和宪制的先天不足,这一点必须首先予以正视。但仅仅正视是不够的,进而还应当予以重视,因为这不仅仅是一个历史欠账，而且更重要的是由于经两千多年历史的积淀，在中国的文化、观念和法律制度层面业已形成的坚实根基，并非一朝一夕就能够轻易地翻动或一下子就能简单地清除的。因此，要让外来的宪法和宪制的"物种"，在这块古老的坚硬土地上生根开花并结出硕果，绝非易事。明代万历年间，以意大利人利玛窦为代表的西方传教士来华传教，才带来了西方的科学与认知世界的西方文化。当时只有宋应星和徐光启等先进知识分子，基于兴趣而非改造社会和自然的目的，才接受了西方的先进科学与认知思维，至于广大的知识界，由于与当时在儒家思想和皇权政治的统摄下的"致仕"前程毫无关联，故拒斥了西方的先进科学和认识思维。相反，以利玛窦为代表的西方传教士，将他们在华的所见所闻及其感受以书信的形式传到西方，并相继结集出版，就当时在天主教神权思想和经院哲学禁锢下的西方知识界，打开了另一个世界的窗户。中国古老的文明形态，特别是科举制度等给西方知识界的不仅是稀奇，更多的是启迪，并进而作为外来的借鉴和鼓舞力量，促进了当时西欧世界正在开展的大规模"启蒙运动"。利玛窦等传教士本来是为了在华传播西方的宗教文化，不期然却开启并促进了西方的"启蒙运动"。由此可见，中国古老的文明对西方的近、现代文明早已以这种特殊的途径和形式作出过贡献。

到了现代，尽管现代性和现代化有巨大的能量，能够在短短的几十年的期间内以摧枯拉朽之势横扫世界上的每一个角落。然而，现代性和现代化的大潮只能挟裹社会表层的经济、政治、法律等表面结构，通常难以冲击社会的深层次结构，特别是文化深层次结构。这在中国的特殊历史和现实情境下更是如此。众所周知，中国是一个古老的文明大国，与世界上其他的文明古国相比，中国的古代文明自史前伊始，就获得了独立发展的历史机遇，五千年赓续不断，直到近代才受到西方近代工业文明的冲击。在中国的几千年的漫长的历史进程中，国家始终以农业立国，农耕遂成为"国之大本"；与此同时，在"农业文明"或"土地文明"这个坚实的经济基础上，建构了一系列与之相适应和配套的上层建筑的文明形态，包括社会结构、国家制度、文化模式和法律形制等。其中的文化模式的基本特征是以儒家的德、礼教化为核心内容，而辅之以法律的制度。即使如此配置德、法关系，也从不视法律为独立的规范实体,不仅法律的制备浸淫着德、礼教化的内容,即"引礼入法",而且法律的执行与适用,也通过"引经释法"以确保法律适用的工具性价值目标与德、礼教化的最高和终极目标保持一致,即最终实现"德主刑辅"的治国模式。几千年积淀的结果,致使中国传统社会形成了稳固的"人治"模式,而"法治"除在"战国时期"取得"百家争鸣"中"一家之说"的地位外,再也没有在中国古代的治国方略上发挥过主导作用。唯有奉行和发展西方式的自由主义,才会走向法治乃至走向"唯法律主义",中国先天就缺乏自由主义的传统,因此无论如何不能走向法治,更形不成"唯法律主义"。这就是中国古代特殊的历史进程造就的特殊的社会情境。而近代"西学东渐"以及"中体西用"风气所及,自然会使引进的西方法律文化包括宪法制度,遭遇到中国的国情造成"水土不服"的状况。在此种情境下,中国只有两种可能的选择:一是固守传统,继续抵制乃至阻击外来文化包括法律和宪政文化的冲击;二是顺应历史和时代潮流,以博大的胸怀包容、吸收外来的文化包括法律和宪制文化,在这个古老的国家里实现革命性的、带有根本性的变革,通过"变法"先是自救免于被西方列强亡种灭国,进而实现自立自强,重新崛起于世界民族之林。前一种选择已然不再可能,因为历史没有回头路能走,现代化的大潮挟裹一切奔流向前,不论情愿或是被迫,都要顺势向前,再也没有回头路可走,这是时代和社会发展使然。后一种选择尽管也有情愿或者被迫的差异,但终归是不得不作出的选择。无论在中国的近代史上曾出现过多少被迫选择的情景,但最终还是自愿地走上西方立宪、宪制和法治之路,在当代则被国家的执政党和国家政权确认为治国的战略方针。

但我们必须清醒地认识到,建立法治国家只是解决了治国方略的问题,至于实施依法治国方略后续的一系列社会基础的改造和配套机制等问题,则需要更深、更细的谋划与建构。其中最大的困难和挑战,莫过于适时地改造中国本土的法律文化的模式,以适应现代法治的生存和发展对法律环境的需要。但这绝不是一个简单的"知行"问题,它较之一般的社会工程更加艰难。事理逻辑和经验告诉我们,这项法律文化模式的改造工程,必须从最基础的地方做起,即首先在我们的社会和国家实现现代法律、宪法和宪制文化的"启蒙"。否则就不可能真正做到依法治国，也不能真正实现建成法治国家的战略目标。不能想象，在缺乏现代法治、宪治基础的社会环境和法律、宪法、宪制基础条件下，我们就可以凭空建成一个现代法治国家。这就是我们为什么要在当代进行"宪法文化启蒙"的历史理由和根据。

（二）现时的理由和根据

第一，对作为国家根本大法的重视程度远远没有达到理想的状态。尽管中国宪政运动已历时百多年，光是中华人民共和国的立宪史都已超过一个甲子年，加上中华人民共和国成立初期起临时宪法作用的《中国人民政治协商会议共同纲领》，中华人民共和国成立后已经制定过5部宪法，更有对宪法做过多次的局部修改，但从总体上来说，我们至今还没有在治国的层面上真正把宪法作为治国的工具性作用重视起来。中华人民共和国在历史上长期形成的主要依靠执政党和国家政权的政策治国方略和传统，在执政党和国家确立依法治国的战略方针以后，依然没有作出重大的战略转变和调整，治国政策的运用无论是在重量上还是在运用的熟练程度上，都胜于在治国法律的运用，更远胜于对宪法的运用，这就使宪法的工具性价值的发挥大打了折扣。

第二，对宪法的综合性价值与功能认识长期处于低层次状态。作为现代的宪法，已经不是在一二百年之前只是用一些简单的条款规定国家政治活动的规则，就基本上达到宪法品质的要求了。现代宪法早已逐渐演化成为一个综合性的政治法律乃至社会性的文件了，被赋予或期待实现综合性的价值与功能。但在中国，我们长期以来仍然主要视宪法为政治文件，并主要发挥其政治价值与功能，对其他的价值与功能包括其法律价值与功能，在不同程度上予以忽视、轻视甚至缺乏最起码的体认。

第三，在国家自20世纪80年代组织的大规模的三次"普法"活动中，从指导思想到组织实施的过程，都以普及"刑法""治安管理处罚条例"等惩戒性法律、条例为主要内容，而其宗旨也主要放在教育公民要遵法守法、避罪远罚。而作为国家根本大法的宪法，其普及的程度和范围既低又窄，对提高公民的宪法意识和增强各方面特别是政治层面，认真和加大贯彻实施宪法的自觉性和积极性助益不大。以至直到今天，我们仍然必须承认就举国上下，各个层面的总体来说，宪法观念淡薄的状况依然没有明显的改观。

第四，在法治与宪治的关系上，强调和重视前者，轻视和忽视后者。本来，领导国家的执政党和国家政权通过中共党的纲领与国家宪法，早在20世纪90年代中期就确立了依法治国，建设社会主义法治国家的治国战略方针，这应当说是中国政治进程上具有里程碑式的巨大进步。然而，由于我们缺乏必要的宪治观念，如同在"普法"中出现的情景一样，我们只强调和重视依一般的法律治国，而轻视或忽视宪治，甚至都很少有人提到或听到"宪治"这个词。在西方宪政发达的国家，"宪治"的理念很普及，与此相对应的是，我们对"宪治"的概念甚至连这个词都很陌生，更别说"宪治"的理念早该是深入人心了。之所以出现这种状况，归根到底是我们的宪法观念淡薄，"宪治"理念的缺乏。

第五，宪制观念的缺失。在前述法治与宪治的关系的认识和对待上出现重前者轻后者的偏差，尚情有可原，毕竟对法治的重视与强调事实上是可以部分地"替代"宪治，并不失两者之间在本质及目标、宗旨上的一致，而在国家的宪制方面则无法找到"替代"宪制的政治法律方面的资源，即使是执政党和国家的"政策"，各种管理上的"制度"都不能"替代"依据宪法而建构的一整套国家的根本制度。如果说，宪制观念的缺乏在中华人民共和国60多年行宪的经历上无论如何都不应当出现的话，那么，再把宪制与国家政治领导力量倡导的治国的大政方针和政策对立起来，甚至无端地以社会主义和资本主义来定性和"选边站"是很不应该的。这也是宪制观念缺乏的体现。

第六，中国现时在社会和国家各个层面，包括政治界、法律实务界和学术界，对宪法的价值与功能的体认和运用，还主要体现在其工具性的价值与功能方面。这虽不失为重要的体认与运用，但毕竟是浅层次的。也正是因为是浅层次的，故在体认与运用方面存在两种颇为极端的偏差。

一种偏差是把宪法看成一种"箩筐"似的东西。这个在宪法重新修订或局部修改时表现尤为明显。各个利益团体或部门包括各社会组织和国家机关，通常希望或强烈要求将它们的愿望和利益诉求写进宪法，从而被正式确认和固定下来。应当承认,各社会团体和国家机关在宪法中能够反映它们的愿望并表达它们的利益诉求,这种做法并没有什么不妥,是一种再正常不过的事情,宪法本来就是一个"容天下之私,以成一国之公"的特殊文件。这就是要求我们必须从积极的方面对这种自利行为加以肯定。希望在宪法上留下它们愿望和利益诉求的印记,这本身恰恰说明它们,或者说它们所代表的各个利益群体的广大民众对宪法重要性的体认和尊重,希望宪法能成为社会各阶层谋求权益的保障书。但反过来说,各种愿望和利益诉求并非都是经过审慎的理性把握后提出的,局部的利益也并非总是与社会和国家之根本的、长远的利益相协调,当然更非总是一致的。通常在重新制定宪法或局部修改宪法时,总是通过各方面的"博弈"之后取得某种妥协或折中的结果,而不致造成各种愿望和利益诉求的显失均衡。但我们同时也认为,在中国宪法文化缺失启蒙的状态下,一种理想的平衡状态并不一定总能达成,潜在的利益失衡的危险还是存在的。我们之所以认为,现时的基本社会和国家层面以及在广大民众之中,需要进行宪法文化上的启蒙,就是基于这种体认。

另一种偏差是把宪法视为一种"百宝囊"似的东西。似乎里边藏着无数的"法宝",只要公民、社会和政治层面需要,就把这个"百宝囊"打开祭出所需要的法宝,并最终像神话小说中所描绘的那样,持宝者必能大获全胜。在现行宪法颁布 30 年的过程中,从公民私房的不合理拆迁到社会层面的各种时代话语,宪法这个法宝都曾被使用过。不错,正如前面我们分析过的,宪法确实不应当仅仅作为规范社会和国家的重大事务特别是国家政治法律深结构层面的事务,还应当贴近老百姓的生活,使它以适当的方式直接影响公众的日常生活,包括增进他们的社会福祉。但我们也必须清醒地意识到,宪法毕竟不是国家的法律大全,正如斯大林所正确指出过的,宪法是国家的根本法,而且仅仅是国家的根本法。除美国加利福尼亚州宪法有关种植葡萄藤税收的精细规定外,世界上绝大多数宪法都不是直接为公众日常生活和社会、国家琐碎事务的管理设计和制定的。这是宪法不同于其他的法律的根本性和特殊性。但中国公众对此并不十分了解,有的甚至缺乏这方面的基本常识。在他们的朴素的情感中,只是简单地认为,既然宪法是国家的根本大法，一定就是最管用的，因而在他们的切身的合法权益受到侵害时，就情不自禁地拿出宪法文本对侵害者宣示，对自己合法权益加以保护的主张和勇气。在"文化大革命"中从国家主席到改革开放以后的城市房屋拆迁中的住户居民，都曾这样简单地、直接地用高举宪法文本的方式试图保护自己的合法权益，但结果可想而知。因为在全社会、国家层面在对中国宪法性质及其运作方式，还处于很低层次的认识状态下，对立方或许用另一种认知去解读宪法及其法律效力，他们或许也只是简单地认为"权比宪法大"或"钱比宪法贵重"，再或许说，"宪法和法律是管老百姓的，而不是管政府的"；抑或干脆就说，"宪法算个啥，在这里不管用"等。总之，以上情景中的双方都缺乏对宪法起码的认识和尊重，宪法不受重视也就不足为奇了，这也正是我们提出和主张要在我们当今时代，需要在全社会、国家的层面上，进行宪法文化启蒙教育的现实根据之一。

或问，我在本文前后宣示了两种观点：先是一种观点认为，宪法应当尽量贴近老百姓的生活，使其得到经常的、灵动的适用；后又另一种观点又如刚刚所主张的，宪法是国家的根本法，不宜拿来直接为公众的日常生活和社会、国家琐碎事务的管理所适用，这岂不前后矛盾？笔者认为，并不矛盾。前一种尽量贴近适用是指宪法存在这方面的潜能，应尽量发掘适用以为一般法律的补充和助益，并非要人们将宪法视为普通法律一样直接加以适用。为此，我们并不赞成"宪法也是法"这样的非科学严谨性的表述。而主张不适宜拿宪法来直接适用。这除了宪理和法理上的考量之外，更主要关系到宪法的适用方式问题。这个问题的逻辑起点是，应当承认宪法具有这方面可以直接服务于公众合法权利和福祉的潜能和价值。逻辑次序的展开应当是：鉴于宪法是特殊的法律文件，又不能像对待普通法律那样直接由国家的司法、行政机关等直接适用，而必须以某种专门建构的机关、某种专门设计的机制来加以适用。换句话说，宪法只能通过某种特殊的中介环节和某种专门安排转换机制，才能用于为公众的合法权益和福祉服务。中国在21世纪前十年间所讨论的宪法适用的"司法化"或简称的"宪法司法化"，就是这种适用的中介环节和转换机制。还可以再用一个最显然的例子来加以说明。在美国于1954年由联邦最高法院通过判决，推翻1896年的"隔离但平等"种族关系的原则以后,虽确立了种族隔离是违宪的新原则,但在各项民权法制备之前和其间,历史上沿袭下来的种族隔离政策仍在事实上实行,直到20世纪60年代之前和期间,美国的有色人种即使手里拿着美国宪法的文本,仍然不能坐进专为白人使用的火车、公共汽车,不能进为白人开设的餐厅吃饭,也不能与白人一起进影院看电影等。只有一些勇敢的有色人种冒着坐牢的危险"坐进"或"进入"白人场所,从而引发一系列的司法官司以后,经法院的判决,才最终不仅在宪法和法律上而且在事实上彻底结束了种族之间的隔离。当然,观念上的藩篱要彻底清除还需假以时日,这是后话,另当别论。此例足以说明在一个成熟的宪政国家,宪法是怎样通过司法中介和审判机制,而适用到普通大众日常的社会生活中去的。不过,话说回来,这种适用的原理与机制已经超出了宪法文化的启蒙的话语意境,而成为更深层次的宪法文化自觉的话题应当关注和讨论的意蕴了。

还可以举出另外一些有关宪法文化启蒙必要性的理由,但仅这几点就足以说明问题了。如此说来,我们主张和倡导在宪法文化上来一次启蒙式的教育,绝不是空穴来风,而是根据和基于中国现实宪法文化的实际状况而作出的体认和研判。

三 当代实行"宪法文化启蒙"粗略设想

无论我们提出多少强有力的理由和根据支持,应当在当代中国实行"宪法文化启蒙",但总归是一个知易行难的问题。不同于近代的西方启蒙运动,也迥异于中国近代的特别是"五四运动"式的"启蒙"。先前那种历史给定的社会基础和文化模式早已不复存在,当然,同样的历史机遇也不会再现。因此,若要在当代中国实行"宪法文化启蒙",只能立足于现实的社会基础和宪法、法律情境之下,结合历史经验但又不必拘泥于先前的"启蒙"成例,创造性实行"宪法文化启蒙"。鉴于我们只是倡行在当代中国实行"宪法文化启蒙",基本上还是一个观念上的创意,并非一个可以操作的践行问题,因此,这里不必要,实际上也不能作出详尽的规划,事理逻辑和能力决定只能提出一些粗略设想。

第一,现实倡议中的"宪法文化启蒙",只局限于我们宪法学领域并不在所有法学学科内倡行，更不推及整体的文化领域。尽管如此，我们依然希望在法学界和文化学界，能有选择地实行"法律启蒙"和"文化启蒙"。费孝通先生生前倡导的"文化自觉"，愚以为应当理解为在"文化启蒙"的基础上更上高一层的文化境界。

第二，我们并不一般地主张和倡行"宪法文化启蒙运动"。鉴于中国的特殊国情和以往的经验，对任何一种"运动"的倡行都应当慎重对待。为此，我们主张在当代中国倡行"宪法文化启蒙教育"更为适当和可行。

第三，应当充分利用当代中国"普及法制宣传教育"的现有资源，并进一步挖掘这方面更多的潜在资源。为此，应当改变对以往"普法"过程中对宪法的轻视和忽视的状况，加大对宪法的普及宣传教育的力度。

第四，应对国民教育体制的法学课程安排作出适当的调整，在研究生的教育中，除宪法学专业外，只将宪法学的学习作为"选修课程"安排的思路应当改变，使宪法学成为一切法学学子们的"必修课"，应当视为理所当然。

第五，在现实政治实务界，应当重视宪法在建设法治国家中不可替代的引领和统摄作用，并加大宪法实施的力度。

第六，在国家的立法层面上，应当进一步重视和加大宪法实施的配套法律的制备，以及各种有利于宪法实施机制的建制，务使宪法的贯彻执行具有可操作性。

总之，"宪法文化启蒙"的倡行是一门大学问，应当徐徐图之，稳妥地推进。

全书结论："宪法文化启蒙"是一个有着重大而又深远意义的话题，值得深入地加以探讨和研究。

第五节 宪法文化的自觉

在现行宪法颁行 30 周年之际，笔者为这个值得纪念的盛事写过并发表了"宪法文化的启蒙"感怀文章①,但至今尚有诸多感怀,觉得言犹未尽,为此又以"宪法文化的自觉"命题,再续感怀之作,是为"之二"。

一 "宪法文化的自觉"命题的提出

首先必须申明,宪法文化的自觉这个理念由笔者在宪法和法律学术界率先提出,但并不表明这是一个由笔者个人原创的概念和理念,而是受在中国备受学术人敬佩的社会学学术大家费孝通先生的启发。费老从学60多年,在社会学、人类学等领域学贯东西,成为一代学术宗师,他在最近20年间,作为一个耄耋老人却高瞻远瞩,心怀学术壮志,根据中国的学术实际,明确提出和力倡要在中国实现"文化自觉"。根据费老自己的解释,他提出和倡导的"文化自觉"的核心要点如下。

"'文化自觉'是当今时代的要求,并不是哪一个人的主观空想,它指的是生活在一定文化中的人对其文化有'自知之明',并且对其发展历程和未来有充分的认识。同时,'文化自觉'指的又是生活在不同文化中的人,在对自身文化有'自知之明'的基础上,了解其他文化及其与自身文化的关系。10年前在我80岁生日那天在东京和老朋友欢叙会上,我曾展望人类学的前景,提出人类学要为文化的'各美其美、美人之美、美美与共、天下大同'作出贡献,这里特别意味着人类学应当探讨怎样才能实现文化的自我认识、相互理解、相互宽容和并存及'天下大同'的途径,这正是我提出'文化自觉'看法的背景的追求。简单地说,我认为民族关系的处理要尊重'多元一体格局''多元一体格局'是在中国文明史进程中发展出来的民族关系现实和理想,这对于处理文化之间关系,同样也是重要的。全球化过程中的'文化自觉',指的就是世界范围内文化关系的多元一体格局的建立,指的就是在全球范围内实行和确立'和而不同'的文化关系。"②

---

① 陈云生:《宪法文化的启蒙》,《法治研究》2012年第8期。
② 费孝通:《文化自觉 和而不同——在"二十一世纪人类的生存与发展国际人类学学术研讨会"上的演讲》,第13页。

费孝通先生还在另一篇文章中提出他之所以提出"文化自觉"的背景及其意义,他指出:"'文化自觉'这四个字也许正表达了当前思想界对经济全球化的反应,是世界各地多种文化接触中引起人类心态的迫切要求,要求知道:我们为什么这样生活?这样生活有什么意义?这样生活会为我们带来什么结果?也就是说人类发展到现在已开始要知道我们的文化是哪里来的?怎样形成的?它的实质是什么?它将把人类带到哪里去?这些冒出来的问题不就是要求文化自觉么?"[①]

"'文化自觉'只是指生活在一定文化中的人对其文化有'自知之明',明白它的来历、形成过程、所具有的特色和它发展的趋向,不带任何'文化回归'的意思,不是要'复旧',同时也不主张'全盘西化'或'全盘他化'。自知之明是为了加强对文化转型的自主能力,取得决定适应新环境、新时代文化选择的自主地位。文化自觉是一个艰巨的过程,首先要认识自己的文化,理解所接触到的多种文化,才有条件在这个已经形成中的多元文化的世界里确立自己的位置,经过自主的适应,和其他文化一起,取长补短,共同建立一个有共同认可的基本秩序和一套各种文化能和平共处,各抒所长,联手发展的共处守则。"[②]

费孝通先生提出的"文化自觉"的概念和理念,不仅在文化学、社会学和人类学领域具有重大学术影响,并已成为近20年来热门的研究话题,而且在整个中国学术界都有强烈影响。受费老"文化自觉"理念的启发,笔者在宪法学术界乃至整体法学学术界率先关注和研究"宪法文化的自觉"的话题,尽管不是笔者原创的,但也绝非一个毫无意义的联想。在我看来,对"宪法文化的自觉"的关注和研究,不仅恰逢宪法和宪政的时代话题,而且具有十分重大的宪法理论和宪政实践的意义。但对本书的主要任务还是要简要地说明一下,为什么在中国宪法学术界需要实现宪法文化的自觉?

"宪法文化的自觉"与"宪法文化的启蒙"既有性质上的内在关联,又有事理逻辑上的承接和顺延关系。本质说来,既然客观上存在"宪法文化的启蒙"这个前提,那么,就可以肯定地说在宪法文化上还

[①] 费孝通:《反思·对话·文化自觉》,《北京大学学报》1997年第3期,第20页。
[②] 同上书,第22页。

没有达到"自觉"的程度。然而，这仅仅是问题的一个方面，我们在学术上更关注另外一个层面的问题，即：如果说"启蒙"更集中表现在社会的一般层面和普罗大众并非仅仅是"宪法意识"的薄弱，而是更多地表现在"宪法知识"的缺乏甚至"不识"状态的话，那么，"自觉"似乎更集中体现在社会的思想界特别是知识精英的阶层。理智告诉我们，任何人都不愿不加分析地或傲慢无礼地说思想界人士特别是知识精英们对"宪法意识"尽付阙如或对"宪法知识"毫无所知，而是指他们对宪法文化在认知上还没有达到"自觉"意识的程度。然而，我们又不得不但也极不情愿地指出，从我们宪法学业内的观点看来，在中国的思想界特别是知识精英阶层至少有相当多的学者对"宪法文化"都处于这种不那么"自觉"或者"不自觉"甚至"完全不自觉"的状态，谓予不信，请看下列的事实和分析。

二 为何在现实中要致力于实现"宪法文化的自觉"？

第一，现实知识阶层中有一些学者，包括法学者甚至宪法学者至今不承认宪法在国家的法律阶梯中占据最高的地位，同时具有包括国家各项基本法律在内的所有的其他法律、法律规范性文件所不可比拟的最高法律权威和最大法律效力。"以宪法为山峰，以法律（法规）为峰谷"，这是自有近、现代意义上的宪法产生以来就内在生成的法律阶梯次序的安排，是被西方政治实务界、思想界和学术界乃至一般民众所接受、承认、尊重和遵从的，即使说已经成为人们所耳熟能详的常识性认知，也绝不是夸张之词。而在中国的知识界特别是法律、宪法知识界不仅达不到这种"自觉"认知的程度，还长期坚持否认中国也有这样的法律阶梯次第顺序的存在，甚至致力于削平"山峰"与"峰谷"之间的差距，使之变为没有任何起伏的"一马平川"。他们这种认知程度和学术努力不仅体现在宪法和法律一般关系的不自觉状态，更进而源于他们对国家政权结构的认知误区。在他们看来，全国人大作为最高国家权力机关，它所做的一切活动和行为，包括制宪、修宪和立法都是一样的，没有性质、品级和次第上的差别。这是对国家政权过于简单化的认知，实际上是一个认识误区。在中国的政权结构中，在立宪伊始就确立了如下的组织和活动原则：首先是在一个非常规的特殊时期，即在推翻原政权、废除旧法统而筹建新政权的时期，以全体人民的名义制定新宪法或起临时宪法作用的纲领性文件作为政权建制的民主基础。接着组建国家政权机关，以"议行合一"为原则，建立一个代表全体人民的意志和利益的最高国家权力机关，再由最高国家权力机关组建或派生其他国家权力机关。作为最高国家权力机关的全国人民代表大会尽管有权制定或修改宪法，也有权制定国家的法律，但在这两种场合全国人大是以不同的身份出现的。在制宪或修宪的场合，它是国家的立宪机关；而在立法的场合，它只是实行国家立法权的国家机关，因为宪法明文规定由全国人大执行国家的立法权，故也可以认为此时的全国人大只是执行国家的立法权。并非典型意义上的立法机关，或者也可以认为此时的全国人大临时作为，也可以说暂时降格为国家的立法机关。由此可见，尽管宪法和法律由同一个国家机关制定出来，但并不表明它们在品级和位阶次第上都是同等而无差序的。对此，哪怕思想知识界甚至法律和宪法学术界人士一旦陷入认识误区，势必会对中国宪法的深层次结构性特点乃至宪法文化陷入不自觉的状态。

第二，现实知识阶层中包括一些号称思想理论学者和政治学者对宪政的曲解和阻挠建立宪政的努力，也是对宪法文化的不自觉的集中体现。长期以来，他们一直对什么是宪政，国家为什么需要宪政陷入深深的误区而不能自拔。甚至认为一旦国家建立了宪政，哪怕全然是社会主义性质的也不行，据说那样一来，就会发生"红旗倒地""国家变色"的严重后果。基于此种体认，一些学术"精英"人士力主不能在中国建立和实行宪政，甚至在治国的层面上都不能提"宪政"这个词。如此一来，我们作为宪法学专业研习人员认为，这早已不是对宪政这个词和理念缺乏起码的认知问题了，而变成了对宪政概念和理念的严重歪曲，不论他们在主观上是无意的还是故意的，都改变不了这个看法和对待态度是对国家宪政的曲解这个事实。还应指出，如果他们将上述关于宪政的观点和态度只局限于学术层面上，本着学术开放的立场可以看作是一种学术自由的表述。但他们并没有止于单纯的学术表述，而是以实际行动试图直接影响国家的政治进程，现时的政治决策层面至今没有明确提出和确认建立社会主义宪政。原因虽是多方面的，但与少数思想和政治学者的反向努力，从而造成宪政观点的混乱也有一定的关系。由此可见，他们对宪政所持的曲解态度和阻挠建立宪政的努力已经在事实上对国家建立社会主义宪政造成了负性影响。

第三，学术界对宪法文化缺乏自觉还集中体现在对宪法和宪政的多价值和综合功能缺乏必要的体认。前已指出，宪法发展到当代，早已不仅仅是单纯的治国所必须依赖的政治法律工具了，而是逐渐演化成为多价值和综合功能的国家深层次组织结构的载体。除了工具性价值之外，人们还期待从宪法和宪政中获得更多的价值利益和功能效益，包括精神层面的爱国主义的坚守、社会和国家一体化的体认、忠诚和诚实精神或原则的回归、社会和谐的构建、正义的实现、信仰的自由等，但中国现实的知识界对宪法和宪政的认识还远远没有达到这种自觉的程度。这集中体现在对现实社会矛盾的突出呈现以及由于不断激化而导致的大规模群体事件频发的原因分析和对策选择上，就很少从宪法和宪政方面进行考量和对待。一味地以强势的姿态出现而利用各种手段"维稳"，轻视与忽视宪法和宪政的强大调控社会以及构建和谐社会的作用。其结果，正如人们所不愿看到的那样，"维稳"并没有取得人们期待的效果。

第四，长期以来，知识界包括一部分法学者甚至宪法学者对如何发挥宪法在治国中的重要作用，并没有达到自觉的程度。他们把宪法的作用主要放在政治的层面上，为此，他们一般承认宪法的重要性，也支持对宪法进行必要的修改以实现此种功能。与此同时，他们也主张和强调在一般意义上加强宪法的实施，但他们反对采取一切可以利用的政治法律手段加强宪法的实施，特别是反对利用"司法化"的手段加强宪法的实施。在过去的十几年间，法学界特别是宪法学术界对所谓的"宪法司法化"的命题讨论和争论很激烈。见仁见智自不必说，但有些宪法学者持一种极为狭义的宪法文本解释学的观点，认为中国宪法从不出现"司法"这个词，从而质问"何来宪法司法化"？完全否认和摒弃了国家司法机关在监督宪法实施方面可能也是可以成为经常性的、制度化的司法资源，这不仅与世界上绝大多数国家利用和通过司法化的手段监督宪法实施的理念与制度相背，也是对中国宪法规定的宪法监督制度的非科学认识和把握。其结果，正如人们所看到的，中国的宪法监督制度和机能至今仍处在几乎是空置和边缘化的状态，这绝不是社会和国家各方面所期待的宪法监督状态。

　　第五，中国的法学界和宪法学术界在对东西方宪法文化和宪政体制的相互比较、交流、互助、借鉴等方面至今没有达到理性而又科学的认识和把握的程度，这也是对宪法文化缺乏自觉的体现。由于中国在历史上长期处于强盛的大国地位，官民视自己的国家为"天朝上国"，视"八方臣服、岁岁来贡"为理所当然。这种历史积淀日久，就逐渐在思想界形成了至今仍在相当的程度上存在"文化封闭主义"，自视完美清高，外国有的东西必定能在中国找到源头，所有西方先进的制度发明大半都是由中国传播出去的。这种立场和态度在学术研究成果中可以说屡见不鲜。例如本来是由西方创造的法律文明成果的被称之为"权利"的价值观念和实体体系，也有学者通过溯本求源，竟也能从古老的中国文化传统中找到"权利"的起源，诸如此类，不一而足。除此之外，因近代中国积弱成为"东亚病夫"，遂沦为西方列强争夺和瓜分的殖民地半殖民地之后，知识界乃至全民对于西方列强除了用坚船利炮轰开中国的国门一直存在刻骨铭心的自尊心损毁的记忆，还对西方世界特别是西方霸权势力利用各种"软文明"即思想、文化上的侵略手段至今仍习惯性地高高筑起意识形态的"防卫之墙"，凡是对来自西方的一切思想和制度文明都特别敏感，防卫之心常备不懈。表现在学术上高度强调中国特色的背后，或明或隐地暗含着对西方思想或制度文明的拒斥。试举一例说明这种对东西方二元分野及对西方拒斥的立场和态度。

　　据报道：于2011年底由几家高层次的哲学研究机构联合主办的首届"哲学与世界"论坛在杭州举行。此次论坛以"我们关切什么"为议题，思考哲学今后发展的方向，围绕"哲学是什么？""如何进行哲学研究""哲学与现实的关系"等问题展开深入讨论。与会者指出，对"哲学"本身的关切，从根本上说是达成哲学自觉的关切；对哲学如何切中现实的关切，对理论形态的当代人类自我意识的关切，对哲学的当代理论创新的关切，对这塑造和引导新的时代精神的关切；哲学的各个二级学科、不同的研究队以及学者个人的特殊关切应该统一在"哲学自觉"的共同关切下；重要的是哲学能做什么，而不是哲学是什么。与会者认为，首先，以哲学的方式关注并影响现实生活，是当代中国哲学不可推卸的重要使命。① 到此为止，从论坛的举办指导思想到各种议题的讨论都可以说基本正确，并无多少可挑剔的地方。但是从我们研究的立场上看，接下来的报道就有值得分析之处了。先看如下引文："今天的中国哲学家应当用自身的方式而不是西方的模式去解释中国思想和中国哲学。这是中国哲学家对自身哲学传统的一种自我意识。……"② 首先应当指出，中国哲学家对自身哲学传统要有一种自我意识，这个大前提并没有错。问题是要实现这个大前提，就"应当"用自身的方式而不是西方的模式上解释中国思想和中国哲学，这种路径选择是否正确就会令人怀疑了，在我们看来，"用自身的方式而不是西方的模式去解释中国思想和中国哲学"这条路径根本走不通。因为首先是哲学的东方与西方的分野很难判然分清；其次是东西方哲学各有自己的优长与不足，拒斥西方哲学在避开了其不足之处后，也自然舍弃了其优长的助益，这犹如倒洗澡水将孩子一起倒掉是一个道理。而如果按照费老"各美其美、美人之美、美美与共、天下大同"的那种真正意义上的"文化自觉"相对照来实现上述"用中拒西"的路径选择，其结果，也许会令关切"哲学自觉"的哲学家们意想不到的是，他们本来是想统一在"哲学自觉"的共同关切下，不期然自己却早已偏离"哲学自觉"的命题而浑然不觉。

其实这种不自觉的样态在法学界和宪法学界也屡见不鲜。一些法学者和宪法学者长期囿于一种似是而非的固定之见，就是要在创立具有中国特色的法学、宪法学理论的同时，鄙视和摒弃西方法律文明的优秀成果；或者虽然在口头上说对西方的法律文明要借鉴和参考，而在骨子里却是批判和否认。这种立场和态度在我们看来，也都是对包括宪法文明在内的西方法律文明的一种不自觉的表现。

第六，中国宪法文化的不自觉还突出体现在固守过时的观念，不能与时俱进适时地转变观念，前已指出，中国的宪法、宪政连同近代的宪法文化是近代"西学东渐""中体西用"的一个重要支脉，作为这种

---

① 记者莫斌的报道《哲学自觉与创新：中国哲人的共同关切》，《中国社会科学报》2011年12月13日第12版。
② 同上。

"西学东渐""中体西用"整个复杂过程的一个奇特现象，就是中国先后和同时引进和吸纳了"西学"中截然对立的和完全不同质的两种思想和观念体系，先是引进和吸纳了西方传统的资本主义思想体系其中就包括了西方传统的立宪主义和宪政学说；20世纪20年代"五四运动"前后，特别是中国共产党登上历史舞台并逐渐独立自主地掌握中国新民主主义革命领导权以后，又主要通过吸纳苏俄革命传到中国来的马克思列宁主义，并最终确立为中国共产党的根本指导思想，其中包括无产阶级革命和无产阶级专政的国家学说和以这一学说为基础逐渐塑造成型的马克思列宁主义宪法理论和宪政学说以及宪法文化。马克思列宁主义被认为是放之四海皆适用并永远正确的革命理论，但再正确的理论总是特定时代的产物，随着时代的不断变迁而变化和发展。现实中很多学术人，包括宪法学术人忌谈马克思列宁主义的发展，并不是科学的、实事求是的态度。事实上，马克思列宁主义在结合中国革命和社会主义建设的具体实践中，就获得了显著的发展。

第七，中国宪法文化的不自觉还体现在如下方面，即如何将作为国家根本大法和最高法律权威及最大法律效力的宪法，与社会和国家的日常活动以及与广大人民群众的日常生活经常地、密切地结合起来，从而使宪法规范的作用得到积极地、灵动的发挥。长期以来，社会和国家的各个方面以及广大人民群众习惯地将本领域、本部门和个人的日常活动及生活与普通法律规范联系起来，因为普通法律离他（它）们最接近，甚至须臾不能分离。而对于宪法，则认为它是管国家大事的，是管国家的方向和目标的，并且其内容也是高度概括和抽象的。总觉得离人们和各个方面、部门的日常生活很远，当公民的宪法权利受到侵害时，如果不是直接发生在刑事、民事和行政等方面，也不知道如何利用宪法去救济和保护自身的权利，事实上国家至今也没有建立"宪法权利"救济的机制与制度。而与此同时在国家的立法方面，长期以来，甚至至今也没有关注如何充分发挥和利用宪法这一宝贵的法律资源，创设某种机制或建立相应的配套制度，使宪法不仅发挥其在规范国家政治法律大事的同时，也能最大限度地在社会和人们的日常生活中发挥直接的、密切的规范作用。

进而言之，如何将宪法变成与社会和人们日常生活密切相关的行为规范，其实也是一个法律特别是宪法智慧和行宪技巧乃至"宪法艺术"问题。非有深厚的宪法知识底蕴和娴熟的运用技巧与艺术而不能为，这就是与本书所探讨的宪法文化自觉问题联系起来了。没有必要的宪法文化自觉，在发挥宪法在社会和人们的日常生活中的作用问题上是难有进取性的作为的。

第八，中国宪法学术界在宪法文化上还有一个突出的不自觉表现，就是在宪法学分支学科的构建上表现出一定的或很大的盲目性。应当说，改革开放以来，中国宪法学在坎坷不平的道路上蹒跚而行，端赖几代宪法学前辈和全体同人的共同努力，业已取得骄人的成绩，特别是最近十多年来，宪法学已获得了突飞猛进的发展，无论在广度上还是在深义上都有佳绩可见。但正如月有阴晴圆缺，古来不能两全一样，中国宪法学的发展也有值得反思和改进之处，其中一个重要的方面就是在近十多年来由宪法学者们相继提议或着手致力于创建具有中国特色的宪法学分支学科中，表现出强烈的以偏赅全、立己排他的倾向。这从一个侧面表明，即使在我们宪法学术界，同样面临着提高宪法文化自觉的时代使命。

20世纪90年代以来，一些宪法学者特别是一些有学术造诣的先锐学者，对于创造具有中国特色的宪法学分支学科注入了很大的热情，并亲自致力于各种宪法学分支学科的构建，且在其中提出了许多有价值的创意、设计乃至较为完整的体系，其中较为突出的有如下一些。

从对宪法理论体系的研究衍生出"宪法哲学"或"宪法逻辑学"；从对宪法文本的研究衍生出"宪法解释学"；从对宪法规范的研究衍生出"规范宪法学"；从对宪法政治的研究衍生出"宪法政治学"或"政治宪法学""政治宪政学"；从对宪法与经济结合的研究衍生出"宪法经济学"或"宪政经济学"；从对宪法与社会结合的研究衍生出"宪法社会学"；从对宪法与人类学结合的研究衍生出"宪法人类学"；从对宪法的比较研究衍生出"比较宪法学"等。

对于这些宪法学分支学科的较为详尽的评论，已由笔者在另外一个场合作出。[1] 这里自不必重复，况且这也不是本书的主题。但就宪法文

---

[1] 详见陈云生《超越盲目与迷狂——宪法学分支学科的理性建构》，《宪法学的新发展》，中国社会科学出版社2008年版，第227—346页。

化反思的意义上，似乎有些事理还有加以分析的必要。限于篇幅，本书在这里就不再展开。

第九，深藏在宪法深处的宝贵政治法律资源以及宪法广泛适用的功能至今尚未得到关注、研究和对待，这也是宪法文化不自觉的一种显见的表现。前面我们已就宪法的多元价值和功能的不自觉状态做过一般性的分析。如果从更深义的立宪原理的层面上看，还可以作出进一步的分析。这方面的话题很多，可以写出一篇很大的文章，限于篇幅，这里只就几个具体的方面作些简单的分析。

就中国的立法层面而言，由于对宪法文化没有上升到自觉的程度，对宪法的忽视是贯穿中国立法过程中一个长久的现象。最近一二十年虽有改观，但也只停留在有关立法案的序言或引言中用了"依据宪法"制定本法的表面言辞作为立法的根据而已。即使这种表面文章，还不时受到法学术界和个别参与立法的人员的反对，他们声言普通立法例如在有关的民事立法方面不必写上"依据宪法"制定本法的词语。因为在他们看来，既然宪法和其他法律包括民事立法都由全国人大制定，其法律地位和效力就应当是平等的，在平等的法律之间有何理由要写上"依据宪法制定本法"的字样？关于这方面宪法文化自觉的欠缺，在前面已经做过分析，自不必重述。

我们这里所要分析的是更深层次的对宪法的忽视或轻视。这种深层次对宪法的忽视和轻视是指在立法全过程中，从规划、调研、起草以至到法案在全国人大或全国人大常委会通过、颁行期间的每个环节，尽管可能延至三五年或更长的时间，但从来没有立法人员和参与专家想过这样一个简单的问题，即有关的立法内容是否已经明文在宪法中作出过规定，或者虽然没有明文规定但暗含着这样的内容，只要通过宪法解释就可以达到专门立法的宗旨和立法事项的要求？如何能做到这一点，不仅使宪法的根本法地位和最高法律权威会得到高扬，而且还能尽可能地做到立法资源的节约使用，何乐而不为？然而在缺乏宪法文化自觉以及宪法观念淡薄的宪政氛围中，这么一个极其简单而又明了的问题常常被人忽略，通常的做法是将宪法放置在封闭的"楼阁"中妥善地加以保管，而参与立法的人员和专家竟在"楼下"另开房间，自顾自地按照自己的理想去制定有关的法律。从立法结果上看，我们必须肯定最高国家权力机关即使在缺乏宪法文化自觉的情况下制定的法律，绝大多数都是现实社会和国家生活所必需的，构成了构建社会主义法律体系的重要组成部分，因而也就彰显了社会主义中国法治的进步。这是必须首先肯定的，任何人也抹杀不了的。但我们也必须看到，有些立法内容，包括个别的立法事项特别是在宪法修改过程中，添加的某些内容，从宪法文化和宪法内容上看，是有必要进行反思的。

从最近一二十年的立法例上看，关于伸张国家主权不容侵犯、国家领土不容分割、维护国家的统一和民族团结等内容的立法例，完全可以从宪法明文规定或内含的宪法原则的权威解释中满足某个或某些立法原意的要求。因此，是否应当或必须另起炉灶值得反思。

在宪法修改时平添了保护人权的条款，此一举措被官民视为中国法治和人权保护的巨大进步，好评如潮。如果放在其他场合，例如放在外交场合所做的政治法律宣示或在学术层面的研究上确实如此。现时毕竟是一个人权昌明的时代，无论怎样高扬人权及其保护的重要性和必要性都不过分。然而，在修宪和立法中如何科学地、适当地强调人权保护的内容却不仅仅涉及修宪和立法技术的问题，更可能引起对宪法文化乃至一般法律文化的反思问题。

2004 年在修改宪法时加上了"国家尊重和保障人权"的条款，在笔者看来，至少有两方面的问题需要反思和探讨。

一是从两方的立宪主义到列宁关于宪法是"一篇写着人民权利的纸"的宪法思想，认为宪法本来就是为保障人权而制定和实施的，这种立宪主义尽管有以偏赅全之嫌，但确实具有保护人权的确切意向性和具体保障内容及相关的宪政体制设计和构建，确实是立宪的根本宗旨之一和一项重要方面的内容。这在东、西方的宪法和宪政中都是体认的，并无什么争议或立宪层面的重大偏离。也就是说，中国宪法原先没有规定"国家尊重和保障人权"的条款，并不意味着中国的宪法原先缺乏这种社会主义立宪原则的底蕴。且不说其他方面的内容，就以公民的"基本权利和义务"单列一章而言，就以根本大法的形式深切地体现了对人权的最高法律关怀和根本保障的社会主义立宪原则的底蕴。宪法对公民的基本权利详加规定，更足以表明中国宪法对人权的保障是何等看重了。

二是在规定"国家尊重和保障人权"的条款时并没有同时相应地照

顾到在同一宪法中"公民基本权利"的相应规定,既没有厘清"人权"和"公民基本权利"各自规范范围,也没有澄清两者之间的相互关系。如果我们按照宪理与法理的通常理解,首先这两者肯定不是截然分开的,更不是互相对立的或是相互排斥的。准确说来,应当是在保障人权和公民的权益方面宗旨是一致的;内容上是有重叠或交叉的;在权利的等级及品质上可能还存在"基本"或"重要"与"一般"的轻重考量;在保障力度上也可能有应当"特别加大"和"加大"的区别;而在保障的顺序上也可能存在"优先"和"不容忽视或轻视"的差异。如此等等,都不是在宪法条文中加上一款"国家尊重和保障人权"所能解决得了的。在我们的宪法学业内的观点看来,宪法的这一添加条款似乎并未达到彰显国家在当代人权保障和依法治国方面的巨大进步,相反从修宪技巧上看,倒显得生硬而不融洽,似乎是粘贴上去的。正是基于此种考虑,我们倾向于认为中国现实的人权观念即使在最高的宪法论坛上仍显得生涩而不成熟,这最终可能还要归因于宪法文化自觉的缺失。因此,我们提出应当实现宪法文化的自觉,当不是无的放矢了。

还值得在此提出分析的另一个问题是法治与宪治的关系问题。世人皆可以承认和肯定,中国自20世纪90年代中期接受法治的理念,并在执政党和国家两个层面上确立依法治国,建设社会主义法治国家的治国战略方针,是一个具有重大历史意义的里程碑式的进步。然而,在我们看来,在全社会和国家对于这个迟来的法治理念颇感欣喜和钟爱有加之余,却缺乏审慎的理性对待。

一是我们在对"法治"的真谛和核心价值缺乏深切体认的情势下,以为"法治"是最终发现和找到的,是无往而不胜或能包治百病的治国"法宝",进而引发一系列对"法治"非理性的理解和泛用。诸如"依法治访"之类,举不胜举,这些都或远或近地偏离了"法治"的真正意义。

二是我们并没有察觉到"法治"这个词及其理念西方早在一个半世纪前从"警察国"到"法治国"的治国方略就确立下来了。近代以来"西学东渐"的结果,中国走向法治与宪政业已历时一百余年,即使在中国,也并非完全是新奇之物,只不过我们在一百多年间的先人和我们自己并没有在习惯上使用这个概念罢了,这或许也是法律文化不自觉的一个表现。

三是在中华人民共和国的历史上,总体上我们并非不重视法治,在改革开放之后更是确立了发展社会主义民主,健全社会主义法制的战略方针:国家对制宪、修宪、立法的实际工作,更是极为重视,成果卓著。如果从中华人民共和国建立以来算起,光是宪法就制定五部(含起临时宪法作用的《中国人民政治协商会议共同纲领》),更不待说成千上万的法律和法律规范性文件了。事实上,中国高扬"法治"只是在下列的情景下才有意义:即中国正在实现从依政策治国向依法治国转变过程中逐步淡化政策色彩而加重法治的分量,突出强调法治意在表明中国正在加速实现这个治国方案的战略转变,绝不表明中国特别是在改革开放后的中国原先没有"法治",或者"法治"或"依法治国"全然是一新的开端或起步。过去一二十年社会和国家层面上对"法治"概念的使用和理念的宣传,给人的印象似乎就是这样一个"忽如一夜春风来,千树万树梨花开"的全新景象。

四是在处理"法治"与"宪治"关系上,出现重前者轻后者或忽视后者的偏差。中国的宪政已走过百年,这期间我们并不能将其只是视为一个单纯的立宪过程,行宪自然也在其中,只不过是在"风雨路"上磕磕绊绊地前行罢了。无论如何,中国的宪政和宪治是近现代中国史上的一股重要潮流,即使单纯从历史的维度上看都不容加以轻视和忽视,如果离开这百年的宪政运动,史学家可能还真不知道该如何去书写中国的近现代百年史。中国立宪、宪政和宪治在中华人民共和国成立后继续前行,在改革开放以后更是加快了脚步,成绩斐然。我们认为,只有在这个大历史背景和宪政、宪治这个平台上理解和对待法治这个治国方略,才能给其以正确的定位和把握。否则就会产生偏差,如同现实所出现的状况一样。无论如何,"法治"只可以在"宪治"的大环境下高扬和强调才有意义,不能丢了西瓜只捡芝麻,更不能以忽视"宪治"甚至以牺牲"宪治"为代价去片面地强调"法治"。当然,要做到这一点并非易事,其中当然不能缺少"宪法文化的自觉"乃至一般"法律文化的自觉"这个前提。据此,我们把这个问题归在"宪法文化自觉"的命题下予以检视,应当是站得住脚的。

总而言之,前面所列举的只是有关宪法文化自觉的一些较为突出和需要改进的方面，但绝不止这些。现在我们可以说回答在本书开头所提出的为什么在中国的现时宪法学术界需要实现宪法文化自觉这个原初的设问了。我们现在更加深信，中国宪法学术界在一系列重大的理论与实践问题的研究之所以在总体上长期不能深入下去和拓展开来，甚至对个别理论与实践问题的研究还陷入了盲目、迷狂的不确定把握状态，绝不是仅仅可以用真正开展研究的时间不长或宪法人才的培养需要一个较长的过程这样的说辞就可以搪塞、敷衍过去的；也不是以宪法学博大精深，研究需要逐步深入为由就可以淡而化之的，在我们看来，中国宪法学术界之所以长期处于肤浅和边缘状态，除了现实学术专业之外的各种因素的窒碍以外，在我们宪法学术界业内也存在深层次的观念和知识结构等方面的问题，而其中最核心、最根本的问题恐怕就是缺乏必要的宪法文化的自觉了。如果说这还不足以说明问题的话，那么，或许还应补充上同时也是受缺失宪法文化启蒙的拖累。由于没有经过宪法文化的启蒙阶段的熏陶而最终导致的学术底蕴的浅薄。归根到底，现时留给我们宪法学术界关于宪法文化自觉的话题是回避不了的。在我们看来，历史上的宪法文化启蒙的陈年老账总是要还上的，还比不还好，早还比晚还好。这不仅是一个事理逻辑问题，而且也还是一个人类思想史包括宪法文化史的规律问题，这是需要我们这一代乃至接下来几代宪法学术人深察、自省和致力完成的学术使命。而对于宪法文化自觉这个更高层次的宪法文化的体认与践行问题，我们认为这是深嵌在中国宪法学术界内部深层次的各种结构性问题的直面所在，更是不容回避的，不仅不能回避还要直面相对并着力加以解决，这也是必须立即着手采取实际行动来解决的问题。我们认为，宪法学术界现在应当有这种紧迫感。如果到现存为止对此还处于浑然不觉甚至麻木的状态，那么，是该警醒的时候了，我们以绵薄的学术之力率先进行这方面的研究和向全体宪法学术人发出此等倡议，目的就在于唤醒启蒙和学术自觉这个沉睡多年的长梦，从我们这一代宪法学术人开始为此做点什么，方不辱历史交给我们的学术使命。

第六节 宪法文化的超越

现行宪法,即一九八二年宪法颁行即将迎来31周年,是为中国传统文化表述上的"而立之年"。从历史长河的时间维度来看,31年的时间也只是"弹指一挥间",但从这31年所处的改革开放的伟大时代背景上看,现行宪法的丰富的内容、隽永的宪理、厥功至伟的效力,以及它走过的辉煌的、曲折的不平凡经历,都值得我们从宪法文化上认真地回顾、总结和反思。鉴于在现行宪法颁行三十周年之际笔者曾发表过两篇感怀性专论①,作为一个系列专论,此次专论以"超越"为主题,谓之"感怀之三"。

一 超越的一般概念及其意义

"超越"从字面上看,是"超出""越过"的意思。既然是"超出"和"越过",自然是在两个不相同性质的事物(务)之间进行的"超"或"越",通常指后者超越前者,如竞技比赛中的后者居上。但这只是事物、行动之间表面的、直观的超越现象。事实上,超越具有更为广泛、深邃的内涵,在政治学、哲学、伦理学、法学、经济学以及其他许多人文学科中,无论是普通人的常识之见,还是学者在专业的叙事或理论阐述中,都普遍利用"超越"的概念作为分析的框架或平台,以期达成人们对事物(务)更深刻的理解。

从作为文明的"大文化"的局面上看,"超越"并不仅指文明演进和社会以新更旧意义上的历时性的变化或进步,文化还以其深潜在表面文化现象之后所具有的特殊的观念、精神气质等内在因素而形成各类不同的"文化模式"和"思维方式"。文化和哲学学术界一般认为,西方的"文化模式"和"思维方式"是"外在性超越"。这种"外在性超

---

① 两篇专论的主题分别为"宪法文化的启蒙""宪法文化的自觉",相继发表在《法治研究》2012年第8期和2013年第1期。

越"导源于西方思想中长久以来就形成的二元论这种对人及其周围世界的认知模式或思维方式,其影响的深远一直延续到当代。在这种外在的超越认知模式和思维方式中,人们总是把自己的关注重点放在外在的世界之中,而对人本身的关注而退居次要位置,即使是关于人的内在品质的提升最终也要向外在的世界超越成为终极的理想。与西方"外在性超越"相异其趣的中国的传统认知模式和思维方式是"内在性超越",关于这种"内在性超越"的含义及其意义,本书将往下面还将论及,这里先按下不论。

还应当强调指出,在马克思主义的文本立论宏大的理论体系中,"超越"是由人的"异化"以及"异化的克服"的观念和体系体现出来的。马克思把黑格尔关于"绝对精神",即与自然和人"统一"起来的做指称的"上帝",在自然与历史中的自我异化的观点颠倒过来,发现人是从自然,从他的同类,甚至从他自己异化出来的。在马克思看来,人应该是一个有创造性的、多产的人,可是不然,人,特别是资本主义早期社会的工人,为了生存不得不出卖自己的劳动力,根本无暇更无精力去发展个人的全部潜能。而在宗教的麻痹作用下,又进一步促使了人的异化。马克思在《资本论》中又明确地指出,在资本主义雇佣劳动制度下,人一切的劳动,都是异化的劳动,不论是卑下的体力劳动,还是智力劳动,概莫能外。其结果是:劳动者通过劳动创造了一个客观世界,而这个世界不仅没有给他带来福祉和自由,反而把他束缚起来,并给他造成了贫困。就是在这种人的异化的哲学理论基础上,马克思创造性地指出,只有经由无产阶级革命和无产阶级专政的历史阶段的过渡,才能最终实现共产主义的伟大理想。在共产主义社会中,由于消灭了人剥削人的制度,人人都从事劳动,从而使物质财富极大地涌流,异化的劳动被彻底根除,劳动成为每个人自觉的行为,又随着人们的道德水平的不断提高,人与他人、人与社会以及人与自然的异化都被消除。就这样,共产主义社会将超越以往任何一个社会,而变成无限美好的"人间乐园"。

从以上的简要概说及其意义的分析中不难看出,"超越"是使人不断战胜愚昧和迷信,从而变得更加理性和睿智;同样,"超越"还能不断地促成社会的进步。从而使社会从低级阶段向高级阶段发展。由此可见,"超越"是人类及其社会特有的品质和机制,是促成人类和社会进步的发动机。"超越"在本质上是一个文化现象。自不待言,作为广义文化中的宪法文化,也具有超越的品质,正是这一品质,使宪法文化不断除旧立新,赓续不断。要使宪法发挥更大的法律效力,研究宪法文化的超越问题是必不可少的基础条件和保障之一。亦即,从一般意义上来说,研究宪法文化超越问题的意义是重要的,不可或缺的。

二 中国传统文化和宪法文化的内在性超越

中国传统文化和宪法文化的超越是一个大话题,非此一篇专论所能括及,这里只就其中笔者个人认为最应当关切的方面简单地加以梳理和探讨。

(一)中国传统文化的内在性超越

前已述及,中国的传统文化特别是其基础性的哲学底蕴是内敛的、中和的,迥然不同于西方文化哲学那种外向的、张扬的底蕴。在中国这块古老的东方土地上,以汉族为主体的中华各民族,除一小部分游牧民族外,基本上都以垦殖土地和从事农耕为民生本位,从而形成厚重的"土地文明"或"农耕文化"。为适应这种"土地文明"或"农耕文化",原先氏族社会父系家长制解体,逐步演变成以血缘关系为纽带的金字塔式的"宗法"等级制度。在宗法等级制度下,社会逐渐培育起一套与之相适应的思想和伦理体系,其主要内容是"亲亲"和"尊尊"。所谓"亲亲"就是依据家庭成员的不同辈分和地位提出不同的要求,具体说来,就是"父慈、子孝、兄友、弟恭"。所谓"尊尊"就是根据人们的社会地位的不同提出不同的要求,具体说来,就是"卑尊贵、臣敬君"。这种在本质上是调整人与人、人与社会相互关系的伦理原则,后经以孔子为先导的历代儒家的提炼和升华,成为中国传统社会的伦理纲常,渗透到中国先民及至如我等后代子孙调整人伦和社会关系的思想和行为中。在调处人伦与社会关系中,儒家以什么样的手段或途径以达到人与人之间进而在整个社会中建立和谐关系的终极目的呢?为此,儒家所要求维护的人际关系的基础是从每个人的内在自身出发的,具体来说，就是主要从个人的道德观及其道德行为来维系社会关系的。虽然儒家哲学也"崇礼"，国家的统治者也制"礼"，但"礼"从来就被认为是外在的规范，必须以内在的道德修养或内在的本心才能发挥作用。当然，中国古代国家的统治者也制"法"和颁"律"，同"礼"一样，"法"和"律"在社会调控中只赋予次要地位，所谓"德主刑辅"就是这种主次地位的写照。即便如此，"法"和"律"也借助"礼"，也就是最终依靠道德发挥社会调控功能，从汉代大儒董仲舒时起，"引礼入法""以经释法"，都是强调道德的重要地位和作用。还不止于此，在传统社会中儒家思想对道德的强调还达到"泛道德主义"的程度，以致把政治都道德化了，政治统治的良善要靠"明君"的"圣德"。这就是为什么在中国传统的治国理念中，一贯强调"人治"而非"法治"的根本思想和政治根源。

如果说，儒家思想关切的落脚点和目的是人们之间的伦理关系，而在古代中国同样具有重大而深远影响的道家思想，则把自己的关注点放在人与自然的关系上。中国老庄道德哲学中最基本的概念是"道"。"道可道，非常道"，它无形无象，听而不闻，视而不见，但"道"立于天地之中，不仅是一个超越世间万物的永恒存在，而且是作为世间万物生成之母，或曰"宗主"，成为世间万物的生身之源。在老庄道家哲学中，还有一个主要概念就是所谓的"德"，可以视为得之于"道"的"德性"，盖因"德者，得也"。但"道"和"德"并非不相干的外在真理和内在精神。而是认为只有人使其"德"向"道"超越，最终达到"同于道"，即"与道同体"，或"与道合一"的终极理想，才算是达致人生的最高境界。如此看来，中国道家哲学也是以"内在性超越"为其落脚点和归宿的。

还应当指出，发源于印度的佛教传入中国以后，到隋唐时期分为若干宗派，其中较大又最有影响的宗派有天台、唯识、律、净土、华严、禅等。唐以后，由于禅宗更能体现中国本土的"内在超越"的传统哲学而得到发扬，终至一宗独秀，其他宗派相应地逐渐衰落下去。本来，任何宗教除有自成体系的教义之外，还相应地建立了一套繁琐的仪式，确立必须持守的戒律，以及树立崇拜的偶像等。通常说来，像基督教等都是"外在性超越"宗教，人只能以神、佛、天主等为皈依，才能得救、升入天国、成佛等。而禅宗打破这一传统,自慧能和尚以后的中国禅宗抛弃了佛教的所有仪规和形式,既不要念经,也不用持戒,更无须礼佛,甚至连出家为僧都不需要了。成佛达致涅槃境界只要自己一心觉悟,便可达到,即所谓"一念觉,即佛;一念迷,即众生"。按俗话说,即是"放下屠刀,立地成佛",或如"酒肉穿肠过,佛祖留心中"之类等。人成佛达到超越的境界完全在其内在本心的作用,即超越凡俗之心而修成佛性。

综合以上,我们可以得出如下的结论:即中国本土传统哲学——这里当然指的是最具影响力的孔孟儒学和老庄道学——具有"内在性超越"的特质,这是由中国传统社会和国家的农耕文明、宗法思想及其制度、政治特性等综合因素合力达到的结果。这种传统哲学之根深蒂固、影响力巨大及其深远,以及其渗透个人、社会和国家生活的方方面面的广泛性,竟致外来传入的佛教发生了最大的品性改变,以适应中国本土的传统文化,特别是其中的哲学根基,最终汇入中国传统哲学的"内在性超越"的基本特质。著名哲学家汤一介先生对此做过精要和恰如其分的总结。他说:"如果说以'内在超越'为特征的儒家学说所追求的是道德上的理想人格,超越'自我'而成'圣',以'内在超越'为特征的道家哲学所追求的则是精神上的绝对自由,超越'自我'而成'仙',那么,以'内在超越'为特征的中国禅宗则是追求一种瞬间永恒的神秘境界,超越'自我'而成'佛'"。[①]

(二) 现行宪法中的"内在性超越"

回望中国百多年的立宪史,无论是清末的君主立宪,还是自辛亥革命之后开启的一系列的民国立宪,尽管借力西方的立宪主义与宪法形制的力度的地方颇多,然终究是为解决中国自身的王朝图存和建立民国以及实现民主、民权、民生问题的,因而并没有照抄照搬西方立宪主义和

[①] 汤一介:《儒道释与内在超越问题》,江西人民出版社1991年8月版,第49页。此外,本文的分析框架、思路等所依著颇多,因是综合分析,又结合笔者个人观点,以及在拙著《权利相对论——权利和义务价值模式的建构》中的资料,人民出版社1994年2月版,恕不一一注明。——笔者注

宪法形制。孙中山甚至明确声言：西方的宪法是学不来的，也是不必学的。自中华人民共和国成立之初制定作为临时宪法的《中国人民政治协商会议共同纲领》起，更是极具中国自身的特色，完全是为了解决建国所需要的政治体制、国家权力结构，公民基本权利和义务，以及一系列大政方针等重大"国是"问题。中华人民共和国成立之后不久，尽管是在斯大林的建议下，并参照了苏联一九三六年宪法制定了新中国第一部正式宪法，即一九五四年宪法。但无论在内容上还是在形制上都是基于中国的国情和实际需要，具有浓重的中国特色。至于一九八二年宪法，即现行宪法中，更是在拨乱反正的基础上，为适应改革开放的新形势而制定的，自然与中国的实际国情结合得更为紧密。从以上的简单回顾可以看出，在中国百多年的制宪史上，无论怎样受到外来立宪主义和宪法形制的影响，都始终没有脱离中国的实际，所谓"全盘西化"，都是一些学者的个人主张和观点，中国宪法始终扎根在中国的实际国情这个根基上。其实，从更广阔的世界范围上看，一个国家原封不动地移植其他国家的宪法，包括新独立国家全盘移植宗主国的宪法情景，都是极为罕见的。即使有，也是在极其特殊情况下在极短的时期内采取的临时过渡措施。

中国宪法特别是现行宪法，不独在内容及形制上具有强烈的中国特色，还深深地扎根在中国传统文化这块沃土上。我们要深刻理解和认真贯彻执行宪法，就不能把自己的关注点只集中在宪法条文的释义和贯彻实施的制度和机制等方面，还应当和必须深入体察和领悟深藏在宪法条文和规范体系背后的中国传统文化和认识这个世界的传统认知方式。如前所论，中国传统文化是"内在性超越"的认知模式和思维定式，这一文化认知模式和思维定式同样渗透到宪法文化中去。在中国的宪法制定和实过程中，都表现了强烈的中国传统文化的特色。从制定宪法的指导思想、贯穿宪法的原则、精神到条文规定，都充分注入了传统道德的要素。同美国宪法那种尽量节约地使用美德的宪法[1][2]相反，中国宪法

---

[1] ［美］埃尔斯特、［挪］斯莱格斯塔德《宪政与民主》，潘勤、谢鹏程译，生活·读书·新知三联书店1997年版，第189—190页。

[2] ［美］汉密尔顿《联邦党人文集》（第五十七篇），程逢如等译，商务印书馆1982年版，第290页。

则是尽量广泛地使用美德。至于在贯彻实施宪法的后续过程中,更是把人们自觉地尊重和遵守宪法这一高度道德要求放在重要的地位,以致成为宪法实施的必要机制。

长期以来,中国宪法学研究几乎从未涉足这个领域,这无疑是一个最大的学术缺失。随着宪法意识的提高,从一般依法治国向主要依宪治国的方略的贯彻实施,加强对深藏在宪法内容和形式背后的宪法文化,特别是更深层次上的传统中国"内在性超越"的宪法文化的研究,其必要性和重要性都提到研究的深度和广度层面上来。这不仅具有重大的宪法理论价值,对宪法的贯彻实施也具有重大的实践意义。

下面就让我们从中国现行宪法的立宪主义和条文规定方面,探索中国现行宪法是如何体现"内在性超越"的传统哲学或价值体系的。具体说来,就是在制定宪法这类极其现代性法律文件中,将传统的道德自律和教化有意无意地渗透到立宪主义及宪法的相关规定中。

关于法律与道德的关系一直是法律学、宪法学和伦理学长期纠结不清,甚至难分难解的问题,即使在西方都是如此。前已指出,在中国的传统社会中,"德主刑辅""修身、齐家、治国、平天下"的内圣外王的观念更是深入人心;"以礼入法""以经释法"以及与古代宪法观念所体现的"大经大法"形制等,最终衍生出"以德治国"和最终体现的"人治"观念和制度,经历了两千多年的积淀早已深入中国人的价值体系中。在制定现行宪法中就将这种机制体系植入宪法的条文中。只不过有些条文是明定的,而有些条文是暗含的。

在现行宪法"序言"的结尾,明确申明:"全国各族人民,一切国家机关和武装力量、各政党和各社会团体、各企业事业组织,都必须以宪法为根本的活动准则,并且负有维护宪法尊严、保证宪法实的职责。"长期以来,在中国的宪法学术界就宪法序言是否具有实际的法律效力的问题,一直存在着争议。有学者主张有效力,有学者主张无效力,只是政治性声明,还有一些居间的折中的观点。在笔者看来,恐怕不能单纯地以有无效力的简单界说来看待宪法序言问题,就中国宪法序言的上述申明,从字面上看,用的是"必须"这种带有法律强调性的词语,应当被视为具有法律强制力,但在宪法条文中并没有相应的强制性规定,实际上又变成了宣导性申明,况且在中国的宪法实践中也缺乏具体的跟进措施，即使在司法实践上，也从理念和制度上不支持宪法性的司法裁判，个别案例的出现终被否定。由此看来，从现实的立场和观点上看，要落实序言中这一"必须"的申明，主要还是要靠个人、机关、政党、团体、组织等的个人和集体的自觉尊重和维护宪法的尊严、保证宪法的实施。既言"自觉"，当然离不开道德的自律和弘扬。

在宪法"总纲"的正文中，第五条又明文规定："一切国家机关和武装力量、各政党和各社会团体、各企业事业组织都必须遵守宪法和法律。一切违反宪法和法律的行为，必须予以追究。任何组织或者个人都不得有超越宪法和法律的特权。"这一规定较之序言中的相关申明显然加重了语辞的力度，除重申"必须遵守宪法和法律"之外，还加强了违宪追究的规定，以及"不得有超越宪法和法律的特权"的规定。尽管如此，同前面的宪法序言的申明一样，我们只能现实地认为目前只能靠道德自律和精神弘扬来落实宪法上的这一规定。

在"公民的基本权利和义务"一章，首先在第五十三条明文规定了公民应当遵守的公共道德内容："中华人民共和国公民必须遵守宪法和法律，保守国家秘密，爱护公共财产，遵守劳动纪律，遵守公共秩序，尊重社会公德。"其次，在公民的一系列的权利和义务的规定中，即使从宪法条文上看，其实现也都渗透了道德自律的元素。如果再从国家立法在这方面长期存在的许多缺失上看，如前论及，目前主要还要倚重公民个人、国家机关、社会团体和组织的道德自律和自觉地遵守宪法规范来实现个人的基本权利和履行义务。

不论学术界关于法律与道德的相互关系有多么大的认识不同，但有一个不争的事实是，现行宪法在其条文规定和相关原则以及实施的规定中，已经广泛地植入了中国传统的道德哲学，即"内在性超越"的价值体系。

三 相关的比较分析

费孝通关于"文化自觉"有一个他反复强调并被学界一再引用的经典表述，即"美人之美，各美其美，美美与共，天下大同"。基于此种高境界的文化自觉的立场，这里不对中西方宪法文化的"内在性超越"

和"外在性超越"做一个简单的价值判断,但对其中的优长与不足做进一步的分析还是必要的。按照当代盛行的多元文化相对主义和多元哲学的立场,包括宪法文化在内的多元文化是没有优劣、高下之分的,倘能在平等的立场上进行交流,取人之长,补己之短,对于各自文化品质的提高与进步,是大有裨益的,此部分就循着这种立场和思路做些具体的分析。

先从西方的文化模式和思维取向来说,如前已提及的,是一个"外在性超越"的范式。西方的这种"外在性超越"的文化模式和思维取向是由多种因素综合形成的。

首先,前已指出,自古希腊哲学的先哲们很早就开启了西方认识论中的二元论,他们最先将人与神、人与自然、人自身的灵魂与肉体、主观与客观、直觉与理性等分开来看,在这种二元对立中分析事物(务)并逐渐成为一种认识世界的观点和思维定式。这种观点和看待世界和人的方式后又被古罗马赓续下来。待古罗马接受了犹太——基督教之后,这种观点和思维方式又被基督教神学所接受并加以改造,更以其最为简单,也是最为极端的形式将世界分为人与神、地上国与天上国,并在其价值取向上逐渐形成了"外向性",即人要皈依上帝,人的世俗观念要服膺人对神的信仰,在希伯来人看来,从一个非物质的精神世界中分离出来一个封闭的物质世界的想法,是不可思议的。为了给这种世界观找到一个能够得到支持的理由,于是他们便通过《圣经》"创造"出一个名叫耶和华的上帝来,再让这个上帝创造出人和周围的世界。就这样,人与非人的世界彻底区分开来。这虽然解决了世界为什么是这个样子、而不是别的样子,为什么有人和自然界这一根本的哲学问题,但还要解决人与自然、人与神之间的关系问题。为了给人在这个世界有个适当的位置安顿,他们让人统治地球上的同样是由上帝创造出来的一切生灵。但人并不具有至高无上的统治地位和权力,因为世界运行的规律也是由上帝的意志决定的。除此之外,上帝还让人们在只有亚当和夏娃两个人的世界的时候,就被赋予了终身以及其万代子孙们永世都不可解脱的"原罪"。"原罪"是《圣经》为基督教创立的一个极其重要的概念,这一概念最终把人引向对上帝,即神的永恒信仰。芸芸众生的"罪人"们只有忠顺地服膺上帝,才能获得上帝的"启示"和"恩典"而得到

"救赎"。于是人的灵魂只有皈依上帝才能得以超越，最终获准升入天国，永享太平和幸福。

以《圣经》为本源，后又奥古斯丁和阿奎那等集基督教神学精要和大全的神学家们在漫长的欧洲中世纪的阐释和演绎，最终确立了一种在人类思想史中影响重大而又深远的文化模式和思维定式，其最重要的特点之一，就是所谓的"外在性超越"的世界认知方式。

到了中世纪末期，在以西欧文艺复兴为主要标志的人文运动在倡导人性回归的社会思潮的冲击下，人性的回归就意味着神性的消退，待到17、18世纪开启了启蒙运动之后，启蒙思想家们倡扬的人与世界的理性及其对理性的崇拜，最终取代了神性及对上帝的崇拜。尽管有如此巨大的观念转型，但认识世界的"二元论"及"外往性超越"的认知方式并没有相应的改变，只是填充了新的内容，由形而上的理性、绝对精神、道德原则、历史精神、超验正义等代替了上帝。到了20世纪，无论是新黑格尔主义、新康德主义、自然法的复兴、新托马斯主义，还是新先验制度主义等，从根本上来说，都是对西方传统的"二元论"的改良性继承或复兴，其哲学的脉络依然是外向的，即通过某种外在的价值取向以达到对人的精神生活的终极关怀这一最高理念与信念。

当人们面对政治问题、权力结构问题时，"外在性超越"的文化模式和思维定式因其外向的价值取向而轻视人身内在自我修为的潜能，由于基督教"原罪"观念的根深蒂固，在人性的认知上是持基本的否定立场的，即认为人性是恶的。著名的启蒙学者孟德斯鸠就在其坚信人性卑鄙，有权必滥的信念上完成他的西方政权体制的设计的。他说："一切有权力的人都容易滥用权力，这是万古不易的一条经验。有权力的人们使用权力一直到遇有界限的地方才休止。说也奇怪，就是品德本身也是需要界限的！从事物的性质来说，要防止滥用权力，不强迫任何人去做法律所不强制他做的事，也不禁止任何人去做法律所许可的事。"① 把"品德"在治国中的重要地位放到了对其本身也需要加以限制的地步。这可以认为是对传统治国方略的标志性转变。

---

① [法]孟德斯鸠：《论法的精神》（上），张雁深译，商务印书馆1961年版，第154页。

美国"制宪先父"之一的麦迪逊认为，人在天赋才能方面的自然差异和在财产所有权上的社会差异，将不可避免地产生私心，即使他们在担任政治职务时也是如此。他进而认为，由个人私心必然导致"腐败现象"，"腐败现象"遇到一定的条件和时机，又会转化成为"党争"问题。如何在民主政体中解决"党争"和党派专制问题？他认为不可能由传统共和主义的教育和灌输美德的方法加以解决。他指出：对于党派专制，"我们深知，无论道德或宗教的动机都不能作为适当控制的依据"①。他在论述防止把某些权力逐渐集中于同一部门的最可靠办法时指出："在这方面，如同其他各方面一样，防御规定必须与攻击的危险相称。野心必须用野心来对抗。……但是政府本身若不是对人性的最大耻辱，又是什么呢？如果人都是天使，就不需要任何政府了。如果是天使统治人，就不需要对政府有任何外来的或内在的控制了。"②

与麦迪逊齐名的另一位美国"制宪先父"汉密尔顿在论证联邦的必要性时说得更明白："……人是野心勃勃、存心报仇而且贪得无厌的。指望几个相邻的独立而未联合的国家一直和睦相处，那就是无视人类事变的必然过程，蔑视数世纪来积累的经验。"③

美国早期的宪政理论家和政治家似乎对人类的本性是持很悲观态度的，并不只是联邦党人，也包括共和主义政治家，如杰弗逊就认为人类具有自私和滥用权力的天性。他直言不讳："权力问题，请别再侈谈对人类的信心，让宪法来约束他们吧。"④

在西方十几个世纪的政治经验一再表明，人们对统治者高尚人格的期许和厚望是不可靠的，根本就不能实现。自启蒙时代开启和近代政治的展开，前述思想家和政治家们就逐渐认识到对人的内在的向善期望，终究会由于人性的偏私及贪婪落空。于是，他们把自己的注意力开始转向对公权力、执政者的外部控制与制约方面，并因此而完成适应这种观念的政治体制和权力关系的结构性设计。

---

① ［美］汉密尔顿等：《联邦党人文集》，程逢如等译，商务印书馆1982年版，第48页。
② 同上书，第264页。
③ 同上书，第23—24页。
④ 美国历史文件（第1卷）克劳夫茨出版社1938年版，第179页；又可见宪法比较研究课题组译《宪法比较研究》（3），山东人民出版社1993年版，第8页。

西方对人性的不信任以及在政治人性中对人的自我的道德向善的轻视和忽视，自然极不可取。在人与自然、人与社会的关系中，个人占有极其重要的主体地位，人的价值观、人的道德水平乃至人的知识等其他品质，作用于自然界和社会的能力非凡，能量巨大。舍弃人的包括道德修为在内的人的主观潜能和主导力量，无异于放弃了人在世界中的主体地位，任何外在的超越力量都不可能替代人的主观能动性。缺失了人的内在性超越，我们的世界不会圆满。

然而，西方包括宪法文化在内的"外在性超越"文化模式，确也收获了巨大的现代性制度建构和完善的优越性。单从宪法和法律文化的角度上看，"外在性超越"的文化内涵确也确实为西方国家建立和逐步完善民主制度、建立健全法律体系，实施依宪依法治国的战略、强调对公权力行使的监督与制约、防止权力滥用等提供了理论支撑。可以说，西方社会和国家全部政治—社会哲学及其在国家和社会层面的实现，正是得益于"外在性超越"的文化和哲学这一内核。

反观中国"内在性超越"的文化模式和思维定式，它对人的主体地位和能力的重视和强调，正是弥补了上述西方文化模式和思维定式内向性的缺失。提高人的自我修为和人生境界，是对人类看待和协调人与周围世界的关系作出的巨大贡献。只有"内圣"才能"外王"，或只有以"修身"为前提和基础，才能进而"齐家、治国、平天下"，不仅是任何时代的人都应当秉持的崇高理想，而且如果能找到正确的实施路径和可实现的机制，就能化为巨大的社会力量，促成人类社会实现"善治"的美好目标。这方面的任何努力，包括在当下中国在全国各地逐步推广的群众路线教育活动，包括认真检查而不是走过场的领导干部的民主生活会，都是应当肯定和鼓励的，因为支撑这方面努力的理论基础，正是中国传统文化和哲学的"内在性超越"的精神内核。

当然，"内在性超越"的文化模式和思维定式强调人的主体地位和修为的重要性，如果把握不当，往往会在人与社会的关系方面造成偏差，过往的传统社会之所以强调"人治"而忽视"法治"，是这种偏差的典型表现。在实施依法治国战略，建设社会主义法治国家的当代，如何克服过分强调"人治"的消极性影响，仍然是一个应当持续关注和解决的时代命题。还应当看到，由于人性中的懒怠、自私、贪婪等消极性因素极难克服，在强调人的修为和提高道德水平的同时，也不要忽略外在的制度性约束和调控力量，这一点正是当代中国反腐倡廉、建立清明政治、实现法治应当十分着力解决的重大理论和现实问题。

总而言之，包括宪法学在内的中国学术界，长期以来形成的研究范式，应当作出巨大的调整和转变。应当深刻体认，宪法研究决不应当只是个文本解读和实施机理、机制的阐述或设计问题，其内在蕴涵的传统文化上的宝贵资源，应当得到充分的重视与发掘。实现宪法文化超越的理想的路径之选应当是，充分发掘吸收和弘扬中国传统文化的"内在性超越"的价值内涵的同时，也要注重吸收"外在性超越"文化模式和思维方式的优长，为更好地实施宪法，建立社会主义法治国家作出贡献。

第八章

呼唤宪法学研究科学理性的回归

引言：从科学理性的立场上看，宪法学专业科学性研究，同其他任何学科的研究一样，都是一个持续深入的学业与工程；现实政治领导层面对宪法的重要性越来越深的体认，更加深了其实践层面上研究的意义。这两方面的驱动力都要求我们宪法学术界进一步深入开展对宪法学深义的研究，包括对与宪法相关的民主政治的理论与实践的研究。与此同时，当前主要由非宪法学专业的专家、学者和媒体人士，掀起的有关与宪法相关的民主政治大讨论，不论其政治上的良性效应多么值得期待，均已经远离了宪法学研究科学理性，并在客观上造成了对宪法学专业研究的实际上的损害，不仅作为极其重要的与宪法相关的民主政治概念及其理论与实践首当其冲，深受其害，连累整体的宪法学研究在当前及今后会更加举步维艰。包容性、开放性、科学理性研究环境和氛围的不良现状，对任何学科的深入研究的伤害，都是不言而喻的，对宪法学科学理性的专业研究的伤害尤甚。为此，宪法学术界主流科研与教学人员，应当对这场主要以非宪法专业学者发动，非以提升宪法学专业研究水平为主要目的，以及非以提升与宪法相关的民主政治的品质的论战保持清醒的头脑，并作出适当的、必要的反思。这也应当被视为提升宪法学研究专业的科学理性的必要前提和步骤。

第一节 宪法学研究科学理性回归的意义

至少可以从三个方面来认识宪法学研究科学理性回归的意义。

一 宪法学深入研究的学理与实践价值的期待

在当今中国，作为国家政治领导核心力量的执政党，早在 20 世纪 90 年代中期就已经确立了依法治国，建设社会主义法治国家的治国指导思想和纲领，更于 1999 年 3 月 15 日通过修改宪法，正式在宪法文本上规定："中华人民共和国实行依法治国，建设社会主义法治国家。"（宪法第五条第一款）这种纲领性文件的宣示和国家根本大法的规定，实质上体现了全国各族人民的共同意志。这是一个宏观背景，是当今中国官民各个层面可以取得共识的平台。这个宏观背景和共识平台的确立，在共和国的历史上算得上是一个里程碑式的进步，也为中国的宪法学的研究铺平了前行的大道。就一般学科重要性来说，基于宪法是国家根本大法的基础，世界上许多国家的宪法学都成为"显学"，这应当是可以超越意识形态而得到体认的。中国自不必说，也不应当例外。面对一百多年从清朝末年到民国再到共和国，持续不断的立宪进程而形成的纷繁复杂的宪法现象，本来就应当大力加强这个学科的专业科学性的研究。而如今依法治国首先是依宪治国，建设社会主义法治国家首先是宪治国家的现实治国的需要，更在一般宪法学研究重要性的基础上加重了分量，并提出了加强研究的紧迫性。愚以为，倡议宪法学研究科学理性的回归，是一个有重大理论意义和实践价值的学术话题，倡议宪法学研究科学理性，可以使我们宪法学术专业深入触及并诠释宪法现象的全貌及其品性，以及深入的义理和实践上的机制配置。在当今的中国宪法学术界，由于种种主客观环境和条件的局限，宪法学无论在理论基础上还是在实践层面上，都被认为是一个弱势学科，一些重大的理论与实践问题有不少都没有得到深入的研究。教义式的论述和大量低层次，重复性的研究成果充斥坊间与教学的讲义和课堂上，连许多法学业内的学者和教师都感到宪法学教学与研究的"乏味"，而更多的学子们仅仅为满足学分而不得已学习宪法学，越来越鲜见基于个人学术兴趣而选择宪法学专业的。造成这种状况的原因当然是复杂的、多方面的，但与宪法学长期以来提不出新概念、新理论、新机制有着直接的关系。毕竟，再重要的学科一旦失去新的探索领域也会失去活力。我们提出并倡议宪法学研究科学理性的回归,就是基于这种对宪法学研究不尽人意的现状的评估,以及对深入研究宪法学博大精深原理,与丰富多彩的实践机理的前提与基础性的考量。作为长期坚持宪法学专业研究并终生以宪法学研究为业的本人,现在深切感到有责任为宪法学的深入研究做点什么,提出和倡议宪法学研究科学理性的回归,就是为此作出努力的一个步骤。

二 倡导宪法学研究科学理性的回归具有创新宪法学的意义

创新也许不是像小熊猫宝宝那样,通过保育员精心饲养、护理就能茁壮成长的。创新者自身必须具备深厚的内在功力与刻苦志学的精神,并投入艰苦不懈的持续努力,才能达成创新之功。无论如何,创新理念的提出、倡导与实际推进,是一个极有价值的理念与科研组织活动。

笔者以为,创新理念应当予以细化方可显见功力,这其中或可包括新的概念、体系的提出,新的科研方法的运用,以及新的结论产生等各个环节。其中各个环节相互呼应,方能产出真正的创新成果。这里提出的"宪法学研究科学理性的回归"应当视为具有创新价值的命题。

首先,任何一个新的创新体系及其成果,都必须建立在宪法学研究科学理性基础之上。否则,任何这类的研究成果由于缺乏深厚的基础,终究会变成无源之水或无本之木。

其次,与宪法学研究科学理性回归的倡议相伴的,是新的研究方法的引入。传统的宪法学术命题,通常都是延续同样的方法。尽管不同研究观点的相异或截然对立,通常都不是由不同方法造成的,而是由研究者的学术立场造成。正如本书在后面还要分析的,当前关于与宪法密切相关的民主政治问题的大辩论中,虽然观点貌似截然对立、不可调和。但细察之下,还是可以发现对立双方都在沿用传统的研究和表述方法,或许他们自身目前尚未认识到这一点。用相同的方法得出完全不同的结论,这本身是耐人寻味的。双方谁也不能说服谁,究其原因,其一可能就是叙事和表述方法论的单一和雷同。我们现在提出宪法学研究科学理性的回归,也包括主张在适当沿用传统的研究方法的同时,大力提倡一些全新的研究理念与方法,以此达到更高层次的宪法学研究科学理性回归的目的。其宪法学研究科学理性的提升价值值得我们作出尝试和努力。

通过这一倡议希望使我们宪法学业内学者能在当前激烈、复杂的有关与宪法相关的民主政治的论战中，保持必要清醒的头脑，在密切关注、适度参与的同时，也要在某些方面保持适当的反思立场。

第二节　现实针对性分析

从本人的专业视角看来，此场关于与宪法相关的民主政治的大讨论，已经偏离了宪法学研究的科学理性。之所以有这种体认与态度选择，主要是基于以下方面的考虑。

先从"反宪派"[①]的立场上看，就是部分甚至全部剥离与宪法相关的民主政治的学术性，即科学理性，而将其高度政治化，甚至将其视为改变现行路线，颠覆执政党的领导地位和国家政权的"邪恶"工具。一论者在她的著名的被宪制派学者称为反宪派的"檄文"中宣称："……宪政话题已不是一个单纯的学术论题，而是必须回答的现实政治问题。"[②] 在此判断下，作者还是从"单纯的学术论题"着手，精心论证《宪政理念属于资本主义而非社会主义》（发表于党刊上的文题）。作者的意旨通过这种高度意识形态化的方式，突显与宪法相关的民主政治是"现实的政治问题"的判断。也许作者觉得这种结论的得出还不够扎实，于是在论文的第二部分，又通过"宪政的政治强权和话语霸权及其欺骗性"的论证以确保和强化自己的中心观点。不过，这样一来，读者如我等只能感受整篇文章的强烈的意识形态和政治性扑面而来，而有关与宪法相关的民主政治的学术气氛却难觅其踪了。

另一篇由《环球时报》发表的社评，对宪制政治化立场的表述得更

[①] 此名由"宪政派"所冠，似欠严谨与准确，也包含有贬义，不太可取。不过，这一群体确也存在其状难名的状况。不过，一个"反"字确也道出了这一派对宪法和宪政所秉持的基本立场和态度。因一时不好另出其名，姑且从之。——笔者注

[②] 杨晓青：《宪政与人民民主制度之比较研究》。（本文未注明文章出处者均来源于"爱思想"网上的"宪政"专题，http：//www．aisixiang．com/zhuanti/147.html）

为直接、坦率："（宪政）它从一开始就不是理论问题，而是个政治主张。"① 社评在这里并没有像论者那样认为，宪政不是一个"单纯"的学术论题，但也承认还是一个学术论题那样，直截了当地说："围绕'宪政'做理论论辩没有实际意义，因为它的目标设定已很清楚，就是要改变中国的发展道路，这是一个国家断不可接受的。"② 接着社评又写道："中国的理论争论应当在国家大的政治规划范围内进行③，而不应是为推动国家内部的政治对立披上理论的外衣。"④ 照这般说来，争论双方包括作为新闻和媒体的《环球时报》以及社评人自己，都"不应是为推动国家内部的政治对立披上理论的外衣"？事理常识告诉我们，只要有争论，总是在对立的双方或多方之间展开，一个巴掌拍不响嘛！在这种表述的语境下，显然并不止是所谓的"宪制派"自己"披上理论的外衣""是为推动国家内部的政治对立"而为了。接下来的事理逻辑应当就是在客观上确实是双方在这场"理论争论"中，都为"推动国家内部的政治对立"应当负起各自的政治责任了。如此一来，就更难觅有关与宪法相关的民主政治争论的学术或理论踪影了。

另一篇由署名郑志学⑤于2013年5月29日发表在党建刊物上名为《认清宪政本质》的文章，也同前几篇文章一样延续强烈的意识形态思维，即首先强调"宪政"一词无论从理论概念来说，还是从制度实践来说，都是特指资产阶级宪法的实施。与此同时，又不忘把主张"宪政"的"境内外一些自由主义知识分子"推向政治对立的风口浪尖上，说他们"把主张'宪政'看作是最有可能改变中国政治体制的突破口和否定四项基本原则的政治策略与途径，极力宣扬'宪政'的超阶级性和普世价值性。这些'宪政'主张指向非常明确，就是要在中国取

---

① 参见《宪政是兜圈子否定中国发展之路》，《环球时报》2013年5月22日第15版。
② 同上，第15版。
③ 把理论争论与国家大的政治规划强行捆绑在一起或许是一个极富争议的观点，应当别论。——笔者注
④ 参见《宪政是兜圈子否定中国发展之路》，《环球时报》2013年5月22日第15版。
⑤ 据网传，郑志学是化名，如果为真，那么用化名发表这类具有争论性的文章，是颇耐人寻味的。——笔者注

消共产党的领导,颠覆社会主义政权"①。郑文还在最后郑重警告:"对于一些集中反映和支撑着西方资本主义社会制度和政治制度的核心学术概念,必须格外慎重,不能落入其背后隐藏着的'话语陷阱'中。"作为读者,我们想知道,作者既然把"与宪法相关的民主政治"作为西方资本主义社会制度和政治制度的"核心学术概念",是如何能在这个概念之后隐藏着一个"话语陷阱"的,是否是所有西方"核心学术概念"都必然都"隐藏着""话语陷阱"?如果单指"与宪法相关的民主政治",那么,我们也想知道,是通过什么机理和机制实现这种由"概念"到"陷阱"的转换的,又为何那么多的与宪法相关的民主政治学术精英们都看不出来,而作者既然早已看透这个"概念"之后"隐藏着""话语陷阱",何不用有说服力的专论将其揭示出来使之大白于天下,以免令人"落入"其"话语陷阱"呢?现在到了有人"要在中国取消共产党的领导,颠覆社会主义政权"的"危急时刻"才揭示出来,岂不有违作为一个政治学者所应肩负的政治责任?如此等等,都需要作者予以理论上和学术上有说服力的阐明,如果只是作为作者个人主观的政治判断而提出,那么就难以令人信服了。

还有一些"反宪派"的文章,在意识形态和政治的认定和表述上大体一致,恕不一一分析了。现可以总的概括一下这类文章的思路及其表现出来的强烈意识形态和政治色彩:首先,将与宪法相关的民主政治认定是西方资本主义和资产阶级的特有和专有概念,确定又言之凿凿且不容置疑;其次,将其一般政治化,即在西方世界,与宪法相关的民主政治都有固定的政治要素,都是为资产阶级强权统治服务的;再次,将已邪恶化、妖魔化的"与宪法相关的民主政治"概念或观念,不分具体情况,无差别地套用在中国的"与宪法相关的民主政治"主张者身上,通过抢占道德和政治上的高位展现其"卫道士"般强者的姿态,使对方被迫处于守势,并使他们在强大的意识形态和政治话语下就范。如此一来,回到我们本书的论题的主旨,即作为宪法学研究科学理性的学术因素,便几乎被扫荡殆尽。然而,连上述文章中都承认是"理论论争"和"核心学术概念"的与宪法相关的民主政治,究竟有何"理论"或

---

① 郑志学:《认清"宪政"本质》,《党建》2013年第6期。

"学术"因素？是否并因其被高度意识形态化、政治化、邪恶化和妖魔化而被泯灭？这是任何一个严肃的社会科学的学者都必须认真考量的学术问题。作为一个社会科学的学者，尽管在道义上应当关注包括宪制在内的政治和社会事务的必要要求，但学者的本分是做好学术研究工作，如果有争论，也应当以自己有力度的专门研究力作以说服持不同意见的学者。如果背离此道，只想用极简单、粗暴的方式把有关严肃的学术论题（也有政治性）草草地打发掉，甚至用粗暴的意识形态和政治的强硬话语将有争论的概念邪恶化、妖魔化，以致使持不同意见者受到威吓后心生畏惧而却步，就不是一个应当秉持的科学理性态度。事实上，在如今资讯如此发达的时代，也难以达到这种实际的政治目的。更何况，这种脱离学术氛围和语境的论争，从一开始就应当遵从亚里士多德所言："欲有所为，当先知止"；中国古代的圣贤也多有此类教诲。

正如华炳啸正确地指出的，反宪派的文章中，确实存在着"理论贫困"[①] 的现象，也如德高望重的法学界老前辈郭道晖所说的："这几篇思维陈旧、逻辑混乱的文章虽然不值一驳，……这一思潮的实质——名为反宪政，实是反现行宪法。"[②] 另一位中国宪法学老先辈许崇德更是一针见血地指出："……后一种思潮的推动者们并不单刀直入地否定我国宪法，而是采用釜底抽薪的办法，先悄然歼灭'宪政'这个提法，以便架空我国宪法，否定宪法的运用和实施，使宪法边缘化。较之第一种思潮，这第二种思潮对我国宪法危害尤烈。极'左'思潮的推动者否定宪政的提法没有任何一点站得住脚的根据。这种故意撇开我国的社会主义宪法，片面地把'宪政'定位为资本主义，然后编造出'宪政'提法会招致西化的神话，误导舆论，欺蒙领导，其意欲挥舞大棒重启反右派运动的做派很不合时宜。"[③] 杜光也在"随感之三"中写道："《红旗文稿》、《环球时报》那两篇批判文章都硬要摆出一副教师爷的姿态，把与宪法相关的民主政治批判为'资本主义和资产阶级专政'。

[①] 华炳啸：《反宪派的理论贫困及其死穴》，《中国宪政网》http://www.calaw.cn.
[②] 郭道晖：《当前反宪派思潮评析》，《中国宪政网》http://www.calaw.cn.
[③] 许崇德：《宪政是法治国家应有主义》，《法学》2008年第2期，第3页。

可是，通篇文章逻辑混乱，论证贫乏，陈词滥调，强词夺理，在全世界的有识之士面前丢尽了脸……"①话虽尖刻了点，但指出的那两篇文章"论证贫乏"，确是不谬的。像上面提出反宪派是出于某种政治目的，且有悖宪法学研究的科学理性分析视角还有很多，不必一一列举了。

再从宪制派的立场上看，在目前像湖水般涌现的宪制派的文论中，从总体上看，笔者个人认为，宪制派也是站在意识形态和政治道义上与反宪派针锋相对，试图夺回已被反宪派抢先占领的意识形态和政治阵地。这也是事理使然，只有站在同一个层面上，以相同的话题进行论争，才能面对面地形成论争的战阵。对此，笔者作为宪法学业内研习人员，对于参与这场论战的法学界前辈以及早已成名的中青年学者和青年才俊们，所投入的政治热情，对于他们捍卫中国宪法的精神和勇气表示由衷的钦佩。本人笔者同时也认为，宪制派的文论读起来较之反宪派的文论顺畅多，其中还有不少精辟和深邃的论述，尤其是郭道晖、许崇德、李步云等大家的文章，都是基于几十年积累下来的深厚的研究功力，秉持对中国宪法、民主、法治、人权的坚定信念，从法理学、宪法学等基本理论出发，通过精读和诠释马克思主义经典著作，站在历史、现实的时空高处，对反宪派的一系列落伍、谬误的观点，进行了有理有力的、针锋相对的批驳，读起来令人振奋，富有启迪，而且还能感受大家们浓郁的学术风范。

第三节　疑问与侧评

作为一个专业从事宪法理论和宪制学说的研习人员，在反复拜读两派文章，特别是宪制派的有代表性的文论之后，从专业的角度看，也产生了一些疑问，目前还不曾弄个明白，这里不妨提出来就教于学术先进和同人。其中，就个人学识所及同时作出相应的评论。

---

① 杜光：《七不讲，宪政和意识形态危机——2013年随感之三》，《动向》2013年第6期。

第一个疑问：这场围绕"与宪法相关的民主政治"的论争，对于现实中国的政治和社会意义究竟是什么？应当承认，改革开放深入发展到今天，确实触及了中国现实政治和社会许多深层次的问题，需要领导国家的执政党、国家政权和社会各阶层、各方面与广大人民群众，通过包容性、开放性的共同讨论，达成共识，以凝聚举国上下和全社会的积极力量，共同面对各种危机，齐心合力共同应对现时的各种瓶颈和困难。现时执政党和国家政权正在积极探索，如何走好早已设定明确目标的"中国特色社会主义道路"的当口儿，在中国的学术界几年来以与宪法相关的民主政治为目标，重新设定中国改革和前进的方向，是否有些草率和操之过急？宪制派的发起人和领军重将们，对在中国如何推进与宪法相关的民主政治建设的时机、步骤、以及具体方式，甚至对中国目前有无与宪法相关的民主政治这类基本问题上，或许疏失仔细评估和考量的情况下，就大力推进与宪法相关的民主政治改革，这种时机的选择都值得反思。不应忘记：一者与宪法相关的民主政治的理念与制度在学术界至今都没有得到认真、科学的研究，学者们一直在"文本主义"的立场上论证和诠释，与宪法相关的民主政治概念是否当立和能立这一极其肤浅的层面上，拿不出有力道的理念与学说，自然难以服人。二者是政治层面在中华人民共和国成立后，一直没有明确认肯与宪法相关的民主政治的概念。那么，在中国还必须依赖政治领导层的大力推动，才能促成实质性的与宪法相关的民主政治进程和目标的实现的现实情境下，包括宪法学术界在内的法学术界乃至政治学术界，应大力做好宪法和宪制文化的启蒙教育工作，以徐徐加强包括政治主导层在内的全社会对宪法和宪制的体认与自觉意识。反宪派正是抓住了宪制派这个软肋向与宪法相关的民主政治发难，才占得先机和优势，相对之下，宪制派虽竭力抗辩，但正如有评论指出的，总显得苍白无力，被迫处于守势。之所以如此，愚以为中国现实还缺乏厚重的宪法和与宪法相关的民主政治的文化基础。

第二个疑问：宪制是否能如宪制派所愿，担当国家和民族前程的重担和大任？从大量的宪制派文稿上看，宪制派肯定认为能。作为长期从事宪法和宪政学说研究的本人，极为赞赏宪政派对宪政的看重乃至推崇。笔者曾经出版过与宪法相关的民主政治的两部专著①，其中虽然不乏对与宪法相关的民主政治的溢美和赞赏，但绝没有无限拔高与宪法相关的民主政治的意思。笔者对与宪法相关的民主政治的基本体认是有分寸的，并且是分层次的。具体来说，与宪法相关的民主政治无非是人类社会治国理政的一个工程。工程者，乃为人类社会自身的需要而建造，即使再伟大的工程，终究要是为人类社会所用的，用学术语表述，此即它的工具性价值或工具理性，宪制第一个基本的功能和价值仅此而已，这是宪法和与宪法相关的民主政治的初级阶段。当然，在经过长期执行宪法和实施与宪法相关的民主政治之后，历史经验表明，可能会提升到一个更高级的阶段，即所谓对宪法和与宪法相关的民主政治的崇尚乃至信仰的阶段。这虽然是一个值得期待，经过长期的努力也是可以达到的阶段，但绝不是一蹴而就的。目前中国能够达到重视宪法、承认与宪法相关的民主政治的阶段尚需经过很长时期的努力，更不要奢望能越过初级阶段直接提升到高级阶段。此是我在《宪法文化的启蒙》和《宪法文化的自觉》②两篇论文中阐明的主旨。

长期以来，在中国的社会科学界尤其是在法学界，有一种强烈的研究范式和进路，就是极为看重制度的价值与功能，学者们当论及某一宪法和法律现象时，总是自觉不自觉地想到相关的制度建设，甚至把制度建设当作关键的因素，也把一切困难和瓶颈问题的解决寄希望于完善的制度建备。这种强调制度建备本身并没有错，因为完备的制度确实能为相关的宪法和法律的实施提供一个稳定的架构，使之能在确定的规范体系和程序固定的范围内得到连续一致，而不是在杂乱无章的状态下实施。从这个意义上来说，无论怎么强调制度建设的重要性都不过分。然而，凡事总得把握一个适当的度。世事繁复，宪法和法律的良好实施亦然，这是一个举国上下、社会全体通过各种关系、机理，乃至观念等综合的硬实力和软实力综合作用的结果。与宪法相关的民主政治只是其中

---

① 陈云生：《民主宪政新潮——宪法监督的理论与实践》，人民出版社1988年12月版；《和谐宪政——美好社会的宪法理念与制度》，中国法制出版社2006年11月版。
② 《宪法文化的启蒙》，《法治研究》2012年第8期，第1—9页；《宪法文化的自觉》，《法治研究》2013年第1期，第1—10页。

的工具和机制之一,尽管它极其重要,但绝不是万能的,不能指望我们一旦遵循某种类型的与宪法相关的民主政治,国家和社会的一切根本大事就可以迎刃而解。如果还有人指望通过把与宪法相关的民主政治视为"天堂"而致其神圣化,就更是一种严重脱离实际的幻想了。正如旁观者如新加坡的郑永年教授所指出的:"但实际上,争论的双方都是在神学的抽象意义上讨论宪政,他们都没有直面现实。"他又提出忠告说:"对中国来说,重要的是需要探索在中国的政治环境中,宪政从何而来的问题,而不是要不要宪政的问题。左、右派应当放弃具有神学色彩的宪政讨论,把眼光置于中国的现实和经验,探讨中国自己本身的权力制衡机制,也就是中国本身的宪政,这才是唯一的出路。神学化的讨论,无论是对执政党还是国家和人民,都是有害的。"[1] 对中国的学术界来说,郑永年的忠告显然在现时暂时还没有被人听进去,双方沿着神学化的讨论仍在激烈地进行。这或许表明中国学术界对"神学化"的研究和讨论范式与进路还不太理解。其实这可以简单地换成另外一种学术概念表述,就是所谓"先验制度主义",本质上是一种形而上学的研究范式。简单地说来,这种研究范式具有长久的传统和深远的影响,是从柏拉图、亚里士多德,直到当今的政治哲学家和法哲学家罗尔斯、德沃金等著名学者长期沿用的范式与进路,中国的政治、法律学术界深受这种研究范式和进路的影响,潜移默化之中也变成了中国政治学、法律学的研究范式和进路。这种范式和进路尽管有其重要的学理价值与功能,但如果把握不好,也会成为脱离实际的书卷式研究。目前,中国关于与宪法相关的民主政治的讨论就属于这种状况。反宪派从一种先验的立场出发,否定与宪法相关的民主政治在中国的价值与适用,这固然不可取;但宪制派的学者将其视为政治的"伊甸园"、宪法和法律的"天堂",以为只要在中国按照他们的完美宪制设计去做,就万事大吉了,结果必定会达到他们期许的政治、社会的目标,一切国家改革难题和社会转型期出现的矛盾和窘迫状况,都会迎刃而解。将一国的前途与希望完全寄托于一种在书斋里和摇椅上设计的与宪法相关的民主政治制度上,其实

---

[1] 郑永年:《中国的"宪政"之争说明了什么?》,[新加坡]《联合早报》(名家专注之郑永年)2013年6月18日。

是书卷气十足的学者们的一相情愿，这或许也可以视作当前学术风气浮躁，缺乏脚踏实地的务实精神一种表现。当然，神学范式是一个极其复杂的理论体系和方法论，上面的分析实在说来有些太简单化。

第三个疑问："与宪法相关的民主政治"能否成为一个独立的研究对象？《环球时报》的社评中说："'宪政'这种从西方传入的词汇之所以孤独，就是因为它拒绝同中国现实协调互动，而是要打断中国的进程，扭转国家的政治方向。"① 社评撰写者虽未指明"宪政"能否成为独立的研究对象，但指出它是从西方传入的，本身上是"孤独"的，而且带有特定的本质上的邪恶性。反宪派的其他作品，如杨晓青、汪享友、郑志学等人的文论中，都把"与宪法相关的民主政治"视为西方资产阶级特有的概念和词汇，即使宪制派的学者在该词前面"加上"社会主义，变成"社会主义宪政"也不行，可见他们都不主张"与宪法相关的民主政治"可能成为一个独立的研究对象。这种观点不可取、不在行，许多宪制学者都据理予以反驳，这里不必重复，况且也不宜在这个只是"入门"的问题上花费宝贵的时间和精力。

那么，宪制派的观点如何呢？没有学者论及这一问题，或许压根儿就不认为这是个问题。从拜读了大量的宪制派文论之后，我们不得不留下这样一个强烈的印象，即宪制派的作者们似乎也认为不能。也不排除如下的可能，即在当今论辩正酣之时，哪儿还能顾及"与宪法相关的民主政治"是否能作为独立的研究对象这一不关论辩要旨的问题？仔细拜读现能找到的宪制派文论，从中发现不把"与宪法相关的民主政治"作为独立的学术研究对象的突出表现，主要集中在以下两个方面。

一是通过划分派别，把"与宪法相关的民主政治"特定化，包括意识形态化。

首先，我们从华炳啸在《反宪派的理论贫困及其死穴》一文中，对宪制派自身"思想混战的类型学分析"就可以清楚地看到这种倾向。据他的分析，目前正规宪制派"在与宪法相关的民主政治大论战中明显分化为三大活跃性思想派别和三大存在性思想派别"。三大活跃性派别

---

① 《宪政是兜圈子否定中国发展之路》，《环球时报》社评，载该报 2013 年 5 月 22 日第 15 版。

分别是自由主义宪制派（简称自宪派）、社会宪制派（简称社宪派）、文化保守主义宪制派（简称儒宪派）；三大存在性派别分别是布坎南宪政经济学派（简称泛宪派）、国家主义宪制派（简称国宪派）、法律专业主义宪制派（简称专宪派）。基于社会学理资源的社宪派成分最为复杂多样，具体又可分为中特社宪派、老左社宪派、新左社宪派、宪制社会学派（简称社宪派）等四大学派。[①] 如果上述类型划分被学界认可（似乎没有理由不认可），那么，从中不难看出，中国老、中、青三代宪制学家们都秉持各自的特定宪制体系，似乎在中国各宪制学派都对"与宪法相关的民主政治"的纯粹研究不感兴趣，至少在当前及今后的一段时期内还不会出现"纯粹宪制派"，这就是说，特定化的宪制学说和研究范式，是目前中国宪制派各大家共同的学术倾向。如此一来，把"与宪法相关的民主政治"作为独立的科研对象，从宪法哲学、文化学和法理学等层面，研究"与宪法相关的民主政治"的本体论和认识论立场上进行的研究，目前是缺席的。然而，正是对于这一重要的学理问题的缺失，才造成了两派以及一派内"思想混战"的局面。当然，在学术的意义上，这种"混战"并不只有消极意义，思想越辩越明，这同样有积极意义的。然而，学理的缺失，难道不应当引起我们学界的反思吗？

其次，通过各种前缀和后缀，把"与宪法相关的民主政治"概念和内在机理窄化或狭义化。如果说，通过前缀使与宪法相关的民主政治变成某种特定的，特别是基于某种意识形态和政治哲学的言说对象的话；那么通过后缀则主要是为了显现论者对"与宪法相关的民主政治"的窄化或狭义化的理解。缺乏对"与宪法相关的民主政治"本体论全面而深刻理解，是造成这种言说收窄状况的学术成因。据我们对最近一篇不长文论的简单查验，就发现了作者先后使用了"宪政民主""宪政民主政治""宪政民主制度""民主宪政体制"，以及前缀"民主宪政"等词语。而我们从文义中又看不到这些词语的运用是为了不同意义上的指代，可以说就是对与宪法相关的民主政治的诠释。这不是个例，而是一种普遍现象。其实都不过还是围绕"与宪法相关的民主政治"进行

---

① 华炳啸：《反宪派的理论贫困及其死穴》，《中国宪政网》http://www.calaw.cn。

的言说。在其他作者的文论中,无论是反宪派还是宪制派作者或许都没有意识到这样行文有什么不妥,或者根本没有意识到这是一个问题,而一般读者更可能没有关注到这种现象。但我们仍想表明如下的意向:即关于"与宪法相关的民主政治"这种基于非本体论上的理解,而导致在词语运用上表现出来的强烈限定倾向,正表明中国学术界在对宪制的理解上肤浅和与宪法相关的民主政治理论的贫乏。宪制派在论争的文章中显得"苍白无力",也许这是一个重要的原因。

在学术上,17世纪荷兰杰出的唯物主义的哲学家和启蒙学者斯宾诺莎(Benedict De Spinoza, 1632—1677) 在所著的《神学政治论》中,为了与教会一贯以迷信的宣教,援引各种"神迹"以营造种种神秘观念的方法相对立,提出了科学地解释《圣经》的方法。斯宾诺莎认为:"我可以一言以蔽之曰,解释《圣经》的方法与解释自然的方法是没有大的差异,事实上差不多是一样的。因为解释自然在于解释自然的来历,且从此根据某些不变的公理以推出自然现象的释义来。所以解释《圣经》第一步要把《圣经》仔细研究一番,然后根据其中根本的原理以推出适当的结论来,作为作者的原意。照这样去做,人人总可以不致弄错。那就是说,解释《圣经》不预立原理,不只讨论《圣经》本书的内容,并且也可以讨论非理解力所能解的以及为理智所能知的事物。"[①] 对此恩格斯给予了很高的评价:"当时哲学的最高光荣就是它没有被同时代的自然知识的狭隘状况引入迷途,从斯宾诺莎一直到伟大的法国唯物论者都坚持从世界本身说明世界。"[②] 深度参与当前与宪法相关的民主政治辩论的两派学者,难道我们不应当从先哲和导师那里得到一些启发和教益吗?

第四个疑问:在中国的语境下,脱离现行宪法而由论者凭自己主观观点,任意演绎与宪法相关的民主政治的概念和内涵,是否对中国现实及今后的与宪法相关的民主政治建构具有理论和实践意义?在我们反复阅读了当前有关宪制论争的主要文论后发现,无论是反宪派还是宪制

---

① 详见 [荷兰] 斯宾诺莎《神学政治论》,温锡增译,商务印书馆1963年11月版,第108页。

② 恩格斯:《自然辩证法》,人民出版社1960年版,第8页。

派，似乎不约而同地表现出强烈的共同倾向，就是脱离中国现行宪法的规范和原则，各家凭个人的主观观念，用文字孤芳自赏地设计和"制造"中国式与宪法相关的民主政治，或干脆彻底地把宪政打发掉，再不行就把宪政打入十八层地狱，让它永世不得翻身。后者主要是反宪派所为，其于学理的悖谬及事理的不合逻辑之处是显而易见的，宪制派各家已经对此予以有力的批驳。而前者，即宪制派于匆忙中发起反击，力求尽快挽回被动之势的紧要关头，却疏忽甚至根本就没有意识到自己的立论，只有站在中国现行宪法的规范和原则之上，才是有说服力的。当然，这样做并不容易，要真正理解中国现行宪法的规范和原则，从目前的学术总体状况上看，单就中国政权的总体权能定性和机构定位而言，笔者甚至认为，包括宪法学术界在内的不少学者，并没有达到一个真正符合宪法规定和原则的这一起码的程度，非宪法学专业的学者尤甚。脱离了中国现行宪法对政权权能的定性和机构定位，而仅凭个人的主观观念空谈与宪法相关的民主政治，特别是这种空谈又显现出强烈的意识形态色彩，以及或可被人疑似要对现行政治体制进行实质性的重大改革的意愿时，可以想见必然会遭到有关方面的社会势力及其代言人的顽强阻击，或许这就是这场与宪法相关的民主政治的论争，率先由这种社会势力的代言人发起的根本政治动因。宪制派中一些有识之士已经看到这场以与宪法相关的民主政治为由头的论战的实质，是不同社会力量之间的博弈。而宪制派脱离中国宪法和中国实际而进行的空谈，表面上呈现出来的宏大叙事和言说之势的背后，却展现了其缺乏深厚的宪法根基的窘迫状况。正是这一点被反宪派先锋人士紧紧抓住不放，并抢先占领了政治道义上的高位。

或问，本人对宪制派这种评价有何根据？根据就在宪制派自己的文论之中，就绝大多数的这类文论来说，包括外国的评论文章，大多用"限权""法治""民主""人权"等学理，来解读中国的与宪法相关的民主政治。我们必须首先承认，这些政治、法律词语及其学理蕴涵，确实是构成与宪法相关的民主政治学理价值的重要元素，不能设想，任何对与宪法相关的民主政治的科学解读能离开这些元素。但我们同时认为，这仍不够，与宪法相关的民主政治是一个更开放、能包容更多元素的概念及其学理蕴涵①，如果只取这些大家习以为常的元素来解读与宪法相关的民主政治，就必然显现出局限性和片面性。须知，关于"人权""法治""民主""限权"等元素在政治学界、思想界、舆论界都早已作为独立的话题做过详尽的论说，现在已在学术界耳熟能详，习以为常。既然如此，再把这些作为主要元素去解读与宪法相关的民主政治，显然不再具有受到专注的吸引力和学理上的说服力。顺便提及，反宪派人士别出心裁地把与宪法相关的民主政治，分为"关键性制度元素"和"非关键性制度元素"，更是缺乏对与宪法相关的民主政治作为一个整体的深刻理解，粗暴地将其碎片化，实不可取。况且，其所分类也经不起推敲。

或问，照本人上述的分析，认为脱离中国现行宪法就不可能正确地、科学地言说中国的与宪法相关的民主政治，那么，应当如何解读中国与宪法相关的民主政治的"核心要素"之"限权""人权""法治""民主"等？关于与宪法相关的民主政治中的这些要素，笔者已在多篇专论和著作中进行过详尽论述②，这里只想就"限权"这一要素再作一简单的重述。

第一，在制定一九八二年宪法时，当时就有一个强烈的意识形态上的指导思想，即中国的宪法绝不搞西方三权分立的"那一套"。从政权结构上看，就不是分设三个分支或部门，除在第一百三十五条规定公、检、法三机关在办理刑事案件中，应当分工负责、互相配合、互相制约以外，无任何关于"限权"和"制衡"的规定。此外，为了将这一指导思想贯彻到底，在整部宪法文本中，都拒绝使用"立法""行政""司法"这三个词语。因此，认为中国与宪法相关的民主政治已包含学理传统意义上的"限权"思想，是对宪法文本的误读。换句话说，中国宪法及中国与宪法相关的民主政治从发生学的意义上来说，就早已把

---

① 关于宪政的这种品质，笔者已经做过详尽的梳理和分析，详见拙著《民主宪政新潮——宪法监督的理论与实践》，人民出版社1988年12月版；《和谐宪政——美好社会的宪法理念与制度》，中国法制出版社2006年11月版。——笔者注

② 详见陈云生《民主宪政新潮——宪法监督的理论与实践》，人民出版社1988年12月版；《和谐宪政——美好社会的宪法理念与制度》，中国法制出版社2006年11月版。——笔者注

西方三权分立的"那一套"拒之千里之外，包括限定政府权力的原则，除非把各国家机构的职权规定理解为是对其权力的一种限制。

第二，中国宪法和与宪法相关的民主政治关于政权机构的权能定性和职权的规定，在宪法学术上通过将其从现代管理学意义上职权法定、责有所负的意义上来解读。当然，非宪法学专业人士，包括现在一些宪制派，将其解读为是对政府权力的限定，这在学术意义上勉强可以说得过去，但不周延。如果我们借用瑞士著名法学家狄龙对英格兰议会主权的研判，也可以认为，全国人大作为最高国家权力机关，虽在宪法上规定了其主要职权，但通过所谓的"兜底"条款，理论上可以行使无限的权力，包括将男人变女人，或相反将女人变男人的事它都可以做到。因为只要它认为必要，就径直可以制定一项法律，规定从某年某月某日起，将男女称谓倒换过来，事情就这么成了（《圣经·旧约》的话）。在理论上没有人能阻止它这样做。说到底，要从中国现行宪法解读在与宪法相关的民主政治中存在"限权"的理论与实践，几乎完全是不可能的，除非能将宪法和与宪法相关的民主政治截然分开，各说各话。

第三，进一步而言，在中国宪法和与宪法相关的民主政治语境下，探讨"限权"这一重要理念是否完全没有意义或根本不必要，再或者在与宪法相关的民主政治上就不可能进行机制或制度建构？简单地回答就是否！不仅有意义，而且有必要，还有可能。前提是必须转变学术观念和研究范式，绝不能沿用传统的西方思维和话语，来解说中国宪法和与宪法相关的民主政治语境下的"限权"。

首先，不能用简单的拒不承认的态度和否定法，草草地把"与宪法相关的民主政治"打发掉，或将其邪恶化、妖魔化而使人望而生畏，唯恐避之而不及。反宪派就采取这种态度和做法，这通常是学术懒汉所为，是拒绝负起学术责任担当的表现。在当前情势下，还很难指望他们在理性认知上提高到如下的高层次：

其一，理解与宪法相关的民主政治不能单从意识形态着手，还必须关注到与宪法相关的民主政治还有广泛的适用性方面。犹如西服是地道的西方货，本质上还可以说是"资产阶级"的。如果只以意识形态为念，中国的"无产阶级"们是万万不能穿的。记得笔者在20世纪60年代初上高中时，时值美国发动越南战争，为配合时事宣传，学校组织了一场讽刺美国侵略越南的"活报剧"演出,出演美国总统、国务卿和国防部长的学生演员需要穿西服,就从年长的老师那里借用西服演出,记得我出演的是国务卿腊斯克。后来来了运动,我们演出者受到了"羡慕资产阶级生活方式"指责不说,还连累了借出西服的师长,很是过意不去。而如今每当在一些盛大的集会场合,成百上千的男性出席者,几乎人人都穿这种笔挺但曾被李鸿章讥笑在每个袖口上毫无用途地缝上三个纽扣的西服,大众早已习以为常,独有我每见此景,总不免心生一番感慨:这个世界真是可变的。与宪法相关的民主政治情景亦然,全世界有那么多的国家都在实行,而独中国绝对不能!其实非是不能,是我们对与宪法相关的民主政治的广泛的适用性缺乏体认罢了。一旦有了此种体认,就会拿来实行,谁到时候还会介意它是什么人发明的呢。君不见民主、法治、人权、市场经济这些理念与实践在中国的经历吗?

其二,尽快提高学术功力、学术智慧和学术艺术,形成"化腐朽为神奇"的可行能力。如马克思早在一百多年前对"哥达纲领"所做的垂范那样。

其三,也不能如自由主义宪制派所主张的那样,认为只有实行西方式的三权分立和多党制才是唯一出路。这一主张既脱离中国实际,又没有充分体认与宪法相关的民主政治体制的多元性,更没有充分考量那样做可能存在的难以预料的、不确定的,甚至是可怕的后果,故也不可取。毕竟,中国民众的心态仍然主要关注自己的生计和福利,为此而计,形成了怕乱求稳的社会和政治心理。在这种大众心理环境下,任何具有不确定的改革和建制,不论提出者有多么强烈的期待,也很难在短时间内得到民众的认肯。

其四,如果像社宪派或宪社派所主张的那样,在尊重现行政治体制的前提下,进行改良,以实现"善治"的愿景。这种主张极具吸引力,但要拿出具体方案,特别是要拿出解决中国现行体制下权力不受制约,官场滥权和腐败日趋严重这一重大现实问题的方案。光有美好的愿景再加上宏大叙事式的言说,是不能让人信服的。不过,在这里还强调指出,通过提出"善策"建立"善制"以实现"善治",在充分发挥中国自身的历史、思想、文化、现实政治等智力资源的同时,也要关注国别性、地域性、封闭文化性导致的狭隘性和局限性。应当按照中共十八大报告的要求："积极借鉴人类政治文明有益成果,绝不照搬西方政治制度模式。"这一要求明确地拒斥了极"左"思潮中"逢西必反"的非理性态度。

最后,提出新概念和新思维,以期解决现实中国宪法实施和与宪法相关的民主政治建设中,存在的窘境和难题。郑永年教授在其论文中正确地指出:"但多年来,官方意识形态已经不生产任何新的理论和概念……"① 至于学术界包括政治学术界和法学术界景况如何,郑教授没有论及。不过,我个人认为,至少在宪法学术界的景况大致也是这样。这其实很难,在中国自古就有"圣人五百年一出"之说,动不动就自诩"理论创新",或许是学术浮躁的一种表现。但任何科学都要发展,总要提出创新要求也是必要的,否则科学研究就要失去活力和动力。至于说到官方,我倒认为,连续两次在执政党的代表大会的报告中提出的如下理念,应当视为生产出来的"新的理论和概念":"要确保决策权、执行权、监督权既相互制约又相互协调,确保国家机关按照法定权限和程序行使权力。"② 连续在两次执政党的全国代表大会的政治报告中提出,应当说是经过深思熟虑之后生产出来的理论和概念,相对于以往从未提出过而言,更应当视为"新理论和概念"。以往在一些地方的行政改革中提出过决策权、执行权、监督权,学界或可认为,这是由行政法学界应当关注和研究的问题。但在执政党的中共十八大报告中在"健全权力运行制约和监督体系"的分标题下提出,而不是在"深化行政体制改革"的分标题下提出,应当被认为,是从整体的权力结构和运行的意义上提出的。在当前学术界,除了少数学者对此予以关注并有所论及外,从总体上看,并未引起学术界主流群体的关注,更遑论进行有系统的、深入的研究了。或许我们真的必须接受有的先锋学者提出的正确判断,即这是一种"新三权分立和制衡原则",因为在"相互制

---

① 郑永年:《中国的"宪政"之争说明了什么》,[新加坡]《联合早报》(名家专注之郑永年)2013年6月18日。

② 胡锦涛:《坚定不移沿着中国特色社会主义道路前进,为全面建成小康社会而奋斗——在中国共产学第十八次全国代表大会上的报告》,《人民日报》2012年11月18日第3版。

约又相互协调"的结果,应当达到总的国家权力的"平衡"行使的效果。然而,愚蠢的我,至今都弄不明白,对这一个由政治主导层正式提出的新理论和概念,何以不能吸引学术界的眼球。既然反宪派声称宪政派"要打断中国的进程,扭转国家的政治方向。说到底这是一种幻想,……""想引中国走另一条路,整个西方世界加起来也没有这个力量,国内少数有不同意见的人更不行"[①]。而宪制派(至少是其中的宪社派)声言立足于中国问题场域、中国历史特质、中国本土经验。中国转型模式、中国学术气派的理论自觉,在坚持人民民主、党的领导、依宪治国有机统一的原则下,观点鲜明地提出了当代社会要姓'社',即在与宪法相关的民主政治,在与宪法相关的民主政治的规制和保障下发展社会主义,在与宪法相关的民主政治社会改革进程中落实宪政建设等重大命题。如此说来,双方在论争中言辞如此激昂、尖刻,似剑拔弩张,则显得无甚来由。因为双方的目标在坚持执政党的领导,坚持走社会主义道路,依宪治国这根本目标上即使不是完全,至少也是相当的一致。如果双方立论的最终归宿和最高目标真的就是如各自表白的那样,那么,首先完全可以用"殊途同归"的常理纾解双方水火不容的对立态势。在路径选择的意义上,只要能达到上述共同的目标,要与不要与宪法相关的民主政治都是可以作为选项的,前提是各个的立论支持足够有力才行,而不是像拳击赛那样,只要把对手击倒再也站不起来就算自己完胜。既然如此,双方何必像郑永年教授所指出的那样:"很显然,争论双方毫无共识。双方从来就没有直接对话,也拒绝对话,一直是'你说你的,我说我的',隔空喊话,互相批评甚至攻击,导致了社会意识形态领域的高度道德主义化和原教旨主义化。"[②] 以为,双方完全可以也应当在上述目标一致的基础上,就可在执政党的高层的纲领性文件中,提出的"新三权分立及其制约"的理论和概念上进行共同的探讨和研究。当然,作为长期从事宪法理论和宪政学说研究的笔者,如果

[①] 《"宪政"是兜圈子否定中国发展之路》,《环球时报》社评,载《环球时报》2013年5月22日第15版。
[②] 郑永年:《中国的"宪政"之争说明了什么?》,[新加坡]《联合早报》(名家专注之郑永年)2013年6月18日。

条件允许，也愿意在这个领域进行深入的探索，此是后话。

第五个疑问："文本主义"的研究范式是否有利于取得学术共识，乃至消除处于两极的歧见，而可否应当适当地加以调整？在以往以及现实对与宪法相关的民主政治概念的研究中，从总体上看，不论双方的意见如何，出现重大分歧乃至极端对立，但在阐述己见时所秉持的方法论却是惊人的一致，这方法论就是"文本主义"的，即通过阐释马克思主义的经典作家和现代中国执政党和国家领导人的著述和相关观点或言论，以支持自己所申明的主张或意见的正确性和科学性。首先应当肯定，这种研究范式具有很强的学术科学性。这是因为，在人类漫长的历史长河中，尽管马克思主义的历史唯物论，高度肯定人民群众在历史创造中的主体地位和作用，但这只是历史的一个方面，历史还有另外一个不容忽视的方面，即在不同类别和体系的文明发展和传承的过程中，知识作为软实力的精神和文化力量，主要是由各个时代的知识群体承担的。他们中的大师、经典作家虽人数极少，或许如孟子所说只有"五百年一出"，但他们的思想体系具有他们各自所处时代的高度代表性，最集中、最经典地体现了各自特定时代的思想总体上的最高水平。并且自有文化的文字记录和传承以来，以典籍的遗产形式留给后世，从而形成了最深远的文化影响力。在社会文化领域，自古至今，一代代学者们一以贯之地承认乃至尊崇这个知识和思想宝库的价值，并持之以恒地加以利用。可以肯定地说，"文本主义"的论说和研究范式，是一个在论理世界中极普遍和常见的现象，时至现今中外的社会科学界依然如此。在一些学术规范很强的中外著述中常可见大量的文献或著述引文。在现今中国学术质量高低的水平评价上，引文是否丰富和是否符合规范要求，还被视为一项硬性标准。

自从苏俄十月革命一声炮响，给我们这个处在半殖民地半封建主义的国家传来了马克思列宁主义之后，就成为中国共产党领导新民主主义革命和社会主义革命和建设的指导思想，通过入宪，又在国家的层面上成为全国、全社会的总的指导思想。近来还被论者和媒体宣称："我们信仰的主义乃是宇宙的真理"[①]，足见其精神指导地位之高和被高度重

---

① 孙临平：《中国梦的自信在哪里》，《解放军报》2013年5月22日第1版。

视的强调，已经远远超出我们至今尚在争议有无"普世价值"的范畴，而成为一种更宏大的"普宇价值"范畴了。假如太空中某个星球上真有高等智慧生物存在的话，不知他们看后做何感想。但愿他们不会为地球上某个人的夸张之言而耿耿于怀，以致大老远地愤而来到地球挑起一场关于"普世"或"普宇"价值观的大论战。

长期以来，"文本主义"早已在中国的社会科学界，特别是政治学界、宪法学界和一般法学界形成了深厚的学术传统，从本体论到方法论都被广泛地应用。无论打开任何一部政治学、宪法学和一般法学著述，从马克思、恩格斯、列宁、斯大林，再到中国的毛泽东等老一辈领导人以及改革开放以来各届执政党和国家的主要领导人的著述、讲话以及其他重要文献中，所引用的语录及相关释义，随处可见。在中国的语境下，这显然是一个学术优势，使各种相关学术成果与执政党和国家的信奉和坚守的指导思想和倡导的核心价值观保持一致。

"文本主义"作为方法论，本身也有其局限性，主要是文本的引用者由于其学识、观点和立场等方面的差异，往往导致对文本的释义有所不同，甚至截然对立，更有一些论者以文本作为攻击学术对立面的利器。早在改革开放之初的20世纪80年代前、中期，中国思想界曾就"马克思主义的人道主义"为题，进行过一次大辩论。对立双方或习惯上称为左、右两派或自由派和保守派，基本上就应用了"文本主义"作为自己的辩论主张的利器。终因各说各话，歧义互见，结果不了了之。当前的这场与宪法相关的民主政治辩论，双方论者同样采取了这种做法。反宪派利用经典论述，堂而皇之地对与宪法相关的民主政治概念，加以否定或将其政治化、妖魔化。他们肆意曲解毛泽东早在1940年发表的那篇具有重大现实和理论意义的宏文所确立的经典定义。这一经典定义在中国的宪法学术界、政治学术界乃至一般社会科学学术界，都得到了明确的理解和正确的诠释，从来没有产生过重大分歧，更没有引起任何学术和政治实践上的误解，它被正式收入经毛泽东本人认可和中央权威部门精心选定的《毛泽东选集》这一马克思主义的经典著作中，而现在反宪派的论者却以"天下人都醉，唯我独醒"的姿态出现，竟将学术界主流70多年无争议的理解斥为"断章取义"，否定毛泽东在那篇著名文论中所下的经典定义，以及关于与宪法相关的民主政治这个概念含有的资本主义、新民主主义和社会主义三种类型。西方成语有云:"话任凭说得多么对,也会歪曲成不对。"此即一例是也。除此之外,他们还就毛泽东在以后的文章中,再也没有使用过与宪法相关的民主政治这个概念的原委妄加猜测,并向有利于自己观点方面推论。同时对刘少奇在《关于中华人民共和国宪法草案的报告》中还曾使用过的这个概念,以及改革开放深入发展阶段,执政党和国家相关领导人在重要讲话也使用过的这个概念避而不谈,还以理论权威的口气训导执政党和国家领导人以及执政党纲领性文件的起草者和审议者说,"须特别"注意,切不可单独提"宪法和法律至上",如果这样做了,"容易掉入"那个与宪法相关的民主政治概念的"话语圈套",这也是"宪法和法律至上"口号的"局限性",如此等等,不一而足。

仅从以上一例便可看出,现时以"卫道者"自居的论者,在怎样自作聪明地利用"文本主义"的研究范式,达到自己学术范围以外的目的。他们利用"文本主义"的策略大致可以分为以下几种:一是通过大量引用经典著作的语录以支持自己的观点;二是通过肆意解释有别于学术界主流群体的长期以来无争议的理解,以达到使对立方的学术意见失去可以获得支撑的理论支柱,进而使之轰然倒塌的学术效果;三是通过"先用""后弃""先肯定""后否定"等手法,从根本上否定经典定义和论述的普遍和深远的理论与实践的指导意义,以达到釜底抽薪,彻底打发走或处理掉与宪法相关的民主政治这个概念,从此无须再作为论说的话题;四是将这一在我们宪法学术界业内看来,极其重要但也极为普通的理论与实践的概念,通过自己主观臆断强行建立"政治强权和话语霸权",并危言耸听地宣称这个概念就是一个"话语圈套",一旦落入下去,就会陷入"万劫难逃"的深渊。通过这种"政治化"和"妖魔化"的手法,使世人望而生畏,从此不敢越雷池半步。然而,这个与宪法密切相关的宪政概念,正如在宪法理论和宪政学说中已经详尽地被阐述过的那样,其丰富和深邃的学术内涵和无可替代的实践价值,是任何人都不可能轻易打发掉的。"文本主义"的范式被贴标签式地加以运用,并没有提高反宪派观点的说服力。同样的原因,对于宪制派主流坚持与宪法相关的民主政治的理论与实践进行研究的学者们来说,

"文本主义"肯定是一个值得重视和具有极高价值的研究范式,应当坚持运用。然而,在当前的话语环境中,要想以此范式与对立方论说清楚,也是极为艰难的,因为宪政派论者也必须以自己的主观理解来诠释经典。况且,在对方的强势话语下,无论持多么有力的理由,都处于被动的守势。基于此种考量,基于"文本主义"的研究范式应当适当地加以调整,拓展一些新的研究范式势在必行。有关的具体意见,笔者计划在日后或将以专论提出,此是后话。

第六个疑问:我们是否应当努力或必须坚守宪法学专业研究的科学理性?我在最近完成的有关改革开放三十多年以来的宪法学发展的研究中,曾特别论及中国宪法学屡遭非宪法专业的学者"入侵"现象,从20世纪90年中的与宪法文本相关的"民主""人权""法治"(非指一般意义上的"民主""人权""法治"),从学理意义上来说,是极为开放的,可以也应当作为各种不同学科的学者进行研究的课题。到近一两年以非宪法学专业学者领军的各种"宪政学派"的倡导与创立,再到现如今由几位非宪法学专业人士对与宪法相关的民主政治的发难,都是突出"入侵"行为和现象的发生。当然,这是特指宪法学专业而言的,并非意味着上述领域只为宪法学专业所独有和可以垄断研究的。从客观上说,由于包括笔者在内的宪法学专业学者,我们自己的研究功课没有做好,相对于博大精深的宪法学来说,留下了太多的研究不到位甚至未能触及的学术领域。但这绝不意味着,没有经过多年潜心研究,甚至很少涉猎的那些未深入的或空白的"处女地",可由任何人去肆意"入侵"以"攻城略地"。当然,笔者在这里郑重声明,绝没有歧视和排斥其他领域的学者参与研究宪法和与宪法相关的民主政治问题,不仅不歧视和排除,相反更抱持欢迎的态度。在宪法学术界,曾有非宪法专业人士深入探讨宪法和与宪法相关的民主政治问题的成功壮举。在庆祝美国宪法颁布两百周年之际,由一批专业哲学家和有哲学头脑的学者,就有关美国宪法和与宪法相关的民主政治最为关注的一些方面,进行了深入的探讨和研究,讨论的重点放在一些与宪法和与宪法相关的民主政治有关的哲学领域。而这个哲学领域为宪法学术界的专业文献所忽视,但对它们的日益增长的知识需求却已凸显出来。这次讨论,后来由罗森鲍姆编辑成书，成为精品名著①，已为中国学术界所赞誉和熟读。在当今中国的学术界，我们也的确看到，有些半路改行的学者或虽未改行却抱持极认真、严肃的治学态度，长期或一时就感兴趣的宪法和与宪法相关的民主政治话题进行卓有创见的研究，这是极可钦佩的，并应当向他们致敬并向他们学习。相反，我们也见证了一些学者和论者在宪法学领域其实并没有可称道的研究，平时也难见有关的文论或著作发表。但其贸然涉足这个对他或许还较陌生的学术领域，这也罢了，最不应当做的，就是以教师爷的姿态出现，用权威的口吻去训导世人该怎么说，或该怎么做，不该怎么做。不该怎么说。其论文或著述貌似深沉却很不专业甚至都不靠谱，其结果给本来就举步维艰的宪法学研究，造成了实际上即使不是出自其本人意愿的障碍，以致使宪法学的正常研究难以为继。目前，在对与宪法相关的民主政治的概念和理念进行先验式的、充溢"神学"的和"原教旨主义"的论争，以及像孩童玩积木游戏随意拼接模块一般的言说，就是这种现象最新表现中突出的一例。

这使笔者情不自禁地想起中国古籍《尚书》中的一句话，引用出来并奉献给"反宪派"的一些学者，再适合不过了。这句话是："今汝聒聒，起信险肤，予弗知汝乃讼。"② 意思是说，而如今你们却吵吵嚷嚷，胡言乱语，还拼命地申说凶险、邪恶和浅薄的论调，我真不明白你们在争辩什么。这是商朝王盘庚迁都于殷（今河南安阳）后对反对迁都的大臣们说的。如果将如今的"反宪派"人士反对宪政的现实立场和态度置换进去，用以表述他们的"起信险肤"，不也是相当地恰当、传神吗？

笔者个人一向认为，学科须坚守，术业有专攻。在现代学科林立的大格局下，每个人都能守住自己的专业，对学者来说，应该获得体认与尊奉。相信无特殊情况，每个学者都应当坚守自己的专业以作出个人应有的贡献，而不是得陇望蜀，以行家里手的姿态旁若无人似的进入人家的一亩三分地上"横扫千军如卷席"。即使某个学科，例如宪法学真的

---

① ［美］罗森鲍姆编《宪政的哲学之维》，郑戈、刘茂林译，生活·读书·新知三联书店 2001 年 12 月版，——笔者注

② 陈襄民等注释《五经四书全译》（一），中州古籍出版社 2007 年 5 月版，第 370 页。

在一些方面把握出现偏差等情况，也要相信该学科的专业学者能够予以纠偏。在近两三年由非宪法专业（也有部分宪法专业学者）学者倡导和创立的各种"学派"，就有一些宪法学专业学者著文提出中肯的评价意见。我本人也草成专论，并已经公开发表。对于非宪法专业的论者来说，即使完全出于善意，考虑到专业门槛的阻隔，也应当谨言慎行。那种在宪法和与宪法相关的民主政治学术专业领域"天马行空"式的出出进进，或许是一种学术浮躁的表现，是任何严肃治学的学者所不轻易而为。更何况，就宪法和与宪法相关的民主政治的基本理论与实践来说，其蕴涵极为深厚的义理和机制，绝不是可以无师自通，或任由"高人""点石成金"的事。从现有已经发表的文章上看，或许令与宪法相关的民主政治论争双方想不到的是，他们自以为通过精心论证的言说，在宪法理论和与宪法相关的民主政治学说专业人士看来，总体感觉是不那么专业，反宪派的文论甚至很不靠谱。

　　第七个疑问：与宪法相关的民主政治在此地，还是在他乡？综观两派文论，可以看出各自都有一个预设前提。反宪派的预设前提是与宪法相关的民主政治源出西方，具有"吃人政治"的"邪恶"本性，中国过去不搞，现在不搞，将来也不搞。这样一来，与宪法相关的民主政治，转而成为一个由意识形态和不能操作的技术性所决定的政治问题。由此我们便会看到，正如前面曾经指出过的，反宪派人士完全无视中国一百多年特别是共和国60多年的立宪史，更看不到宪法和与宪法相关的民主政治内在的有机而不可分离的联系。如果在这一宪法和与宪法相关的民主政治深义的层面上，我们还不能奢望他们现在就有科学理性体认的话，那么，就让我们先放下奥义话题不谈，谈点生活和工作中的实际问题吧！我们国内现时在世的每一个人，其实都是生活在基于宪法构建的与宪法相关的民主政治体制内。大者如国家的政权组织，小到乡村和城镇社区和街道，无一不是按宪法规定组织起来和开展活动的。再从个人的工作和生活来说，包括反宪派人士自己，都与中国的宪法和与宪法相关的民主政治有着千丝万缕的联系。我们足不出户就可以想象到，如果没有宪法规定的公民受教育权，以及为实现这一基本权利而在举国范围内设立的国民教育的系统与机构，他们及其子女怎样受到正规的教育而变成有学识的人士，并能找到大学的教授或报纸的主编这类体面的职业的？如果没有宪法规定和与宪法相关的民主政治保障的言论自由和进行科学研究、文学艺术创作和其他文化活动的自由，以及相应的制度保障，你们怎么可能率先挑起关于与宪法相关的民主政治的争论，以及把一盆盆脏水泼向无辜的与宪法相关的民主政治，连同秉持与宪法相关的民主政治理念的人？再极端一点说，如果没有宪法规定的人身自由和住宅不受侵犯，以及国家体制内设置的安全系统，说不定哪一天会有几个莽汉闯入他们的家把他的全家人统统赶走，接着演一次现实版的"鹊巢鸠占"的好戏。如此等等，不必一一列举，他们就是国家宪法和与宪法相关的民主政治的实实在在的受惠者！一方面受到宪法和与宪法相关的民主政治的护佑和恩泽；一方面又竭尽诅咒之能事。世上竟有如此忘恩负义、以怨报德之人，情何以堪？

再从宪制派方面看，我们并不否认他们对与宪法相关的民主政治的推崇和殷切的期望。但他们看不到中国已经正在实行与宪法相关的民主政治的事实，尽管这一与宪法相关的民主政治还有不尽人意之处，还有许多亟待改进和完善的方面，但与宪法相关的民主政治绝不是在冥冥之中，远在茫茫的太空，是可望而不可即的天外之物，或被视为一个完美的、万能的和至高无上的"神"，静静地坐在天庭的太师椅上等待人们来礼拜祈福。再或者是西方极乐世界中的如来佛手中的"真经"，非经过千辛万苦、九九八十一难不能求取。中国与宪法相关的民主政治就扎根在中国这块沃土上，既受中国传统文化和观念的滋养，又得到包括中西方在内的全人类文明成果的助益。如果把它连根拔起，它就会枯萎！须知，连《西游记》中的顽猴（自称齐天大圣的孙悟空）都洞悉"天地本不全何况人事乎"的哲理，凡是人世间的一切事务都不可能尽善尽美，宪法、与宪法相关的民主政治如同所有一般法律一样，都是人为应对人性中腹背受敌的困境而创造的"法宝"，人们既对它们充满期待，又心怀疑虑和恐惧。从人性哲学的意义上说，当前关于与宪法相关的民主政治的讨论，就是与宪法相关的民主政治应对人性腹背受敌的典型事例。反宪派表现出的是对与宪法相关的民主政治的极端恐惧，而宪制派则表现了颇显过于急切的期待。宪法与宪法相关的民主政治和一般法律之所以能演绎出人间祸福更替、悲欢离合的无尽话剧来，又成为学者们研究、讨论和争议的取之不尽的"故事"资源，正是它们不能准确把握的不确定性和不完美性。宪制派人士更应该站在中国还不太确定和不完善与宪法相关的民主政治的这块古老而又文明的土地上,扎扎实实地进行细致的研究。反宪派也不应当将与宪法相关的民主政治作为裹在宪制派人士身上的紧身衣,并成为随手好用的打击工具。双方都应当提出解决现实各种与宪法相关的民主政治困顿的具体意见。

最后,让笔者引用已故近百年的英国哲学家鲍桑葵的话结束这一段疑问和侧评:"社会学者应当避免单纯的乐观,但不应害怕充分重视他所研究的对象。那些半实际的目标造成了一个不幸后果:它们很自然地影响了社会哲学家们,使他们对自己的研究对象总倾向于采取一种如果不是敌视也是冷淡的态度。他们不像植物学家相信植物或生物学家相信生命过程那样相信现实的社会。因此,社会学说取得的成就不佳。没有一个学者能够真正对他往往要为之辩护的研究对象作出正确的评价。除黑格尔和布雷德利外,所有主要的著作家都或多或少地持这种态度。因此我敢说,他们都不能完全从最普遍的实际生活各方面去把握生活的伟大和完美。有些人则采取不同的态度,这不意味着要搞蒙昧主义,也并非想阻挡一种真正的社会逻辑的发展。他们确信,一个实际存在的社会是比一台蒸汽机、一株植物或一个动物更加高级得无法计量的一个创造物;而且认为就是把他们最好的思想用来分析这个社会也不过分。对研究实际社会不热心的人,即使他们拥有一个更好的社会,也不会热心去研究它。'你们的美国就在此地,不在他乡。'"[①]

末了,我们是否也可以对目前与宪法相关的民主政治争论中的两派人士进一言:"你们的与宪法相关的民主政治就在此地,不在他乡。"

结束语:

中国的宪法学专业的研究总是难以在开放性、包容性的学术氛围之中,顺利、深入地进行,这已经够糟糕的了;如果还为主要由非宪法学专业人士发起的背离宪法学研究科学理性的论辩所困扰,就更糟糕了;再如果宪法学专业人士,没有作出如历史和时代使命赋予的那种学术责任担当,缺乏勇于探索和进取的精神,那就再糟糕不过了。宪法和与宪

---

① (英)伯纳德·鲍桑葵《关于国家的哲学理论》,汪淑钧译,商务印书馆1996年9月版,序言第3—4页。

法相关的民主政治并不是命定的"孤独"和"乏味",现在虽身居"闹市",而如果少了宪法学人的陪伴,或许会迷失在茫茫人海之中,再或者被人拐卖为"奴",任由他人"役使",那才真叫糟糕透顶了。

他人卧榻之侧,岂容自己安睡![1]

呼唤宪法学研究科学理性的回归,此当其时也!

---

[1] 据宋史,陈桥兵变赵匡胤稳定帝位后,因谋虑统一国家而夜不能寐,夜半造访宰相府向宰相赵普问计。赵普惊问何致夜半来访。赵匡胤答:"卧榻之侧,岂容他们安睡!"我今反其意而用之,借以起信自己的学术责任。——笔者注

参考书目

1. ［美］埃德加·博登海默：《法理学——法律哲学与法律方法》，邓正来译，中国政法大学出版社2004年1月修订版。
2. ［美］爱德华·S. 科文：《美国宪法的"高级法"背景》，强世功译，生活·读书·新知三联书店1996年11月版。
3. ［英］昆廷·斯金纳：《现代政治思想基础》，求实出版社1989年5月版。
4. ［美］杰弗里·墨菲：《后记：宪政、道德怀疑论和宗教信仰》，载［美］罗森鲍姆《宪政的哲学之维》，郑戈等译，生活·读书·新知三联书店2001年12月版。
5. ［荷］亨克·范·马尔赛文、格尔·范·德·唐：《成文宪法——通过计算机进行的比较研究》，陈云生译，北京大学出版社2007年3月版。
6. ［德］黑格尔：《法哲学原理》，范扬等译，商务印书馆1961年6月版。
7. ［澳］布伦南、［美］布坎南：《宪政经济学》，冯克利等译，中国社会科学出版社2004年1月版。
8. ［美］詹姆斯·安修：《美国宪法解释与判例》，黎建飞译，中国政法大学出版社1999年7月版。
9. ［日］绫部恒雄：《文化人类学的十五种理论》，中国社会科学院日本研究所社会文化室译，国际文化出版公司1988年6月版。
10. ［美］埃尔斯特、［挪］斯莱格斯塔德编《宪政与民主——理性与社会变迁研究》，潘勤等译，生活·读书·新知三联书店 1997 年 10 月版。

11. ［英］M. J. C. 维尔：《宪政与分权》，苏力译，生活·读书·新知三联书店 199710 月年版。

12. ［法］孟德斯鸠：《论法的精神》上册，张雁深译，商务印书馆 1961 年 11 月版。

13. ［美］阿兰·S. 罗森鲍姆：《宪政的哲学之维》，郑戈等译，生活·读书·新知三联书店 2001 年 12 月版。

14. 龚祥瑞：《比较宪法与行政法》，法律出版社 2003 年 2 月版。

15. 沈宗灵：《比较宪法：对八国宪法的比较研究》，北京大学出版社 2002 年 1 月版。

16. 李步云主编：《宪法比较研究》，法律出版社 1998 年 11 月版。

17. 何华辉：《比较宪法》，武汉大学出版社 1988 年 11 月版。

18. 韩大元主编：《比较宪法学》，高等教育出版社 2003 年 10 月版。

19. 张千帆：《宪法学导论》，法律出版社 2004 年 1 月版。

20. 张千帆：《西方宪政体系》（上册：美国宪法），中国政法大学出版社 2001 年 5 月版。

21. 胡建淼主编：《外国宪法：案例及评述》（上、下册），北京大学出版社 2004 年 6 月版。

22. 陈云生：《宪法监督司法化》，北京大学出版社 2004 年 1 月版。

23. 陈云生：《宪法人类学——基于民族、种族、文化集团的理论建构及实证分析》，北京大学出版社 2005 年 3 月版。

24. 陈云生：《权利相对论——权利和义务价值模式的建构》，人民出版社 1994 年 2 月版。

25. 莫纪宏：《现代宪法的逻辑基础》，法律出版社 2001 年 9 月版。

26. 赵新民：《比较宪法学新论》，中国社会科学出版社 2000 年 3 月版。

27. 宪法比较研究课题组编：《宪法比较研究文集》，中国民主法制出版社 1993 年版。宪法比较研究课题组编译：《宪法比较研究》，山东人民出版社 1993 年 7 月年版。

28. 王广辉：《比较宪法学》，北京大学出版社 2007 年 8 月版。

29. 吴宗金：《民族法制的理论与实践》，中国民主法制出版社 1998 年 4

月版。
30. 秦前红等：《比较宪法学》，武汉大学出版社 2007 年 5 月版。
31. 陈毅成：《比较宪法》，商务印书馆 1935 年版。
32. 林纪东：《比较宪法》，台湾五南图书出版公司 1971 年版。
33. 萨孟武：《政治学与比较宪法》，商务印书馆 2013 年 9 月版。
34. 马岭：《宪法权力解读》，北京大学出版社 2013 年 1 月版。
35. 韩大元：《试论宪法社会学的基本框架与方法》，《浙江学刊》2005 年第 2 期。
36. 张彩凤：《对话法哲学：现代宪政的认识论基础》，《中国人民公安大学学报》2005 年第 2 期。
37. 邓毅：《什么是宪法哲学》，《华东政法学院学报》2006 年第 4 期。
38. 夏泽祥：《宪法解释：一种拯救中国宪法权威性的方法——读范进学教授著〈宪法解释的理论建构〉》，《法学评论》2006 年 1 月 5 日，第 21 卷第 1 期。
39. 范进学：《从规范分析宪法学到解释宪法学——中国宪法学研究范式转型之宪政意义》，《河南省政法管理干部学院学报》2005 年第 2 期。
40. 张冠梓：《法学的"另类"与法学的未来——法人类学学科发展概况》，《中国社会科学院院报》2002 年 12 月 12 日第 2 版。
41. 江国华：《宪法的人类学解释》，《法学评论》2007 年第 5 期。

后 记

此书得以出版，端赖中国社会科学院老年科研基金资助，中国社会科学院老干部局和本院法学研究所老干部办公室，在组织和安排本书的出版的过程中给予了宝贵的支持和帮助，特表谢意！

感谢中国社会科学出版社对本书的裕纳和出版，特别感谢责任编辑张林副主任和特约编辑吴连生在本书出版中付出的辛劳和精心的编审。他们认真负责的敬业精神和高水准的专业能力，不仅提高了本书的品质，而且使笔者更深刻地领会了什么是行文中的严谨和规范，受益良多。应致以诚挚的谢意！

门下的博士生、硕士生为本书的完成，以各种不同的方式作出了贡献。杨二奎、王小芳核对了部分引文；郭殊副教授打印和复印了书稿必需的资料，并派他的硕士生郑梅清两次去国家图书馆查核一个标注不清的注释；马军连夜打击补写的文稿。武林也为此书稿的写作，提供了多方面的帮助，对他们无私的奉献一并表示感谢。另外的感谢还要给予我的夫人刘淑珍教授，是她不辞辛苦地将手写稿打成电子稿，并精心地整理、校对和编辑了全部文稿。是她的通力支持和帮助，才使文稿得以完成。

个人的体验与感受难免疏失和偏执，望学界和读者指正。

作者于北京新源里寓所半步斋书房

2014 年 7 月 28 日